城市房屋管理法规必读

张　毅　编
赵立俭　审

中国建筑工业出版社

图书在版编目（CIP）数据

城市房屋管理法规必读/张毅编．—北京：中国建筑工业出版社，2004
ISBN 7-112-06733-2

Ⅰ．城...　Ⅱ．张...　Ⅲ．城市—房屋—管理—法规—汇编—中国　Ⅳ．D922.181.9

中国版本图书馆 CIP 数据核字（2004）第 063818 号

城市房屋管理法规必读

张　毅　编

赵立俭　审

*

中国建筑工业出版社出版、发行(北京西郊百万庄)

新　华　书　店　经　销

世界知识印刷厂印刷

*

开本：850×1168 毫米　1/32　印张：18⅗　字数：500 千字

2004 年 8 月第一版　2004 年 8 月第一次印刷

印数：1—3000 册　定价：**35.00** 元

ISBN 7-112-06733-2
TU·5881（12687）

本社网址：http://www.china-abp.com.cn

网上书店：http://www.china-building.com.cn

《城市房屋管理法规必读》是集时效性、实用性、广泛性、权威性于一体的城市房地产管理的政策法规普及读本。内容涉及：城市房屋规划、建设用地管理，城市房地产开发、交易管理，城市房屋拆迁管理，城市房屋产权产籍管理，城市房屋建筑面积计算，城市房屋技术性能示范，城市房屋物业管理，城市房地产合同文本等。所有与城市房屋的开发、转让、拆迁、预售、抵押、权属登记，建筑面积计算及公用面积分摊、中介服务及最新物业管理相关的政策法规，尽可能收录其中。本书可作为城市房屋业主，国家房屋管理部门各级管理人员，房地产开发公司从业人员，银行、金融、保险机构相关人员的房地产管理法规实用读本。

* * *

责任编辑：杨　军
责任设计：孙　梅
责任校对：刘　梅　黄　燕

前　言

“安得广厦千万间”。住房是关系国计民生的一件大事，一件实事。改革开放以来，中国的房地产业在国民经济和社会发展中的蓬勃兴起，在第三产业中越来越占有十分重要的地位。随着住房制度改革的不断深化，商品住房建设得到迅猛的发展，到2010年城市人居一间房，人均使用面积达到30m^2，人民的居住条件和环境将得到明显改善和提高。

“安居”才能“乐业”。在城市房屋开发高速发展的同时，也暴露出房地产业存在的种种问题：一是违规用地、盲目开发，二是规划设计超标、容积率居高不下，三是房屋拆迁不循程序、居住者权益得不到保证，四是商品房销售广告虚假、“短斤缺两”时有发生，五是房屋中介市场鱼龙混杂、合同欺诈屡见不鲜，六是物业管理不规范、业主权益受到损害等等。近年来，全国人大、国务院及国家有关部委相继制订和出台了近300部有关城市房屋开发管理的法律、法规、规章、规范性文件及技术标准，这一系列法规、文件要求房地产开发企业对项目实施综合性规模开发，避免分散型、不配套建设，从而实现城市规划有序落实，进一步明晰城市轮廓线，保护房屋所有（居住）者合法权益，对保证社会稳定，促进城市房屋开发持续、稳步、健康地发展具有十分重要的作用。

为了更好地宣传贯彻这些相关的房地产法规，使城市房屋管理人员充分了解我国的房地产制度，提高依法办事能力，主动接受社会监督，提升行业管理水平，规范房地产开发商行为，让广大房屋业主、消费者知道国家最新城市房屋管理政策法规，保障当事人的合法权益，达到“知法”、“守法”、“用法”的目的，是作者编写《城市房屋管理法规必读》的宗旨。本书在收集归纳中尽可能体现如下特点：

一、时效性。本书突出一个时效，以新、全为主，主要收集2001年以来国家颁发的有效法规文件及技术标准，特别是收录了于2004年5月才颁发的《经济适用住房管理办法》，以求带给读者最新最全的房地产管理信息。

二、实用性。本书紧扣城市房屋管理这个主题，围绕房屋开发、用地许可、规划设计、房屋拆迁评估、技术性能实施、房屋交易销售、产权产籍登记、物业管理等方面，从众多的房地产法规中，精选了与实际工作最为密切相关的法规文件及主要技术标准，以方便读者比较使用。

三、广泛性。为了更广泛地指导城市房屋管理，本书还收录了北京、上海、广州等城市最新的房地产地方法规，以充实国家法规中没有具体涉及到的具有地方性特征的城市房屋管理的细则，对其他省市房地产管理具有一定的借鉴作用。

四、权威性。为了保证法规实施的严肃性、权威性，本书遴选收录了国家、地方颁发的法规、规范性文件、技术性能标准。

经征求省级房屋管理部门、房地产法律（技术）专家学者的意见，在体例上，本书根据城市房屋管理程序，分为八个大类：城市房屋规划、建设用地管理；城市房地产开发、交易管理；城市房屋拆迁管理；城市房屋产权产籍管理；城市房屋建筑面积计算；城市房屋技术性能示范；城市房屋物业管理；城市房地产合同文本等。在同类法规中，排列次序为：全国人大颁发的法、国务院令、部委令、地方人大颁发的法、政府令、政府各行业主管部门颁发的规章、规范性文件及技术性能标准等。本书结构严谨，收录的城市房屋管理最新法律、法规，是全面系统指导房地产业决策、运作、保障房屋当事人权益的实用读本。可作为国家房屋管理部门各级管理人员，房地产开发公司从业人员，银行、金融、保险机构相关人员，城市房屋业主的政策法规指南，亦可供城市建设院校等相关专业的师生学习参考。

本书在编写整理过程中，得到了上海市建设工程资质和资格管理办公室的关怀和提携，中国建筑工业出版社也为本书的出版给予了大力的支持和热情的帮助。在此，谨向各级领导、同仁以及给予帮助指导的有关人士深表谢忱。

由于水平有限，书中疏漏、不妥之处在所难免，敬请专家、同仁和读者不吝赐教，使之能更好地修改补充。

编　者

2004 年 6 月于上海

目　录

一、城市房屋规划、建设用地管理

1. 中华人民共和国城市规划法

（1989 年 12 月 26 日第七届全国人民代表大会常务委员会第十一次会议通过）

第一章　总　　则

第一条　为了确定城市的规模和发展方向，实现城市的经济和社会发展目标，合理地制定城市规划和进行城市建设，适应社会主义现代化建设的需要，制定本法。

第二条　制定和实施城市规划，在城市规划区内进行建设，必须遵守本法。

第三条　本法所称城市，是指国家按行政建制设立的直辖市、市、镇。本法所称城市规划区，是指城市市区、近郊区以及城市行政区域内因城市建设和发展需要实行规划控制的区域。

城市规划区的具体范围，由城市人民政府在编制的城市总体规划中规定。

第四条　国家实行严格控制大城市规模、合理发展中等城市和小城市的方针，促进生产力和人口的合理布局。

大城市是指市区和近郊区非农业人口五十万以上的城市。

中等城市是指市区和近郊区非农业人口二十万以上，不满五十万的城市。人民政府所在地镇的城市规划，由县级人民政府负责组织编制。

小城市是指市区和近郊区非农业人口不满二十万的城市。

第五条　城市规划必须符合我国国情，正确处理近期建设和远景发展的关系。

在城市规划区内进行建设，必须坚持适用、经济的原则，贯彻勤俭建国的方针。

第六条　城市规划的编制应当依据国民经济和社会发展规划以及当地的自然环境、资源条件、历史情况，现状特点，统筹兼顾，综合部署。

城市规划确定的城市基础设施建设项目，应当按照国家基本建设程序的规定纳入国民经济和社会发展计划，按计划分步实施。

第七条　城市总体规划应当和国土规划、区域规划、江河流域规划、土地利用总体规划相协调。

第八条　国家鼓励城市规划科学技术研究，推广先进技术，提高城市规划科学技术水平。

第九条　国务院城市规划行政管理部门主管全国的城市规划工作。

县级以上地方人民政府城市规划行政主管部门主管本行政区域内的城市规划工作。

第十条　任何单位和个人都有遵守城市规划的义务，并有权对违反城市规划的行为进行检举和控告。

第二章　城市规划的制定

第十一条　国务院城市规划行政主管部门和省、自治区、直辖市人民政府应当分别组织编制全国和省、自治区、直辖市的城镇体系规划，用以指导城市规划的编制。

第十二条　城市人民政府负责组织编制城市规划。县级人民政府所在地镇的城市规划，由县级人民政府负责组织编制。

第十三条　编制城市规划必须从实际出发、科学预测城市远景发展的需要；应当使城市的发展规模、各项建设标准、定额指标、开发程序同国家和地方的经济技术发展水平相适应。

第十四条　编制城市规划应当注意保护和改善城市生态环境，防止污染和其他公害，加强城市绿化建设和市容环境卫生建设，保护历史文化遗产、城市传统风貌、地方特色和自然景观。

编制民族自治地方的城市规划，应当注意保持民族传统和地方特色。

第十五条 编制城市规划应当贯彻有利生产、方便生活、促进流通、繁荣经济、促进科学技术文化教育事业的原则。

编制城市规划应当符合城市防火、防爆、抗震、防洪、防泥石流和治安、交通管理、人民防空建设等要求；在可能发生强烈地震和严重洪水灾害的地区，必须在规划中采取相应的抗震、防洪措施。

第十六条 编制城市规划应当贯彻合理用地、节约用地的原则。

第十七条 编制城市规划应当具备勘察、测量及其他必要的基础资料。

第十八条 编制城市规划一般分总体规划和详细规划两个阶段进行。大城市、中等城市为了进一步控制和确定不同地段的土地用途、范围和容量，协调各项基础设施和公共设施的建设，在总体规划基础上，可以编制分区规划。

第十九条 城市总体规划应当包括：城市的性质、发展目标和发展规模，城市主要建设标准和定额指标，城市建设用地布局、功能分区和各项建设的总体部署，城市综合交通体系和河湖、绿地系统，各项专业规划，近期建设规划。

设市城市和县级人民政府所在地镇的总体规划，应当包括市或者县的行政区域的城镇体系规划。

第二十条 城市详细规划应当在城市总体规划或者分区规划的基础上，对城市近期建设区域内各项建设作出具体规划。

城市详细规划应当包括：规划地段各项建设的具体用地范围，建筑密度和高度等控制指标，总平面布置、工程管线综合规划和竖向规划。

第二十一条 城市规划实行分级审批。

直辖市的城市总体规划，由直辖市人民政府报国务院审批。

省和自治区人民政府所在地城市、城市人口在一百万以上的城市及国务院指定的其他城市的总体规划，由省、自治区人民政府审查同意后，报国务院审批。

本条第二款和第三款规定以外的设市城市和县级人民政府所在地镇的总体规划，报省、自治区、直辖市人民政府审批，其中市管辖的县级人民政府所在地镇的总体规划，报市人民政府审批。

前款规定以外的其建制镇的总体规划，报县级人民政府审批。

城市人民政府和县级人民政府在向上级人民政府报请审批城市总体规划前，须经同级人民代表大会或者其常务委员会审查同意。城市分区规划由城市人民政府审批。

城市详细规划由城市人民政府审批；编制分区规划的城市的详细规划，除重要的详细规划由城市人民政府审批外，由城市人民政府城市规划行政主管部门审批。

第二十二条 城市人民政府可以根据城市经济和社会发展需要，对城市总体规划进行局部调整，报同级人民代表大会常务委员会和原批准机关备案：但涉及城市性质、规模、发展方向和总体布局重大变更的，须经同级人民代表大会或者其常务委员会审查同意后报原批准机关审批。

第三章 城市新区开发和旧区改建

第二十三条 城市新区开发和旧区改建必须坚持统一规划、合理布局、因地制宜、综合开发、配套建设的原则。各项建设工程的选址、定点，不得妨碍城市的发展，危害城市的安全，污染和破坏城市环境，影响城市各项功能的协调。

第二十四条 新建铁路编组站、铁路货运干线、过境公路、机场和重要军事设施等应当避开市区。

港口建设应当兼顾城市岸线的合理分配和利用，保障城市生活岸线用地。

第二十五条 城市新区开发应当具备水资源、能源、交通、防灾等建设条件，并应当避开地下矿藏、地下文物古迹。

第二十六条 城市新区开发应当合理利用城市现有设施。

第二十七条 城市旧区改建应当遵循加强维护、合理利用、调整布局、逐步改善的原则，统一规划，分期实施，并逐步改善居住和交通运输条件，加强基础设施和公共设施建设，提高城市的综合功能。

第四章 城市规划的实施

第二十八条 城市规划经批准后，城市人民政府应当公布。

第二十九条 城市规划区内的土地利用和各项建设必须符合城市规划，服从规划管理。

第三十条 城市规划区内的建设工程的选址和布局必须符合城市规划。设计任务书报请批准时，必须附有城市规划行政主管部门的选址意见书。

第三十一条 在城市规划区内进行建设需要申请用地的，必须持国家批准建设项目的有关文件，向城市规划行政主管部门申请定点，由城市规划行政主管部门核定其用地位置和界限，提供规划设计条件，核发建设用地规划许可证。建设单位或者个人在取得建设用地规划许可证后，方可向县级以上地方人民政府土地管理部门申请用地，经县级以上人民政府审查批准后，由土地管理部门划拨土地。

第三十二条 在城市规划区内新建、扩建和改建建筑物、构筑物、道路、管线和其他工程设施，必须持有关批准文件向城市规划行政主管部门提出申请，由城市规划行政主管部门根据城市规划提出的规划设计要求，核发建设工程规划许可证件。建设单位或者个人在取得建设工程规划许可证件和其他有关批准文件后，方可申请办理开工手续。

第三十三条 在城市规划区内进行临时建设，必须在批准的使用期限内拆除。临时建设和临时用地的具体规划管理办法由省、自治区、直辖市人民政府制定。

第三十四条 任何单位和个人必须服从城市人民政府根据城市规划作出的调整用地决定。

第三十五条 任何单位和个人不得占用道路、广场、绿地、高压供电走廊和压占地下管线进行建设。

第三十六条 在城市规划区内进行挖取砂石、土方等动，须经有关主管部门批准，不得破坏城市环境，影响城市规划的实施。

第三十七条 城市规划行政主管部门有权对城市规划区内的建设工程是否符合规划要求进行检查。被检查者应当如实提供情况和必要的资料，检查者有责任为被检查者保守技术秘密和业务秘密。

第三十八条 城市规划行政主管部门可以参加城市规划区内重要建设工程的竣工验收。城市规划区内的建设工程，建设单位应当在竣工验收后六个月内向城市规划行政主管部门报送有关竣工资料。

第五章 法 律 责 任

第三十九条 在城市规划区内，未取得建设用地规划许可证而取得建设用地批准文件、占用土地的，批推文件无效，占用的土地由县级以上人民政府责令退回。

第四十条 在城市规划区内，未取得建设工程规划许可证件或者违反建设工程规划许可证件的规定进行建设，严重影响城市规划的，由县级以上地方人民政府城市规划行政主管部门责令停止建设，限期拆除或者没收违法建筑物、构筑物或者其他设施；影响城市规划，尚可采取改正措施的，由县级以上地方人民政府城市规划行政主管部门责令限期改正，并处罚款。

第四十一条 对未取得建设工程规划许可证件或者违反建设工程规划许可证件的规定进行建设的单位的有关责任人员，可以由其所在单位或者上级主管机关给予行政处分。

第四十二条 当事人对行政处罚决定不服的，可以在接到处罚通知之日起十五日内，向作出处罚决定的机关的上一级机关申请复议；对复议决定不服的，可以在接到复议决定之日起十五日内，直接向人民法院起诉。当事人也可以在接到处罚通知之日起十五日内，直接向人民法院起诉。当事人逾期不申请复议、也不向人民法院起诉、又不履行处罚决定的，由作出处罚决定的机关申请人民法院强制执行。

第四十三条 城市规划行政主管部门工作人员中玩忽职守、滥用职权、徇私舞弊的，由其所在单位或者上级主管机关给予行政处分；构成犯罪的，依法追究刑事责任。

第六章 附 则

第四十四条 未设镇建制的工矿区的居民点，参照本法执行。

第四十五条 国务院城市规划行政主管部门根据本法制定实施条例，报国务院批准后施行。

省、自治区、直辖市人民代表大会常务委员会可以根据本法制定实施办法。

第四十六条 本法自1990年4月1日起施行。国务院发布的《城市规划条例》同时废止。

2. 城市国有土地使用权出让转让规划管理办法

建设部令第22号

第一条 为了加强城市国有土地使用权出让、转让的规划管理，保证城市规划实施，科学、合理利用城市土地，根据《中华人民共和国城市规划法》、《中华人民共和国土地管理法》、《中华人民共和国城镇国有土地使用权出让和转让暂行条例》和《外商投资开发经营成片土地暂行管理办法》等制定本办法。

第二条 在城市规划区内城市国有土地使用权出让、转让必须符合城市规划，有利于城市经济社会的发展，并遵守本办法。

第三条 国务院城市规划行政主管部门负责全国城市国有土地使用权出让、转让规划管理的指导工作。

省、自治区、直辖市人民政府城市规划行政主管部门负责本省、自治区、直辖市行政区域内城市国有土地使用权出让、转让规划管理的指导工作。

直辖市、市和县人民政府城市规划行政主管部门负责城市规划区内城市国有土地使用权出让、转让的规划管理工作。

第四条 城市国有土地使用权出让的投放量应当与城市土地资源、经济社会发展和市场需求相适应。土地使用权出让、转让应当与建设项目相结合。城市规划行政主管部门和有关部门要根据城市规划实施的步骤和要求，编制城市国有土地使用权出让规划和计划，包括地块数量、用地面积、地块位置、出让步骤等，保证城市国有土地使用权的出让有规划、有步骤、有计划地进行。

第五条 出让城市国有土地使用权，出让前应当制定控制性详细规划。

出让的地块，必须具有城市规划行政主管部门提出的规划设计条件及附图。

第六条 规划设计条件应当包括：地块面积，土地使用性质，容积率，建筑密度，建筑高度，停车泊位，主要出入口，绿地比例，须配置的公共设施、工程设施，建筑界线，开发期限以及其他要求。

附图应当包括：地块区位和现状，地块座标、标高，道路红线座标、标高，出入口位置，建筑界线以及地块周围地区环境与基础设施条件。

第七条 城市国有土地使用权出让、转让合同必须附具规划设计条件及附图。

规划设计条件及附图，出让方和受让方不得擅自变更。在出让、转让过程中确需要变更的，必须经城市规划行政主管部门批准。

第八条 城市用地分等定级应当根据城市各地段的现状和规划要求等因素确定。土地出让金的测算应当把出让地块的规划设计条件作为重要依据之一。在城市政府的统一组织下，城市规划行政主管部门应当和有关部门进行城市用地分等定级和土地出让金的测算。

第九条 已取得土地出让合同的，受让方应当持出让合同依法向城市规划行政主管部门申请建设用地规划许可证。在取得建设用地规划许可证后，方可办理土地使用权属证明。

第十条 通过出让获得的土地使用权再转让时，受让方应当遵守原出让合同附具的规划设计条件，并由受让方向城市规划行政主管部门办理登记手续。

受让方如需改变原规划设计条件，应当先经城市规划行政主管部门批准。

第十一条 受让方在符合规划设计条件外为公众提供公共使用空间或设施的，经城市规划行政主管部门批准后，可给予适当提高容积率的补偿。

受让方经城市规划行政主管部门批准变更规划设计条件而获得的收益，应当按规定比例上交城市政府。

第十二条 城市规划行政主管部门有权对城市国有土地使用权出让、转让过程是否符合城市规划进行监督检查。

第十三条 凡持未附具城市规划行政主管部门提供的规划设计条件及附图的出让、转让合同，或擅自变更的，城市规划行政主管部门不予办理建设用地规划许可证。

凡未取得或擅自变更建设用地规划许可证而办理土地使用权属证明的，土地权属证明无效。

第十四条 各级人民政府城市规划行政主管部门，应当对本行政区域内的城市国有土地使用权出让、转让规划管理情况逐项登记，定期汇总。

第十五条 城市规划行政主管部门应当深化城市土地利用规划，加强规划管理工作。城市规划行政主管部门必须提高办事效率，对申领规划设计条件及附图、建设用地规划许可证的，应当在规定的期限内完成。

第十六条 各省、自治区、直辖市城市规划行政主管部门可以根据本办法制定实施细则，报当地人民政府批准后执行。

第十七条 本办法由建设部负责解释。

第十八条　本办法自1993年1月1日起施行。

3. 建设项目选址规划管理办法

建规［1991］583号

第一条　为了保障建设项目的选址和布局与城市规划密切结合，科学合理，提高综合效益，根据《中华人民共和国城市规划法》和国家基本建设程序的有关规定，制定本办法。

第二条　在城市规划区内新建、扩建、改建工程项目，编制、审批项目建议书和设计任务书，必须遵守本办法。

第三条　县级以上人民政府城市规划行政主管部门负责本行政区域内建设项目选址和布局的规划管理工作。

第四条　城市规划行政主管部门应当了解建设项目建议书阶段的选址工作。各级人民政府计划行政主管部门在审批项目建议书时，对拟安排在城市规划区内的建设项目，要征求同级人民政府城市规划行政主管部门的意见。

第五条　城市规划行政主管部门应当参加建设项目设计任务书阶段的选址工作，对确定安排在城市规划内的建设项目从城市规划方面提出选址意见书。设计任务书报请批准时，必须附有城市规划行政主管部门的选址意见书。

第六条　建设项目选址意见书应当包括下列内容：

（一）建设项目的基本情况

主要是建设项目名称、性质，用地与建设规模，供水与能源的需求量，采取的运输方式与运输量，以及废水、废气、废渣的排放方式和排放量。

（二）建设项目规划选址的主要依据

1. 经批准的项目建议书；

2. 建设项目与城市规划布局的协调；

3. 建设项目与城市交通、通讯、能源、市政、防灾规划的衔接与协调；

4. 建设项目配套的生活设施与城市生活居住及公共设施规划的衔接与协调；

5. 建设项目对于城市环境可能造成的污染影响，以及与城市环境保护规划和风景名胜、文物古迹保护规划的协调。

（三）建设项目选址、用地范围和具体规划要求。

第七条 建设项目选址意见书，按建设项目计划审批权限实行分级规划管理。

县人民政府计划行政主管部门审批的建设项目，由县人民政府城市规划行政主管部门核发选址意见书；

地级、县级市人民政府计划行政主管部门审批的建设项目，由该市人民政府城市规划行政主管部门核发选址意见书；

直辖市、计划单列市人民政府计划行政主管部门审批的建设项目，由直辖市、计划单列市人民政府城市规划行政主管部门核发选址意见书。

省、自治区人民政府计划行政主管部门审批的建设项目，由项目所在地县、市人民政府城市规划行政主管部门提出审查意见，报省、自治区人民政府城市主管部门核发选址意见书；

中央各部门、公司审批的小型和限额以下的建设项目，由项目所在地县、市人民政府城市规划行政主管部门核发选址意见书；

国家审批的大中型和限额以上的建设项目，由项目所在地县、市人民政府城市规划行政主管部门提出审查意见，并报国务院城市规划行政主管部门备案。

第八条 对符合手续的项目，各级人民政府城市规划行政主管部门应在规定的审批期限内核发选址意见书，不得无故拖延。

第九条 本办法自发布之日起施行。

4. 中华人民共和国土地管理法

（1998年8月29日第九届全国人民代表大会
常务委员会第四次会议修订）

第一章　总　　则

第一条　为了加强土地管理，维护土地的社会主义公有制，保护、开发土地资源，合理利用土地，切实保护耕地，促进社会经济的可持续发展，根据宪法，制定本法。

第二条　中华人民共和国实行土地的社会主义公有制，即全民所有制和劳动群众集体所有制。

全民所有，即国家所有土地的所有权由国务院代表国家行使。

任何单位和个人不得侵占、买卖或者以其他形式非法转让土地。土地使用权可以依法转让。

国家为公共利益的需要，可以依法对集体所有的土地实行征用。

国家依法实行国有土地有偿使用制度。但是，国家在法律规定的范围内划拨国有土地使用权的除外。

第三条　十分珍惜、合理利用土地和切实保护耕地是我国的基本国策。各级人民政府应当采取措施，全面规划，严格管理，保护、开发土地资源，制止非法占用土地的行为。

第四条　国家实行土地用途管制制度。

国家编制土地利用总体规划，规定土地用途，将土地分为农用地、建设用地和未利用地。严格限制农用地转为建设用地，控制建设用地总量，对耕地实行特殊保护。

前款所称农用地是指直接用于农业生产的土地，包括耕地、林地、草地、农田水利用地、养殖水面等；建设用地是指建造建筑物、构筑物的土地，包括城乡住宅和公共设施用地、工矿用地、交通水利设施用地、旅游用地、军事设施用地等；未利用地是指农用地和建设用地以外的土地。

使用土地的单位和个人必须严格按照土地利用总体规划确定的用途使用土地。

第五条 国务院土地行政主管部门统一负责全国土地的管理和监督工作。

县级以上地方人民政府土地行政主管部门的设置及其职责，由省、自治区、直辖市人民政府根据国务院有关规定确定。

第六条 任何单位和个人都有遵守土地管理法律、法规的义务，并有权对违反土地管理法律、法规的行为提出检举和控告。

第七条 在保护和开发土地资源、合理利用土地以及进行有关的科学研究等方面成绩显著的单位和个人，由人民政府给予奖励。

第二章 土地的所有权和使用权

第八条 城市市区的土地属于国家所有。

农村和城市郊区的土地，除由法律规定属于国家所有的以外，属于农民集体所有；宅基地和自留地、自留山，属于农民集体所有。

第九条 国有土地和农民集体所有的土地，可以依法确定给单位或者个人使用。使用土地的单位和个人，有保护、管理和合理利用土地的义务。

第十条 农民集体所有的土地依法属于村农民集体所有的，由村集体经济组织或者村民委员会经营、管理；已经分别属于村内两个以上农村集体经济组织的农民集体所有的，由村内各该农村集体经济组织或者村民小组经营、管理；已经属于乡（镇）农民集体所有的，由乡（镇）农村集体经济组织经营、管理。

第十一条 农民集体所有的土地，由县级人民政府登记造册，核发证书，确认所有权。

农民集体所有的土地依法用于非农业建设的，由县级人民政府登记造册，核发证书，确认建设用地使用权。

单位和个人依法使用的国有土地，由县级以上人民政府登记造册，核发证书，确认使用权；其中，中央国家机关使用的国有土地的具体登记发证机关，由国务院确定。

确认林地、草原的所有权或者使用权，确认水面、滩涂的养殖使用权，分别依照《中华人民共和国森林法》、《中华人民共和国草原法》和《中华人民共和国渔业法》的有关规定办理。

第十二条 依法改变土地权属和用途的，应当办理土地变更登记手续。

第十三条 依法登记的土地的所有权和使用权受法律保护，任何单位和个人不得侵犯。

第十四条 农民集体所有的土地由本集体经济组织的成员承包经营，从事种植业、林业、畜牧业、渔业生产。土地承包经营期限为三十年。发包方和承包方应当订立承包合同，约定双方的权利和义务。承包经营土地的农民有保护和按照承包合同约定的用途合理利用土地的义务。农民的土地承包经营权受法律保护。

在土地承包经营期限内，对个别承包经营者之间承包的土地进行适当调整的，必须经村民会议三分之二以上成员或者三分之二以上村民代表的同意，并报乡（镇）人民政府和县级人民政府农业行政主管部门批准。

第十五条 国有土地可以由单位或者个人承包经营，从事种植业、林业、畜牧业、渔业生产。农民集体所有的土地，可以由本集体经济组织以外的单位或者个人承包经营，从事种植业、林业、畜牧业、渔业生产。发包方和承包方应当订立承包合同，约定双方的权利和义务。土地承包经营的期限由承包合同约定。承包经营土地的单位和个人，有保护和按照承包合同约定的用途合理利用土地的义务。

农民集体所有的土地由本集体经济组织以外的单位或者个人承包经营的，必须经村民会议三分之二以上成员或者三分之二以上村民代表的同意，并报乡（镇）人民政府批准。

第十六条 土地所有权和使用权争议，由当事人协商解决；协商不成的，由人民政府处理。

单位之间的争议，由县级以上人民政府处理；个人之间、个人与单位之间的争议，由乡级人民政府或者县级以上人民政府处理。

当事人对有关人民政府的处理决定不服的，可以自接到处理决定通知之日起三十日内，向人民法院起诉。

在土地所有权和使用权争议解决前，任何一方不得改变土地利用现状。

第三章 土地利用总体规划

第十七条 各级人民政府应当依据国民经济和社会发展规划、国土整治和资源环境保护的要求、土地供给能力以及各项建设对土地的需求，组织编制土地利用总体规划。

土地利用总体规划的规划期限由国务院规定。

第十八条 下级土地利用总体规划应当依据上一级土地利用总体规划编制。

地方各级人民政府编制的土地利用总体规划中的建设用地总量不得超过上一级土地利用总体规划确定的控制指标，耕地保有量不得低于上一级土地利用总体规划确定的控制指标。

省、自治区、直辖市人民政府编制的土地利用总体规划，应当确保本行政区域内耕地总量不减少。

第十九条 土地利用总体规划按照下列原则编制：

（一）严格保护基本农田，控制非农业建设占用农用地；

（二）提高土地利用率；

（三）统筹安排各类、各区域用地；

（四）保护和改善生态环境，保障土地的可持续利用；

（五）占用耕地与开发复垦耕地相平衡。

第二十条 县级土地利用总体规划应当划分土地利用区，明确土地用途。

乡（镇）土地利用总体规划应当划分土地利用区，根据土地使用条件，确定每一块土地的用途，并予以公告。

第二十一条 土地利用总体规划实行分级审批。

省、自治区、直辖市的土地利用总体规划，报国务院批准。

省、自治区人民政府所在地的市、人口在一百万以上的城市以及国务院指定的城市的土地利用总体规划，经省、自治区人民政府审查同意后，报国务院批准。

本条第二款、第三款规定以外的土地利用总体规划，逐级上报省、自治区、直辖市人民政府批准；其中，乡（镇）土地利用总体规划可以由省级人民政府授权的设区的市、自治州人民政府批准。

土地利用总体规划一经批准，必须严格执行。

第二十二条 城市建设用地规模应当符合国家规定的标准，充分利用现有建设用地，不占或者尽量少占农用地。

城市总体规划、村庄和集镇规划，应当与土地利用总体规划相衔接，城市总体规划、村庄和集镇规划中建设用地规模不得超过土地利用总体规划确定的城市和村庄、集镇建设用地规模。

在城市规划区内、村庄和集镇规划区内，城市和村庄、集镇建设用地应当符合城市规划、村庄和集镇规划。

第二十三条 江河、湖泊综合治理和开发利用规划，应当与土地利用总体规划相衔接。在江河、湖泊、水库的管理和保护范围以及蓄洪滞洪区内，土地利用应当符合江河、湖泊综合治理和开发利用规划，符合河道、湖泊行洪、蓄洪和输水的要求。

第二十四条 各级人民政府应当加强土地利用计划管理，实行建设用地总量控制。

土地利用年度计划，根据国民经济和社会发展计划、国家产业政策、土地利用总体规划以及建设用地和土地利用的实际状况编制。土地利用年度计划的编制审批程序与土地利用总体规划的编制审批程序相同，一经审批下达，必须严格执行。

第二十五条 省、自治区、直辖市人民政府应当将土地利用年度计划的执行情况列为国民经济和社会发展计划执行情况的内容，向同级人民代表大会报告。

第二十六条 经批准的土地利用总体规划的修改，须经原批准机关批准；未经批准，不得改变土地利用总体规划确定的土地用途。

经国务院批准的大型能源、交通、水利等基础设施建设用地，需要改变土地利用总体规划的，根据国务院的批准文件修改土地利用总体规划。

经省、自治区、直辖市人民政府批准的能源、交通、水利等基础设施建设用地，需要改变土地利用总体规划的，属于省级人民政府土地利用总体规划批准权限内的，根据省级人民政府的批准文件修改土地利用总体规划。

第二十七条 国家建立土地调查制度。

县级以上人民政府土地行政主管部门会同同级有关部门进行土地调查。土地所有者或者使用者应当配合调查，并提供有关资料。

第二十八条 县级以上人民政府土地行政主管部门会同同级有关部门根据土地调查成果、规划土地用途和国家制定的统一标准，评定土地等级。

第二十九条 国家建立土地统计制度。

县级以上人民政府土地行政主管部门和同级统计部门共同制定统计调查方案，依法进行土地统计，定期发布土地统计资料。土地所有者或者使用者应当提供有关资料，不得虚报、瞒报、拒报、迟报。

土地行政主管部门和统计部门共同发布的土地面积统计资料是各级人民政府编制土地利用总体规划的依据。

第三十条 国家建立全国土地管理信息系统，对土地利用状况进行动态监测。

第四章 耕 地 保 护

第三十一条 国家保护耕地，严格控制耕地转为非耕地。

国家实行占用耕地补偿制度。非农业建设经批准占用耕地的，按照“占多少，垦多少”的原则，由占用耕地的单位负责开垦与所占用耕地的数量和质量相当的耕地；没有条件开垦或者开垦的耕地不符合要求的，应当按照省、自治区、直辖市的规定缴纳耕地开垦费，专款用于开垦新的耕地。

省、自治区、直辖市人民政府应当制定开垦耕地计划，监督占用耕地的单位按照计划开垦耕地或者按照计划组织开垦耕地，并进行验收。

第三十二条 县级以上地方人民政府可以要求占用耕地的单位将所占用耕地耕作层的土壤用于新开垦耕地、劣质地或者其他耕地的土壤改良。

第三十三条 省、自治区、直辖市人民政府应当严格执行土地利用总体规划和土地利用年度计划，采取措施，确保本行政区域内耕地总量不减少；耕地总量减少的，由国务院责令在规定期限内组织开垦与所减少耕地的数量与质量相当的耕地，并由国务院土地行政主管部门会同农业行政主管部门验收。个别省、直辖市确因土地后备资源匮乏，新增建设用地后，新开垦耕地的数量不足以补偿所占用耕地的数量的，必须报经国务院批准减免本行政区域内开垦耕地的数量，进行易地开垦。

第三十四条 国家实行基本农田保护制度。下列耕地应当根据土地利用总体规划划入基本农田保护区，严格管理：

（一）经国务院有关主管部门或者县级以上地方人民政府批准确定的粮、棉、油生产基地内的耕地；

（二）有良好的水利与水土保持设施的耕地，正在实施改造计划以及可以改造的中、低产田；

（三）蔬菜生产基地；

（四）农业科研、教学试验田；

（五）国务院规定应当划入基本农田保护区的其他耕地。

各省、自治区、直辖市划定的基本农田应当占本行政区域内耕地的百分之八十以上。

基本农田保护区以乡（镇）为单位进行划区定界，由县级人民政府土地行政主管部门会同同级农业行政主管部门组织实施。

第三十五条 各级人民政府应当采取措施，维护排灌工程设施，改良土壤，提高地力，防止土地荒漠化、盐渍化、水土流失和污染土地。

第三十六条 非农业建设必须节约使用土地，可以利用荒地的，不得占用耕地；可以利用劣地的，不得占用好地。

禁止占用耕地建窑、建坟或者擅自在耕地上建房、挖砂、采石、采矿、取土等。

禁止占用基本农田发展林果业和挖塘养鱼。

第三十七条 禁止任何单位和个人闲置、荒芜耕地。已经办理审批手续的非农业建设占用耕地，一年内不用而又可以耕种并收获的，应当由原耕种该幅耕地的集体或者个人恢复耕种，也可以由用地单位组织耕种；一年以上未动工建设的，应当按照省、自治区、直辖市的规定缴纳闲置费；连续二年未使用的，经原批准机关批准，由县级以上人民政府无偿收回用地单位的土地使用权；该幅土地原为农民集体所有的，应当交由原农村集体经济组织恢复耕种。

在城市规划区范围内，以出让方式取得土地使用权进行房地产开发的闲置土地，依照《中华人民共和国城市房地产管理法》的有关规定办理。

承包经营耕地的单位或者个人连续二年弃耕抛荒的，原发包单位应当终止承包合同，收回发包的耕地。

第三十八条 国家鼓励单位和个人按照土地利用总体规划，在保护和改善生态环境、防止水土流失和土地荒漠化的前提下，开发未利用的土地；适宜开发为农用地的，应当优先开发成农用地。

国家依法保护开发者的合法权益。

第三十九条 开垦未利用的土地，必须经过科学论证和评估，在土地利用总体规划划定的可开垦的区域内，经依法批准后进行。禁止毁坏森林、草原开垦耕地，禁止围湖造田和侵占江河滩地。

根据土地利用总体规划，对破坏生态环境开垦、围垦的土地，有计划有步骤地退耕还林、还牧、还湖。

第四十条 开发未确定使用权的国有荒山、荒地、荒滩从事种植业、林业、畜牧业、渔业生产的，经县级以上人民政府依法批准，可以确定给开发单位或者个人长期使用。

第四十一条 国家鼓励土地整理。县、乡（镇）人民政府应当组织农村集体经济组织，按照土地利用总体规划，对田、水、路、林、村综合整治，提高耕地质量，增加有效耕地面积，改善农业生产条件和生态环境。

地方各级人民政府应当采取措施，改造中、低产田，整治闲散地和废弃地。

第四十二条 因挖损、塌陷、压占等造成土地破坏，用地单位和个人应当按照国家有关规定负责复垦；没有条件复垦或者复垦不符合要求的，应当缴纳土地复垦费，专项用于土地复垦。复垦的土地应当优先用于农业。

第五章 建 设 用 地

第四十三条 任何单位和个人进行建设，需要使用土地的，必须依法申请使用国有土地；但是，兴办乡镇企业和村民建设住宅经依法批准使用本集体经济组织农民集体所有的土地的，或者乡(镇)村公共设施和公益事业建设经依法批准使用农民集体所有的土地的除外。

前款所称依法申请使用的国有土地包括国家所有的土地和国家征用的原属于农民集体所有的土地。

第四十四条 建设占用土地，涉及农用地转为建设用地的，应当办理农用地转用审批手续。

省、自治区、直辖市人民政府批准的道路、管线工程和大型基础设施建设项目、国务院批准的建设项目占用土地，涉及农用地转为建设用地的，由国务院批准。

在土地利用总体规划确定的城市和村庄、集镇建设用地规模范围内，为实施该规划而将农用地转为建设用地的，按土地利用年度计划分批次由原批准土地利用总体规划的机关批准。在已批准的农用地转用范围内，具体建设项目用地可以由市、县人民政府批准。

本条第二款、第三款规定以外的建设项目占用土地，涉及农用地转为建设用地的，由省、自治区、直辖市人民政府批准。

第四十五条　征用下列土地的，由国务院批准：

（一）基本农田；

（二）基本农田以外的耕地超过三十五公顷的；

（三）其他土地超过七十公顷的。

征用前款规定以外的土地的，由省、自治区、直辖市人民政府批准，并报国务院备案。

征用农用地的，应当依照本法第四十四条的规定先行办理农用地转用审批。其中，经国务院批准农用地转用的，同时办理征地审批手续，不再另行办理征地审批；经省、自治区、直辖市人民政府在征地批准权限内批准农用地转用的，同时办理征地审批手续，不再另行办理征地审批，超过征地批准权限的，应当依照本条第一款的规定另行办理征地审批。

第四十六条　国家征用土地的，依照法定程序批准后，由县级以上地方人民政府予以公告并组织实施。

被征用土地的所有权人、使用权人应当在公告规定期限内，持土地权属证书到当地人民政府土地行政主管部门办理征地补偿登记。

第四十七条　征用土地的，按照被征用土地的原用途给予补偿。

征用耕地的补偿费用包括土地补偿费、安置补助费以及地上附着物和青苗的补偿费。征用耕地的土地补偿费，为该耕地被征用前三年平均年产值的六至十倍。征用耕地的安置补助费，按照需要安置的农业人口数计算。需要安置的农业人口数，按照被征用的耕地数量除以征地前被征用单位平均每人占有耕地的数量计算。每一个需要安置的农业人口的安置补助费标准，为该耕地被征用前三年平均年产值的四至六倍。但是，每公顷被征用耕地的安置补助费，最高不得超过被征用前三年平均年产值的十五倍。

征用其他土地的土地补偿费和安置补助费标准，由省、自治区、直辖市参照征用耕地的土地补偿费和安置补助费的标准规定。

被征用土地上的附着物和青苗的补偿标准，由省、自治区、直辖市规定。

征用城市郊区的菜地，用地单位应当按照国家有关规定缴纳新菜地开发建设基金。

依照本条第二款的规定支付土地补偿费和安置补助费，尚不能使需要安置的农民保持原有生活水平的，经省、自治区、直辖市人民政府批准，可以增加安置补助费。但是，土地补偿费和安置补助费的总和不得超过土地被征用前三年平均年产值的三十倍。

国务院根据社会、经济发展水平，在特殊情况下，可以提高征用耕地的土地补偿费和安置补助费的标准。

第四十八条 征地补偿安置方案确定后，有关地方人民政府应当公告，并听取被征地的农村集体经济组织和农民的意见。

第四十九条 被征地的农村集体经济组织应当将征用土地的补偿费用的收支状况向本集体经济组织的成员公布，接受监督。

禁止侵占、挪用被征用土地单位的征地补偿费用和其他有关费用。

第五十条 地方各级人民政府应当支持被征地的农村集体经济组织和农民从事开发经营，兴办企业。

第五十一条 大中型水利、水电工程建设征用土地的补偿费标准和移民安置办法，由国务院另行规定。

第五十二条 建设项目可行性研究论证时，土地行政主管部门可以根据土地利用总体规划、土地利用年度计划和建设用地标准，对建设用地有关事项进行审查，并提出意见。

第五十三条 经批准的建设项目需要使用国有建设用地的，建设单位应当持法律、行政法规规定的有关文件，向有批准权的县级以上人民政府土地行政主管部门提出建设用地申请，经土地行政主管部门审查，报本级人民政府批准。

第五十四条 建设单位使用国有土地，应当以出让等有偿使用方式取得；但是，下列建设用地，经县级以上人民政府依法批准，可以以划拨方式取得：

（一）国家机关用地和军事用地；

（二）城市基础设施用地和公益事业用地；

（三）国家重点扶持的能源、交通、水利等基础设施用地；

（四）法律、行政法规规定的其他用地。

第五十五条 以出让等有偿使用方式取得国有土地使用权的建设单位，按照国务院规定的标准和办法，缴纳土地使用权出让金等土地有偿使用费和其他费用后，方可使用土地。

自本法施行之日起，新增建设用地的土地有偿使用费，百分之三十上缴中央财政，百分之七十留给有关地方人民政府，都专项用于耕地开发。

第五十六条 建设单位使用国有土地的，应当按照土地使用权出让等有偿使用合同的约定或者土地使用权划拨批准文件的规定使用土地；确需改变该幅土地建设用途的，应当经有关人民政府土地行政主管部门同意，报原批准用地的人民政府批准。其中，在城市规划区内改变土地用途的，在报批前，应当先经有关城市规划行政主管部门同意。

第五十七条 建设项目施工和地质勘查需要临时使用国有土地或者农民集体所有的土地的，由县级以上人民政府土地行政主管部门批准。其中，在城市规划区内的临时用地，在报批前，应当先经有关城市规划行政主管部门同意。土地使用者应当根据土地权属，与有关土地行政主管部门或者农村集体经济组织、村民委员会签订临时使用土地合同，并按照合同的约定支付临时使用土地补偿费。

临时使用土地的使用者应当按照临时使用土地合同约定的用途使用土地，并不得修建永久性建筑物。

临时使用土地期限一般不超过二年。

第五十八条　有下列情形之一的，由有关人民政府土地行政主管部门报经原批准用地的人民政府或者有批准权的人民政府批准，可以收回国有土地使用权：

（一）为公共利益需要使用土地的；

（二）为实施城市规划进行旧城区改建，需要调整使用土地的；

（三）土地出让等有偿使用合同约定的使用期限届满，土地使用者未申请续期或者申请续期未获批准的；

（四）因单位撤销、迁移等原因，停止使用原划拨的国有土地的；

（五）公路、铁路、机场、矿场等经核准报废的。

依照前款第（一）项、第（二）项的规定收回国有土地使用权的，对土地使用权人应当给予适当补偿。

第五十九条　乡镇企业、乡（镇）村公共设施、公益事业、农村村民住宅等乡（镇）村建设，应当按照村庄和集镇规划，合理布局，综合开发，配套建设；建设用地，应当符合乡（镇）土地利用总体规划和土地利用年度计划，并依照本法第四十四条、第六十条、第六十一条、第六十二条的规定办理审批手续。

第六十条　农村集体经济组织使用乡（镇）土地利用总体规划确定的建设用地兴办企业或者与其他单位、个人以土地使用权入股、联营等形式共同举办企业的，应当持有关批准文件，向县级以上地方人民政府土地行政主管部门提出申请，按照省、自治区、直辖市规定的批准权限，由县级以上地方人民政府批准；其中，涉及占用农用地的，依照本法第四十四条的规定办理审批手续。

按照前款规定兴办企业的建设用地，必须严格控制。省、自治区、直辖市可以按照乡镇企业的不同行业和经营规模，分别规定用地标准。

第六十一条 乡（镇）村公共设施、公益事业建设，需要使用土地的，经乡（镇）人民政府审核，向县级以上地方人民政府土地行政主管部门提出申请，按照省、自治区、直辖市规定的批准权限，由县级以上地方人民政府批准；其中，涉及占用农用地的，依照本法第四十四条的规定办理审批手续。

第六十二条 农村村民一户只能拥有一处宅基地，其宅基地的面积不得超过省、自治区、直辖市规定的标准。

农村村民建住宅，应当符合乡（镇）土地利用总体规划，并尽量使用原有的宅基地和村内空闲地。

农村村民住宅用地，经乡（镇）人民政府审核，由县级人民政府批准；其中，涉及占用农用地的，依照本法第四十四条的规定办理审批手续。

农村村民出卖、出租住房后，再申请宅基地的，不予批准。

第六十三条 农民集体所有的土地的使用权不得出让、转让或者出租用于非农业建设；但是，符合土地利用总体规划并依法取得建设用地的企业，因破产、兼并等情形致使土地使用权依法发生转移的除外。

第六十四条 在土地利用总体规划制定前已建的不符合土地利用总体规划确定的用途的建筑物、构筑物，不得重建、扩建。

第六十五条 有下列情形之一的，农村集体经济组织报经原批准用地的人民政府批准，可以收回土地使用权：

（一）为乡（镇）村公共设施和公益事业建设，需要使用土地的；

（二）不按照批准的用途使用土地的；

（三）因撤销、迁移等原因而停止使用土地的。

依照前款第（一）项规定收回农民集体所有的土地的，对土地使用权人应当给予适当补偿。

第六章 监 督 检 查

第六十六条 县级以上人民政府土地行政主管部门对违反土地管理法律、法规的行为进行监督检查。

土地管理监督检查人员应当熟悉土地管理法律、法规，忠于职守、秉公执法。

第六十七条 县级以上人民政府土地行政主管部门履行监督检查职责时，有权采取下列措施：

（一）要求被检查的单位或者个人提供有关土地权利的文件和资料，进行查阅或者予以复制；

（二）要求被检查的单位或者个人就有关土地权利的问题作出说明；

（三）进入被检查单位或者个人非法占用的土地现场进行勘测；

（四）责令非法占用土地的单位或者个人停止违反土地管理法律、法规的行为。

第六十八条 土地管理监督检查人员履行职责，需要进入现场进行勘测、要求有关单位或者个人提供文件、资料和作出说明的，应当出示土地管理监督检查证件。

第六十九条 有关单位和个人对县级以上人民政府土地行政主管部门就土地违法行为进行的监督检查应当支持与配合，并提供工作方便，不得拒绝与阻碍土地管理监督检查人员依法执行职务。

第七十条 县级以上人民政府土地行政主管部门在监督检查工作中发现国家工作人员的违法行为，依法应当给予行政处分的，应当依法予以处理；自己无权处理的，应当向同级或者上级人民政府的行政监察机关提出行政处分建议书，有关行政监察机关应当依法予以处理。

第七十一条 县级以上人民政府土地行政主管部门在监督检查工作中发现土地违法行为构成犯罪的，应当将案件移送有关机关，依法追究刑事责任；不构成犯罪的，应当依法给予行政处罚。

第七十二条 依照本法规定应当给予行政处罚，而有关土地行政主管部门不给予行政处罚的，上级人民政府土地行政主管部门有权责令有关土地行政主管部门作出行政处罚决定或者直接给予行政处罚，并给予有关土地行政主管部门的负责人行政处分。

第七章 法律责任

第七十三条 买卖或者以其他形式非法转让土地的，由县级以上人民政府土地行政主管部门没收违法所得；对违反土地利用总体规划擅自将农用地改为建设用地的，限期拆除在非法转让的土地上新建的建筑物和其他设施，恢复土地原状，对符合土地利用总体规划的，没收在非法转让的土地上新建的建筑物和其他设施；可以并处罚款；对直接负责的主管人员和其他直接责任人员，依法给予行政处分；构成犯罪的，依法追究刑事责任。

第七十四条 违反本法规定，占用耕地建窑、建坟或者擅自在耕地上建房、挖砂、采石、采矿、取土等，破坏种植条件的，或者因开发土地造成土地荒漠化、盐渍化的，由县级以上人民政府土地行政主管部门责令限期改正或者治理，可以并处罚款；构成犯罪的，依法追究刑事责任。

第七十五条 违反本法规定，拒不履行土地复垦义务的，由县级以上人民政府土地行政主管部门责令限期改正；逾期不改正的，责令缴纳复垦费，专项用于土地复垦，可以处以罚款。

第七十六条 未经批准或者采取欺骗手段骗取批准，非法占用土地的，由县级以上人民政府土地行政主管部门责令退还非法占用的土地，对违反土地利用总体规划擅自将农用地改为建设用地的，限期拆除在非法占用的土地上新建的建筑物和其他设施，恢复土地原状，对符合土地利用总体规划的，没收在非法占用的土地上新建的建筑物和其他设施，可以并处罚款；对非法占用土地单位的直接负责的主管人员和其他直接责任人员，依法给予行政处分；构成犯罪的，依法追究刑事责任。

超过批准的数量占用土地，多占的土地以非法占用土地论处。

第七十七条 农村村民未经批准或者采取欺骗手段骗取批准，非法占用土地建住宅的，由县级以上人民政府土地行政主管部门责令退还非法占用的土地，限期拆除在非法占用的土地上新建的房屋。

超过省、自治区、直辖市规定的标准，多占的土地以非法占用土地论处。

第七十八条 无权批准征用、使用土地的单位或者个人非法批准占用土地的，超越批准权限非法批准占用土地的，不按照土地利用总体规划确定的用途批准用地的，或者违反法律规定的程序批准占用、征用土地的，其批准文件无效，对非法批准征用、使用土地的直接负责的主管人员和其他直接责任人员，依法给予行政处分；构成犯罪的，依法追究刑事责任。非法批准、使用的土地应当收回，有关当事人拒不归还的，以非法占用土地论处。

非法批准征用、使用土地，对当事人造成损失的，依法应当承担赔偿责任。

第七十九条 侵占、挪用被征用土地单位的征地补偿费用和其他有关费用，构成犯罪的，依法追究刑事责任；尚不构成犯罪的，依法给予行政处分。

第八十条 依法收回国有土地使用权当事人拒不交出土地的，临时使用土地期满拒不归还的，或者不按照批准的用途使用国有土地的，由县级以上人民政府土地行政主管部门责令交还土地，处以罚款。

第八十一条 擅自将农民集体所有的土地的使用权出让、转让或者出租用于非农业建设的，由县级以上人民政府土地行政主管部门责令限期改正，没收违法所得，并处罚款。

第八十二条 不依照本法规定办理土地变更登记的，由县级以上人民政府土地行政主管部门责令其限期办理。

第八十三条 依照本法规定，责令限期拆除在非法占用的土地上新建的建筑物和其他设施的，建设单位或者个人必须立即停止施工，自行拆除；对继续施工的，作出处罚决定的机关有权制止。建设单位或者个人对责令限期拆除的行政处罚决定不服的，可以在接到责令限期拆除决定之日起十五日内，向人民法院起诉；期满不起诉又不自行拆除的，由作出处罚决定的机关依法申请人民法院强制执行，费用由违法者承担。

第八十四条 土地行政主管部门的工作人员玩忽职守、滥用职权、徇私舞弊，构成犯罪的，依法追究刑事责任；尚不构成犯罪的，依法给予行政处分。

第八章 附 则

第八十五条 中外合资经营企业、中外合作经营企业、外资企业使用土地的，适用本法；法律另有规定的，从其规定。

第八十六条 本法自1999年1月1日起施行。

5. 中华人民共和国土地管理法实施条例

国务院令第256号

第一章 总 则

第一条 根据《中华人民共和国土地管理法》（以下简称《土地管理法》），制定本条例。

第二章 土地的所有权和使用权

第二条 下列土地属于全民所有即国家所有：

（一）城市市区的土地；

（二）农村和城市郊区中已经依法没收、征收、征购为国有的土地；

（三）国家依法征用的土地；

（四）依法不属于集体所有的林地、草地、荒地、滩涂及其他土地；

（五）农村集体经济组织全部成员转为城镇居民的，原属于其成员集体所有的土地；

（六）因国家组织移民、自然灾害等原因，农民成建制地集体迁移后不再使用的原属于迁移农民集体所有的土地。

第三条 国家依法实行土地登记发证制度。依法登记的土地所有权和土地使用权受法律保护，任何单位和个人不得侵犯。

土地登记内容和土地权属证书式样由国务院土地行政主管部门统一规定。

土地登记资料可以公开查询。

确认林地、草原的所有权或者使用权，确认水面滩涂的养殖使用权，分别依照《森林法》、《草原法》和《渔业法》的有关规定办理。

第四条 农民集体所有的土地，由土地所有者向土地所在地的县级人民政府土地行政主管部门提出土地登记申请，由县级人民政府登记造册，核发集体土地所有权证书，确认所有权。

农民集体所有的土地依法用于非农业建设的，由土地使用者向土地所在地的县级人民政府土地行政主管部门提出土地登记申请，由县级人民政府登记造册，核发集体土地使用权证书，确认建设用地使用权。

设区的市人民政府可以对市辖区内农民集体所有的土地实行统一登记。

第五条 单位和个人依法使用的国有土地，由土地使用者向土地所在地的县级以上人民政府土地行政主管部门提出土地登记申请，由县级以上人民政府登记造册，核发国有土地使用权证书，确认使用权。其中，中央国家机关使用的国有土地的登记发证，由国务院土地行政主管部门负责，具体登记证办法由国务院土地行政主管部门会同国务院机关事务管理局等有关部门制定。

未确定使用权的国有土地，由县级以上人民政府登记造册，负责保护管理。

第六条 依法改变土地所有权、使用权的，因依法转让地上建筑物、构筑物等附着物导致土地使用权转移的，必须向土地所在地的县级以上人民政府土地行政主管部门提出土地变更申请，由原土地登记机关依法进行土地所有权、使用权变更登记。土地所有权、使用权的变更，自变更登记之日起生效。

依法改变土地用途的，必须持批准文件，向土地所在地的县级以上人民改府土地行政主管部门提出土地变更登记申请，由原土地登记机关依法进行变更登记。

第七条 依照《土地管理法》的有关规定，收回用地单位的土地使用权的，由原土地登记机关注销土地登记。

土地使用权有偿使用合同约定的使用期限届满，土地使用者未申请续期或者虽申请续期未获批准的，由原土地登记机关注销土地登记。

第三章 土地利用总体规划

第八条 全国土地利用总体规划，由国务院土地行政主管部门会同国务院有关部门编制，报国务院批准。

省、自治区、直辖市的土地利用总体规划，由省、自治区、直辖市人民政府组织本级土地行政主管部门和其他有关部门编制，报国务院批准。

省，自治区人民政府所在地的市、人口在100万以上的城市以及国务院指定的城市的土地利用总体规划，由各该市人民政府组织本级土地行政主管部门和其他有关部门编制，经省、自治区人民政府审查同意后，报国务院批准。

本条第一款、第二款、第三款规定以外的土地利用总体规划，由有关人民政府组织本级土地行政主管部门和其他有关部门编制，逐级上报省、自治区、直辖市人民政府批准；其中，乡（镇）土地利用总体规划，由乡（镇）人民政府编制，逐级上报省、自治区、直辖市人民政府或者省、自治区、直辖市人民政府授权的设区的市、自治州人民政府批准。

第九条 土地利用总体规划的规划期限一般为15年。

第十条 依照《土地管理法》规定，土地利用总体规划应当将土地划分为农用地、建设用地和未利用地。

县级和乡（镇）土地利用总体规划应当根据需要，划定基本农田保护区、土地开垦区、建设用地区和禁止开垦区等；其中，乡（镇）土地利用总体规划还应当根据土地使用条件，确定每一块土地的用途。

土地分类和划定土地利用区的具体办法，由国务院土地行政主管部门会同国务院有关部门制定。

第十一条 乡（镇）土地利用总体规划经依法批准后，乡（镇）人民政府应当在本行政区域内予以公告。

公告应当包括下列内容：

（一）规划目标；

（二）规划期限；

（三）规划范围；

（四）地块用途；

（五）批准机关和批准日期。

第十二条 依照《土地管理法》第二十六条第二款、第三款规定修改土地利用总体规划的，由原编制机关根据国务院或者省、自治区、直辖市人民政府的批准文件修改。修改后的土地利用总体规划应当报原批准机关批准。

上一级土地利用总体规划修改后，涉及修改下一级土地利用总体规划的，由上一级人民政府通知下一级人民政府作出相应修改，并报原批准机关备案。

第十三条 各级人民政府应当加强土地利用年度计划管理，实行建设用地总量控制。土地利用年度计划一经批准下达，必须严格执行。

土地利用年度计划应当包括下列内容：

（一）农用地转用计划指标；

（二）耕地保有量计划指标；

（三）土地开发整理计划指标。

第十四条 县级以上人民政府土地行政主管部门应当会同同级有关部门进行土地调查。

土地调查应当包括下列内容：

（一）土地权属；

（二）土地利用现状；

（三）土地条件。

地方土地利用现状调查结果，经本级人民政府审核，报上一级人民政府批准后，应当向社会公布；全国土地利用现状调查结果，报国务院批准后，应当向社会公布。土地调查规程，由国务院土地行政主管部门会同国务院有关部门制定。

第十五条 国务院土地行政主管部门会同国务院有关部门制定土地等级评定标准。

县级以上人民政府土地行政主管部门应当会同同级有关部门根据土地等级评定标准，对土地等级进行评定。地方土地等级评定结果，经本级人民政府审核，报上一级人民政府土地行政主管部门批准后，应当向社会公布。

根据国民经济和社会发展状况，土地等级每 6 年调整 1 次。

第四章 耕 地 保 护

第十六条 在土地利用总体规划确定的城市和村庄、集镇建设用地范围内，为实施城市规划和村庄、集镇规划占用耕地，以及在土地利用总体规划确定的城市建设用地范围外的能源、交通、水利、矿山、军事设施等建设项目占用耕地的，分别由市、县人民政府、农村集体经济组织和建设单位依照《土地管理法》第三十一条的规定负责开垦耕地；没有条件开垦或者开垦的耕地不符合要求的，应当按照省、自治区、直辖市的规定缴纳耕地开垦费。

第十七条 禁止单位和个人在土地利用总体规划确定的禁止开垦区内从事土地开发活动。

在土地利用总体规划确定的土地开垦区内，开发未确定土地使用权的国有荒山、荒地、荒滩从事种植业、林业、畜牧业、渔业生产的，应当向土地所在地的县级以上人民政府土地行政主管部门提出申请，报有批准权的人民政府批准。

一次性开发未确定土地使用权的国有荒山、荒地、荒滩600公顷以下的，按照省、自治区、直辖市规定的权限，由县级以上地方人民政府批准；开发600公顷以上的，报国务院批准。

开发未确定土地使用权的国有荒山、荒地、荒滩从事种植业、林业、畜牧业或者渔业生产的，经县级以上人民政府依法批准，可以确定给开发单位或者个人长期使用，使用期限最长不得超过50年。

第十八条 县、乡（镇）人民政府应当按照土地利用总体规划，组织农村集体经济组织制定土地整理方案，并组织实施。

地方各级人民政府应当采取措施，按照土地利用总体规划推进土地整理。土地整理新增耕地面积的百分之六十可以用作折抵建设占用耕地的补偿指标。

土地整理所需费用，按照谁受益谁负担的原则，由农村集体经济组织和土地使用者共同承担。

第五章 建 设 用 地

第十九条 建设占用土地，涉及农用地转为建设用地的，应当符合土地利用总体规划和土地利用年度计划中确定的农用地转用指标；城市和村庄、集镇建设占用土地，涉及农用地转用的，还应当符合城市规划和村庄、集镇规划。不符合规定的，不得批准农用地转为建设用地。

第二十条 在土地利用总体规划确定的城市建设用地范围内，为实施城市规划占用土地的，按照下列规定办理：

（一）市、县人民政府按照土地利用年度计划拟订农用地转用方案、补充耕地方案、征用土地方案，分批次逐级上报有批准权的人民政府。

（二）有批准权的人民政府土地行政主管部门对农用地转用方案、补充耕地方案、证用土地方案进行审查，提出审查意见，报有批准权的人民政府批准；其中，补充耕地方案由批准农用地转用方案的人民政府在批准农用地转用方案时一并批准。

（三）农用地转用方案、补充耕地方案、征用土地方案经批准后，由市、县人民政府组织实施，按具体建设项目分别供地。

在土地利用总体规划确定的村庄、集镇建设用地范围内，为实施村庄、集镇规划占用土地的，由市、县人民政府拟订农用地转用方案、补充耕地方案，依照前款规定的程序办理。

第二十一条　具体建设项目需要使用土地的，建设单位应当根据建设项目的总体设计一次申请，办理建设用地审批手续；分期建设的项目，可以根据可行性研究报告确定的方案分期申请建设用地、分期办理建设用地有关审批手续。

第二十二条　具体建设项目需要占用土地利用总体规划确定的城市建设用地范围内的国有建设用地的，按照下列规定办理：

（一）建设项目可行性研究论证时，由土地行政主管部门对建设项目用地有关事项进行审查，提出建设项目用地预审报告；可行性研究报告报批时，必须附具土地行政主管部门出具的建设项目用地预审报告。

（二）建设单位持建设项目的有关批准文件，向市、县人民政府土地行政主管部门提出建设用地申请，由市、县人民政府土地行政主管部门审查，拟订供地方案，报市、县人民政府批准；需要上级人民政府批准的；应当报上级人民政府批准。

（三）供地方案经批准后，由市、县人民政府向建设单位颁发建设用地批准书。有偿使用国有土地的，由市、县人民政府土地行政主管部门与土地使用者签订国有土地有偿使用合同；划拨使用国有土地的，由市、县人民政府土地行政主管部门向土地使用者核发国有土地划拨决定书。

（四）土地使用者应当依法申请土地登记。

通过招标、拍卖方式提供国有建设用地使用权的，由市、县人民政府土地行政主管部门会同有关部门拟订方案，报市、县人民政府批准后，由市、县人民政府土地行政主管部门组织实施，并与土地使用者签订土地有偿使用合同。土地使用者应当依法申请土地登记。

第二十三条 具体建设项目需要使用土地的，必须依法申请使用土地利用总体规划确定的城市建设用地范围内的国有建设用地。能源、交通、水利、矿山、军事设施等建设项目确需使用土地利用总体规划确定的城市建设用地范围外的土地，涉及农用地的，按照下列规定办理：

（一）建设项目可行性研究论证时，由土地行政主管部门对建设项目用地有关事项进行审查，提出建设项目用地预审报告；可行性研究报告报批时，必须附具土地行政主管部门出具的建设项目用地预审报告。

（二）建设单位持建设项目的有关批准文件，向市、县人民政府土地行政主管部门提出建设用地申请，由市、县人民政府土地行政主管部门审查，拟定订征农用地转用方案、补充耕地方案、征用土地方案和供地方案（涉及国有农用地的，不拟订征用土地方案），经市、县人民政府审核同意后，逐级上报有批准权的人民政府批准；其中，补充耕地方案由批准农用地转用方案的人民政府在批准农用地转用方案时一并批准；供地方案由批准征用土地的人民政府在批准征用土地方案时一并批准（涉及国有农用地的，供地方案由批准农用地转用的人民政府在批准农用地转用方案时一并批准）。

（三）农用地转用方案、补充耕地方案、征用土地方案和供地方案经批准后，由市、县人民政府组织实施，向建设单位颁发建设用地批准书。有偿使用国有土地的，由市、县人民政府土地行政主管部门与土地使用者签订国有土地有偿使用合同；划拨使用国有土地的，由市、县人民政府土地行政主管部门向土地使用者核发国有土地划拨决定书。

（四）十地使用者应当依法申请土地登记。

建设项目确需使用土地利用总体规划确定的城市建设用地范围外的土地，涉及农民集体所有的未利用地的，只报批征用土地方案和供地方案。

第二十四条 具体建设项目需要占用土地利用总体规划确定的国有未利用地的，按照省、自治区、直辖市的规定办理；但是，国家重点建设项目、军事设施和跨省、自治区、直辖市行政区域的建设项目以及国务院规定的其他建设项目用地，应当报国务院批准。

第二十五条 征用土地方案经依法批准后，由被征用土地所在地的市、县人民政府组织实施，并将批准征地机关、批准文号、征用土地的用途、范围、面积以及征地补偿标准、农业人员安置办法和办理征地补偿的期限等，在被征用土地所在地的乡（镇）、村予以公告。被征用土地的所有权人、使用权人应当在公告规定的期限内，持土地权属证书到公告指定的人民政府土地行政主管部门办理征地补偿登记。

市、县人民政府土地行政主管部门根据经批准的征用土地方案，会同有关部门拟订征地补偿、安置方案，在被征用土地所在地的乡（镇）、村予以公告，听取被征用土地的农村集体经济组织和农民的意见。征地补偿。安置方案报市、县人民政府批准后，由市、县人民政府土地行政主管部门组织实施。对补偿标准有争议的，由县级以上地方人民政府协调；协调不成的，由批准征用土地的人民政府裁决。征地补偿、安置争议不影响征用土地方案的实施。

征用土地的各项费用应当自征地补偿、安置方案批准之日起3个月内全额支付。

第二十六条 土地补偿费归农村集体经济组织所有；地上附着物及青苗补偿费归地上附着物及青苗的所有者所有。

征用土地的安置补助费必须专款专用，不得挪作他用。需要安置的人员由农村集体经济组织安置的，安置补助费支付给农村集体经济组织，由农村集体经济组织管理和使用；由其他单位安置的，安置补助费支付给安置单位；不需要统一安置的，安置补助费发放给被安置人员个人或者征得被安置人员同意后用于支付被安置人员的保险费用。

市、县和乡（镇）人民政府应当加强对安置补助费使用情况的监督。

第二十七条 抢险救灾等急需使用土地的，可以先行使用土地。其中，属于临时用地的，灾后应当恢复原状并交还原土地使用者使用，不再办理用地审批手续；属于永久性建设用地的，建设单位应当在灾情结束后6个月内申请补办建设用地审批手续。

第二十八条 建设项目施工和地质勘查需要临时占用耕地的，土地使用者应当自临时用地期满之日起1年内恢复种植条件。

第二十九条 国有土地有偿使用的方式包括：

（一）国有土地使用权出让；

（二）国有土地租赁；

（三）国有土地使用权作价出资或者入股。

第三十条 《土地管理法》第五十五条规定的新增建设用地的土地有偿使用费，是指国家在新增建设用地中应取得的平均土地纯收益。

第六章 监督检查

第三十一条 土地管理监督检查人员应当经过培训，经考核合格后，方可从事土地管理监督检查工作。

第三十二条 土地行政主管部门履行监督检查职责，除采取《土地管理法》第六十七条规定的措施外，还可以采取下列措施：

（一）询问违法案件的当事人、嫌疑人和证人；

（二）进入被检查单位或者个人非法占用的土地现场进行拍照、摄像；

（三）责令当事人停止正在进行的土地违法行为；

（四）对涉嫌土地违法的单位或者个人，停止办理有关土地审批、登记手续；

（五）责令违法嫌疑人在调查期间不得变卖、转移与案件有关的财物。

第三十三条 依照《土地管理法》第七十二条规定给予行政处分的，由责令作出行政处罚决定或者直接给予行政处罚决定的上级人民政府土地行政主管部门作出。对于警告、记过、记大过的行政处分决定、上级土地行政主管部门可以直接作出；对于降级、撤职、开除的行政处分决定，上级土地行政主管部门应当按照国家有关人事管理权限和处理程序的规定，向有关机关提出行政处分建议，由有关机关依法处理。

第七章 法律责任

第三十四条 违反本条例第十七条的规定，在土地利用总体规划确定的禁止开垦区内进行开垦的，由县级以上人民政府土地行政主管部门责令限期改正；逾期不改正的，依照《土地管理法》第七十六条的规定处罚。

第三十五条 在临时使用的土地上修建永久性建筑物、构筑物的，由县级以上人民政府土地行政主管部门责令限期拆除；逾期不拆除的，由作出处罚决定的机关依法申请人民法院强制执行。

第三十六条 对在土地利用总体规划制定前已建的不符合土地利用总体规划确定的用途的建筑物、构筑物重建、扩建的，由县级以上人民政府土地行政主管部门责令限期拆除；逾期不拆除的，由作出处罚决定的机关依法申请人民法院强制执行。

第三十七条 阻碍土地行政主管部门的工作人员依法执行职务的，依法给予治安管理处罚或者追究刑事责任。

第三十八条 依照《土地管理法》第七十三条的规定处以罚款的，罚款额为非法所得的百分之五十以下。

第三十九条 依照《土地管理法》第八十一条的规定处以罚款的，罚款额为非法所得的百分之五以上百分之二十以下。

第四十条 依照《土地管理法》第七十四条的规定处以罚款的，罚款额为耕地开垦费的2倍以下。

第四十一条 依照《土地管理法》第七十五条的规定处以罚款的，罚款额为土地复垦费的 2 倍以下。

第四十二条 依照《土地管理法》第七十六条的规定处以罚款的，罚款额为非法占用土地每平方米 30 元以下。

第四十三条 依照《土地管理法》第八十条的规定处以罚款的，罚款额为非法占用土地每平方米 10 元以上 30 元以下。

第四十四条 违反本条例第二十八条的规定，逾期不恢复种植条件的，由县级以上人民政府土地行政主管部门责令限期改正，可以处耕地复垦费 2 倍以下的罚款。

第四十五条 违反土地管理法律、法规规定，阻挠国家建设征用土地的，由县级以上人民政府土地行政主管部门责令交出土地；拒不交出土地的，申请人民法院强制执行。

第八章 附 则

第四十六条 本条例自 1999 年 1 月 1 日起施行。1991 年 1 月 4 日国务院发布的《中华人民共和国土地管理法实施条例》同时废止。

6. 协议出让国有土地使用权规定

国土资源部令第 21 号

第一条 为加强国有土地资产管理，优化土地资源配置，规范协议出让国有土地使用权行为，根据《中华人民共和国城市房地产管理法》、《中华人民共和国土地管理法》和《中华人民共和国土地管理法实施条例》，制定本规定。

第二条 在中华人民共和国境内以协议方式出让国有土地使用权的，适用本规定。

本规定所称协议出让国有土地使用权，是指国家以协议方式将国有土地使用权在一定年限内出让给土地使用者，由土地使用者向国家支付土地使用权出让金的行为。

第三条 出让国有土地使用权，除依照法律、法规和规章的规定应当采用招标、拍卖或者挂牌方式外，方可采取协议方式。

第四条 协议出让国有土地使用权，应当遵循公开、公平、公正和诚实信用的原则。

以协议方式出让国有土地使用权的出让金不得低于按国家规定所确定的最低价。

第五条 协议出让最低价不得低于新增建设用地的土地有偿使用费、征地（拆迁）补偿费用以及按照国家规定应当缴纳的有关税费之和有基准地价的地区，协议出让最低价不得低于出让地块所在级别基准地价的70%。

低于最低价时国有土地使用权不得出让。

第六条 省、自治区、直辖市人民政府国土资源行政主管部门应当依据本规定第五条的规定拟定协议出让最低价，报同级人民政府批准后公布，由市、县人民政府国土资源行政主管部门实施。

第七条 市、县人民政府国土资源行政主管部门应当根据经济社会发展计划、国家产业政策、土地利用总体规划、土地利用年度计划、城市规划和土地市场状况，编制国有土地使用权出让计划，报同级人民政府批准后组织实施。

国有土地使用权出让计划经批准后，市、县人民政府国土资源行政主管部门应当在土地有形市场等指定场所，或者通过报纸、互联网等媒介向社会公布。

因特殊原因，需要对国有土地使用权出让计划进行调整的，应当报原批准机关批准，并按照前款规定及时向社会公布。

国有土地使用权出让计划应当包括年度土地供应总量、不同用途土地供应面积、地段以及供地时间等内容。

第八条 国有土地使用权出让计划公布后，需要使用土地的单位和个人可以根据国有土地使用权出让计划，在市、县人民政府国土资源行政主管部门公布的时限内，向市、县人民政府国土资源行政主管部门提出意向用地申请。

市、县人民政府国土资源行政主管部门公布计划接受申请的时间不得少于30日。

第九条 在公布的地段上，同一地块只有一个意向用地者的，市、县人民政府国土资源行政主管部门方可按照本规定采取协议方式出让；但商业、旅游、娱乐和商品住宅等经营性用地除外。

同一地块有两个或者两个以上意向用地者的，市、县人民政府国土资源行政主管部门应当按照《招标拍卖挂牌出让国有土地使用权规定》，采取招标、拍卖或者挂牌方式出让。

第十条 对符合协议出让条件的，市、县人民政府国土资源行政主管部门会同城市规划等有关部门，依据国有土地使用权出让计划、城市规划和意向用地者申请的用地项目类型、规模等，制定协议出让土地方案。

协议出让土地方案应当包括拟出让地块的具体位置、界址、用途、面积、年限、土地使用条件、规划设计条件、供地时间等。

第十一条 市、县人民政府国土资源行政主管部门应当根据国家产业政策和拟出让地块的情况，按照《城镇土地估价规程》的规定，对拟出让地块的土地价格进行评估，经市、县人民政府国土资源行政主管部门集体决策，合理确定协议出让底价。

协议出让底价不得低于协议出让最低价。

协议出让底价确定后应当保密，任何单位和个人不得泄露。

第十二条 协议出让土地方案和底价经有批准权的人民政府批准后，市、县人民政府国土资源行政主管部门应当与意向用地者就土地出让价格等进行充分协商，协商一致且议定的出让价格不低于出让底价的，方可达成协议。

第十三条 市、县人民政府国土资源行政主管部门应当根据协议结果，与意向用地者签订《国有土地使用权出让合同》。

第十四条 《国有土地使用权出让合同》签订后7日内，市、县人民政府国土资源行政主管部门应当将协议出让结果在土地有形市场等指定场所，或者通过报纸、互联网等媒介向社会公布，接受社会监督。

公布协议出让结果的时间不得少于 15 日。

第十五条 土地使用者按照《国有土地使用权出让合同》的约定，付清土地使用权出让金、依法办理土地登记手续后，取得国有土地使用权。

第十六条 以协议出让方式取得国有土地使用权的土地使用者，需要将土地使用权出让合同约定的土地用途改变为商业、旅游、娱乐和商品住宅等经营性用途的，应当取得出让方和市、县人民政府城市规划部门的同意，签订土地使用权出让合同变更协议或者重新签订土地使用权出让合同，按变更后的土地用途，以变更时的土地市场价格补交相应的土地使用权出让金，并依法办理土地使用权变更登记手续。

第十七条 违反本规定，有下列行为之一的，对直接负责的主管人员和其他直接责任人员依法给予行政处分：

（一）不按照规定公布国有土地使用权出让计划或者协议出让结果的；

（二）确定出让底价时未经集体决策的；

（三）泄露出让底价的；

（四）低于协议出让最低价出让国有土地使用权的；

（五）减免国有土地使用权出让金的。

违反前款有关规定，情节严重构成犯罪的，依法追究刑事责任。

第十八条 国土资源行政主管部门工作人员在协议出让国有土地使用权活动中玩忽职守、滥用职权、徇私舞弊的，依法给予行政处分；构成犯罪的，依法追究刑事责任。

第十九条 采用协议方式租赁国有土地使用权的，参照本规定执行。

第二十条 本规定自 2003 年 8 月 1 日起施行。原国家土地管理局 1995 年 6 月 28 日发布的《协议出让国有土地使用权最低价确定办法》同时废止。

7. 招标拍卖挂牌出让国有土地使用权规定

国土资源部令第11号

第一条 为规范国有土地使用权出让行为，优化土地资源配置，建立公开、公平、公正的土地使用制度，根据《中华人民共和国城市房地产管理法》、《中华人民共和国土地管理法》和《中华人民共和国土地管理法实施条例》等法律、法规，制定本规定。

第二条 在中华人民共和国境内以招标、拍卖或者挂牌方式出让国有土地使用权的，适用本规定。

本规定所称招标出让国有土地使用权，是指市、县人民政府土地行政主管部门（以下简称出让人）发布招标公告，邀请特定或者不特定的公民、法人和其他组织参加国有土地使用权投标，根据投标结果确定土地使用者的行为。

本规定所称拍卖出让国有土地使用权，是指出让人发布拍卖公告，由竞买人在指定时间、地点进行公开竞价，根据出价结果确定土地使用者的行为。

本规定所称挂牌出让国有土地使用权，是指出让人发布挂牌公告，按公告规定的期限将拟出让宗地的交易条件在指定的土地交易场所挂牌公布，接受竞买人的报价申请并更新挂牌价格，根据挂牌期限截止时的出价结果确定土地使用者的行为。

第三条 招标、拍卖或者挂牌出让国有土地使用权应当遵循公开、公平、公正和诚实信用的原则。

第四条 商业、旅游、娱乐和商品住宅等各类经营性用地，必须以招标、拍卖或者挂牌方式出让。

前款规定以外用途的土地的供地计划公布后，同一宗地有两个以上意向用地者的，也应当采用招标、拍卖或者挂牌方式出让。

第五条 国有土地使用权招标、拍卖或者挂牌出让活动，应当有计划地进行。

市、县人民政府土地行政主管部门根据社会经济发展计划、产业政策、土地利用总体规划、土地利用年度计划、城市规划和土地市场状况，编制国有土地使用权出让计划，报经同级人民政府批准后，及时向社会公开发布。

第六条 市、县人民政府土地行政主管部门应当按照出让计划，会同城市规划等有关部门共同拟订拟招标拍卖挂牌出让地块的用途、年限、出让方式、时间和其他条件等方案，报经市、县人民政府批准后，由市、县人民政府土地行政主管部门组织实施。

第七条 出让人应当根据招标拍卖挂牌出让地块的情况，编制招标拍卖挂牌出让文件。招标拍卖挂牌出让文件应当包括招标拍卖挂牌出让公告、投标或者竞买须知、宗地图、土地使用条件、标书或者竞买申请书、报价单、成交确认书、国有土地使用权出让合同文本。

第八条 出让人应当至少在投标、拍卖或者挂牌开始日前20日发布招标、拍卖或者挂牌公告，公布招标拍卖挂牌出让宗地的基本情况和招标拍卖挂牌的时间、地点。

第九条 招标拍卖挂牌公告应当包括下列内容：

（一）出让人的名称和地址；

（二）出让宗地的位置、现状、面积、使用年期、用途、规划设计要求；

（三）投标人、竞买人的资格要求及申请取得投标、竞买资格的办法；

（四）索取招标拍卖挂牌出让文件的时间、地点及方式；

（五）招标拍卖挂牌时间、地点、投标挂牌期限、投标和竞价方式等；

（六）确定中标人、竞得人的标准和方法；

（七）投标、竞买保证金；

（八）其他需要公告的事项。

第十条 市、县人民政府土地行政主管部门应当根据土地估价结果和政府产业政策综合确定标底或者底价。

确定招标标底，拍卖和挂牌的起叫价、起始价、底价，投标、竞买保证金，应当实行集体决策。

招标标底和拍卖挂牌的底价，在招标拍卖挂牌出让活动结束之前应当保密。

第十一条 出让人应当对投标申请人、竞买申请人进行资格审查。对符合招标拍卖挂牌公告规定条件的，应当通知其参加招标拍卖挂牌活动。

第十二条 市、县人民政府土地行政主管部门应当为投标人、竞买人查询拟出让土地的有关情况提供便利。

第十三条 投标、开标依照下列程序进行：

（一）投标人在投标截止时间前将标书投入标箱。招标公告允许邮寄标书的，投标人可以邮寄，但出让人在投标截止时间前收到的方为有效。

标书投入标箱后，不可撤回。投标人应对标书和有关书面承诺承担责任。

（二）出让人按照招标公告规定的时间、地点开标，邀请所有投标人参加。由投标人或者其推选的代表检查标箱的密封情况，当众开启标箱，宣布投标人名称、投标价格和投标文件的主要内容。投标人少于三人的，出让人应当依照本规定重新招标。

（三）评标小组进行评标。评标小组由出让人代表、有关专家组成，成员人数为五人以上的单数。

评标小组可以要求投标人对投标文件作出必要的澄清或者说明，但是澄清或者说明不得超出投标文件的范围或者改变投标文件的实质性内容。

评标小组应当按照招标文件确定的评标标准和方法，对投标文件进行评审。

（四）招标人根据评标结果，确定中标人。

第十四条 对能够最大限度地满足招标文件中规定的各项综

合评价标准，或者能够满足招标文件的实质性要求且价格最高的投标人，应当确定为中标人。

第十五条 拍卖会依照下列程序进行：

（一）主持人点算竞买人；

（二）主持人介绍拍卖宗地的位置、面积、用途、使用年期、规划要求和其他有关事项；

（三）主持人宣布起叫价和增价规则及增价幅度。没有底价的，应当明确提示；

（四）主持人报出起叫价；

（五）竞买人举牌应价或者报价；

（六）主持人确认该应价后继续竞价；

（七）主持人连续三次宣布同一应价而没有再应价的，主持人落槌表示拍卖成交；

（八）主持人宣布最高应价者为竞得人。

第十六条 竞买人不足三人，或者竞买人的最高应价未达到底价时，主持人应当终止拍卖。

拍卖主持人在拍卖中可根据竞买人竞价情况调整拍卖增价幅度。

第十七条 挂牌依照以下程序进行：

（一）在挂牌公告规定的挂牌起始日，出让人将挂牌宗地的位置、面积、用途、使用年期、规划要求、起始价、增价规则及增价幅度等，在挂牌公告规定的土地交易场所挂牌公布；

（二）符合条件的竞买人填写报价单报价；

（三）出让人确认该报价后，更新显示挂牌价格；

（四）出让人继续接受新的报价；

（五）出让人在挂牌公告规定的挂牌截止时间确定竞得人。

第十八条 挂牌时间不得少于10个工作日。挂牌期间可根据竞买人竞价情况调整增价幅度。

第十九条 挂牌期限届满，按照下列规定确定是否成交：

（一）在挂牌期限内只有一个竞买人报价，且报价高于底价，并符合其他条件的，挂牌成交；

（二）在挂牌期限内有两个或者两个以上的竞买人报价的，出价最高者为竞得人；报价相同的，先提交报价单者为竞得人，但报价低于底价者除外；

（三）在挂牌期限内无应价者或者竞买人的报价均低于底价或均不符合其他条件的，挂牌不成交。

在挂牌期限截止时仍有两个或者两个以上的竞买人要求报价的，出让人应当对挂牌宗地进行现场竞价，出价最高者为竞得人。

第二十条 以招标、拍卖或者挂牌方式确定中标人、竞得人后，出让人应当与中标人、竞得人签订成交确认书。

成交确认书应当包括出让人和中标人、竞得人的名称、地址，出让标的，成交时间、地点、价款，以及签订《国有土地使用权出让合同》的时间、地点等内容。

成交确认书对出让人和中标人、竞得人具有合同效力。签订成交确认书后，出让人改变竞得结果，或者中标人、竞得人放弃中标宗地、竞得宗地的，应当依法承担责任。

第二十一条 中标人、竞得人应当按照成交确认书约定的时间，与出让人签订《国有土地使用权出让合同》。

中标人、竞得人支付的投标、竞买保证金，抵作国有土地使用权出让金，其他投标人、竞买人支付的投标、竞买保证金，出让人必须在招标拍卖挂牌活动结束后5个工作日内予以退还，不计利息。

第二十二条 招标拍卖挂牌活动结束后，出让人应在10个工作日内将招标拍卖挂牌出让结果在土地有形市场或者指定的场所、媒介公布。

出让人公布出让结果，不得向受让人收取费用。

第二十三条 受让人依照《国有土地使用权出让合同》的约定付清全部国有土地使用权出让金后，应当依法申请办理土地登记，领取国有土地使用权证书。

第二十四条 应当以招标拍卖挂牌方式出让国有土地使用权

而擅自采用协议方式出让的，对直接负责的主管人员和其他直接责任人员依法给予行政处分。

第二十五条 中标人、竞得人有下列行为之一的，中标、竞得结果无效；造成损失的，中标人、竞得人应当依法承担赔偿责任：

（一）投标人、竞买人提供虚假文件隐瞒事实的；

（二）中标人、竞得人采取行贿、恶意串通等非法手段中标或者竞得的。

第二十六条 土地行政主管部门工作人员在招标拍卖挂牌出让活动中玩忽职守、滥用职权、徇私舞弊的，依法给予行政处分；构成犯罪的，依法追究刑事责任。

第二十七条 以招标拍卖挂牌方式租赁国有土地使用权的，参照本规定执行。

第二十八条 本规定自2002年7月1日起施行。

8. 中华人民共和国环境影响评价法

（2002年10月28日第九届全国人民代表大会常务委员会第三十次会议通过）

第一章 总 则

第一条 为了实施可持续发展战略，预防因规划和建设项目实施后对环境造成不良影响，促进经济、社会和环境的协调发展，制定本法。

第二条 本法所称环境影响评价，是指对规划和建设项目实施后可能造成的环境影响进行分析、预测和评估，提出预防或者减轻不良环境影响的对策和措施，进行跟踪监测的方法与制度。

第三条 编制本法第九条所规定的范围内的规划，在中华人民共和国领域和中华人民共和国管辖的其他海域内建设对环境有影响的项目，应当依照本法进行环境影响评价。

第四条 环境影响评价必须客观、公开、公正，综合考虑规划或者建设项目实施后对各种环境因素及其所构成的生态系统可能造成的影响，为决策提供科学依据。

第五条 国家鼓励有关单位、专家和公众以适当方式参与环境影响评价。

第六条 国家加强环境影响评价的基础数据库和评价指标体系建设，鼓励和支持对环境影响评价的方法、技术规范进行科学研究，建立必要的环境影响评价信息共享制度，提高环境影响评价的科学性。

国务院环境保护行政主管部门应当会同国务院有关部门，组织建立和完善环境影响评价的基础数据库和评价指标体系。

第二章 规划的环境影响评价

第七条 国务院有关部门、设区的市级以上地方人民政府及其有关部门，对其组织编制的土地利用的有关规划，区域、流域、海域的建设、开发利用规划，应当在规划编制过程中组织进行环境影响评价，编写该规划有关环境影响的篇章或者说明。

规划有关环境影响的篇章或者说明，应当对规划实施后可能造成的环境影响作出分析、预测和评估，提出预防或者减轻不良环境影响的对策和措施，作为规划草案的组成部分一并报送规划审批机关。

未编写有关环境影响的篇章或者说明的规划草案，审批机关不予审批。

第八条 国务院有关部门、设区的市级以上地方人民政府及其有关部门，对其组织编制的工业、农业、畜牧业、林业、能源、水利、交通、城市建设、旅游、自然资源开发的有关专项规划（以下简称专项规划），应当在该专项规划草案上报审批前，组织进行环境影响评价，并向审批该专项规划的机关提出环境影响报告书。

前款所列专项规划中的指导性规划，按照本法第七条的规定进行环境影响评价。

第九条 依照本法第七条、第八条的规定进行环境影响评价的规划的具体范围，由国务院环境保护行政主管部门会同国务院有关部门规定，报国务院批准。

第十条 专项规划的环境影响报告书应当包括下列内容：

（一）实施该规划对环境可能造成影响的分析、预测和评估；

（二）预防或者减轻不良环境影响的对策和措施；

（三）环境影响评价的结论。

第十一条 专项规划的编制机关对可能造成不良环境影响并直接涉及公众环境权益的规划，应当在该规划草案报送审批前，举行论证会、听证会，或者采取其他形式，征求有关单位、专家和公众对环境影响报告书草案的意见。但是，国家规定需要保密的情形除外。

编制机关应当认真考虑有关单位、专家和公众对环境影响报告书草案的意见，并应当在报送审查的环境影响报告书中附具对意见采纳或者不采纳的说明。

第十二条 专项规划的编制机关在报批规划草案时，应当将环境影响报告书一并附送审批机关审查；未附送环境影响报告书的，审批机关不予审批。

第十三条 设区的市级以上人民政府在审批专项规划草案，作出决策前，应当先由人民政府指定的环境保护行政主管部门或者其他部门召集有关部门代表和专家组成审查小组，对环境影响报告书进行审查。审查小组应当提出书面审查意见。

参加前款规定的审查小组的专家，应当从按照国务院环境保护行政主管部门的规定设立的专家库内的相关专业的专家名单中，以随机抽取的方式确定。

由省级以上人民政府有关部门负责审批的专项规划，其环境影响报告书的审查办法，由国务院环境保护行政主管部门会同国务院有关部门制定。

第十四条 设区的市级以上人民政府或者省级以上人民政府有关部门在审批专项规划草案时，应当将环境影响报告书结论以及审查意见作为决策的重要依据。

在审批中未采纳环境影响报告书结论以及审查意见的，应当作出说明，并存档备查。

第十五条 对环境有重大影响的规划实施后，编制机关应当及时组织环境影响的跟踪评价，并将评价结果报告审批机关；发现有明显不良环境影响的，应当及时提出改进措施。

第三章 建设项目的环境影响评价

第十六条 国家根据建设项目对环境的影响程度，对建设项目的环境影响评价实行分类管理。

建设单位应当按照下列规定组织编制环境影响报告书、环境影响报告表或者填报环境影响登记表（以下统称环境影响评价文件）：

（一）可能造成重大环境影响的，应当编制环境影响报告书，对产生的环境影响进行全面评价；

（二）可能造成轻度环境影响的，应当编制环境影响报告表，对产生的环境影响进行分析或者专项评价；

（三）对环境影响很小、不需要进行环境影响评价的，应当填报环境影响登记表。

建设项目的环境影响评价分类管理名录，由国务院环境保护行政主管部门制定并公布。

第十七条 建设项目的环境影响报告书应当包括下列内容：

（一）建设项目概况；

（二）建设项目周围环境现状；

（三）建设项目对环境可能造成影响的分析、预测和评估；

（四）建设项目环境保护措施及其技术、经济论证；

（五）建设项目对环境影响的经济损益分析；

（六）对建设项目实施环境监测的建议；

（七）环境影响评价的结论。

涉及水土保持的建设项目，还必须有经水行政主管部门审查同意的水土保持方案。

环境影响报告表和环境影响登记表的内容和格式，由国务院环境保护行政主管部门制定。

第十八条 建设项目的环境影响评价，应当避免与规划的环境影响评价相重复。

作为一项整体建设项目的规划，按照建设项目进行环境影响评价，不进行规划的环境影响评价。

已经进行了环境影响评价的规划所包含的具体建设项目，其环境影响评价内容建设单位可以简化。

第十九条 接受委托为建设项目环境影响评价提供技术服务的机构，应当经国务院环境保护行政主管部门考核审查合格后，颁发资质证书，按照资质证书规定的等级和评价范围，从事环境影响评价服务，并对评价结论负责。为建设项目环境影响评价提供技术服务的机构的资质条件和管理办法，由国务院环境保护行政主管部门制定。

国务院环境保护行政主管部门对已取得资质证书的为建设项目环境影响评价提供技术服务的机构的名单，应当予以公布。

为建设项目环境影响评价提供技术服务的机构，不得与负责审批建设项目环境影响评价文件的环境保护行政主管部门或者其他有关审批部门存在任何利益关系。

第二十条 环境影响评价文件中的环境影响报告书或者环境影响报告表，应当由具有相应环境影响评价资质的机构编制。

任何单位和个人不得为建设单位指定对其建设项目进行环境影响评价的机构。

第二十一条 除国家规定需要保密的情形外，对环境可能造成重大影响、应当编制环境影响报告书的建设项目，建设单位应当在报批建设项目环境影响报告书前，举行论证会、听证会，或者采取其他形式，征求有关单位、专家和公众的意见。

建设单位报批的环境影响报告书应当附具对有关单位、专家和公众的意见采纳或者不采纳的说明。

第二十二条 建设项目的环境影响评价文件，由建设单位按照国务院的规定报有审批权的环境保护行政主管部门审批；建设项目有行业主管部门的，其环境影响报告书或者环境影响报告表应当经行业主管部门预审后，报有审批权的环境保护行政主管部门审批。

海洋工程建设项目的海洋环境影响报告书的审批，依照《中华人民共和国海洋环境保护法》的规定办理。

审批部门应当自收到环境影响报告书之日起六十日内，收到环境影响报告表之日起三十日内，收到环境影响登记表之日起十五日内，分别作出审批决定并书面通知建设单位。

预审、审核、审批建设项目环境影响评价文件，不得收取任何费用。

第二十三条 国务院环境保护行政主管部门负责审批下列建设项目的环境影响评价文件：

（一）核设施、绝密工程等特殊性质的建设项目；

（二）跨省、自治区、直辖市行政区域的建设项目；

（三）由国务院审批的或者由国务院授权有关部门审批的建设项目。

前款规定以外的建设项目的环境影响评价文件的审批权限，由省、自治区、直辖市人民政府规定。

建设项目可能造成跨行政区域的不良环境影响，有关环境保护行政主管部门对该项目的环境影响评价结论有争议的，其环境影响评价文件由共同的上一级环境保护行政主管部门审批。

第二十四条 建设项目的环境影响评价文件经批准后，建设项目的性质、规模、地点、采用的生产工艺或者防治污染、防止生态破坏的措施发生重大变动的，建设单位应当重新报批建设项目的环境影响评价文件。

建设项目的环境影响评价文件自批准之日起超过五年，方决定该项目开工建设的，其环境影响评价文件应当报原审批部门重新审核；原审批部门应当自收到建设项目环境影响评价文件之日起十日内，将审核意见书面通知建设单位。

第二十五条 建设项目的环境影响评价文件未经法律规定的审批部门审查或者审查后未予批准的，该项目审批部门不得批准其建设，建设单位不得开工建设。

第二十六条 建设项目建设过程中，建设单位应当同时实施环境影响报告书、环境影响报告表以及环境影响评价文件审批部门审批意见中提出的环境保护对策措施。

第二十七条 在项目建设、运行过程中产生不符合经审批的环境影响评价文件的情形的，建设单位应当组织环境影响的后评价，采取改进措施，并报原环境影响评价文件审批部门和建设项目审批部门备案；原环境影响评价文件审批部门也可以责成建设单位进行环境影响的后评价，采取改进措施。

第二十八条 环境保护行政主管部门应当对建设项目投入生产或者使用后所产生的环境影响进行跟踪检查，对造成严重环境污染或者生态破坏的，应当查清原因、查明责任。对属于为建设项目环境影响评价提供技术服务的机构编制不实的环境影响评价文件的，依照本法第三十三条的规定追究其法律责任；属于审批部门工作人员失职、渎职，对依法不应批准的建设项目环境影响评价文件予以批准的，依照本法第三十五条的规定追究其法律责任。

第四章 法 律 责 任

第二十九条 规划编制机关违反本法规定，组织环境影响评价时弄虚作假或者有失职行为，造成环境影响评价严重失实的，对直接负责的主管人员和其他直接责任人员，由上级机关或者监察机关依法给予行政处分。

第三十条 规划审批机关对依法应当编写有关环境影响的篇

章或者说明而未编写的规划草案，依法应当附送环境影响报告书而未附送的专项规划草案，违法予以批准的，对直接负责的主管人员和其他直接责任人员，由上级机关或者监察机关依法给予行政处分。

第三十一条 建设单位未依法报批建设项目环境影响评价文件，或者未依照本法第二十四条的规定重新报批或者报请重新审核环境影响评价文件，擅自开工建设的，由有权审批该项目环境影响评价文件的环境保护行政主管部门责令停止建设，限期补办手续；逾期不补办手续的，可以处五万元以上二十万元以下的罚款，对建设单位直接负责的主管人员和其他直接责任人员，依法给予行政处分。

建设项目环境影响评价文件未经批准或者未经原审批部门重新审核同意，建设单位擅自开工建设的，由有权审批该项目环境影响评价文件的环境保护行政主管部门责令停止建设，可以处五万元以上二十万元以下的罚款，对建设单位直接负责的主管人员和其他直接责任人员，依法给予行政处分。

海洋工程建设项目的建设单位有前两款所列违法行为的，依照《中华人民共和国海洋环境保护法》的规定处罚。

第三十二条 建设项目依法应当进行环境影响评价而未评价，或者环境影响评价文件未经依法批准，审批部门擅自批准该项目建设的，对直接负责的主管人员和其他直接责任人员，由上级机关或者监察机关依法给予行政处分；构成犯罪的，依法追究刑事责任。

第三十三条 接受委托为建设项目环境影响评价提供技术服务的机构在环境影响评价工作中不负责任或者弄虚作假，致使环境影响评价文件失实的，由授予环境影响评价资质的环境保护行政主管部门降低其资质等级或者吊销其资质证书，并处所收费用一倍以上三倍以下的罚款；构成犯罪的，依法追究刑事责任。

第三十四条 负责预审、审核、审批建设项目环境影响评价文件的部门在审批中收取费用的，由其上级机关或者监察机关责令退还；情节严重的，对直接负责的主管人员和其他直接责任人员依法给予行政处分。

第三十五条 环境保护行政主管部门或者其他部门的工作人员徇私舞弊，滥用职权，玩忽职守，违法批准建设项目环境影响评价文件的，依法给予行政处分；构成犯罪的，依法追究刑事责任。

第五章 附 则

第三十六条 省、自治区、直辖市人民政府可以根据本地的实际情况，要求对本辖区的县级人民政府编制的规划进行环境影响评价。具体办法由省、自治区、直辖市参照本法第二章的规定制定。

第三十七条 军事设施建设项目的环境影响评价办法，由中央军事委员会依照本法的原则制定。

第三十八条 本法自2003年9月1日起施行。

9. 城市绿线管理办法

建设部令第112号

第一条 为建立并严格实行城市绿线管理制度，加强城市生态环境建设，创造良好的人居环境，促进城市可持续发展，根据《城市规划法》、《城市绿化条例》等法律法规，制定本办法。

第二条 本办法所称城市绿线，是指城市各类绿地范围的控制线。

本办法所称城市，是指国家按行政建制设立的直辖市、市、镇。

第三条 城市绿线的划定和监督管理，适用本办法。

第四条 国务院建设行政主管部门负责全国城市绿线管理工作。

省、自治区人民政府建设行政主管部门负责本行政区域内的城市绿线管理工作。

城市人民政府规划、园林绿化行政主管部门，按照职责分工负责城市绿线的监督和管理工作。

第五条 城市规划、园林绿化等行政主管部门应当密切合作，组织编制城市绿地系统规划。

城市绿地系统规划是城市总体规划的组成部分，应当确定城市绿化目标和布局，规定城市各类绿地的控制原则，按照规定标准确定绿化用地面积，分层次合理布局公共绿地，确定防护绿地、大型公共绿地等的绿线。

第六条 控制性详细规划应当提出不同类型用地的界线、规定绿化率控制指标和绿化用地界线的具体坐标。

第七条 修建性详细规划应当根据控制性详细规划，明确绿地布局，提出绿化配置的原则或者方案，划定绿地界线。

第八条 城市绿线的审批、调整，按照《城市规划法》、《城市绿化条例》的规定进行。

第九条 批准的城市绿线要向社会公布，接受公众监督。

任何单位和个人都有保护城市绿地、服从城市绿线管理的义务，有监督城市绿线管理、对违反城市绿线管理行为进行检举的权利。

第十条 城市绿线范围内的公共绿地、防护绿地、生产绿地、居住区绿地、单位附属绿地、道路绿地、风景林地等，必须按照《城市用地分类与规划建设用地标准》、《公园设计规范》等标准，进行绿地建设。

第十一条 城市绿线内的用地，不得改作他用，不得违反法律法规、强制性标准以及批准的规划进行开发建设。

有关部门不得违反规定，批准在城市绿线范围内进行建设。

因建设或者其他特殊情况，需要临时占用城市绿线内用地的，必须依法办理相关审批手续。

在城市绿线范围内，不符合规划要求的建筑物、构筑物及其他设施应当限期迁出。

第十二条 任何单位和个人不得在城市绿地范围内进行拦河截溪、取土采石、设置垃圾堆场、排放污水以及其他对生态环境构成破坏的活动。

近期不进行绿化建设的规划绿地范围内的建设活动，应当进行生态环境影响分析，并按照《城市规划法》的规定，予以严格控制。

第十三条 居住区绿化、单位绿化及各类建设项目的配套绿化都要达到《城市绿化规划建设指标的规定》的标准。

各类建设工程要与其配套的绿化工程同步设计,同步施工,同步验收。达不到规定标准的，不得投入使用。

第十四条 城市人民政府规划、园林绿化行政主管部门按照职责分工，对城市绿线的控制和实施情况进行检查，并向同级人民政府和上级行政主管部门报告。

第十五条 省、自治区人民政府建设行政主管部门应当定期对本行政区域内城市绿线的管理情况进行监督检查,对违法行为,及时纠正。

第十六条 违反本办法规定,擅自改变城市绿线内土地用途、占用或者破坏城市绿地的,由城市规划、园林绿化行政主管部门,按照《城市规划法》、《城市绿化条例》的有关规定处罚。

第十七条 违反本办法规定，在城市绿地范围内进行拦河截溪、取土采石、设置垃圾堆场、排放污水以及其他对城市生态环境造成破坏活动的，由城市园林绿化行政主管部门责令改正，并处一万元以上三万元以下的罚款。

第十八条 违反本办法规定，在已经划定的城市绿线范围内违反规定审批建设项目的，对有关责任人员由有关机关给予行政处分；构成犯罪的，依法追究刑事责任。

第十九条 城镇体系规划所确定的,城市规划区外防护绿地、绿化隔离带等的绿线划定、监督和管理，参照本办法执行。

第二十条 本办法自二〇〇二年十一月一日起施行。

10. 城市紫线管理办法

建设部令第119号

第一条 为了加强对城市历史文化街区和历史建筑的保护，根据《中华人民共和国城市规划法》、《中华人民共和国文物保护法》和国务院有关规定，制定本办法。

第二条 本办法所称城市紫线，是指国家历史文化名城内的历史文化街区和省、自治区、直辖市人民政府公布的历史文化街区的保护范围界线，以及历史文化街区外经县级以上人民政府公布保护的历史建筑的保护范围界线。本办法所称紫线管理是划定城市紫线和对城市紫线范围内的建设活动实施监督、管理。

第三条 在编制城市规划时应当划定保护历史文化街区和历史建筑的紫线。国家历史文化名城的城市紫线由城市人民政府在组织编制历史文化名城保护规划时划定。其他城市的城市紫线由城市人民政府在组织编制城市总体规划时划定。

第四条 国务院建设行政主管部门负责全国城市紫线管理工作。

省、自治区人民政府建设行政主管部门负责本行政区域内的城市紫线管理工作。

市、县人民政府城乡规划行政主管部门负责本行政区域内的城市紫线管理工作。

第五条 任何单位和个人都有权了解历史文化街区和历史建筑的紫线范围及其保护规划，对规划的制定和实施管理提出意见，对破坏保护规划的行为进行检举。

第六条 划定保护历史文化街区和历史建筑的紫线应当遵循下列原则：

（一）历史文化街区的保护范围应当包括历史建筑物、构筑物和其风貌环境所组成的核心地段，以及为确保该地段的风貌、特色完整性而必须进行建设控制的地区。

（二）历史建筑的保护范围应当包括历史建筑本身和必要的风貌协调区。

（三）控制范围清晰，附有明确的地理座标及相应的界址地形图。

城市紫线范围内文物保护单位保护范围的划定，依据国家有关文物保护的法律、法规。

第七条 编制历史文化名城和历史文化街区保护规划，应当包括征求公众意见的程序。审查历史文化名城和历史文化街区保护规划，应当组织专家进行充分论证，并作为法定审批程序的组成部分。

市、县人民政府批准保护规划前，必须报经上一级人民政府主管部门审查同意。

第八条 历史文化名城和历史文化街区保护规划一经批准，原则上不得调整。因改善和加强保护工作的需要，确需调整的，由所在城市人民政府提出专题报告，经省、自治区、直辖市人民政府城乡规划行政主管部门审查同意后，方可组织编制调整方案。

调整后的保护规划在审批前，应当将规划方案公示，并组织专家论证。审批后应当报历史文化名城批准机关备案，其中国家历史文化名城报国务院建设行政主管部门备案。

第九条 市、县人民政府应当在批准历史文化街区保护规划后的一个月内，将保护规划报省、自治区人民政府建设行政主管部门备案。其中国家历史文化名城内的历史文化街区保护规划还应当报国务院建设行政主管部门备案。

第十条 历史文化名城、历史文化街区和历史建筑保护规划一经批准，有关市、县人民政府城乡规划行政主管部门必须向社会公布，接受公众监督。

第十一条 历史文化街区和历史建筑已经破坏，不再具有保护价值的，有关市、县人民政府应当向所在省、自治区、直辖市人民政府提出专题报告，经批准后方可撤销相关的城市紫线。

撤销国家历史文化名城中的城市紫线，应当经国务院建设行政主管部门批准。

第十二条 历史文化街区内的各项建设必须坚持保护真实的历史文化遗存，维护街区传统格局和风貌，改善基础设施、提高环境质量的原则。历史建筑的维修和整治必须保持原有外形和风貌，保护范围内的各项建设不得影响历史建筑风貌的展示。

市、县人民政府应当依据保护规划，对历史文化街区进行整治和更新，以改善人居环境为前提，加强基础设施、公共设施的改造和建设。

第十三条 在城市紫线范围内禁止进行下列活动：

（一）违反保护规划的大面积拆除、开发；

（二）对历史文化街区传统格局和风貌构成影响的大面积改建；

（三）损坏或者拆毁保护规划确定保护的建筑物、构筑物和其他设施；

（四）修建破坏历史文化街区传统风貌的建筑物、构筑物和其他设施；

（五）占用或者破坏保护规划确定保留的园林绿地、河湖水系、道路和古树名木等；

（六）其他对历史文化街区和历史建筑的保护构成破坏性影响的活动。

第十四条 在城市紫线范围内确定各类建设项目，必须先由市、县人民政府城乡规划行政主管部门依据保护规划进行审查，组织专家论证并进行公示后核发选址意见书。

第十五条 在城市紫线范围内进行新建或者改建各类建筑物、构筑物和其他设施，对规划确定保护的建筑物、构筑物和其他设施进行修缮和维修以及改变建筑物、构筑物的使用性质，应当依照相关法律、法规的规定，办理相关手续后方可进行。

第十六条 城市紫线范围内各类建设的规划审批，实行备案制度。

省、自治区、直辖市人民政府公布的历史文化街区，报省、自治区人民政府建设行政主管部门或者直辖市人民政府城乡规划行政主管部门备案。其中国家历史文化名城内的历史文化街区报国务院建设行政主管部门备案。

第十七条 在城市紫线范围内进行建设活动，涉及文物保护单位的，应当符合国家有关文物保护的法律、法规的规定。

第十八条 省、自治区建设行政主管部门和直辖市城乡规划行政主管部门，应当定期对保护规划执行情况进行检查监督，并向国务院建设行政主管部门提出报告。

对于监督中发现的擅自调整和改变城市紫线，擅自调整和违反保护规划的行政行为，或者由于人为原因，导致历史文化街区和历史建筑遭受局部破坏的，监督机关可以提出纠正决定，督促执行。

第十九条 国务院建设行政主管部门，省、自治区人民政府建设行政主管部门和直辖市人民政府城乡规划行政主管部门根据需要可以向有关城市派出规划监督员，对城市紫线的执行情况进行监督。

规划监督员行使下述职能：

（一）参与保护规划的专家论证，就保护规划方案的科学合理性向派出机关报告；

（二）参与城市紫线范围内建设项目立项的专家论证，了解公示情况，可以对建设项目的可行性提出意见，并向派出机关报告；

（三）对城市紫线范围内各项建设审批的可行性提出意见，并向派出机关报告；

（四）接受公众的投诉，进行调查，向有关行政主管部门提出处理建议，并向派出机关报告。

第二十条 违反本办法规定，未经市、县人民政府城乡规划行政主管部门批准，在城市紫线范围内进行建设活动的，由市、县人民政府城乡规划行政主管部门按照《城市规划法》等法律、法规的规定处罚。

第二十一条 违反本办法规定，擅自在城市紫线范围内审批建设项目和批准建设的，对有关责任人员给予行政处分；构成犯罪的，依法追究刑事责任。

第二十二条 本办法自 2004 年 2 月 1 日起施行。

二、城市房地产开发、交易管理

（一）城市房地产开发

1. 中华人民共和国城市房地产管理法

（1994年7月5日第八届全国人民代表大会
常务委员会第八次会议通过）

第一章 总 则

第一条 为了加强对城市房地产的管理，维护房地产市场秩序，保障房地产权利人的合法权益，促进房地产业的健康发展，制定本法。

第二条 在中华人民共和国城市规划区国有土地（以下简称国有土地）范围内取得房地产开发用地的土地使用权，从事房地产开发、房地产交易，实施房地产管理，应当遵守本法。

本法所称房屋，是指土地上的房屋等建筑物及构筑物。

本法所称房地产开发，是指在依据本法取得国有土地使用权的土地上进行基础设施、房屋建设的行为。

本法所称房地产交易，包括房地产转让、房地产抵押和房屋租赁。

第三条 国家依法实行国有土地有偿、有限期使用制度。但是，国家在本法规定的范围内划拨国有土地使用权的除外。

第四条 国家根据社会、经济发展水平，扶持发展居民住宅建设，逐步改善居民的居住条件。

第五条 房地产权利人应当遵守法律和行政法规，依法纳税。房地产权利人的合法权益受法律保护，任何单位和个人不得侵犯。

第六条 国务院建设行政主管部门、土地管理部门依照国务院规定的职权划分，各司其职，密切配合，管理全国房地产工作。

县级以上地方人民政府房产管理、土地管理部门的机构设置及其职权由省、自治区、直辖市人民政府确定。

第二章　房地产开发用地

第一节　土地使用权出让

第七条　土地使用权出让，是指国家将国有土地使用权（以下简称土地使用权）在一定年限内出让给土地使用者，由土地使用者向国家支付土地使用权出让金的行为。

第八条　城市规划区内的集体所有的土地，经依法征用转为国有土地后，该幅国有土地的使用权方可有偿出让。

第九条　土地使用权出让，必须符合土地利用总体规划、城市规划和年度建设用地计划。

第十条　县级以上地方人民政府出让土地使用权用于房地产开发的，须根据省级以上人民政府下达的控制指标拟订年度出让土地使用权总面积方案，按照国务院规定，报国务院或者省级人民政府批准。

第十一条　土地使用权出让，由市、县人民政府有计划、有步骤地进行。出让的每幅地块、用途、年限和其他条件，由市、县人民政府土地管理部门会同城市规划、建设、房产管理部门共同拟定方案，按照国务院规定，报经有批准权的人民政府批准后，由市、县人民政府土地管理部门实施。

直辖市的县人民政府及其有关部门行使前款规定的权限，由直辖市人民政府规定。

第十二条　土地使用权出让，可以采取拍卖、招标或者双方协议的方式。

商业、旅游、娱乐和豪华住宅用地，有条件的，必须采取拍卖、招标方式；没有条件，不能采取拍卖、招标方式的，可以采取双方协议的方式。

采取双方协议方式出让土地使用权的出让金不得低于按国家规定所确定的最低价。

第十三条　土地使用权出让最高年限由国务院规定。

第十四条　土地使用权出让，应当签订书面出让合同。

土地使用权出让合同由市、县人民政府土地管理部门与土地使用者签订。

第十五条　土地使用者必须按照出让合同约定，支付土地使用权出让金；未按照出让合同约定支付土地使用权出让金的，土地管理部门有权解除合同，并可以请求违约赔偿。

第十六条　土地使用者按照出让合同约定支付土地使用权出让金的，市、县人民政府土地管理部门必须按照出让合同约定，提供出让的土地；未按照出让合同约定提供出让的土地的，土地使用者有权解除合同，由土地管理部门返还土地使用权出让金，土地使用者并可以请求违约赔偿。

第十七条　土地使用者需要改变土地使用权出让合同约定的土地用途的，必须取得出让方和市、县人民政府城市规划行政主管部门的同意，签订土地使用权出让合同变更协议或者重新签订土地使用权出让合同，相应调整土地使用权出让金。

第十八条　土地使用权出让金应当全部上缴财政，列入预算，用于城市基础设施建设和土地开发。土地使用权出让金上缴和使用的具体办法由国务院规定。

第十九条　国家对土地使用者依法取得的土地使用权，在出让合同约定的使用年限届满前不收回；在特殊情况下，根据社会公共利益的需要，可以依照法律程序提前收回，并根据土地使用者使用土地的实际年限和开发土地的实际情况给予相应的补偿。

第二十条　土地使用权因土地灭失而终止。

第二十一条　土地使用权出让合同约定的使用年限届满，土地使用者需要继续使用土地的，应当至迟于届满前一年申请续期，除根据社会公共利益需要收回该幅土地的，应当予以批准。经批准准予续期的，应当重新签订土地使用权出让合同，依照规定支付土地使用权出让金。

土地使用权出让合同约定的使用年限届满，土地使用者未申请续期或者虽申请续期但依照前款规定未获批准的，土地使用权由国家无偿收回。

第二节　土地使用权划拨

第二十二条　土地使用权划拨，是指县级以上人民政府依法批准，在土地使用者缴纳补偿、安置等费用后将该幅土地交付其使用，或者将土地使用权无偿交付给土地使用者使用的行为。

依照本法规定以划拨方式取得土地使用权的，除法律、行政法规另有规定外，没有使用期限的限制。

第二十三条　下列建设用地的土地使用权，确属必需的，可以由县级以上人民政府依法批准划拨：

（一）国家机关用地和军事用地；

（二）城市基础设施用地和公益事业用地；

（三）国家重点扶持的能源、交通、水利等项目用地；

（四）法律、行政法规规定的其他用地。

第三章　房地产开发

第二十四条　房地产开发必须严格执行城市规划，按照经济效益、社会效益、环境效益相统一的原则，实行全面规划、合理布局、综合开发、配套建设。

第二十五条　以出让方式取得土地使用权进行房地产开发的，必须按照土地使用权出让合同约定的土地用途、动工开发期限开发土地。超过出让合同约定的动工开发日期满一年未动工开发的，可以征收相当于土地使用权出让金百分之二十以下的土地闲置费；满二年未动工开发的，可以无偿收回土地使用权；但是，因不可抗力或者政府、政府有关部门的行为或者动工开发必需的前期工作造成动工开发迟延的除外。

第二十六条　房地产开发项目的设计、施工，必须符合国家的有关标准和规范。

房地产开发项目竣工，经验收合格后，方可交付使用。

第二十七条　依法取得的土地使用权，可以依照本法和有关法律、行政法规的规定，作价入股，合资、合作开发经营房地产。

第二十八条 国家采取税收等方面的优惠措施鼓励和扶持房地产开发企业开发建设居民住宅。

第二十九条 房地产开发企业是以营利为目的，从事房地产开发和经营的企业。设立房地产开发企业，应当具备下列条件：

（一）有自己的名称和组织机构；

（二）有固定的经营场所；

（三）有符合国务院规定的注册资本；

（四）有足够的专业技术人员；

（五）法律、行政法规规定的其他条件。

设立房地产开发企业，应当向工商行政管理部门申请设立登记。工商行政管理部门对符合本法规定条件的，应当予以登记，发给营业执照；对不符合本法规定条件的，不予登记。

设立有限责任公司、股份有限公司，从事房地产开发经营的，还应当执行公司法的有关规定。

房地产开发企业在领取营业执照后的一个月内，应当到登记机关所在地的县级以上地方人民政府规定的部门备案。

第三十条 房地产开发企业的注册资本与投资总额的比例应当符合国家有关规定。

房地产开发企业分期开发房地产的，分期投资额应当与项目规模相适应，并按照土地使用权出让合同的约定，按期投入资金，用于项目建设。

第四章 房地产交易

第一节 一般规定

第三十一条 房地产转让、抵押时，房屋的所有权和该房屋占用范围内的土地使用权同时转让、抵押。

第三十二条 基准地价、标定地价和各类房屋的重置价格应当定期确定并公布。具体办法由国务院规定。

第三十三条 国家实行房地产价格评估制度。

房地产价格评估，应当遵循公正、公平、公开的原则，按照国家规定的技术标准和评估程序，以基准地价、标定地价和各类房屋的重置价格为基础，参照当地的市场价格进行评估。

第三十四条 国家实行房地产成交价格申报制度。

房地产权利人转让房地产，应当向县级以上地方人民政府规定的部门如实申报成交价，不得瞒报或者作不实的申报。

第三十五条 房地产转让、抵押，当事人应当依照本法第五章的规定办理权属登记。

第二节 房地产转让

第三十六条 房地产转让，是指房地产权利人通过买卖、赠与或者其他合法方式将其房地产转移给他人的行为。

第三十七条 下列房地产，不得转让：

（一）以出让方式取得土地使用权的，不符合本法第三十八条规定的条件的；

（二）司法机关和行政机关依法裁定、决定查封或者以其他形式限制房地产权利的；

（三）依法收回土地使用权的；

（四）共有房地产，未经其他共有人书面同意的；

（五）权属有争议的；

（六）未依法登记领取权属证书的；

（七）法律、行政法规规定禁止转让的其他情形。

第三十八条 以出让方式取得土地使用权的，转让房地产时，应当符合下列条件：

（一）按照出让合同约定已经支付全部土地使用权出让金，并取得土地使用权证书；

（二）按照出让合同约定进行投资开发，属于房屋建设工程的，完成开发投资总额的百分之二十五以上，属于成片开发土地的，形成工业用地或者其他建设用地条件。

转让房地产时房屋已经建成的，还应当持有房屋所有权证书。

第三十九条 以划拨方式取得土地使用权的，转让房地产时，应当按照国务院规定，报有批准权的人民政府审批。有批准权的人民政府准予转让的，应当由受让方办理土地使用权出让手续，并依照国家有关规定缴纳土地使用权出让金。

以划拨方式取得土地使用权的，转让房地产报批时，有批准权的人民政府按照国务院规定决定可以不办理土地使用权出让手续的，转让方应当按照国务院规定将转让房地产所获收益中的土地收益上缴国家或者作其他处理。

第四十条 房地产转让，应当签订书面转让合同，合同中应当载明土地使用权取得的方式。

第四十一条 房地产转让时，土地使用权出让合同载明的权利、义务随之转移。

第四十二条 以出让方式取得土地使用权的，转让房地产后，其土地使用权的使用年限为原土地使用权出让合同约定的使用年限减去原土地使用者已经使用年限后的剩余年限。

第四十三条 以出让方式取得土地使用权的，转让房地产后，受让人改变原土地使用权出让合同约定的土地用途的，必须取得原出让方和市、县人民政府城市规划行政主管部门的同意，签订土地使用权出让合同变更协议或者重新签订土地使用权出让合同，相应调整土地使用权出让金。

第四十四条 商品房预售，应当符合下列条件：

（一）已交付全部土地使用权出让金，取得土地使用权证书；

（二）持有建设工程规划许可证；

（三）按提供预售的商品房计算，投入开发建设的资金达到工程建设总投资的百分之二十五以上，并已经确定施工进度和竣工交付日期；

（四）向县级以上人民政府房产管理部门办理预售登记，取得商品房预售许可证明。

商品房预售人应当按照国家有关规定将预售合同报县级以上人民政府房产管理部门和土地管理部门登记备案。

商品房预售所得款项，必须用于有关的工程建设。

第四十五条 商品房预售的，商品房预购人将购买的未竣工的预售商品房再行转让的问题，由国务院规定。

第三节 房地产抵押

第四十六条 房地产抵押，是指抵押人以其合法的房地产以不转移占有的方式向抵押权人提供债务履行担保的行为。债务人不履行债务时，抵押权人有权依法以抵押的房地产拍卖所得的价款优先受偿。

第四十七条 依法取得的房屋所有权连同该房屋占用范围内的土地使用权，可以设定抵押权。

以出让方式取得的土地使用权，可以设定抵押权。

第四十八条 房地产抵押，应当凭土地使用权证书、房屋所有权证书办理。

第四十九条 房地产抵押，抵押人和抵押权人应当签订书面抵押合同。

第五十条 设定房地产抵押权的土地使用权是以划拨方式取得的，依法拍卖该房地产后，应当从拍卖所得的价款中缴纳相当于应缴纳的土地使用权出让金的款额后，抵押权人方可优先受偿。

第五十一条 房地产抵押合同签订后，土地上新增的房屋不属于抵押财产。需要拍卖该抵押的房地产时，可以依法将土地上新增的房屋与抵押财产一同拍卖，但对拍卖新增房屋所得，抵押权人无权优先受偿。

第四节 房屋租赁

第五十二条 房屋租赁，是指房屋所有权人作为出租人将其房屋出租给承租人使用，由承租人向出租人支付租金的行为。

第五十三条 房屋租赁，出租人和承租人应当签订书面租赁合同，约定租赁期限、租赁用途、租赁价格、修缮责任等条款，以及双方的其他权利和义务，并向房产管理部门登记备案。

第五十四条 住宅用房的租赁，应当执行国家和房屋所在城市人民政府规定的租赁政策。租用房屋从事生产、经营活动的，由租赁双方协商议定租金和其他租赁条款。

第五十五条 以营利为目的，房屋所有权人将以划拨方式取得使用权的国有土地上建成的房屋出租的，应当将租金中所含土地收益上缴国家。具体办法由国务院规定。

第五节 中介服务机构

第五十六条 房地产中介服务机构包括房地产咨询机构、房地产价格评估机构、房地产经纪机构等。

第五十七条 房地产中介服务机构应当具备下列条件：

（一）有自己的名称和组织机构；

（二）有固定的服务场所；

（三）有必要的财产和经费；

（四）有足够数量的专业人员；

（五）法律、行政法规规定的其他条件。

设立房地产中介服务机构，应当向工商行政管理部门申请设立登记，领取营业执照后，方可开业。

第五十八条 国家实行房地产价格评估人员资格认证制度。

第五章 房地产权属登记管理

第五十九条 国家实行土地使用权和房屋所有权登记发证制度。

第六十条 以出让或者划拨方式取得土地使用权，应当向县级以上地方人民政府土地管理部门申请登记，经县级以上地方人民政府土地管理部门核实，由同级人民政府颁发土地使用权证书。

在依法取得的房地产开发用地上建成房屋的，应当凭土地使用权证书向县级以上地方人民政府房产管理部门申请登记，由县级以上地方人民政府房产管理部门核实并颁发房屋所有权证书。

房地产转让或者变更时，应当向县级以上地方人民政府房产管理部门申请房产变更登记，并凭变更后的房屋所有权证书向同级人民政府土地管理部门申请土地使用权变更登记，经同级人民政府土地管理部门核实，由同级人民政府更换或者更改土地使用权证书。

法律另有规定的，依照有关法律的规定办理。

第六十一条　房地产抵押时，应当向县级以上地方人民政府规定的部门办理抵押登记。

因处分抵押房地产而取得土地使用权和房屋所有权的，应当依照本章规定办理过户登记。

第六十二条　经省、自治区、直辖市人民政府确定，县级以上地方人民政府由一个部门统一负责房产管理和土地管理工作的，可以制作、颁发统一的房地产权证书，依照本法第六十条的规定，将房屋的所有权和该房屋占用范围内的土地使用权的确认和变更，分别载入房地产权证书。

第六章　法　律　责　任

第六十三条　违反本法第十条、第十一条的规定，擅自批准出让或者擅自出让土地使用权用于房地产开发的，由上级机关或者所在单位给予有关责任人员行政处分。

第六十四条　违反本法第二十九条的规定，未取得营业执照擅自从事房地产开发业务的，由县级以上人民政府工商行政管理部门责令停止房地产开发业务活动，没收违法所得，可以并处罚款。

第六十五条　违反本法第三十八条第一款的规定转让土地使用权的，由县级以上人民政府土地管理部门没收违法所得，可以并处罚款。

第六十六条　违反本法第三十九条第一款的规定转让房地产的，由县级以上人民政府土地管理部门责令缴纳土地使用权出让金，没收违法所得，可以并处罚款。

第六十七条　违反本法第四十四条第一款的规定预售商品房的，由县级以上人民政府房产管理部门责令停止预售活动，没收违法所得，可以并处罚款。

第六十八条　违反本法第五十七条的规定，未取得营业执照擅自从事房地产中介服务业务的，由县级以上人民政府工商行政管理部门责令停止房地产中介服务业务活动，没收违法所得，可以并处罚款。

第六十九条 没有法律、法规的依据，向房地产开发企业收费的，上级机关应当责令退回所收取的钱款；情节严重的，由上级机关或者所在单位给予直接责任人员行政处分。

第七十条 房产管理部门、土地管理部门工作人员玩忽职守、滥用职权，构成犯罪的，依法追究刑事责任；不构成犯罪的，给予行政处分。

房产管理部门、土地管理部门工作人员利用职务上的便利，索取他人财物，或者非法收受他人财物为他人谋取利益，构成犯罪的，依照惩治贪污罪贿赂罪的补充规定追究刑事责任；不构成犯罪的，给予行政处分。

第七章 附 则

第七十一条 在城市规划区外的国有土地范围内取得房地产开发用地的土地使用权，从事房地产开发、交易活动以及实施房地产管理，参照本法执行。

第七十二条 本法自 1995 年 1 月 1 日起施行。

2. 城市房地产开发经营管理条例

国务院令第 248 号

第一章 总 则

第一条 为了规范房地产开发经营行为，加强对城市房地产开发经营活动的监督管理，促进和保障房地产业的健康发展，根据《中华人民共和国城市房地产管理法》的有关规定，制定本条例。

第二条 本条例所称房地产开发经营，是指房地产开发企业在城市规划区内国有土地上进行基础设施建设、房屋建设，并转让房地产开发项目或者销售、出租商品房的行为。

第三条 房地产开发经营应当按照经济效益、社会效益、环境效益相统一的原则，实行全面规划、合理布局、综合开发、配套建设。

第四条 国务院建设行政主管部门负责全国房地产开发经营活动的监督管理工作。

县级以上地方人民政府房地产开发主管部门负责本行政区域内房地产开发经营活动的监督管理工作。

县级人民政府负责土地管理工作的部门依照有关法律、行政法规的规定，负责与房地产开发经营有关的土地管理工作。

第二章 房地产开发企业

第五条 设立房地产开发企业，除应当符合有关法律、行政法规规定的企业设立条件外，还应当具备下列条件：

（一）有100万元以上的注册资本；

（二）有4名以上持有资格证书的房地产专业、建筑工程专业的专职技术人员，2名以上持有资格证书的专职会计人员。

省、自治区、直辖市人民政府可以根据本地方的实际情况，对设立房地产开发企业的注册资本和专业技术人员的条件作出高于前款的规定。

第六条 外商投资设立房地产开发企业的，除应当符合本条例第五条的规定外，还应当依照外商投资企业法律、行政法规的规定，办理有关审批手续。

第七条 设立房地产开发企业，应当向县级以上人民政府工商行政管理部门申请登记。工商行政管理部门对符合本条例第五条规定条件的，应当自收到申请之日起30日内予以登记；对不符合条件不予登记的，应当说明理由。

工商行政管理部门在对设立房地产开发企业申请登记进行审查时，应当听取同级房地产开发区主管部门的意见。

第八条 房地产开发企业应当自领取营业执照之日起30日内，持下列文件到登记机关所在地的房地产开发主管部门备案：

（一）营业执照复印件；

（二）企业章程；

（三）验资证明；

（四）企业法定代表人的身份证明；

（五）专业技术人员的资格证书和聘用合同。

第九条 房地产开发主管部门应当根据房地产开发企业的资产、专业技术人员和开发经营业绩等，对备案的房地产开发企业核定的资质等级，承担相应的房地产开发项目。具体办法由国务院建设行政主管部门制定。

第三章 房地产开发建设

第十条 确定房地产开发项目,应当符合土地利用总体规划、年度建设用地计划和城市规划、房地产开发年度计划的要求；按照国家有关规定需要经计划主管部门批准的，还应当报计划主管部门批准，并纳入年度固定资产投资计划。

第十一条 确定房地产开发项目，应当坚持旧区改建和新区建设相结合的原则，注重开发基础设施薄弱、交通拥挤、环境污染严重以及危旧房屋集中的区域，保护和改善城市生态环境，保护历史文化遗产。

第十二条 房地产开发用地应当以出让方式取得；但是，法律和国务院规定可以采用划拨方式的除外。

土地使用权出让或者划拨前，县级以上地方人民政府城市规划行政主管部门和房地产开发主管部门应当对下列事项提出书面意见，作为土地使用权出让或者划拨的依据之一：

（一）房地产开发项目的性质、规模和开发期限；

（二）城市规划设计条件；

（三）基础设施和公共设施的建设要求；

（四）基础设施建成后的产权界定；

（五）项目拆迁补偿、安置要求。

第十三条 房地产开发项目应当建立资本金制度，资本金占项目总投资的比例不得低于20%。

第十四条 房地产开发项目的开发建设应当统筹安排配套基础设施，并根据先地下、后地上的原则实施。

第十五条 房地产开发企业应当按照土地使用权出让合同约定的土地用途、动工开发期限进行项目开发建设。出让合同约定的动工开发期限1年未动工开发的，可以征收相当于土地作用权出让金20%以下的土地闲置费；满2年未动工开发的，可以无偿收回土地使用权。但是，因不可抗力或者政府、政府有关部门的行为或者动工开发必需的前期工作造成动工迟延的除外。

第十六条 房地产开发企业开发建设的房地产项目，应当符合有关法律、法规的规定和建筑工程质量、安全标准、建筑工程勘察、设计、施工的技术规范以及合同的约定。

房地产开发企业应当对其开发建设的房地产开发项目的质量承担责任。

勘察、设计、施工、监理等单位应当依照有关法律、法规的规定或者合同的约定，承担相应的责任。

第十七条 长房地产开发项目竣工，经验收合格后，方可交付使用；未经验收或者验收不合格的，不得交付使用。

房地产开发项目竣工后，房地产开发企业应当向项目所在地的县级以上地方人民政府房地产开发主管部门提出竣工验收申请。房地产开发主管部门应当自收到竣工验收申请之日起30日内，对涉及公共安全的内容，组织工程质量监督、规划、消防、人防等有关部门或者单位进行验收。

第十八条 住宅小区等群体房地产开发项目竣工，应当依照本条例第十七条的规定和下列要求进行综合验收：

（一）城市规划设计条件的落实情况；

（二）城市规划要求配套的基础设施和公共设施的建设情况；

（三）单项工程的工程质量验收情况；

（四）拆迁安置方案的落实情况；

（五）物业管理落实情况。

住宅小区等群体房地产开发项目实行分期开发的，可以分期验收。

第十九条 房地产开发企业应当将房地产开发项目建设过程中的主要事项记录在房地产开发项目手册中，并定期送房地产开发主管部门备案。

第四章 房地产经营

第二十条 转让房地产开发项目，应当符合《中华人民共和国城市房地产管理法》第三十八条、第三十九条规定的条件。

第二十一条 转让房地产开发项目，转让人和受让人应当自土地使用权变更登记手续办理完毕之日起30日内，持房地产开发项目转让合同到房地产开发主管部门备案。

第二十二条 房地产开发企业转让房地产开发项目时，尚未完成拆迁补偿安置的，原拆迁补偿安置合同中有关的权利、义务随之转移给受让人。项目转让人应当书面通知被拆迁人。

第二十三条 房地产开发企业预售商品房，应当符合下列条件：

（一）已交付全部土地使用权出让金，取得土地使用权证书；

（二）持有建设工程规划许可证和施工许可证；

（三）按提供的预售商品房计算，投入开发建设的资金达到工程建设总投资的25%以上，并已确定施工进度和竣工交付日期；

（四）已办理预售登记，取得商品房预售许可证明。

第二十四条 房地产开发企业申请办理商品房预售登记，应当提交下列文件：

（一）本条例第二十三条第（一）项至第（三）项规定的证明材料；

（二）营业执照和资质等级证书；

（三）工程施工合同；

（四）预售商品房分层平面图；

（五）商品房预售方案。

第二十五条 房地产开发主管部门应当自收到商品房预售申请之日起10日内，作出同意预售或者不同意预防为售的答复。同意预售的应当核发商品房预售许可证明；不同意预售的，应当说明理由。

第二十六条 房地产开发企业不得进行虚假广告宣传，商品房预防为售广告中应当载明商品房预售许可证明的文号。

第二十七条 房地产开发企业预售商品房时，应当向预购人出示商品房预售许可证明。

房地产开发企业应当自商品房预售合同签订之日起30日内，到商品房所在地的县级支上人民政府房地产开发主管部门和负责土地管理工作的部门备案。

第二十八条 商品房销售，当事人双方应当签订书面合同。合同应当载明商品房的建筑面积和使用面积、价格、交付日期、质量要求、物业管理方式以及双方的违约责任。

第二十九条 房地产开发企业委托中介机构代理销售商品房的，应当向中介机构出具委托书。中介机构销售商品房时，应当向商品房购买人出示商品房的有关证明文件和商品房销售委托书。

第三十条 房地产开发项目转让和商品房销售价格，由当事人协商议定；但是，享受国家优惠政策的居民住宅价格，应当实行政府指导价或者政府定价。

第三十一条 房地产开发企业应当在商品房交付使用时，向购买人提供住宅质量保证书和住宅使用说明书。

住宅质量保证书应当列明工程质量监督单位核验的质量等级、保修范围、保修期和保修单位等。房地产开发企业应当按照住宅质量保证书的约定，承担商品房保修责任。保修期内，因房地产开发企业对商品房进行维修，致使房屋原使用功能受到影响，给购买人造成损失的，应当依法承担赔偿责任。

第三十二条 商品房交付使用后，购买人认为主体结构质量不合格的，可以向工程质量监督单位申请重新核验。经核验，确属主体结构质量不合格的，购买人有权退房；给购买人造成损失的，房地产开发企业应当依法承担赔偿责任。

第三十三条 预售商品房的购买人应当自商品房交付使用之日起90日内，办理土地使用权变更和房屋所有权登记手续；现售商品房的购买人应当自销售合同签订之日起90日内，办理土地使用权变更和房屋所有权登记手续。房地产开发企业应当协助商品房购买人办理土地使用权变更和房屋所有权登记手续，并提供必要的证明文件。

第五章　法　律　责　任

第三十四条 违反本条例规定，未取得营业执照，擅自从事房地产开发经营的，由县级以上人民政府工商行政管理部门责令停止房地产开发经营活动，没收违法所得，可以并处违法所得5倍以下的罚款。

第三十五条 违反本条例规定，未取得资质和级证书或者超越资质等级从事房地产开发经营的由县级以上人民政府房地产开发主管部门责令限期改正，处5万元以上10万元以下的罚款；逾期不改正的，由工商行政管理部门吊销营业执照。

第三十六条 违反本条例规定，将未经验收的房屋交付使用的，由县级以上人民政府房地产开发主管部门责令限期补办验收手续；逾期不补办验收手续的，由县级以上人民政府房地产开发主管部门组织有关部门和单位进行验收，并处10万元以上30万元以下的罚款。经验收不合格的，依照本条例第三十七条的规定处理。

第三十七条 违反本条例规定，将验收不合格的房屋交付使用的，由县级以上人民政府房地产开发主管部门责令限期返修，并处交付使用的房屋总造价2%以下的罚款；情节严重的，由工商行政管理部门吊销营业执照；给购买人造成损失的，应当依法承担赔偿责任；造成重大伤亡事故或者其他严重后果，构成犯罪的依法追究刑事责任。

第三十八条 违反本条例规定，擅自转让房地产开发项目的，由县级以上人民政府负责土地管理工作的部门责令停止违法行为，没收违法所得，可以并处违法所得5倍以下的罚款。

第三十九条 违反本条例规定，擅自预售商品房的，由县级以上人民政府房地产开发主管部门责令停止违法行为，没收违法所得，可以并处已收取的预付款1%以下的罚款。

第四十条 国家机关工作人员在房地产开发经营监督管理工作中玩忽职守、徇私舞弊、滥用职权，构成犯罪的，依法追究刑事责任；尚不构成犯罪的，依法给予行政处分。

第六章 附 则

第四十一条 在城市规划区外国有土地上从事房地产开发经营，实施房地产开发经营监督管理，参照本条例执行。

第四十二条 城市规划区内集体所有的土地，经依法征用转为国有土地后，方可用于房地产开发经营。

第四十三条 本条例自发布之日起施行。

3. 城市房地产转让管理规定

建设部令第96号

（1995年8月7日建设部令第45号发布，根据2001年8月15日《建设部关于修改〈城市房地产转让管理规定〉的决定》修正）

第一条 为了加强对城市房地产转让的管理，维护房地产市场秩序，保障房地产转让当事人的合法权益，根据《中华人民共和国城市房地产管理法》，制定本规定。

第二条 凡在城市规划区国有土地范围内从事房地产转让，实施房地产转让管理，均应遵守本规定。

第三条 本规定所称房地产转让，是指房地产权利人通过买卖、赠与或者其他合法方式将其房地产转移给他人的行为。

前款所称其他合法方式，主要包括下列行为：

（一）以房地产作价入股、与他人成立企业法人，房地产权属发生变更的；

（二）一方提供土地使用权，另一方或者多方提供资金，合资、合作开发经营房地产，而使房地产权属发生变更的；

（三）因企业被收购、兼并或合并，房地产权属随之转移的；

（四）以房地产抵债的；

（五）法律、法规规定的其他情形。

第四条 国务院建设行政主管部门归口管理全国城市房地产转让工作。

省、自治区人民政府建设行政主管部门归口管理本行政区域内的城市房地产转让工作。

直辖市、市、县人民政府房地产行政主管部门（以下简称房地产管理部门）负责本行政区域内的城市房地产转让管理工作。

第五条 房地产转让时，房屋所有权和该房屋占用范围内的土地使用权同时转让。

第六条 下列房地产不得转让：

（一）以出让方式取得土地使用权但不符合本规定第十条规定的条件的；

（二）司法机关和行政机关依法裁定，决定查封或者以其他形式限制房地产权利的；

（三）依法收回土地使用权的；

（四）共有房地产，未经其他共有人书面同意的；

（五）权属有争议的；

（六）未依法登记领取权属证书的；

（七）法律、行政法规规定禁止转让的其他情形。

第七条 房地产转让，应当按照下列程序办理：

（一）房地产转让当事人签订书面转让合同；

（二）房地产转让当事人在房地产转让合同签订后90日内持房地产权属证书、当事人的合法证明、转让合同等有关文件向房地产所在地的房地产管理部门提出申请，并申报成交价格；

（三）房地产管理部门对提供的有关文件进行审查，并在7日内作出是否受理申请的书面答复，7日内未作书面答复的，视为同意受理；

（四）房地产管理部门核实申报的成交价格，并根据需要对转让的房地产进行现场查勘和评估；

（五）房地产转让当事人按照规定缴纳有关税费；

（六）房地产管理部门办理房屋权属登记手续，核发房地产权属证书。

第八条 房地产转让合同应当载明下列主要内容：

（一）双方当事人的姓名或者名称、住所；

（二）房地产权属证书名称和编号；

（三）房地产座落位置、面积、四至界限；

（四）土地宗地号、土地使用权取得的方式及年限；

（五）房地产的用途或使用性质；

（六）成交价格及支付方式；

（七）房地产交付使用的时间；

（八）违约责任；

（九）双方约定的其他事项。

第九条 以出让方式取得土地使用权的，房地产转让时，土地使用权出让合同载明的权利、义务随之转移。

第十条 以出让方式取得土地使用权的，转让房地产时，应当符合下列条件：

（一）按照出让合同约定已经支付全部土地使用权出让金，并取得土地使用权证书；

（二）按照出让合同约定进行投资开发，属于房屋建设工程的，应完成开发投资总额的百分之二十五以上；属于成片开发土地的，依照规划对土地进行开发建设，完成供排水、供电、供热、道路交通、通信等市政基础设施、公用设施的建设，达到场地平整，形成工业用地或者其他建设用地条件。

转让房地产时房屋已经建成的，还应当持有房屋所有权证书。

第十一条 以划拨方式取得土地使用权的，转让房地产时，按照国务院的规定，报有批准权的人民政府审批。有批准权的人民政府准予转让的，除符合本规定第十二条所列的可以不办理土地使用权出让手续的情形外，应当由受让方办理土地使用权出让手续，并依照国家有关规定缴纳土地使用权出让金。

第十二条 以划拨方式取得土地使用权的，转让房地产时，属于下列情形之一的，经有批准权的人民政府批准，可以不办理土地使用权出让手续，但应当将转让房地产所获收益中的土地收益上缴国家或者作其他处理。土地收益的缴纳和处理的办法按照国务院规定办理。

（一）经城市规划行政主管部门批准，转让的土地用于建设《中华人民共和国城市房地产管理法》第二十三条规定的项目的；

（二）私有住宅转让后仍用于居住的；

（三）按照国务院住房制度改革有关规定出售公有住宅的；

（四）同一宗土地上部分房屋转让而土地使用权不可分割转让的；

（五）转让的房地产暂时难以确定土地使用权出让用途、年限和其他条件的；

（六）根据城市规划土地使用权不宜出让的；

（七）县级以上人民政府规定暂时无法或不需要采取土地使用权出让方式的其他情形。依照前款规定缴纳土地收益或作其他处理的，应当在房地产转让合同中注明。

第十三条 依照本规定第十二条规定转让的房地产再转让，需要办理出让手续、补交土地使用权出让金的，应当扣除已经缴纳的土地收益。

第十四条 国家实行房地产成交价格申报制度。

房地产权利人转让房地产，应当如实申报成交价格，不得瞒报或者作不实的申报。

房地产转让应当以申报的房地产成交价格作为缴纳税费的依据。成交价格明显低于正常市场价格的，以评估价格作为缴纳税费的依据。

第十五条 商品房预售按照建设部《城市商品房预售管理办法》执行。

第十六条 房地产管理部门在办理房地产转让时，其收费的项目和标准，必须经有批准权的物价部门和建设行政主管部门批准，不得擅自增加收费项目和提高收费标准。

第十七条 违反本规定第十条第一款和第十一条，未办理土地使用权出让手续，交纳土地使用权出让金的，按照《中华人民共和国城市房地产管理法》的规定进行处罚。

第十八条 房地产管理部门工作人员玩忽职守、滥用职权、徇私舞弊、索贿受贿的，依法给予行政处分；构成犯罪的，依法追究刑事责任。

第十九条 在城市规划区外的国有土地范围内进行房地产转让的，参照本规定执行。

第二十条 省、自治区人民政府建设行政主管部门、直辖市房地产行政主管部门可以根据本规定制定实施细则。

第二十一条 本规定由国务院建设行政主管部门负责解释。

第二十二条 本规定自1995年9月1日起施行。

4. 房地产开发企业资质管理规定

建设部令第77号

第一条 为了加强房地产开发企业资质管理，规范房地产开发企业经营行为，根据《中华人民共和国城市房地产管理法》、《城市房地产开发经营管理条例》，制定本规定。

第二条 本规定所称房地产开发企业是指依法设立、具有企业法人资格的经济实体。

第三条 房地产开发企业应当按照本规定申请核定企业资质等级。

未取得房地产开发资质等级证书（以下简称资质证书）的企业，不得从事房地产开发经营业务。

第四条 国务院建设行政主管部门负责全国房地产开发企业的资质管理工作；县级以上地方人民政府房地产开发主管部门负责本行政区域内房地产开发企业的资质管理工作。

第五条 房地产开发企业按照企业条件分为一、二、三、四四个资质等级。

各资质等级企业的条件如下：

（一）一级资质：

1. 注册资本不低于5000万元；

2. 从事房地产开发经营5年以上；

3. 近3年房屋建筑面积累计竣工30万平方米以上，或者累计完成与此相当的房地产开发投资额；

4. 连续5年建筑工程质量合格率达100%；

5. 上一年房屋建筑施工面积15万平方米以上，或者完成与此相当的房地产开发投资额；

6. 有职称的建筑、结构、财务、房地产及有关经济类的专业管理人员不少于40人,其中具有中级以上职称的管理人员不少于20人，持有资格证书的专职会计人员不少于4人；

7. 工程技术、财务、统计等业务负责人具有相应专业中级以上职称；

8. 具有完善的质量保证体系，商品住宅销售中实行了《住宅质量保证书》和《住宅使用说明书》制度；

9. 未发生过重大工程质量事故。

（二）二级资质：

1. 注册资本不低于2000万元；

2. 从事房地产开发经营3年以上；

3. 近3年房屋建筑面积累计竣工15万平方米以上，或者累计完成与此相当的房地产开发投资额；

4. 连续3年建筑工程质量合格率达100%；

5. 上一年房屋建筑施工面积10万平方米以上，或者完成与此相当的房地产开发投资额；

6. 有职称的建筑、结构、财务、房地产及有关经济类的专业管理人员不少于20人,其中具有中级以上职称的管理人员不少于10人，持有资格证书的专职会计人员不少于3人；

7. 工程技术、财务、统计等业务负责人具有相应专业中级以上职称；

8. 具有完善的质量保证体系，商品住宅销售中实行了《住宅质量保证书》和《住宅使用说明书》制度；

9. 未发生过重大工程质量事故。

（三）三级资质：

1. 注册资本不低于800万元；

2. 从事房地产开发经营2年以上；

3. 房屋建筑面积累计竣工5万平方米以上，或者累计完成与此相当的房地产开发投资额；

4. 连续2年建筑工程质量合格率达100%；

5. 有职称的建筑、结构、财务、房地产及有关经济类的专业管理人员不少于10人，其中具有中级以上职称的管理人员不少于5人，持有资格证书的专职会计人员不少于2人；

6. 工程技术、财务等业务负责人具有相应专业中级以上职称，统计等其他业务负责人具有相应专业初级以上职称；

7. 具有完善的质量保证体系，商品住宅销售中实行了《住宅质量保证书》和《住宅使用说明书》制度；

8. 未发生过重大工程质量事故。

（四）四级资质：

1. 注册资本不低于100万元；

2. 从事房地产开发经营1年以上；

3. 已竣工的建筑工程质量合格率达100%；

4. 有职称的建筑、结构、财务、房地产及有关经济类的专业管理人员不少于5人，持有资格证书的专职会计人员不少于2人；

5. 工程技术负责人具有相应专业中级以上职称，财务负责人具有相应专业初级以上职称，配有专业统计人员；

6. 商品住宅销售中实行了《住宅质量保证书》和《住宅使用说明书》制度；

7. 未发生过重大工程质量事故。

第六条 新设立的房地产开发企业应当自领取营业执照之日起30日内，持下列文件到房地产开发主管部门备案：

（一）营业执照复印件；

（二）企业章程；

（三）验资证明；

（四）企业法定代表人的身份证明；

（五）专业技术人员的资格证书和劳动合同；

（六）房地产开发主管部门认为需要出示的其他文件。

房地产开发主管部门应当在收到备案申请后30日内向符合条件的企业核发《暂定资质证书》。

《暂定资质证书》有效期1年。房地产开发主管部门可以视企业经营情况延长《暂定资质证书》有效期，但延长期限不得超过

2年。

自领取《暂定资质证书》之日起1年内无开发项目的，《暂定资质证书》有效期不得延长。

第七条 房地产开发企业应当在《暂定资质证书》有效期满前1个月内向房地产开发主管部门申请核定资质等级。房地产开发主管部门应当根据其开发经营业绩核定相应的资质等级。

第八条 申请《暂定资质证书》的条件不得低于四级资质企业的条件。

第九条 临时聘用或者兼职的管理、技术人员不得计入企业管理、技术人员总数。

第十条 申请核定资质等级的房地产开发企业，应当提交下列证明文件：

（一）企业资质等级申报表；

（二）房地产开发企业资质证书（正、副本）；

（三）企业资产负债表和验资报告；

（四）企业法定代表人和经济、技术、财务负责人的职称证件；

（五）已开发经营项目的有关证明材料；

（六）房地产开发项目手册及《住宅质量保证书》、《住宅使用说明书》执行情况报告；

（七）其他有关文件、证明。

第十一条 房地产开发企业资质等级实行分级审批。

一级资质由省、自治区、直辖市人民政府建设行政主管部门初审，报国务院建设行政主管部门审批。

二级资质及二级资质以下企业的审批办法由省、自治区、直辖市人民政府建设行政主管部门制定。

经资质审查合格的企业，由资质审批部门发给相应等级的资质证书。

第十二条 资质证书由国务院建设行政主管部门统一制作。资质证书分为正本和副本，资质审批部门可以根据需要核发资质证书副本若干份。

第十三条 任何单位和个人不得涂改、出租、出借、转让、出卖资质证书。

企业遗失资质证书，必须在新闻媒体上声明作废后，方可补领。

第十四条 企业发生分立、合并的，应当在向工商行政管理部门办理变更手续后的30日内，到原资质审批部门申请办理资质证书注销手续，并重新申请资质等级。

第十五条 企业变更名称、法定代表人和主要管理、技术负责人，应当在变更30日内，向原资质审批部门办理变更手续。

第十六条 企业破产、歇业或者因其他原因终止业务时，应当在向工商行政管理部门办理注销营业执照后的15日内，到原资质审批部门注销资质证书。

第十七条 房地产开发企业的资质实行年检制度。对于不符合原定资质条件或者有不良经营行为的企业，由原资质审批部门予以降级或者注销资质证书。

一级资质房地产开发企业的资质年检由国务院建设行政主管部门或者其委托的机构负责。

二级资质及二级资质以下房地产开发企业的资质年检由省、自治区、直辖市人民政府建设行政主管部门制定办法。

房地产开发企业无正当理由不参加资质年检的，视为年检不合格，由原资质审批部门注销资质证书。

房地产开发主管部门应当将房地产开发企业资质年检结果向社会公布。

第十八条 一级资质的房地产开发企业承担房地产项目的建设规模不受限制，可以在全国范围承揽房地产开发项目。

二级资质及二级资质以下的房地产开发企业可以承担建筑面积25万平方米以下的开发建设项目，承担业务的具体范围由省、自治区、直辖市人民政府建设行政主管部门确定。

各资质等级企业应当在规定的业务范围内从事房地产开发经营业务，不得越级承担任务。

第十九条　企业未取得资质证书从事房地产开发经营的，由县级以上地方人民政府房地产开发主管部门责令限期改正，处5万元以上10万元以下的罚款；逾期不改正的，由房地产开发主管部门提请工商行政管理部门吊销营业执照。

第二十条　企业超越资质等级从事房地产开发经营的，由县级以上地方人民政府房地产开发主管部门责令限期改正，处5万元以上10万元以下的罚款；逾期不改正的，由原资质审批部门吊销资质证书，并提请工商行政管理部门吊销营业执照。

第二十一条　企业有下列行为之一的，由原资质审批部门公告资质证书作废，收回证书，并可处以1万元以上3万元以下的罚款：

（一）隐瞒真实情况、弄虚作假骗取资质证书的；

（二）涂改、出租、出借、转让、出卖资质证书的。

第二十二条　企业开发建设的项目工程质量低劣，发生重大工程质量事故的，由原资质审批部门降低资质等级；情节严重的吊销资质证书，并提请工商行政管理部门吊销营业执照。

第二十三条　企业在商品住宅销售中不按照规定发放《住宅质量保证书》和《住宅使用说明书》的，由原资质审批部门予以警告、责令限期改正、降低资质等级，并可处以1万元以上2万元以下的罚款。

第二十四条　企业不按照规定办理变更手续的，由原资质审批部门予以警告、责令限期改正，并可处以5000元以上1万元以下的罚款。

第二十五条　各级建设行政主管部门工作人员在资质审批和管理中玩忽职守、滥用职权，徇私舞弊的，由其所在单位或者上级主管部门给予行政处分；构成犯罪的，由司法机关依法追究刑事责任。

第二十六条　省、自治区、直辖市人民政府建设行政主管部门可以根据本规定制定实施细则。

第二十七条　本规定由国务院建设行政主管部门负责解释。

第二十八条 本规定自发布之日起施行。1993年11月16日建设部发布的《房地产开发企业资质管理规定》(建设部令第28号)同时废止。

5. 住房置业担保管理试行办法

建住房［2000］108号

第一章 总 则

第一条 为支持城镇个人住房消费,发展个人住房贷款业务,保障债权实现,根据《中华人民共和国担保法》、《中华人民共和国城市房地产管理法》以及《城市房地产抵押管理办法》、《个人住房贷款管理办法》等法律、法规、规章,制定本办法。

第二条 本办法所称住房置业担保,是指依照本办法设立的住房置业担保公司(以下简称担保公司),在借款人无法满足贷款人要求提供担保的情况下,为借款人申请个人住房贷款而与贷款人签订保证合同,提供连带责任保证担保的行为。

第三条 住房置业担保,应当遵循平等、自愿、公平、诚实信用的原则。任何单位和个人不得干预贷款人及担保公司的正常经营活动。

第四条 借款人向担保公司申请提供住房置业担保的,应当将其本人或者第三人的合法房屋依法向担保公司进行抵押反担保。

第五条 贷款人与借款人依法签订的个人住房借款合同为主合同,担保公司、贷款人依法签订的保证合同是其从合同。主合同无效,从合同无效。保证合同另有约定的,从其约定。

保证合同被依法确认无效后,担保公司、借款人和贷款人有过错的,应当根据其过错各自承担相应的民事责任。

第六条 国务院建设行政主管部门归口管理全国住房置业担保管理工作。

省、自治区建设行政主管部门归口管理本行政区域内住房置业担保管理工作。

直辖市、市人民政府房地产行政主管部门负责管理本行政区域内住房置业担保管理工作。

第二章 担 保 公 司

第七条 担保公司是为借款人办理个人住房贷款提供专业担保，收取服务费用，具有法人地位的房地产中介服务企业。

第八条 设立担保公司，应当报经城市房地产行政主管部门审核，并经城市人民政府批准后，方可向工商行政管理部门申请设立登记，领取营业执照。

第九条 担保公司的组织形式为有限责任公司或者股份有限公司。

第十条 设立担保公司应当具备下列条件：

（一）有自己的名称和组织机构；

（二）有固定的服务场所；

（三）有不少于1000万元人民币的实有资本；

（四）有一定数量的周转住房；

（五）有适应工作需要的专业管理人员；

（六）有符合《公司法》要求的公司章程；

（七）符合《公司法》和相关法律、法规规定的其他条件。

第十一条 担保公司的实有资本以政府预算资助、资产划拨以及房地产骨干企业认股为主。

货币形态的实有资本应当存入城市房地产行政主管部门指定的国有独资银行，或发放由担保公司提供住房置业担保的个人住房贷款的其他银行。

第十二条 贷款人不得在担保公司中持有股份，其工作人员也不得在担保公司中兼职。

第十三条 一个城市原则上只设一个担保公司，以行政区内的城镇个人为服务对象。

县（区）一般不设立担保公司，个人住房贷款量大的县（区）可以设立担保公司的分支机构。

第十四条 担保服务收费标准应报经同级物价部门批准。担保服务费由借款人向担保公司支付。

第十五条 担保公司应当设立内部监督机构，负责对内部担保经营状况的监督。

第三章 担保的设立

第十六条 借款人向担保公司申请住房置业担保，应当具备下列条件：

（一）具有完全民事行为能力；

（二）有所在城镇正式户口或者有效居留的身份证件；

（三）收入来源稳定，无不良信用记录，且有偿还贷款本息的能力；

（四）已订立合法有效的住房购销合同；

（五）已足额交纳购房首付款；

（六）符合贷款人和担保公司规定的其他条件。

第十七条 担保公司提供住房置业担保，应当严格评估借款人的资信。对于资信不良的借款人，担保公司可以拒绝提供担保。

第十八条 住房置业担保当事人应当签订书面保证合同。保证合同一般应当包括以下内容：

（一）被担保的主债权种类、数额；

（二）债务人履行债务的期限；

（三）保证的方式；

（四）保证担保的范围；

（五）保证期间；

（六）其他约定事项。

第十九条 住房置业担保的保证期间，由担保公司与贷款人约定，但不得短于借款合同规定的还款期限，且不得超过担保公司的营业期限。

第二十条 设定住房置业担保的，借款人未按借款合同约定偿还贷款本息的，贷款人可以依保证合同约定要求担保公司在其保证范围内承担债务清偿责任。

第二十一条 借款人向担保公司申请提供住房置业担保的，担保公司有权要求借款人以其自己或者第三人合法所有的房屋向担保公司进行抵押反担保。

第二十二条 房屋抵押应当订立书面合同。抵押合同一般包括以下内容：

（一）抵押当事人的姓名、名称、住所；

（二）债权的种类、数额、履行债务的期限；

（三）房屋的权属和其他基本情况；

（四）抵押担保的范围；

（五）担保公司清算时，抵押权的处置；

（六）其他约定事项。

第二十三条 抵押当事人应当自抵押合同订立之日起三十日内向房屋所在地的房地产行政主管部门办理抵押登记。

抵押合同发生变更或者抵押关系终止时，抵押当事人应当在变更或者终止之日起十五日内，到原登记机关办理变更或者注销登记。

第二十四条 房屋抵押权与其担保的债权同时存在。借款人依照借款合同还清全部贷款本息后，房屋抵押权方可终止。

第二十五条 抵押权人要求抵押人办理抵押房屋保险的，抵押人应当在抵押合同订立前办理保险手续，并在保证合同订立后将保险单正本移交抵押权人保管。抵押期间，抵押权人为保险赔偿的第一受益人。

第二十六条 抵押期间，抵押人不得以任何理由中断或者撤销保险。抵押的房屋因抵押人的行为造成损失致使其价值不足作为履行债务担保时，抵押权人有权要求抵押人重新提供或者增加担保以弥补不足。

第四章　担保的解除

第二十七条　借款人依照借款合同还清全部贷款本息，借款合同终止后，保证合同和房屋抵押合同即行终止。

第二十八条　借款人到期不能偿还贷款本息时，依照保证合同约定，担保公司按贷款人要求先行代为清偿债务后，保证合同自然终止。

保证合同终止后，担保公司有权就代为清偿的债务部分向借款人进行追偿，并要求行使房屋抵押权，处置抵押房屋。

第二十九条　抵押房屋的处置，可以由抵押当事人协议以该抵押房屋折价或者拍卖、变卖该抵押房屋的方式进行；协议不成的，抵押权人可以向人民法院提起诉讼。

处置抵押房屋时，抵押人居住确有困难的，担保公司应当予以协助。

第五章　风　险　防　范

第三十条　担保公司的资金运用，应当遵循稳健、安全的原则，确保资产的保值增值。

担保公司只能从事住房置业担保和房地产经营业务（房地产开发除外），不得经营财政信用业务、金融业务等其他业务，也不得提供其他担保。

第三十一条　担保公司应当从其资产中按照借款人借款余额的一定比例提留担保保证金，并存入借款人的贷款银行。担保公司未按规定或合同约定履行担保义务时，贷款人有权从保证金账户中予以扣收。

保证金的提留比例，由贷款人与担保公司协商确定。

第三十二条　担保公司应当建立担保风险基金，用于担保公司清算时对其所担保债务的清偿。

担保风险基金由担保公司按照公司章程规定的比例从营业收

入中提取，专户存储，不得挪用。

第三十三条 担保公司担保贷款余额的总额，不得超过其实有资本的三十倍；超过三十倍的，应当追加实有资本。

第三十四条 担保公司清算时，房屋抵押权可转移给贷款人，并由贷款人与借款人重新签订抵押合同。但抵押合同另有约定的，从其约定。

第六章 附 则

第三十五条 住房置业担保可在直辖市、省会城市、计划单列市及有条件的设区城市先行试点。试点期间，住房置业担保公司经批准设立后，应当报建设部备案。

第三十六条 本办法由国务院建设行政主管部门负责解释。

第三十七条 本办法自发布之日起施行。

6. 上海市房屋建设工程转让试行办法

沪房地开（1998）497号

为规范本市房屋建设工程转让行为，促进房地产市场健康有序发展，根据《上海市房地产转让办法》，制定本试行办法。

一、房屋建设工程转让是指房屋建设工程权利人在房屋建设期间，将在建房屋及土地使用权全部或部分转移给他人，包括共有权利人之间相互转让的行为。房屋建设工程转让主要包括下列方式：

1. 买卖；
2. 交换；
3. 赠与；
4. 以房屋建设工程抵债；
5. 以房屋建设工程作价出资或作为合作条件，与他人成立企业法人，房屋建设工程权利随之转移的；

6. 因企业兼并或者合并，房屋建设工程权利随之转移的；

7. 法律、法规、规章许可的其他方式。

二、房屋建设工程转让应当同时符合下列条件：

1. 土地使用权以出让方式取得，已经支付全部的土地使用权出让金或1994年底前以划拨方式取得土地使用权、并列入市计委商品房计划的内资项目；

2. 土地使用权已经依法登记，并取得房地产权证；

3. 取得建设工程规划许可证；

4. 取得建设工程施工许可证；

5. 房屋建设的开发投资总额已经完成25%以上。房屋单体工程的开发投资总额已经完成25%以上的，该房屋单体工程可按本暂行规定转让。

房屋建设开发投资总额是指房屋建设开发过程中，除土地使用权出让金、土地征用及拆迁补偿费以外所发生的各项费用，包括前期工程、基础设施、配套设施，建筑安装工程费等。

三、本市房屋建设工程需转让的，均应向上海市房屋土地管理局（以下简称市房地局）提出转让申请。经批准后方可转让。

四、申请房屋建设工程转让须提交下列书面材料：

1. 申请报告。申请报告须载明申请转让的房屋建设工程的基本情况，包括工程名称。座落、用途、土地性质、建设进度及要求转让的面积等情况；

2. 按要求填写的《房屋建设工程转让情况表》；

3.《企业法人营业执照》，房地产开发企业还须提交《房地产开发企业资质证书》；

4. 土地使用权出让合同或市计委的商品房计划；

5. 房地产权证；

6. 建设工程规划许可证；

7. 建设工程施工许可证；

8. 持有资质的审价机构出具的房屋建设开发投资总额已完

成25%以上的证明材料；

9. 房屋建设工程已取得商品房预售许可的，须提交预售许可证；

10. 其他材料：房屋建设工程系共有的，还须提供其他人有人同意转让的书面材料。

五、市房地局对申请人提交的材料进行审核，并对现场实地查勘。符合转让条件的，自受理之日起10天内核发同意转让的书面批准文件，同时通知市或区县房地产交易管理机构；不符合转让条件的，作出不准转让的决定，并书面通知申请人。

六、房屋建设工程转让人（以下简称转让人）与房屋建设工程受让人（以下简称受让人）订立房屋建设工程转让合同前应当向受让人出示房屋建设工程转让批准文件。

七、房屋建设工程转让合同应当载明下列内容：

1. 转让当事人的名称、住所；

2. 房屋建设工程的座落地点、面积、四至范围；

3. 土地使用权性质；

4. 土地使用权获得方式和使用期限；

5. 房屋建设工程的规划使用性质、规划参数；

6. 房屋建设工程转让的价格、支付方式和期限；

7. 房屋建设工程转让交接日期；

8. 房屋建设工程转让前的预售情况及有关问题的处理；

9. 违约责任；

10. 争议的解决方式；

11. 转让当事人约定的其他事项。

八、房屋建设工程转让当事人应当在房屋建设工程转让合同生效之日起30天内办理过户手续。外销出让地块上的房屋建设工程转让由市房地产交易管理机构办理过户手续；内销出让地块上的房屋建设工程转让由项目所在地的区县房地产交易管理机构办理过户手续。

九、房屋建设工程属商品房性质的，其受让人应具有房地产开发经营资格。不具备房地产开发经营资格的，可在房地产交易管理机构批准房屋建设工程转让过户后补办房地产开发经营资格。未取得房地产开发经营资格的单位不得开发经营商品房。

十、办理房屋建设工程转让合同过户手续须提交下列书面材料：

1. 申请书；

2. 转让双方当事人的身份证件或委托书及代理人身份证件；

3. 市房地局关于房屋建设工程转让的批复；

4. 房屋建设工程转让合同（原件）；

5. 由市房地测绘中心提供的地籍图。

十一、房屋建设工程转让前已发生的预售，转让人应当在房地产交易管理机构批准过户之日起15日内，将有关转让的情况书面通知商品房预购人，并按下列规定分别处理：

1. 商品房预购人要求解除商品房预售合同的，应在接到转让人书面通知之日起30天内书面通知转让人。转让人在接到商品房预购人要求解除预售合同的书面通知后，应将已收取的房价款（包括本金和利息）全部退还给预购人。利息根据预购人的具体对象，分别按中国人民银行公布的同期个人或单位存款利率计算。

2. 商品房预购人不要求解除预售合同的，由房屋建设工程受让人继续履行商品房预售合同。商品房预购人接到转让人书面通知之日起30天内不作答复的，视为不要求解除商品房预售合同。预购人与受让人应按规定到房地产交易管理机构办理预售合同主体变更手续。转让人不通知预购人的，预购人有权解除商品房预售合同，造成预购人损失的，转让人应承担相应的民事责任。

十二、未取得书面批准文件，擅自转让房屋建设工程的，由上海市房屋土地管理局根据《上海市房地产转让办法》第五十条第五款规定予以处罚：没收违法所得，并可处违法所得50%以下的罚款。

7. 上海市房地产转让办法

(1997年4月30日上海市人民政府第42号令发布根据2000年9月20日《上海市人民政府关于修改〈上海市房地产转让办法〉的决定》修正并重新发布)

上海市人民政府令第89号

第一章　总　　则

第一条　目的和依据

为了规范房地产转让行为，保障房地产转让当事人和其他关系人的合法权益，维护房地产市场的正常秩序，根据《中华人民共和国城市房地产管理法》、《中华人民共和国土地管理法》等法律、法规的规定，结合本市实际情况，制定本办法。

第二条　适用范围

本办法适用于本市行政区域内的房地产转让。

第三条　定义

本办法所称的房地产转让，是指房地产权利人将其依法拥有的房地产转移给他人的行为。前款所称的房地产权利人，是指合法拥有房屋所有权、土地使用权的自然人、法人和其他组织。

第四条　管理部门

上海市房屋土地资源管理局（以下简称市房地资源局）是本市房地产转让的行政主管部门。区、县房地产管理部门负责所辖区域房地产转让的行政管理工作，业务上受市房地局领导。市房地局和区、县房地产管理部门所属的房地产交易管理机构，按照市人民政府的有关规定，分别负责房地产转让过户手续的具体管理工作。财政、税务、物价、工商、规划、住宅建设等管理部门按照各自职责，协同实施本办法。

第五条 转让原则

房地产转让应当遵循自愿、公平和诚实信用的原则。

第六条 转让方式

房地产转让主要包括下列方式：

（一）买卖；

（二）交换；

（三）赠与；

（四）以房地产抵债；

（五）以房地产作价出资或者作为合作条件，与他人成立企业法人，房地产权属随之转移的；

（六）因企业兼并或者合并，房地产权属随之转移的；

（七）法律、法规、规章许可的其他方式。

第二章 一般规定

第一节 转让范围和条件

第七条 转让当事人

房地产转让人应当是依法登记取得房地产权证书的房地产权利人。

房地产受让人可以是中华人民共和国境内外的自然人、法人和其他组织，但法律、法规、规章另有规定或者土地使用权出让合同另有约定的除外。

第八条 不得转让的房地产

有下列情形之一的房地产不得转让：

（一）未依法登记取得房地产权证书的；

（二）共有房地产，未经其他共有人书面同意的；

（三）权属有争议，尚在诉讼、仲裁或者行政处理中的；

（四）司法机关或者行政机关依法裁定、决定查封或者以其他形式限制房地产权利的；

（五）依法收回土地使用权的；

（六）法律、法规、规章规定不得转让的其他情形。

第九条 国有土地上房屋转让的条件

依法取得国有土地使用权的地块上建成的房屋需转让的，必须在办理房屋所有权和该房屋占有范围内土地使用权的登记并取得房地产权证书后，方可按照本办法的规定办理转让手续。

第十条 成片开发国有土地使用权转让的条件

以出让方式取得成片国有土地使用权进行开发建设，其土地使用权需转让的，应当符合下列条件：

（一）按照出让合同的约定已经支付全部土地使用权出让金；

（二）土地使用权已经依法登记并取得房地产权证书；

（三）需转让地块已经形成工业用地或者其他建设用地条件；

（四）规划管理部门已经确定需转让地块的规划使用性质和规划技术参数；

（五）出让合同约定的其他条件。

以划拨方式取得成片国有土地使用权进行开发建设，其土地使用权需转让的，应当符合前款第（二）项、第（三）项、第（四）项所列的条件，并报市人民政府批准。

第十一条 出让国有土地上房地产转让时的限定

以出让方式取得国有土地使用权的，房地产转让时，出让合同载明的权利、义务随之转移。

第十二条 划拨国有土地上房地产转让时的限制

以划拨方式取得国有土地使用权的，房地产转让时，应当由受让人按照法律、法规、规章的有关规定，办理土地使用权出让手续并缴纳土地使用权出让金；按照法律、法规、规章的有关规定可以不办理土地使用权出让手续的，应当由转让人将转让房地产所获收益中的土地收益上缴国家。

土地收益上缴的具体办法，由市人民政府按照国务院的规定另行制定。

第十三条 集体所有土地上房屋转让的条件

集体所有土地上建成的房屋需转让的，应当符合下列条件：

（一）房屋所有权和该房屋占用范围内的土地使用权已经依法登记并取得房地产权证书。

（二）居住房屋转让的受让人为房屋所在地乡（镇）范围内具备居住房屋建设申请条件的个人；非居住房屋转让的受让人为房屋所在地乡（镇）范围内的集体经济组织或者个体经营者。

（三）居住房屋转让的申请，已经房屋所在地乡（镇）人民政府批准。

集体所有制土地上建成的房屋需转让给前款第（二）项规定以外的受让人的，应当在依法办理集体所有土地的征用手续后，方可按照本办法的规定办理转让手续。

第十四条　房地产买卖时的优先购买权

共有房地产买卖时，在同等条件下，房地产共有人享有优先购买权。

已经出租的房地产买卖时，在同等条件下，房地产承租人享有优先购买权。

第二节　转　让　程　序

第十五条　转让合同的订立

房地产转让时，除本办法第六条第（五）项、第（六）项所列的情形外，转让当事人应当依法订立房地产转让合同。

第十六条　转让合同的主要内容

房地产转让合同包括房地产的买卖合同、交换合同、抵债合同和赠与合同。

房地产买卖合同应当载明下列主要内容：

（一）转让当事人的姓名或者名称、住所；

（二）房地产的座落地点、面积、四至范围；

（三）土地所有权性质；

（四）土地使用权获得方式和使用期限；

（五）房地产的规划使用性质；

（六）房屋的平面布局、结构、建筑质量、装饰标准以及附属设施、配套设施等状况。

（七）房地产转让的价格、支付方式和期限；

（八）房地产交付日期；

（九）违约责任；

（十）争议的解决方式；

（十一）转让当事人约定的其他事项。

房地产交换合同除符合前款规定外，应当载明交换的价格差额；房地产抵债合同除符合前款规定外，应当载明抵冲的债务及其金额。房地产赠与合同应当符合有关法律的规定。房地产转让合同的示范文本由市房地局制定。转让当事人应当参照示范文本订立房地产转让合同。

第十七条 转让合同的生效

房地产转让合同自转让当事人正式签订之日起生效，但下列情形除外：

（一）转让当事人约定合同生效条件的，转让合同自约定的条件成立之日起生效；

（二）法律、法规、规章规定必须进行合同公证或者转让当事人约定进行合同公证的，转让合同自公证之日起生效。

第十八条 过户申请和价格申报

房地产转让当事人应当在转让合同或者与转让有关的法律文件生效后，向房地产交易管理机构提出过户申请，并提交下列文件：

（一）房地产权证书；

（二）转让当事人的身份证明；

（三）转让合同或者与转让有关的法律文件；

（四）其他有关的文件。

房地产买卖、交换或者抵债的，转让当事人应当在办理过户手续的同时，向房地产交易管理机构如实申报转让价格，不得瞒报或者作不实的申报。

房地产交易管理机构应当定期将转让当事人申报的转让价格抄送同级税务、物价部门。

第十九条 过户审核和变更登记

房地产交易管理机构应当自受理转让当事人过户申请之日起15日内完成审核。对不符合规定条件或者手续的，应当作出不予过户的决定，并书面通知转让当事人；对符合规定条件和手续的，应当将申请过户的文件移交房地产登记机构，由房地产登记机构按照《上海市房地产登记条例》的规定办理房地产转让变更登记。

房地产转让变更登记应当在房地产交易管理机构向房地产登记机构移交申请过户文件之日起15日内完成，并由房地产交易管理机构通知房地产受让人领取房地产权证书。

第三节 转让当事人的权利、义务和责任

第二十条 房地产权利转移的日期

房地产权利转移的日期，以房地产交易管理机构受理转让当事人过户申请的日期为准；但房地产交易管理机构审核后作出不予过户决定的，以转让当事人再次提出过户申请的受理日期为准。

第二十一条 风险责任转移的日期

房地产的风险责任，自房地产权利转移之日起由转让人转移给受让人；但转让当事人约定自房地产转移占有之日起转移风险责任的，从其约定。

第二十二条 与第三人签订转让合同的限制

房地产转让合同签订后，未依法解除合同关系的，房地产转让人不得就同一房地产与第三人签订转让合同。

房地产转让人违反前款规定而造成他人损失的，应当承担相应的民事责任。

第二十三条 房地产相关情况的告知

房地产转让人转让房地产时，应当如实向受让人告知房地产的抵押关系、租赁关系、相邻关系等相关情况。

房地产转让人违反前款规定而造成他人损失的，应当承担相应的民事责任。

第二十四条 租赁合同的继续履行

转让已经出租的房地产，租赁双方当事人已经依法办理租赁

合同登记备案的，该租赁合同由房地产受让人继续履行。

第二十五条 广告宣传的真实性

与房地产转让有关的广告或者表明房地产状况的说明书、示意图等应当真实、准确。以公开展示样品房的方式表明商品房的平面布局、结构、建筑质量、装饰标准以及附属设施、配套设施等状况的，商品房的实际状况应当与样品房相符。

房地产转让人违反前款规定而造成他人损失的，应当承担相应的民事责任。

第二十六条 土地使用权分割的限定

房屋转让时，房屋所有权和该房屋占用范围内的土地使用权同时转让。

房屋分层、分套转让时，该房屋占用范围内的土地使用权整体不可分割；房地产受让人按照分层、分套房屋的建筑面积，取得相应比例的土地使用权。

第二十七条 房屋及其相关设施转让的限定

房屋转让时，房屋的附属设施同时转让。按照国家和本市有关规定可以单独转让的新建房屋的地下停车库等附属建筑物、构筑物，需单独转让的，应当在转让合同中约定；未在转让合同中约定单独转让的，视作一并转让。

房屋转让时，房屋的共用部位、共用设备与自用部位、自用设备同时转让；共有部位的建筑面积按照国家和本市有关规定由房地产权利人分摊。

按照房屋建筑设计为独立成套的房屋，不得分割转让。

第二十八条 转让价格的限定

房地产转让的价格由转让当事人协商议定，但新建安居房、平价房买卖的价格应当由市物价部门和市住宅建设管理部门核定。

房地产买卖、交换或者抵债的，其转让合同中载明的房地产价格应当是受让人按照本办法第二十六条、第二十七条规定取得房屋所有权和该房屋占用范围内土地使用权的总价格。

第二十九条　新建房屋转让后的保修责任

新建房屋买卖、交换或者抵债的，转让人应当自房地产权利转移之日起，对新建房屋承担保修责任。承担保修责任的期限，由转让当事人在转让合同中约定，但不得少于两年。新建房屋在保修期内发生再转让的，原房地产转让人应当按照原转让合同，继续承担保修责任。

第三十条　违约责任

房地产买卖、交换或者抵债的当事人一方违反转让合同约定的，应当向对方支付违约金；由于违约给对方造成损失的，应当依法进行赔偿。

违约金的数额应当在转让合同中约定：转让合同中未作约定，并且有下列情形之一的，按照规定的标准确定违约金。

（一）因房地产转让人的过错，未在约定的时间内交付房地产的，转让人向受让人支付的违约金为已经收取的转让价款按照中国人民银行公布的同期存款利率计算所得利息的两倍；

（二）因房地产受让人的过错，未在约定的时间内支付转让价款的，受让人向转让人支付的违约金为逾期支付的转让价款按照中国人民银行公布的同期存款利率计算所得利息的两倍。

第三十一条　相关税费的缴纳

房地产买卖、交换、赠与或者抵债的，转让当事人应当按照国家税收法律、法规的规定纳税；其中房地产买卖、交换或者抵债的，还应当向房地产交易管理机构缴纳交易手续费。

房地产转让的税、费按照转让当事人申报的转让价格计算；其中房地产交换的，按照申报的交换价格差额计算。但转让当事人申报的转让价格明显低于正常市场价格的，应当按照房地产评估价格计算税、费。

交易手续费的标准，由市物价部门会同市财政部门核定。

第三章　商品房预售

第三十二条　预售条件

商品房预售，应当符合下列条件：

（一）土地使用权以出让方式取得，已经支付全部的土地使用权出让金；

（二）土地使用权已经依法登记并取得房地产权证书；

（三）取得商品房的建设工程规划许可证；

（四）取得商品房的建设工程施工许可证；

（五）商品房建筑安装工程投资完成的工程量达到规定标准；

（六）已经确定商品房的竣工交付日期，并落实了市政、公用和公共建筑设施的配套建设计划；

（七）已经与本市从事房地产项目资金监管的专业机构（以下简称监管机构）签订预售款监管协议；

（八）已经制定房屋使用公约，并与物业管理企业订立了前期物业管理服务合同。

前款第五项的规定标准由市房地资源局拟订，报市人民政府批准后执行。

第三十三条　预售的申请和审核

房地产开发企业需预售商品房的，应当向市房地资源局或者区、县房地产管理部门提出申请，并提交证明符合本办法第三十二条规定的文件以及商品房的总平面图、分层平面图。

市房地资源局或者区、县房地产管理部门应当自受理预售申请之日起10日内完成审核。对符合预售条件的，发给商品房预售许可证；对不符合预售条件的，作出不准预售的决定，并书面通知申请人。

经审核准予预售商品房的，预售许可证签发的日期为准予预售的日期。

第三十四条　预售商品房的广告宣传

房地产开发企业取得商品房预售许可证后，方可进行预售商品房的广告宣传。

预售商品房的广告必须载明商品房预售许可证的批准文

号。

第三十五条 预售合同的订立

房地产开发企业预售商品房时，应当向预购人出示商品房预售许可证，与预购人订立预售合同。

预售合同应当载明本办法第十六条第二款所列的内容。

第三十六条 预售合同的登记备案

房地产开发企业和预购人应当在预售合同生效后，将其送交房地产交易管理机构，对不符合规定条件或者手续的，房地产交易管理机构应当在5日内书面通知当事人；对符合规定条件和手续的，房地产交易管理机构应当将预售合同移交房地产登记机构，由房地产登记机构按照《上海市房地产登记条例》的规定登记备案。

预售合同的登记备案应当在房地产交易管理机构向房地产登记机构移交预售合同之日起5日内完成，并由房地产交易管理机构书面通知当事人领取经登记备案的预售合同。

第三十七条 预售款的收取

房地产开发企业应当根据商品房建设工程的进度，分期收取商品房预售款。但预售合同另有约定的，从其约定。

第三十八条 预售款的监管

房地产开发企业收取的商品房预售款，应当委托监管机构监管，专项用于所预售的商品房的建设。

监管机构对预售监管不当，给预购人造成损失的，应当承担连带责任。

第三十九条 预售商品房的建筑设计变更

已经预售的商品房，房地产开发企业不得擅自变更其建筑设计；确需变更的，应当在征得预购人同意并报规划管理部门审核批准后，与预购人订立预售合同的变更协议。

未征得预购人同意，房地产开发企业变更预售商品房的建筑设计的，预购人有权解除预售合同，并由房地产开发企业承担违约责任。

第四十条 预售商品房的转让

预售合同登记备案后，预购人需转让预售的商品房的，应当按照下列规定办理：

(一)尚未付清预售商品房总价款的，预购人应当在征得房地产开发企业同意后，与受让人订立预售商品房转让的合同；

(二)已经付清预售商品房总价款的，预购人可以与受让人订立预售商品房转让的合同，并书面通知房地产开发企业。预售的商品房转让时，预售合同载明的权利，义务随之转移。

第四十一条 预售商品房转让合同的登记备案

预售商品房转让的当事人双方应当在预售商品房转让的合同生效后，按照本办法第三十六条的规定办理转让合同的登记备案手续。

第四十二条 预售商品房转让后的再转让

预售的商品房转让后再转让的，应当按照本办法第四十条、第四十一条的规定，订立再转让的合同并办理登记备案手续。

第四十三条 预售商品房的过户手续

预售商品房的房地产开发企业应当在依法办理新建商品房所有权登记并取得房地产权证书后，与受让人按照本办法第十八条的规定办理过户手续。

第四十四条 预售商品房交付时建筑面积增减的处理

预售商品房交付时，其建筑面积与预售合同的约定出现增减的，应当按照下列规定处理：

(一)因按照本办法第二十七条第二款规定分摊房屋共用部位的建筑面积或者因具有相应资质的测量机构实际勘测的误差而造成建筑面积增减的，预售合同约定的转让总价格不变。

(二)因预售商品房的建筑设计变更而造成建筑面积增减的，按照本办法第三十九条的规定处理。

(三)除本条第(一)项、第(二)项所列的情形外，建筑面积超过预售合同约定的，受让人可以不承担增加建筑面积部分的价款；建筑面积不足预售合同约定的，房地产开发企业应当将减少建筑面积部分的价款退还受让人。但预售合同另有约定的，从其约定。

第四章 房屋建设工程转让

第四十五条 房屋建设工程转让的条件

房屋建设工程转让，应当符合下列条件：

（一）土地使用权以出让方式取得，已经支付全部的土地使用权出让金；

（二）土地使用权已经依法登记并取得房地产权证书；

（三）取得建设工程规划许可证；

（四）取得建设工程施工许可证；

（五）房屋建设的开发投资总额已经完成25%以上。

第四十六条 房屋建设工程转让的申请和审核

房屋建设工程需转让的，转让人应当向市房地局或者区、县房地产管理部门提出申请，并提交证明符合本办法第四十五条规定的文件。

市房地资源局或者区、县房地产管理部门应当自受理转让申请之日起10日内完成审核。对符合转让条件的，发给书面批准文件；对不符合转让条件的，作出不准转让的决定，并书面通知申请人。

第四十七条 房屋建设工程转让合同的签订

房屋建设工程转让时，转让人应当向受让人出示房屋建设工程转让的书面批准文件，与受让人订立转让合同。

第四十八条 房屋建设工程的过户手续

房屋建设工程的转让当事人应当在转让合同生效后，按照本办法第十八条的规定办理过户手续。

第四十九条 预售合同的解除或者继续履行

房屋建设工程转让前已经按照本办法第三章的规定预售商品房的，房屋建设工程转让人应当将房屋建设工程转让的情况书面通知商品房预购人。商品房预购人有权在接到书面通知之日起30

日内要求解除商品房预售合同。

商品房预购人未按照前款规定要求解除商品房预售合同的，应当由房屋建设工程受让人继续履行商品房预售合同。

第五章　法　律　责　任

第五十条　行政处罚

对违反本办法的行为，由市房地局或者区、县房地产管理部门按照下列规定予以处罚：

（一）违反本办法第十条规定，非法转让土地使用权的，没收违法所得，并可以处违法所得50%以下的罚款；

（二）违反本办法第十二条第一款规定，未依法办理土地使用权出让手续并缴纳土地使用权出让金的，责令其改正，没收违法所得，并可以处违法所得一倍以下的罚款；

（三）违反本办法第十三条规定，非法转让集体所有土地上建成的房屋的，责令其改正，没收违法所得，并可以处违法所得50%以下的罚款；

（四）违反本办法第三十三条规定，未取得预售许可证预售商品房的，责令其停止预售，没收违法所得，并可以处违法所得一倍以上三倍以下的罚款；

（五）违反本办法第四十六条规定，未取得书面批准文件转让房屋建设工程的，没收违法所得，并可以处违法所得50%以下的罚款。

对违反本办法中有关规划管理、广告管理和价格管理规定的行为，分别由规划、工商和物价部门按照相关法律、法规、规章的规定予以处罚。

第五十一条　涂改、伪造有关证明或者文件的处理

涂改、伪造商品房预售许可证或者房屋建设工程转让的书面批准文件的，由市房地局或者区、县房地产管理部门依法没收涂改、伪造的许可证或者批准文件，并移送司法机关依法处理。

第五十二条　处罚程序

市房地资源局或者区、县房地产管理部门依照本办法作出行政处罚，应当向当事人出具行政处罚决定书。收缴罚没款，应当出具市财政部门统一印制的罚没财物收据。

罚没款收入按照规定上缴国库。

第五十三条 复议和诉讼

当事人对行政管理部门的具体行政行为不服的，可以依照《行政复议条例》和《中华人民共和国行政诉讼法》的规定，申请行政复议或者提起行政诉讼。

当事人在法定期限内不申请复议、不提起诉讼，又不履行具体行政行为的，作出具体行政行为的部门可以依照《中华人民共和国行政诉讼法》的规定，申请人民法院强制执行。

第五十四条 对房地产管理人员的处理

房地产管理部门或者房地产交易管理机构的工作人员玩忽职守、滥用职权、徇私舞弊的，由其所在单位或者上级主管部门给予行政处分；构成犯罪的，依法追究其刑事责任。

第六章 附 则

第五十五条 国有房地产转让的特别规定

国有房地产的转让，应当同时按照国有资产转让的法规、规章执行。

第五十六条 房改范围的房地产转让的特别规定

公有住宅出售和已售公有住宅的转让，应当同时按照市人民政府的有关规定执行。

第五十七条 应用解释部门

本办法的具体应用问题，由市房地局负责解释。

第五十八条 施行日期和废止事项

本办法自1997年6月1日起施行，上海市人民政府1987年11月29日发布的《上海市土地使用权有偿转让办法》同时废止。

8. 广州市房地产开发办法

（2003 年 3 月 11 日广州市第十一届人民代表大会常务委员会第四十次会议通过 2003 年 5 月 28 日广东省第十届人民代表大会常务委员会第三次会议批准）

第一章 总 则

第一条 为了规范房地产开发行为，加强对城市房地产开发的监督管理，促进房地产业的健康发展，根据《中华人民共和国城市房地产管理法》、《城市房地产开发经营管理条例》，结合本市实际情况，制定本办法。

第二条 本办法适用于本市行政区域的房地产开发建设。

第三条 市建设行政主管部门负责本市房地产开发的行政管理工作，并组织实施本办法。

计划、国土房管、规划、环境保护、市政园林、工商等行政管理部门，在各自的职责范围内，协同做好房地产开发管理工作。

区、县级市建设行政主管部门按照职责负责本行政区域内房地产开发活动的监督管理。

第四条 在本市从事房地产开发的企业应当依法取得经规划行政管理部门确认的房地产开发用地，并按照国家有关规定取得房地产开发企业资质。

第二章 房地产开发企业资质

第五条 房地产开发企业资质按照国家有关规定的条件分级评定。

设立房地产开发企业，应当向工商行政管理部门申请设立登记。在领取营业执照后的一个月内，按照国家和省的有关规定到建设行政主管部门备案。建设行政主管部门应当根据房地产开发企业的资产、专业技术人员和开发经营业绩等，按照国家和省的有关规定对备案的房地产业开发企业核定资质等级。

第六条 在本市市辖区范围内从事房地产开发的企业，应当具有三级以上房地产开发企业资质。

第七条 新设立的房地产开发企业应当领取营业执照之日起三十日内，持下列资料到市或者县级市建设行政主管部门申请领取暂定资质证书：

（一）申请报告及开发企业资质申报表；

（二）营业执照复印件；

（三）企业章程；

（四）企业法定代表人的身份证明；

（五）房地产开发项目资本金验资报告；

（六）技术、经济管理人员的资格证书和劳动合同；

（七）有关法律、法规规定的其他证件。

在本市市辖区范围内从事房地产开发的企业，按照不低于三级资质的注册资本和人员条件申请暂定资质证书。

第八条 房地产开发企业的暂定资质证书有效期为一年，在有效期满前三十日内向市建设行政主管部门申请核定资质等级或者延长暂定资质证书有效期，但延长期限不得超过二年。

第九条 房地产开发企业发生分立、合并的，应当自工商行政管理部门办毕变更手续之日起三十日内，向原资质审批部门申请办理资质证书注销手续，并重新申请资质等级。

房地产开发企业变更名称、法定代表人和主要管理、技术负责人的，应当自发生变更之日起三十日内，向原资质审批部门办理资质变更手续。

第十条 禁止隐瞒真实情况、弄虚作假骗取资质证书或者涂改、出租、出借、买卖资质证书。

第十一条 建设行政主管部门每年应当对本部门核定资质的房地产开发企业的下列情况进行检查：

（一）房地产开发经营业绩，包括年度完成房地产开发投资额、开工面积、施工面积、竣工面积、销售面积的情况；

（二）房地产开发项目资本金到位、使用和工程技术人员、经济管理人员的配备情况；

（三）遵守房地产资质证书管理、开发建设项目验收规定的情况；

（四）土地闲置和工程停缓建情况；

（五）对群众投诉的处理情况；

（六）遵守规划、土地、统计、城市管理等有关法律、法规的情况。

第十二条 经检查，符合原资质条件，没有本条第二款、第三款规定的不良开发行为和情形的，维持原资质。

经检查，有下列情形之一的，由原资质审批部门责令限期整改，整改达标的，维持原资质；整改未达标的，视情节轻重予以降低资质等级或者注销资质证书：

（一）不符合原资质条件的；

（二）不按时、不如实报送统计报表的；

（三）开发建设项目未经验收或者验收不合格而交付使用的；

（四）在商品住宅交付使用时，不出示综合验收合格证、不按照规定发放商品住宅质量保证书和商品住宅使用说明书的；

（五）对群众投诉的经查明有过错的行为不依法及时纠正的；

（六）发生过重大工程质量事故的；

（七）因违反规划、土地、城市管理等有关法律、法规受到处理的。

经检查，有下列情形之一的，由原资质审批部门注销资质证书：

（一）连续两年没有房地产开发经营业绩的；

（二）不申报资质年检的。

建设行政主管部门经资质检查，应当将处理的结果予以公告。

第十三条 房地产开发企业提出资质升级申请，市或者县级市建设行政主管部门应当在资质年检时一并办理或者上报审批。

第十四条 市或者县级市建设行政主管部门办理资质核定、年检和资质升级申请等手续，应当自收到申报资料之日起三十日内完成。

第三章 房地产开发建设

第十五条 房地产开发项目实行项目手册管理制度。

房地产开发企业应当自取得开发项目《建设用地规划许可证》之日起十五日内，向建设行政主管部门领取《房地产开发项目手册》,并按照项目手册的要求如实填报开发项目的建设进度和相应的事项。

市、区、县级市建设行政主管部门可以对其项目手册所载事项进行检查。

房地产开发企业应当在资质年检时将项目手册送市或者县级市建设行政主管部门备案。项目手册记载的内容作为房地产开发企业资质年检的依据之一。

第十六条 房地产开发项目应当建立资本金制度。房地产开发企业的开发项目资本金不得低于项目投资的百分之三十，其中自有流动资金的比例不得低于项目总投资的百分之二十。房地产开发企业申报商品房屋建设计划时，应当提供有资格的资产评估机构依法审核的资本金证明。

第十七条 房地产开发项目纳入计划管理。房地产开发项目计划分为预备项目计划和正式项目计划。相关行政管理部门应当按照计划管理的规定，发布房地产开发项目的计划安排。

房地产开发企业应当向相关行政管理部门办理商品房屋建设计划备案手续，房地产开发企业凭备案回执办理其后续手续；相关行政管理部门在备案时对属于国家规定的严格控制的房地产开发项目，应当在接到申请备案资料之日起五日内通知相关部门和单位。

第十八条 房地产开发企业应当在取得规划行政管理部门核

发的《建设用地规划许可证》以后，向相关行政管理部门办理商品房屋建设预备项目计划备案手续。

列入商品房屋建设预备项目计划的房地产开发项目，房地产开发企业在向土地行政管理部门办理《建设用地批准书》、向规划行政管理部门办理《建设工程规划许可证》后，方可向相关行政管理部门办理商品住宅建设正式项目计划备案手续。

已办理商品房屋建设正式项目计划备案手续的，房地产开发企业方可向建设行政管理部门办理施工许可手续。

第十九条 房地产开发企业应当在规划、土地、建设行政管理部门规定的期限内办理房地产开发项目的各项审批手续，并按照土地使用权出让合同约定的土地用途、动工开发期限进行房地产项目开发建设。

房地产开发企业未经原批准部门同意延期，未按照规定期限办理房地产开发项目的各项审批手续或者未动工开发建设而闲置的土地，由市人民政府另行制定处理办法予以处理。

第二十条 房地产开发项目配套建设的基础设施应当与商品房同步建设，同时交付使用。

房地产开发企业列入年度商品房屋建设计划的基础设施投资，不得低于当年商品房屋计划投资的百分之十。对于没有完成上一年度的基础设施建设计划的，建设行政主管部门应当在该企业的项目手册中注明，建设、规划、国土房管等行政管理部门对其新的商品房项目不予审批。

第二十一条 房地产开发企业转让项目，应当符合《中华人民共和国城市房地产管理法》第三十八条、第三十九条规定的条件，并到土地行政管理部门办理转让手续，缴纳土地转让税费。

第二十二条 房地产开发项目的土地、规划、施工、销售许可文件的使用人名称应当一致。

依法转让房地产开发项目的，受让人应当持开发项目的土地使用文件，办理规划、施工、销售等许可文件的变更手续，并凭变更后的许可文件办理项目手册变更手续。

第四章　房地产开发项目验收和交付使用

第二十三条　商品住宅建设项目应当经综合验收合格后，方可交付使用；其他商品房屋建设项目应当经竣工验收合格后，方可交付使用。

分期开发的商品住宅建设项目，可以分期进行综合验收。

第二十四条　房地产开发项目按工程设计文件和合同的约定事项建成后，房地产开发企业应当按规定组织勘察、设计、施工、工程监理等单位，对房屋建筑及规定配套建设的基础设施工程进行竣工验收。

第二十五条　房地产开发企业应自建设工程竣工验收合格之日起十五日内，将建设工程竣工验收报告和规划、公安消防、人防等部门出具的认可文件或者准许使用文件报市或者区、县级市建设行政主管部门。

第二十六条　房地产开发企业申请商品住宅建设项目综合验收，应当符合以下条件提供有效文件：

（一）已办理商品住宅建设项目的竣工验收备案；

（二）持有供电、供水、管道供气部门的准许使用文件资料，已按规范设置门牌、配备邮政信箱等，具备居民基本生活、居住条件；

（三）已通知有关单位接收或购置按规划要求配套建设的基础设施；

（四）商品住宅建设项目范围内施工机具、建筑余泥、剩余构件全部拆除、清运完毕，环境整洁。

第二十七条　建设行政主管部门自收到综合验收申请之日起十五日内，完成综合验收。对综合验收合格的项目，核发综合验收合格证，同意交付使用；综合验收不合格的，建设行政主管部门应当提出整改意见。

第二十八条　房地产开发企业在商品住宅建设项目交付使用时，应当同时向购房业主出示综合验收合格证，提供商品住宅交楼书、商品住宅质量保证书和商品住宅使用说明书。

第二十九条 商品住宅质量保证书应当按照法律、法规的规定，载明保修范围、保修期和保修单位等内容。

第三十条 房地产开发企业应当按照商品住宅质量保证书的约定，承担商品房屋保修责任。保修期内，因房地产开发企业的过错给购房业主造成损失的，应当依法承担赔偿责任。

第三十一条 房地产开发企业按规划要求配套建设的基础设施，应当按规定由有关部门接收或者购置。办理移交管理手续后，房地产开发企业不再承担移交项目的维修、管理费用，但属保修期内的维修费用和另有约定的除外。

第五章 法 律 责 任

第三十二条 违反本办法未取得资质等级证书或者超越资质等级从事房地产开发的，以及将未经验收或者验收不合格的商品房屋建设项目交付使用的，分别依照《城市房地产开发经营管理条例》第三十五条、第三十六条、第三十七条的规定处罚。

第三十三条 市或者区、县级市建设行政主管部门及其工作人员有下列行为之一的，由所在单位或者上一级行政机关责令限期改正，并可对直接负责的主管人员和其他直接责任人员给予批评、通报批评或者行政处分；构成犯罪，依法追究刑事责任：

（一）不按本办法第五条、第七条、第八条、第十一条、第十三条、第十四条规定办理房地产开发企业资质核定和年检手续的；

（二）不按本办法第九条规定办理房地产开发企业资质证书变更手续的；

（三）不按本办法第十二条规定对房地产开发企业进行处理和公告的；

（四）不按本办法第二十七条规定组织综合验收或者验收合格后不按时发给综合验收合格证的；

（五）其他滥用职权、玩忽职守、徇私舞弊的行为。

第六章　附　　则

第三十四条　本办法自2003年8月1日起施行。

9. 经济适用住房管理办法

（建住房［2004］77号）

第一章　总　　则

第一条　为规范经济适用住房建设、交易和管理行为，保护当事人合法权益，制定本办法。

第二条　本办法所称经济适用住房，是指政府提供政策优惠，限定建设标准、供应对象和销售价格，具有保障性质的政策性商品住房。

第三条　从事经济适用住房建设、交易，实施经济适用住房管理，应当遵守本办法。

第四条　发展经济适用住房应当坚持“在国家宏观政策指导下，各地区因地制宜、分别决策”的原则，由市、县人民政府根据当地经济社会发展水平、居民住房状况和收入水平等因素，合理确定经济适用住房的政策目标、建设标准、供应范围和供应对象等，并负责组织实施。

第五条　购买经济适用住房实行申请、审批和公示制度。

第六条　国务院建设行政主管部门负责全国经济适用住房指导工作。

省、自治区建设行政主管部门负责本行政区域范围内经济适用住房指导、监督工作。

市、县人民政府建设或房地产行政主管部门（以下简称“经济适用住房主管部门”）负责本行政区域内经济适用住房的实施和管理工作。

县级以上人民政府计划（发展和改革）、国土资源、规划、价格行政主管部门和金融机构根据职责分工，负责经济适用住房有关工作。

第七条 市、县人民政府应当在做好市场需求分析和预测的基础上，编制本地区经济适用住房发展规划。

市、县人民政府经济适用住房主管部门应当会同计划、规划、国土资源行政主管部门根据土地利用总体规划、城市总体规划和经济适用住房发展规划，做好项目储备，为逐年滚动开发创造条件。

第八条 市、县人民政府计划主管部门应当会同建设、规划、国土资源行政主管部门依据经济适用住房发展规划和项目储备情况，编制经济适用住房年度建设投资计划和用地计划。经济适用住房建设用地应当纳入当地年度土地供应计划。

中央和国家机关、直属企事业单位及军队的经济适用住房建设，实行属地化管理。其利用自用土地建设经济适用住房，经所属主管部门批准后，纳入当地经济适用住房建设投资计划，统一管理。

第二章 优 惠 政 策

第九条 经济适用住房建设用地，要按照土地利用总体规划和城市总体规划要求，合理布局，实行行政划拨方式供应。严禁以经济适用住房名义取得划拨土地后，改变土地用途，变相搞商品房开发。

第十条 经济适用住房建设和经营中的行政事业性收费，减半征收；经济适用住房项目小区外基础设施建设费用，由政府负担。

第十一条 购买经济适用住房的个人向商业银行申请贷款，除符合《个人住房贷款管理办法》规定外，还应当提供准予购买经济适用住房的证明。个人住房贷款利率执行中国人民银行公布的贷款利率，不得上浮。

经济适用住房建设单位可以以在建项目作抵押向商业银行申请住房开发贷款。

第十二条 用于个人购房贷款的住房公积金，可优先向购买经济适用住房的个人发放。

第三章 开 发 建 设

第十三条 经济适用住房开发建设应当按照政府组织协调、企业市场运作的原则，实行项目法人招标，参与招标的房地产开发企业必须具有相应资质、资本金、良好的开发业绩和社会信誉。

第十四条 经济适用住房要严格控制在中小套型，中套住房面积控制在80平方米左右，小套住房面积控制在60平方米左右。市、县人民政府可根据本地区居民的收入和居住水平等因素，合理确定经济适用住房的户型面积和各种户型的比例，并严格进行管理。

第十五条 经济适用住房的规划设计应当坚持标准适度、功能齐全、经济适用、便利节能的原则，并结合全面建设小康社会的目标，优选规划设计方案；经济适用住房建设必须严格执行国家有关技术规范和标准，积极推广应用先进、成熟、适用的新技术、新工艺、新材料、新设备，提高建设水平。

第十六条 经济适用住房建设单位对其开发建设的经济适用住房工程质量负最终责任。

建设单位应当向买受人出具《住宅质量保证书》和《使用说明书》，并承担保修责任。

第四章 价格的确定和公示

第十七条 确定经济适用住房的价格应当以保本微利为原则，其销售基准价格和浮动幅度应当按照《经济适用房价格管理办法》(计价格［2002］2503号）的规定确定；其租金标准由有定价权的价格主管部门会同经济适用住房主管部门在综合考虑建设、管理成本和不高于3%利润的基础上确定。

经济适用住房价格确定后应当向社会公示。

第十八条 经济适用住房销售应当实行明码标价，销售价格不得超过公示的基准价格和浮动幅度，不得在标价之外收取任何未予标明的费用。价格主管部门将依法进行监督管理。

第十九条 经济适用住房实行收费卡制度，各有关部门收取费用时，必须填写价格主管部门核发的交费登记卡。任何单位不得以押金、保证金等名义，变相向经济适用住房建设单位收取费用。

第五章 交易和售后管理

第二十条 符合下列条件的家庭可以申请购买或承租一套经济适用住房：

（一）有当地城镇户口（含符合当地安置条件的军队人员）或市、县人民政府确定的供应对象；

（二）无房或现住房面积低于市、县人民政府规定标准的住房困难家庭；

（三）家庭收入符合市、县人民政府划定的收入线标准；

（四）市、县人民政府规定的其他条件。

第二十一条 市、县人民政府应当根据当地商品住房价格、居民家庭可支配收入、居住水平和家庭人口结构等因素，规定享受购买或承租经济适用住房的条件及面积标准，并向社会公布。

第二十二条 申请人应当持家庭户口本、所在单位或街道办事处出具的收入证明和住房证明以及市、县人民政府规定的其他证明材料，向市、县人民政府经济适用住房主管部门提出申请。

第二十三条 市、县人民政府经济适用住房主管部门应当在规定时间内完成核查。符合条件的，应当公示。公示后有投诉的，由经济适用住房主管部门会同有关部门调查、核实；对无投诉或经调查、核实投诉不实的，在经济适用住房申请表上签署核查意见，并注明可以购买的优惠面积或房价总额标准。

第二十四条 符合条件的家庭，可以持核准文件选购一套与核准面积相对应的经济适用住房。购买面积原则上不得超过核准面积。购买面积在核准面积以内的，按核准的价格购买；购买面积超过核准面积的部分，不得享受政府优惠，由购房人补交差价。超面积部分差价款的处理办法，由市、县人民政府制定并公布。

第二十五条 居民个人购买经济适用住房后，应当按照规定办理权属登记。房屋、土地登记部门在办理权属登记时，应当分别注明经济适用住房、划拨土地。

第二十六条 经济适用住房在取得房屋所有权证和土地使用证一定年限后，方可按市场价上市出售；出售时，应当按照届时同地段普通商品住房与经济适用住房差价的一定比例向政府交纳收益。具体年限和比例由市、县人民政府确定。

个人购买的经济适用住房在未向政府补缴收益前不得用于出租经营。

第二十七条 国家鼓励房地产开发企业建设用于出租的经济适用住房，以政府核定的价格向符合条件的家庭出租。

第二十八条 经济适用住房购买人以市场价出售经济适用住房后，不得再购买经济适用住房；如需换购，必须以届时经济适用住房价格出售给取得经济适用住房资格的家庭后，方可再次申请。

第六章 集资建房和合作建房

第二十九条 集资、合作建房是经济适用住房的组成部分，其建设标准、优惠政策、上市条件、供应对象的审核等均按照经济适用住房的有关规定，严格执行。

集资、合作建房应当纳入当地经济适用住房建设计划和用地计划管理。

第三十条 住房困难户较多的工矿区和困难企业，经市、县人民政府批准，可以在符合土地利用总体规划、城市规划和单位发展计划的前提下，利用单位自用土地进行集资、合作建房。参加集资、合作建房的对象，必须限定在本单位无房户和符合市、县人民政府规定的住房困难家庭。

第三十一条 向职工或社员收取的集资、合作建房款项实行专款管理、专项使用，并接受当地财政和经济适用住房主管部门的监督。

第三十二条 凡已经享受房改政策购房、购买了经济适用住房或参加了集资、合作建房的人员，不得再次参加集资、合作建房。严禁任何单位借集资、合作建房名义，变相搞实物分配或商品房开发。

第三十三条 集资、合作建房单位只允许收取规定的管理费用，不得有利润。

第三十四条 市、县人民政府可以根据当地经济发展水平、住房状况、居民收入、房价等情况，确定是否发展集资、合作建房以及建设规模。

第七章 监 督 管 理

第三十五条 各有关部门应当加强对经济适用住房建设、交易中违法违纪行为的查处：对未经批准、擅自改变经济适用住房或集资、合作建房用地用途的，由土地行政主管部门按有关规定处罚。擅自提高经济适用住房或集资、合作建房销售价格，以及不执行政府价格主管部门制定的经济适用住房租金标准等价格违法行为，由价格主管部门依法进行处罚。擅自向未取得资格的家庭出售、出租经济适用住房或组织未取得资格的家庭集资、合作建房的，由经济适用住房主管部门责令建设单位限期收回；不能收回的，由建设单位补缴同地段经济适用住房或集资、合作建房与商品房价格差，并对建设单位的不良行为进行处罚。

第三十六条 对弄虚作假、隐瞒家庭收入和住房条件，骗购经济适用住房或集资、合作建房的个人，由经济适用住房主管部门追回已购住房或者由购买人按市场价补足购房款，并可提请所在单位对申请人进行行政处分；对出具虚假证明的单位，由经济适用住房主管部门提请有关部门追究单位主要领导的责任。

第八章　附　　则

第三十七条　省、自治区、直辖市人民政府经济适用住房主管部门会同计划（发展和改革）、国土资源、价格、金融行政主管部门根据本办法，可以制定实施细则。

第三十八条　本办法由建设部会同国家发展改革委、国土资源部、中国人民银行负责解释。

第三十九条　本办法自通知发布之日起施行。此前已经购买和签订买卖合同或协议的经济适用住房，仍按原有规定执行。

10. 经济适用住房价格管理办法

（计价格（2002）2503 号）

第一条　为规范经济适用住房价格管理，促进经济适用住房健康发展，根据《中华人民共和国价格法》和国务院关于经济适用住房建设的规定，制定本办法。

第二条　本办法适用于在城市规划区内经济适用住房的价格管理。

第三条　本办法所称经济适用住房，是指纳入政府经济适用住房建设计划，建设用地实行行政划拨，享受政府提供的优惠政策，向城镇中低收入家庭供应的普通居民住房。

第四条　县级以上政府价格主管部门是经济适用住房价格的主管部门，依法对本地区经济适用住房价格实施管理。

县级以上政府建设主管部门应协助政府价格主管部门做好经济适用住房价格的监督和管理工作。

第五条　经济适用住房价格实行政府指导价。

制定经济适用住房价格，应当与城镇中低收入家庭经济承受能力相适应，以保本微利为原则，与同一区域内的普通商品住房价格保持合理差价，切实体现政府给予的各项优惠政策。

第六条 经济适用住房基准价格由开发成本、税金和利润三部分构成。

（一）开发成本

1. 按照法律、法规规定用于征用土地和拆迁补偿等所支付的征地和拆迁安置补偿费。

2. 开发项目前期工作所发生的工程勘察、规划及建筑设计、施工通水、通电、通气、通路及平整场地等勘察设计和前期工程费。

3. 列入施工图预（决）算项目的主体房屋建筑安装工程费，包括房屋主体部分的土建（含桩基）工程费、水暖电气安装工程费及附属工程费。

4. 在小区用地规划红线以内，与住房同步配套建设的住宅小区基础设施建设费，以及按政府批准的小区规划要求建设的不能有偿转让的非营业性公共配套设施建设费。

5. 管理费按照不超过本条（一）项1至4目费用之和的2%计算。

6. 贷款利息按照房地产开发经营企业为住房建设筹措资金所发生的银行贷款利息计算。

7. 行政事业性收费按照国家有关规定计收。

（二）税金

依照国家规定的税目和税率计算。

（三）利润

按照不超过本条（一）项1至4目费用之和的3%计算。

第七条 下列费用不得计入经济适用住房价格：

（一）住宅小区内经营性设施的建设费用；

（二）开发经营企业留用的办公用房、经营用房的建筑安装费用及应分摊的各种费用；

（三）各种与住房开发经营无关的集资、赞助、捐赠和其他费用；

（四）各种赔偿金、违约金、滞纳金和罚款；

（五）按规定已经减免及其他不应计入价格的费用。

第八条 经济适用住房价格由有定价权的政府价格主管部门会同建设（房地产）主管部门，按照本办法有关规定，在项目开工之前确定，并向社会公布。

凡不具备在开工前确定公布新建经济适用住房价格的，以及已开发建设的商品房项目经批准转为经济适用住房项目的，房地产开发经营企业应当在经济适用住房销售前，核算住房成本并提出书面定价申请，按照价格管理权限报送有定价权的政府价格主管部门确定。

第九条 按本办法第八条第二款确定价格的，房地产开发经营企业定价申请应附以下材料：

（一）经济适用住房价格申报表和价格构成项目审核表；

（二）经济适用住房建设的立项、用地批文及规划、拆迁、施工许可证复印件；

（三）建筑安装工程预（决）算书及工程设计、监理、施工合同复印件；

（四）政府价格主管部门规定的其他应当提供的材料。

第十条 政府价格主管部门在接到房地产开发经营企业的定价申请后，应会同建设（房地产）主管部门审查成本费用，核定销售（预售）价格。对申报手续、材料齐全的，应在接到定价申请报告后30个工作日内作出制定或调整价格的决定。

第十一条 按照本办法确定或审批的经济适用住房价格，为同一期工程开发住房的基准价格。分割零售单套住房，应当以基准价格为基础，计算楼层、朝向差价。楼层、朝向差价按整幢（单元）增减的代数和为零的原则确定。

第十二条 经济适用住房价格的上浮幅度，由有定价权的政府价格主管部门在核定价格时确定，下浮幅度不限。

第十三条 经济适用住房价格经政府价格主管部门确定公布

或审批后，任何单位和个人不得擅自提高。

第十四条 房地产开发经营企业销售经济适用住房，不得在批准的房价外加收任何费用或强行推销及搭售商品；凡未按本办法规定确定或审批价格的，建设主管部门或房地产管理部门不予核发销售（预售）许可证。

第十五条 房地产开发经营企业应当按照政府价格主管部门的规定实行明码标价，在销售场所显著位置公布价格主管部门批准的价格及批准文号，自觉接受社会监督。

第十六条 建立房地产开发经营企业负担卡制度。凡涉及房地产开发经营企业的建设项目收费，收费的部门和单位必须按规定在企业负担卡上如实填写收费项目、标准、收费依据、执收单位等内容，并加盖单位公章。拒绝填写或不按规定要求填写的，房地产开发经营企业有权拒交，并向政府价格主管部门举报。

第十七条 政府价格主管部门要加强对涉及房地产建设项目收费的监督检查，对不按国家及地方政府规定的经济适用住房收费政策，超标准收费以及其他乱收费行为要依法处理。

第十八条 政府价格主管部门要加强对经济适用住房价格的监督检查。房地产开发经营企业违反价格法律、法规和本办法规定的价格行为的，由政府价格主管部门依据《中华人民共和国价格法》和《价格违法行为行政处罚规定》予以处罚。

第十九条 本办法由国家计委负责解释。

第二十条 各省、自治区、直辖市政府价格主管部门可根据本办法制定实施细则，并报国家计委备案。

第二十一条 本办法自 2003 年 1 月 1 日起施行。

（二）城市房地产交易

1. 商品房销售管理办法

建设部令第 88 号

第一章 总 则

第一条 为了规范商品房销售行为，保障商品房交易双方当事人的合法权益，根据《中华人民共和国城市房地产管理法》、《城市房地产开发经营管理条例》，制定本办法。

第二条 商品房销售及商品房销售管理应当遵守本办法。

第三条 商品房销售包括商品房现售和商品房预售。本办法所称商品房现售，是指房地产开发企业将竣工验收合格的商品房出售给买受人，并由买受人支付房价款的行为。本办法所称商品房预售，是指房地产开发企业将正在建设中的商品房预先出售给买受人，并由买受人支付定金或者房价款的行为。

第四条 房地产开发企业可以自行销售商品房，也可以委托房地产中介服务机构销售商品房。

第五条 国务院建设行政主管部门负责全国商品房的销售管理工作。省、自治区人民政府建设行政主管部门负责本行政区域内商品房的销售管理工作。直辖市、市、县人民政府建设行政主管部门、房地产行政主管部门（以下统称房地产开发主管部门）按照职责分工，负责本行政区域内商品房的销售管理工作。

第二章 销 售 条 件

第六条 商品房预售实行预售许可制度。商品房预售条件及商品房预售许可证明的办理程序，按照《城市房地产开发经营管理条例》和《城市商品房预售管理办法》的有关规定执行。

第七条 商品房现售，应当符合以下条件：

（一）现售商品房的房地产开发企业应当具有企业法人营业执照和房地产开发企业资质证书；

（二）取得土地使用权证书或者使用土地的批准文件；

（三）持有建设工程规划许可证和施工许可证；

（四）已通过竣工验收；

（五）拆迁安置已经落实；

（六）供水、供电、供热、燃气、通讯等配套基础设施具备交付使用条件，其他配套基础设施和公共设施具备交付使用条件或者已确定施工进度和交付日期；

（七）物业管理方案已经落实。

第八条 房地产开发企业应当在商品房现售前将房地产开发项目手册及符合商品房现售条件的有关证明文件报送房地产开发主管部门备案。

第九条 房地产开发企业销售设有抵押权的商品房，其抵押权的处理按照《中华人民共和国担保法》、《城市房地产抵押管理办法》的有关规定执行。

第十条 房地产开发企业不得在未解除商品房买卖合同前，将作为合同标的物的商品房再行销售给他人。

第十一条 房地产开发企业不得采取返本销售或者变相返本销售的方式销售商品房。房地产开发企业不得采取售后包租或者变相售后包租的方式销售未竣工商品房。

第十二条 商品住宅按套销售，不得分割拆零销售。

第十三条 商品房销售时，房地产开发企业选聘了物业管理企业的，买受人应当在订立商品房买卖合同时与房地产开发企业选聘的物业管理企业订立有关物业管理的协议。

第三章 广告与合同

第十四条 房地产开发企业、房地产中介服务机构发布商品房销售宣传广告，应当执行《中华人民共和国广告法》、《房地产广告发布暂行规定》等有关规定，广告内容必须真实、合法、科学、准确。

第十五条 房地产开发企业、房地产中介服务机构发布的商品房销售广告和宣传资料所明示的事项，当事人应当在商品房买卖合同中约定。

第十六条 商品房销售时，房地产开发企业和买受人应当订立书面商品房买卖合同。

商品房买卖合同应当明确以下主要内容：

（一）当事人名称或者姓名和住所；

（二）商品房基本状况；

（三）商品房的销售方式；

（四）商品房价款的确定方式及总价款、付款方式、付款时间；

（五）交付使用条件及日期；

（六）装饰、设备标准承诺；

（七）供水、供电、供热、燃气、通讯、道路、绿化等配套基础设施和公共设施的交付承诺和有关权益、责任；

（八）公共配套建筑的产权归属；

（九）面积差异的处理方式；

（十）办理产权登记有关事宜；

（十一）解决争议的方法；

（十二）违约责任；

（十三）双方约定的其他事项。

第十七条 商品房销售价格由当事人协商议定，国家另有规定的除外。

第十八条 商品房销售可以按套（单元）计价，也可以按套内建筑面积或者建筑面积计价。

商品房建筑面积由套内建筑面积和分摊的共有建筑面积组成，套内建筑面积部分为独立产权，分摊的共有建筑面积部分为共有产权，买受人按照法律、法规的规定对其享有权利，承担责任。

按套（单元）计价或者按套内建筑面积计价的，商品房买卖合同中应当注明建筑面积和分摊的共有建筑面积。

第十九条 按套（单元）计价的现售房屋，当事人对现售房屋实地勘察后可以在合同中直接约定总价款。

按套（单元）计价的预售房屋，房地产开发企业应当在合同中附所售房屋的平面图。平面图应当标明详细尺寸，并约定误差范围。房屋交付时，套型与设计图纸一致，相关尺寸也在约定的误差范围内，维持总价款不变；套型与设计图纸不一致或者相关尺寸超出约定的误差范围，合同中未约定处理方式的，买受人可以退房或者与房地产开发企业重新约定总价款。买受人退房的，由房地产开发企业承担违约责任。

第二十条 按套内建筑面积或者建筑面积计价的，当事人应当在合同中载明合同约定面积与产权登记面积发生误差的处理方式。

合同未作约定的，按以下原则处理：

（一）面积误差比绝对值在3%以内（含3%）的，据实结算房价款；

（二）面积误差比绝对值超出3%时，买受人有权退房。买受人退房的，房地产开发企业应当在买受人提出退房之日起30日内将买受人已付房价款退还给买受人，同时支付已付房价款利息。买受人不退房的，产权登记面积大于合同约定面积时，面积误差比在3%以内（含3%）部分的房价款由买受人补足；超出3%部分的房价款由房地产开发企业承担，产权归买受人。产权登记面积小于合同约定面积时，面积误差比绝对值在3%以内（含3%）部分的房价款由房地产开发企业返还买受人；绝对值超出3%部分的房价款由房地产开发企业双倍返还买受人。

面积误差比＝(产权登记面积－合同约定面积)/合同约定面积×100％

因本办法第二十四条规定的规划设计变更造成面积差异，当事人不解除合同的，应当签署补充协议。

第二十一条 按建筑面积计价的，当事人应当在合同中约定套内建筑面积和分摊的共有建筑面积，并约定建筑面积不变而套内建筑面积发生误差以及建筑面积与套内建筑面积均发生误差时的处理方式。

第二十二条 不符合商品房销售条件的，房地产开发企业不得销售商品房，不得向买受人收取任何预订款性质费用。

符合商品房销售条件的，房地产开发企业在订立商品房买卖合同之前向买受人收取预订款性质费用的，订立商品房买卖合同时，所收费用应当抵作房价款；当事人未能订立商品房买卖合同的，房地产开发企业应当向买受人返还所收费用；当事人之间另有约定的，从其约定。

第二十三条 房地产开发企业应当在订立商品房买卖合同之前向买受人明示《商品房销售管理办法》和《商品房买卖合同示范文本》；预售商品房的，还必须明示《城市商品房预售管理办法》。

第二十四条 房地产开发企业应当按照批准的规划、设计建设商品房。商品房销售后，房地产开发企业不得擅自变更规划、设计。

经规划部门批准的规划变更、设计单位同意的设计变更导致商品房的结构型式、户型、空间尺寸、朝向变化，以及出现合同当事人约定的其他影响商品房质量或者使用功能情形的，房地产开发企业应当在变更确立之日起 10 日内，书面通知买受人。

买受人有权在通知到达之日起 15 日内做出是否退房的书面答复。买受人在通知到达之日起 15 日内未作书面答复的，视同接受规划、设计变更以及由此引起的房价款的变更。房地产开发企业未在规定时限内通知买受人的，买受人有权退房；买受人退房的，由房地产开发企业承担违约责任。

第四章 销 售 代 理

第二十五条 房地产开发企业委托中介服务机构销售商品房

的，受托机构应当是依法设立并取得工商营业执照的房地产中介服务机构。

房地产开发企业应当与受托房地产中介服务机构订立书面委托合同，委托合同应当载明委托期限、委托权限以及委托人和被委托人的权利、义务。

第二十六条 受托房地产中介服务机构销售商品房时，应当向买受人出示商品房的有关证明文件和商品房销售委托书。

第二十七条 受托房地产中介服务机构销售商品房时，应当如实向买受人介绍所代理销售商品房的有关情况。

受托房地产中介服务机构不得代理销售不符合销售条件的商品房。

第二十八条 受托房地产中介服务机构在代理销售商品房时不得收取佣金以外的其他费用。

第二十九条 商品房销售人员应当经过专业培训，方可从事商品房销售业务。

第五章 交 付

第三十条 房地产开发企业应当按照合同约定，将符合交付使用条件的商品房按期交付给买受人。未能按期交付的，房地产开发企业应当承担违约责任。

因不可抗力或者当事人在合同中约定的其他原因，需延期交付的，房地产开发企业应当及时告知买受人。

第三十一条 房地产开发企业销售商品房时设置样板房的，应当说明实际交付的商品房质量、设备及装修与样板房是否一致，未作说明的，实际交付的商品房应当与样板房一致。

第三十二条 销售商品住宅时，房地产开发企业应当根据《商品住宅实行质量保证书和住宅使用说明书制度的规定》（以下简称《规定》），向买受人提供《住宅质量保证书》、《住宅使用说明书》。

第三十三条 房地产开发企业应当对所售商品房承担质量保

修责任。当事人应当在合同中就保修范围、保修期限、保修责任等内容做出约定。保修期从交付之日起计算。

商品住宅的保修期限不得低于建设工程承包单位向建设单位出具的质量保修书约定保修期的存续期；存续期少于《规定》中确定的最低保修期限的，保修期不得低于《规定》中确定的最低保修期限。

非住宅商品房的保修期限不得低于建设工程承包单位向建设单位出具的质量保修书约定保修期的存续期。

在保修期限内发生的属于保修范围的质量问题，房地产开发企业应当履行保修义务，并对造成的损失承担赔偿责任。因不可抗力或者使用不当造成的损坏，房地产开发企业不承担责任。

第三十四条 房地产开发企业应当在商品房交付使用前按项目委托具有房产测绘资格的单位实施测绘，测绘成果报房地产行政主管部门审核后用于房屋权属登记。

房地产开发企业应当在商品房交付使用之日起60日内，将需要由其提供的办理房屋权属登记的资料报送房屋所在地房地产行政主管部门。

房地产开发企业应当协助商品房买受人办理土地使用权变更和房屋所有权登记手续。

第三十五条 商品房交付使用后，买受人认为主体结构质量不合格的，可以依照有关规定委托工程质量检测机构重新核验。经核验，确属主体结构质量不合格的，买受人有权退房；给买受人造成损失的，房地产开发企业应当依法承担赔偿责任。

第六章 法 律 责 任

第三十六条 未取得营业执照，擅自销售商品房的，由县级以上人民政府工商行政管理部门依照《城市房地产开发经营管理条例》的规定处罚。

第三十七条 未取得房地产开发企业资质证书，擅自销售商品房的，责令停止销售活动，处5万元以上10万元以下的罚款。

第三十八条 违反法律、法规规定，擅自预售商品房的，责令停止违法行为，没收违法所得；收取预付款的，可以并处已收取的预付款1%以下的罚款。

第三十九条 在未解除商品房买卖合同前，将作为合同标的物的商品房再行销售给他人的，处以警告，责令限期改正，并处2万元以上3万元以下罚款；构成犯罪的，依法追究刑事责任。

第四十条 房地产开发企业将未组织竣工验收、验收不合格或者对不合格按合格验收的商品房擅自交付使用的，按照《建设工程质量管理条例》的规定处罚。

第四十一条 房地产开发企业未按规定将测绘成果或者需要由其提供的办理房屋权属登记的资料报送房地产行政主管部门的，处以警告，责令限期改正，并可处以2万元以上3万元以下罚款。

第四十二条 房地产开发企业在销售商品房中有下列行为之一的，处以警告，责令限期改正，并可处以1万元以上3万元以下罚款。

（一）未按照规定的现售条件现售商品房的；

（二）未按照规定在商品房现售前将房地产开发项目手册及符合商品房现售条件的有关证明文件报送房地产开发主管部门备案的；

（三）返本销售或者变相返本销售商品房的；

（四）采取售后包租或者变相售后包租方式销售未竣工商品房的；

（五）分割拆零销售商品住宅的；

（六）不符合商品房销售条件，向买受人收取预订款性质费用的；

（七）未按照规定向买受人明示《商品房销售管理办法》、《商品房买卖合同示范文本》、《城市商品房预售管理办法》的；

（八）委托没有资格的机构代理销售商品房的。

第四十三条 房地产中介服务机构代理销售不符合销售条件

的商品房的，处以警告，责令停止销售，并可处以2万元以上3万元以下罚款。

第四十四条 国家机关工作人员在商品房销售管理工作中玩忽职守、滥用职权、徇私舞弊，依法给予行政处分；构成犯罪的，依法追究刑事责任。

第七章 附 则

第四十五条 本办法所称返本销售，是指房地产开发企业以定期向买受人返还购房款的方式销售商品房的行为。

本办法所称售后包租，是指房地产开发企业以在一定期限内承租或者代为出租买受人所购该企业商品房的方式销售商品房的行为。

本办法所称分割拆零销售，是指房地产开发企业以将成套的商品住宅分割为数部分分别出售给买受人的方式销售商品住宅的行为。

本办法所称产权登记面积，是指房地产行政主管部门确认登记的房屋面积。

第四十六条 省、自治区、直辖市人民政府建设行政主管部门可以根据本办法制定实施细则。

第四十七条 本办法由国务院建设行政主管部门负责解释。

第四十八条 本办法自2001年6月1日起施行。

2. 城市商品房预售管理办法

建设部令第95号

第一条 为加强商品房预售管理，维护商品房交易双方的合法权益，根据《中华人民共和国城市房地产管理法》、《城市房地产开发经营管理条例》，制定本办法。

第二条 本办法所称商品房预售是指房地产开发企业（以下简称开发企业）将正在建设中的房屋预先出售给承购人，由承购人支付定金或房价款的行为。

第三条 本办法适用于城市商品房预售的管理。

第四条 国务院建设行政主管部门归口管理全国城市商品房预售管理；

省、自治区建设行政主管部门归口管理本行政区域内城市商品房预售管理；

城市、县人民政府建设行政主管部门或房地产行政主管部门(以下简称房地产管理部门)负责本行政区域内城市商品房预售管理。

第五条 商品房预售应当符合下列条件：

（一）已交付全部土地使用权出让金，取得土地使用权证书；

（二）持有建设工程规划许可证和施工许可证；

（三）按提供预售的商品房计算，投入开发建设的资金达到工程建设总投资的25%以上，并已经确定施工进度和竣工交付日期。

第六条 商品房预售实行许可证制度。开发企业进行商品房预售，应当向城市、县房地产管理部门办理预售登记，取得《商品房预售许可证》。

第七条 开发企业申请办理《商品房预售许可证》应当提交下列证件（复印件）及资料：

（一）本办法第五条第（一）项至第（三）项规定的证明材料；

（二）开发企业的《营业执照》和资质等级证书；

（三）工程施工合同；

（四）商品房预售方案。预售方案应当说明商品房的位置、装修标准、竣工交付日期、预售总面积、交付使用后的物业管理等内容，并应当附商品房预售总平面图、分层平面图。

第八条 房地产管理部门在接到开发企业申请后，应当详细查验各项证件和资料，并到现场进行查勘。经审查合格的，应在接到申请后的10日内核发《商品房预售许可证》。

第九条 开发企业进行商品房预售，应当向承购人出示《商品房预售许可证》。售楼广告和说明书必须载明《商品房预售许可证》的批准文号。

未取得《商品房预售许可证》的，不得进行商品房预售。

第十条 商品房预售，开发企业应当与承购人签订商品房预售合同。预售人应当在签约之日起30日内持商品房预售合同向县级以上人民政府房地产管理部门和土地管理部门办理登记备案手续。

商品房的预售可以委托代理人办理，但必须有书面委托书。

第十一条 开发企业进行商品房预售所得的款项必须用于有关的工程建设。

城市、县房地产管理部门应当制定对商品房预售款监管的有关制度。

第十二条 预售的商品房交付使用之日起90日内，承购人应当持有关凭证到县级以上人民政府房地产管理部门和土地管理部门办理权属登记手续。

第十三条 开发企业未按本办法办理预售登记，取得商品房预售许可证明预售商品房的，责令停止预售、补办手续，没收违法所得，并可处以已收取的预付款1%以下的罚款。

第十四条 开发企业不按规定使用商品房预售款项的，由房地产管理部门责令限期纠正，并可处以违法所得3倍以下但不超过3万元的罚款。

第十五条 省、自治区建设行政主管部门、直辖市建设行政主管部门或房地产行政管理部门可以根据本办法制定实施细则。

第十六条 本办法由国务院建设行政主管部门负责解释。

第十七条 本办法自1995年1月1日起施行。

3. 城市房屋租赁管理办法

建设部令第 42 号

第一条 为加强城市房屋租赁管理，维护房地产市场秩序，保障房屋租赁当事人的合法权益，根据《中华人民共和国城市房地产管理法》，制定本办法。

第二条 本办法适用于直辖市、市、建制镇的房屋租赁。

第三条 房屋所有权人将房屋出租给承租人居住或提供给他人从事经营活动及以合作方式与他人从事经营活动的，均应遵守本办法。

承租人经出租人同意，可以依照本办法将承租房屋转租。

第四条 公民、法人或其他组织对享有所有权的房屋和国家授权管理和经营的房屋可以依法出租。

第五条 房屋租赁当事人应当遵循自愿、平等、互利的原则。

第六条 有下列情形之一的房屋不得出租：

（一）未依法取得房屋所有权证的；

（二）司法机关和行政机关依法裁定、决定查封或者以其他形式限制房地产权利的；

（三）共有房屋未取得共有人同意的；

（四）权属有争议的；

（五）属于违法建筑的；

（六）不符合安全标准的；

（七）已抵押，未经抵押权人同意的；

（八）不符合公安、环保、卫生等主管部门有关规定的；

（九）有关法律、法规规定禁止出租的其他情形。

第七条 住宅用房的租赁，应当执行国家和房屋所在地城市人民政府规定的租赁政策。

租用房屋从事生产、经营活动的，由租赁双方协商议定租金和其他租赁条款。

第八条 国务院建设行政主管部门主管全国城市房屋租赁管理工作。

省、自治区建设行政主管部门主管本行政区域内城市房屋租赁管理工作。

直辖市、市、县人民政府房地产行政主管部门（以下简称房地产管理部门）主管本行政区域内的城市房屋租赁管理工作。

第九条 房屋租赁，当事人应当签订书面租赁合同。租赁合同应当具备以下条款：

（一）当事人姓名或者名称及住所；

（二）房屋的座落、面积、装修及设施状况；

（三）租赁用途；

（四）租赁期限；

（五）租金及交付方式；

（六）房屋修缮责任；

（七）转租的约定；

（八）变更和解除合同的条件；

（九）当事人约定的其他条款；

第十条 房屋租赁期限届满，租赁合同终止。承租人需要继续租用的，应当在租赁期限届满前 3 个月提出，并经出租人同意，重新签订租赁合同。

第十一条 租赁期限内，房屋出租人转让房屋所有权的，房屋受让人应当继续履行原租赁合同的规定。

出租人在租赁期限内死亡的，其继承人应当继续履行原租赁合同。

住宅用房承租人在租赁期限内死亡的，其共同居住两年以上的家庭成员可以继续承租。

第十二条 有下列情形之一的，房屋租赁当事人可以变更或者解除租赁合同：

（一）符合法律规定或者合同约定可以变更或解除合同条款的；

（二）因不可抗力致使合同不能继续履行的；

（三）当事人协商一致的。

因变更或者解除租赁合同使一方当事人遭受损失的，除依法可以免除责任的以外，应当由责任方负责赔偿。

第十三条 房屋租赁实行登记备案制度。

签订、变更、终止租赁合同的，当事人应当向房屋所在地直辖市、市、县人民政府房地产管理部门登记备案。

第十四条 房屋租赁当事人应当在租赁合同签订后30日内，持本办法第十五条规定的文件到直辖市、市、县人民政府房地产管理部门办理登记备案手续。

第十五条 申请房屋租赁登记备案应当提交下列文件：

（一）书面租赁合同；

（二）房屋所有权证书；

（三）当事人的合法证件；

（四）城市人民政府规定的其他文件。

出租共有房屋，还须提交其他共有人同意出租的证明。

出租委托代管房屋，还须提交委托代管人授权出租的证明。

第十六条 房屋租赁申请经直辖市、市、县人民政府房地产管理部门审查合格后，颁发《房屋租赁证》。

县人民政府所在地以外的建制镇的房屋租赁申请，可由直辖市、市、县人民政府房地产管理部门委托的机构审查，并颁发《房屋租赁证》。

第十七条 《房屋租赁证》是租赁行为合法有效的凭证。租用房屋从事生产、经营活动的，《房屋租赁证》作为经营场所合法的凭证。租用房屋用于居住的，《房屋租赁证》可作为公安部门办理户口登记的凭证之一。

第十八条 严禁伪造、涂改、转借、转让《房屋租赁证》。遗失《房屋租赁证》应当向原发证机关申请补发。

第十九条 房屋租赁当事人按照租赁合同的约定,享有权利,并承担相应的义务。

出租人在租赁期限内,确需提前收回房屋时,应当事先商得承租人同意,给承租人造成损失的,应当予以赔偿。

第二十条 出租人应当依照租赁合同约定的期限将房屋交付承租人,不能按期交付的,应当支付违约金;给承租人造成损失的,应当承担赔偿责任。

第二十一条 出租住宅用房的自然损坏或合同约定由出租人修缮的,由出租人负责修复。不及时修复,致使房屋发生破坏性事故,造成承租人财产损失或者人身伤害的,应当承担赔偿责任。

租用房屋从事生产、经营活动的,修缮责任由双方当事人在租赁合同中约定。

第二十二条 承租人必须按期缴纳租金,违约的,应当支付违约金。

第二十三条 承租人应当爱护并合理使用所承租的房屋及附属设施,不得擅自拆改、扩建或增添。确需变动的,必须征得出租人的同意,并签订书面合同。

因承租人过错造成房屋损坏的,由承租人负责修复或者赔偿。

第二十四条 承租人有下列行为之一的,出租人有权终止合同,收回房屋,因此而造成损失的,由承租人赔偿:

(一)将承租的房屋擅自转租的;

(二)将承租的房屋擅自转让、转借他人或擅自调换使用的;

(三)将承租的房屋擅自拆改结构或改变用途的;

(四)拖欠租金累计六个月以上的;

(五)公有住宅用房无正当理由闲置六个月以上的;

(六)利用承租房屋进行违法活动的;

(七)故意损坏承租房屋的;

(八)法律、法规规定其他可以收回的。

第二十五条 以营利为目的,房屋所有权人将以划拨方式取得使用权的国有土地上建成的房屋出租的,应当将租金中所含土地收益上缴国家。土地收益的上缴办法，应当按照财政部《关于国有土地使用权有偿使用收入征收管理的暂行办法》和《关于国有土地使用权有偿使用收入若干财政问题的暂行规定》的规定，由直辖市、市、县人民政府房地产管理部门代收代缴，国务院颁布新的规定时，从其规定。

第二十六条 房屋转租，是指房屋承租人将承租的房屋再出租的行为。

第二十七条 承租人在租赁期限内，征得出租人同意，可以将承租房屋的部分或全部转给他人。

出租人可以从转租中获得收益。

第二十八条 房屋转租，应当订立转租合同。转租合同必须经原出租人书面同意，并按照本办法的规定办理登记备案手续。

第二十九条 转租合同的终止日期不得超过原租赁合同规定的终止日期，但出租人与转租双方协商约定的除外。

第三十条 转租合同生效后，转租人享有并承担转租合同规定的出租人的权利和义务，并且应当履行原租赁合同规定的承租人的义务，但出租人与转租双方另有约定的除外。

第三十一条 转租期间，原租赁合同变更、解除或者终止，转租合同也随之相应的变更、解除或者终止。

第三十二条 违反本办法有下列行为之一的，由直辖市、市、县人民政府房地产管理部门对责任者给予行政处罚：

（一）伪造、涂改《房屋租赁证》的，注销其证书，并可处以罚款；

（二）不按期申报、领取《房屋租赁证》的，责令限期补办手续，并可处以罚款；

（三）未征得出租人同意和未办理登记备案手续，擅自转租房屋的，其租赁行为无效，没收非法所得，并可处以罚款。

第三十三条 违反本办法，情节严重、构成犯罪的，由司法机关依法追究刑事责任。

第三十四条 房屋租赁管理工作人员徇私舞弊、贪污受贿的，由所在机关给予行政处分；情节严重、构成犯罪的，由司法机关依法追究刑事责任。

第三十五条 未设镇建制的工矿区、国有农场、林场等房屋租赁，参照本办法执行。

第三十六条 省、自治区建设行政主管部门、直辖市人民政府房地产管理部门可以根据本办法制定实施细则。

第三十七条 本办法由建设部负责解释。

第三十八条 本办法自1995年6月1日起施行。

4. 城镇最低收入家庭廉租住房管理办法

建设部、财政部、民政部、国土资源部、
国家税务总局令第120号

第一条 为建立和完善城镇廉租住房制度，保障城镇最低收入家庭的基本住房需要，制定本办法。

第二条 地方人民政府应当在国家统一政策指导下，根据当地经济社会发展的实际情况，因地制宜，建立城镇最低收入家庭廉租住房制度。

第三条 城镇最低收入家庭廉租住房保障水平应当以满足基本住房需要为原则，根据当地财政承受能力和居民住房状况合理确定。

城镇最低收入家庭人均廉租住房保障面积标准原则上不超过当地人均住房面积的60%。

第四条 符合市、县人民政府规定的住房困难的最低收入家庭，可以申请城镇最低收入家庭廉租住房。

第五条 城镇最低收入家庭廉租住房保障方式应当以发放租赁住房补贴为主，实物配租、租金核减为辅。

本办法所称租赁住房补贴，是指市、县人民政府向符合条件的申请对象发放补贴，由其到市场上租赁住房。

本办法所称实物配租，是指市、县人民政府向符合条件的申请对象直接提供住房，并按照廉租住房租金标准收取租金。

本办法所称租金核减，是指产权单位按照当地市、县人民政府的规定，在一定时期内对现已承租公有住房的城镇最低收入家庭给予租金减免。

第六条 国务院建设行政主管部门对全国城镇最低收入家庭廉租住房工作实施指导和监督。

省、自治区人民政府建设行政主管部门对本行政区域内城镇最低收入家庭廉租住房工作实施指导和监督。

市、县人民政府房地产行政主管部门负责本行政区域内城镇最低收入家庭廉租住房管理工作。

各级人民政府财政、民政、国土资源、税务等部门按照本部门职责分工，负责城镇最低收入家庭廉租住房的相关工作。

第七条 城镇最低收入家庭廉租住房保障对象的条件和保障标准由市、县人民政府房地产行政主管部门会同财政、民政、国土资源、税务等有关部门拟定，报本级人民政府批准后公布执行。

廉租住房租金标准由维修费、管理费二项因素构成。单位面积租赁住房补贴标准，按照市场平均租金与廉租住房租金标准的差额计算。

第八条 城镇最低收入家庭廉租住房资金的来源，实行财政预算安排为主、多种渠道筹措的原则，主要包括：

（一）市、县财政预算安排的资金；

（二）住房公积金增值收益中按规定提取的城市廉租住房补充资金；

（三）社会捐赠的资金；

（四）其他渠道筹集的资金。

第九条 城镇最低收入家庭廉租住房资金实行财政专户管理，专项用于租赁住房补贴的发放、廉租住房的购建、维修和物业管理等，不得挪作他用。

第十条 实物配租的廉租住房来源主要包括：

（一）政府出资收购的住房；

（二）社会捐赠的住房；

（三）腾空的公有住房；

（四）政府出资建设的廉租住房；

（五）其他渠道筹集的住房。

实物配租的廉租住房来源应当以收购现有旧住房为主，限制集中兴建廉租住房。

实物配租应面向孤、老、病、残等特殊困难家庭及其他急需救助的家庭。

第十一条 政府新建的廉租住房建设用地实行行政划拨方式供应；各级地方人民政府应当在行政事业性收费等方面给予政策优惠；对地方人民政府房地产行政主管部门购买旧住房作为廉租住房,以及实物配租的廉租住房租金收入按照规定给予税收优惠。

第十二条 申请廉租住房的最低收入家庭，应当由户主按照规定程序提出书面申请。

第十三条 市、县人民政府房地产行政主管部门收到申请后，应在15日内完成审核。经审核符合条件的，应当予以公示，公示期限为15日。经公示无异议或者异议不成立的，予以登记，并将登记结果予以公示。

有关部门可以通过入户调查、邻里访问以及信函索证等方式对申请人的家庭收入和住房状况进行核实。申请人及有关单位、组织或者个人应当接受调查，如实提供有关情况。

第十四条 经登记公示无异议或者异议不成立的，对于申请租金核减的家庭，由产权单位按照规定予以租金减免；对于申请租赁住房补贴和实物配租的家庭，由市、县人民政府房地产行政主管部门按照规定条件排队轮候。

市、县人民政府房地产行政主管部门应当根据轮候顺序，对申请人发放租赁住房补贴或者配租廉租住房，并将发放租赁住房补贴和配租廉租住房的结果予以公布。

在轮候期间，申请人家庭基本情况发生变化的，申请人应当及时向有关部门申报；经审核不符合申请条件的，取消轮候。

第十五条 经市、县人民政府房地产行政主管部门确定可获得租赁住房补贴的家庭，可以根据居住需要选择承租适当的住房，在与出租人达成初步租赁意向后，报房地产行政主管部门审查；经审查同意后，方可与房屋出租人签订廉租住房租赁合同；房地产行政主管部门按规定标准向该家庭发放租赁住房补贴，并将补贴资金直接拨付出租人，用于冲减房屋租金。

经市、县人民政府房地产行政主管部门确定可配租廉租住房的家庭，应当与廉租住房产权人签订廉租住房租赁合同。廉租住房承租人应当按照合同约定缴纳租金。

第十六条 享受廉租住房待遇的最低收入家庭应当按年度向房地产行政主管部门或者其委托的机构如实申报家庭收入、家庭人口及住房变动情况。房地产行政主管部门应当会同有关部门对其申报情况进行复核，并按照复核结果，调整租赁住房补贴或者廉租住房。对家庭收入连续一年以上超出规定收入标准的，应当取消其廉租住房保障资格，停发租赁住房补贴，或者在合理期限内收回廉租住房，或者停止租金核减。

房地产行政主管部门应当对享受廉租住房保障的最低收入家庭的收入情况和住房情况定期进行核查。

第十七条 廉租住房申请人对房地产行政主管部门的审核结果、轮候结果、配租结果有异议的，可以向本级人民政府或者上一级房地产行政主管部门申诉。

第十八条 最低收入家庭申请廉租住房时违反本规定，不如实申报家庭收入、家庭人口及住房状况的，由房地产行政主管部门取消其申请资格；已骗取廉租住房保障的，责令其退还已领取的租赁住房补贴，或者退出廉租住房并补交市场平均租金与廉租房标准租金的差额，或者补交核减的租金，情节恶劣的，并可处以1000元以下的罚款。

第十九条 享受廉租住房保障的承租人有下列行为之一的，

由房地产行政主管部门收回其承租的廉租住房，或者停止发放租赁补贴，或者停止租金核减：

（一）将承租的廉租住房转借、转租的；

（二）擅自改变房屋用途的；

（三）连续6个月以上未在廉租住房居住的。

第二十条 违反本办法规定，房地产行政主管部门或者其他有关行政管理部门的工作人员，在廉租住房管理工作中利用职务上的便利，收受他人财物或者其他好处的，对已批准的廉租住房不依法履行监督管理职责的，或者发现违法行为不予查处的，给予行政处分；构成犯罪的，依法追究刑事责任。

第二十一条 本办法自2004年3月1日起施行。1999年4月22日发布的《城镇廉租住房管理办法》（建设部令第70号）同时废止。

5. 已购公有住房和经济适用住房上市出售管理暂行办法

建设部令第69号

第一条 为规范已购公有住房和经济适用住房的上市出售活动，促进房地产市场的发展和存量住房的流通，满足居民改善居住条件的需要，根据《国务院关于进一步深化城镇住房制度改革加快住房建设的通知》及有关规定，制定本办法。

第二条 本办法适用于已购公有住房和经济适用住房首次进入市场出售的管理。

第三条 本办法所称已购公有住房和经济适用住房，是指城镇职工根据国家和县级以上地方人民政府有关城镇住房制度改革政策规定，按照成本价（或者标准价）购买的公有住房，或者按照地方人民政府指导价购买的经济适用住房。

本办法所称经济适用住房包括安居工程住房和集资合作建设的住房。

第四条 经省、自治区、直辖市人民政府批准，具备下列条件的市、县可以开放已购公有住房和经济适用住房上市出售的交易市场：

（一）已按照个人申报、单位审核、登记立档的方式对城镇职工家庭住房状况进行了普查，并对申报人在住房制度改革中有违法、违纪行为的进行了处理；

（二）已制定了已购公有住房和经济适用住房上市出售收益分配管理办法；

（三）已制定了已购公有住房和经济适用住房上市出售的具体实施办法；

（四）法律、法规规定的其他条件。

第五条 已取得合法产权证书的已购公有住房和经济适用住房可以上市出售，但有下列情形之一的已购公有住房和经济适用住房不得上市出售：

（一）以低于房改政策规定的价格购买且没有按照规定补足房价款的；

（二）住房面积超过省、自治区、直辖市人民政府规定的控制标准，或者违反规定利用公款超标准装修，且超标部分未按照规定退回或者补足房价款及装修费用的；

（三）处于户籍冻结地区并已列入拆迁公告范围内的；

（四）产权共有的房屋，其他共有人不同意出售的；

（五）已抵押且未经抵押权人书面同意转让的；

（六）上市出售后形成新的住房困难的；

（七）擅自改变房屋使用性质的；

（八）法律、法规以及县级以上人民政府规定其他不宜出售的。

第六条 已购公有住房和经济适用住房所有权人要求将已购公有住房和经济适用住房上市出售的，应当向房屋所在地的县级以上人民政府房地产行政主管部门提出申请，并提交下列材料：

（一）职工已购公有住房和经济适用住房上市出售申请表；

（二）房屋所有权证书、土地使用权证书或者房地产权证书；

（三）身份证及户籍证明或者其他有效身份证件；

（四）同住成年人同意上市出售的书面意见；

（五）个人拥有部分产权的住房，还应当提供原产权单位在同等条件下。

保留或者放弃优先购买权的书面意见。

第七条 房地产行政主管部门对已购公有住房和经济适用房所有权人提出的上市出售申请进行审核，并自收到申请之日起十五日内作出是否准予其上市出售的书面意见。

第八条 经房地产行政主管部门审核，准予出售的房屋，由买卖当事人向房屋所在地房地产交易管理部门申请办理交易过户手续，如实申报成交价格。并按照规定到有关部门缴纳有关税费和土地收益。

成交价格按照政府宏观指导下的市场原则，由买卖双方协商议定。房地产交易管理部门对所申报的成交价格进行核实，对需要评估的房屋进行现场查勘和评估。

第九条 买卖当事人在办理完毕交易过户手续之日起三十日内，应当向房地产行政主管部门申请办理房屋所有权转移登记手续，并凭变更后的房屋所有权证书向同级人民政府土地主管部门申请土地使用权变更登记手续。

在本办法实施前，尚未领取土地使用权证书的已购公有住房和经济适用住房在2000年底以前需要上市出售的，房屋产权人可以凭房屋所有权证书先行办理交易过户手续，办理完毕房屋所有权转移登记手续之日起三十日内由受让人持变更后的房屋所有权证书到房屋所在地的市、县人民政府土地行政主管部门办理土地使用权变更登记手续。

第十条 城镇职工以成本价购买、产权归个人所有的已购公有住房和经济适用住房上市出售的，其收入在按照规定交纳有关税费和土地收益后归职工个人所有。

以标准价购买、职工拥有部分产权的已购公有住房和经济适用住房上市出售的，可以先按照成本价补足房价款及利息，原购住房全部产权归个人所有后，该已购公有住房和经济适用住房上市出售收入按照本条前款的规定处理；也可以直接上市出售，其收入在按照规定交纳有关税费和土地收益后，由职工与原产权单位按照产权比例分成。原产权单位撤消的，其应当所得部分由房地产交易管理部门代收后，纳入地方住房基金专户管理。

第十一条 鼓励城镇职工家庭为改善居住条件，将已购公有住房和经济适用住房上市出售换购住房。已购公有住房和经济适用住房上市出售后一年内该户家庭按照市场价购买住房，或者已购公有住房和经济适用住房上市出售前一年内该户家庭已按照市场价购买住房的，可以视同房屋产权交易。

第十二条 已购公有住房和经济适用住房上市出售后，房屋维修仍按照上市出售前公有住房售后维修管理的有关规定执行。个人缴交的住房共用部位、共用设施设备维修基金的结余部分不予退还，随房屋产权同时过户。

第十三条 已购公有住房和经济适用住房上市出售后，该户家庭不得再按照成本价或者标准价购买公有住房，也不得再购买经济适用住房等政府提供优惠政策建设的住房。

第十四条 违反本办法第五条的规定，将不准上市出售的已购公有住房和经济适用住房上市出售的，并处以 10000 元以上 30000 元以下罚款。

第十五条 违反本办法第十三条的规定，将已购公有住房和经济适用住房上市出售后，该户家庭又以非法手段按照成本价（或者标准价）购买公有住房或者政府提供优惠政策建设的住房的，由房地产行政主管部门责令退回所购房屋，不予办理产权登记手续，并处以 10000 元以上 30000 元以下罚款；或者按照商品房市场价格补齐房价款，并处以 10000 元以上 30000 元以下罚款。

第十六条 房地产行政主管部门工作人员玩忽职守、滥用职权、徇私舞弊、贪污受贿的，由其所在单位或者上级主管部门给予行政处分；情节严重、构成犯罪的，依法追究刑事责任。

第十七条 省、自治区、直辖市人民政府可以根据本办法的规定和当地实际情况，选择部分条件比较成熟的市、县先行试点。

第十八条 已购公有住房和经济适用住房上市出售补交土地收益的具体办法另行规定。

第十九条 本办法由国务院建设行政主管部门负责解释。

第二十条 本办法自1999年5月1日起施行。

6. 上海市房屋租赁条例

（1999年12月27日上海市第十一届人民代表大会常务委员会第十五次会议通过）

第一章 总 则

第一条 为了规范本市的房屋租赁行为，保障房屋租赁当事人的合法权益，维护房屋租赁市场秩序，根据《中华人民共和国合同法》、《中华人民共和国城市房地产管理法》和其他有关法律、行政法规的规定，结合本市实际情况，制定本条例。

第二条 本市行政区域内的房屋租赁及其管理适用本条例。

第三条 本条例所称的房屋租赁，是指出租人将房屋交付承租人使用、收益，由承租人向出租人支付租金的行为。

第四条 房屋租赁应当遵循平等、自愿、公平和诚实信用的原则。

房屋租赁应当依法纳税。

第五条 上海市房地产管理部门是本市房屋租赁的行政主管部门。区、县房地产管理部门是本辖区内房屋租赁的行政管理部门，业务上受市房地产管理部门领导。

本市有关管理部门按照各自职责，协同实施本条例。

第二章　租赁范围和条件

第六条　房屋出租人应当是拥有房屋所有权的自然人、法人或者其他组织，但依法代管房屋的代管人或者法律规定的其他权利人可以是房屋出租人。

第七条　房屋承租人可以是中华人民共和国境内外的自然人、法人或者其他组织，但法律、法规另有规定或者土地使用权出让合同、土地租赁合同另有约定的，从其规定或者约定。

第八条　有下列情形之一的房屋不得出租：

（一）未依法登记取得房地产权证书或者无其他合法权属证明的；

（二）共有的房屋，未经全体共有人书面同意的；

（三）改变房屋用途，依法须经有关部门批准而未经批准的；

（四）被鉴定为危险房屋的；

（五）法律、法规规定不得出租的其他情形。

第九条　房地产开发企业预租商品房，应当符合商品房预售的条件，并依法取得市或者区、县房地产管理部门核发的商品房预售许可证明。

房地产开发企业不得将已经预售的商品房预租，商品房预购人不得将预购的商品房预租。

第十条　将以划拨方式取得使用权的土地上建成的房屋出租的，出租人应当将租金中所含的土地收益上缴国家，但按照市人民政府规定的租金标准出租房屋的除外。

土地收益收缴的具体标准和办法，由市人民政府另行规定。

第三章　租赁合同的订立和登记备案

第十一条　房屋租赁的当事人应当订立书面租赁合同。

市房地产管理部门应当会同有关部门制订房屋租赁合同的示范文本，供租赁当事人参照使用；其中，公有居住房屋的租赁，可以使用市房地产管理部门统一印制的租用公房凭证。

第十二条 房屋租赁合同包括下列主要内容：

（一）租赁当事人的姓名或者名称、住所；

（二）房屋座落地点、面积、结构、附属设施和设备状况；

（三）房屋用途；

（四）房屋交付日期；

（五）租赁期限；

（六）租金数额、支付方式和期限；

（七）房屋使用要求和维修责任；

（八）房屋返还时的状态；

（九）违约责任；

（十）争议的解决方式；

（十一）租赁当事人约定的其他内容。

第十三条 房屋的租金由租赁当事人协商确定。但下列房屋的租金应当按照市人民政府规定的标准执行：

（一）公有居住房屋；

（二）以行政调配方式出租的非居住房屋；

（三）政府投资建造的公益性非居住房屋；

本条例施行前按照市人民政府规定的租金标准出租的私有居住房屋，其租金和租赁关系的处理办法由市人民政府另行规定。

第十四条 房屋的租赁期限由租赁当事人协商确定，但不得超过土地使用权出让合同、土地租赁合同约定的土地使用年限并且不得超过二十年。

房屋租赁期限届满，租赁当事人可以续订租赁合同，但约定的租赁期限自续订之日起不得超过土地使用权出让合同、土地租赁合同约定的土地使用年限并且不得超过二十年。

租赁当事人对房屋租赁期限没有约定，依照法律规定仍不能确定的，视为不定期租赁。不定期租赁的当事人可以随时终止租赁关系，但出租人应当在合理期限之前书面通知承租人。

公有居住房屋的出租人不得终止租赁关系，但本条例另有规定的除外。

第十五条 房屋租赁合同及其变更合同由租赁当事人到房屋所在地的区、县房地产登记机构办理登记备案手续。

房屋租赁合同未经登记备案的，不得对抗第三人。

第四章 房屋的交付使用和维修

第十六条 出租人应当按照租赁合同的约定向承租人交付房屋。

出租人未按时交付房屋的，承租人可以催告出租人在合理期限内交付；逾期仍未交付的，承租人可以解除租赁合同。

出租人交付的房屋不符合租赁合同约定，致使不能实现租赁目的的，承租人可以解除租赁合同。

第十七条 房屋交付时存在缺陷，影响承租人正常使用的，承租人可以要求出租人限期修复或者减少租金；危及承租人安全的，承租人可以随时解除租赁合同。

第十八条 房屋出租前已设定抵押或者房屋所有权转移依法受到限制的，出租人应当事先书面告知承租人。

第十九条 出租人可以根据租赁期限、租金支付期限、房屋用途、维修责任等因素，与承租人约定收取房屋租赁保证金，但公有居住房屋出租人不得收取房屋租赁保证金。

租赁关系终止时，房屋租赁保证金除用以抵充合同约定由承租人承担的费用外，应当归还承租人。

第二十条 承租人应当按照租赁合同约定的用途合理使用房屋，并遵守国家和本市有关房屋使用和物业管理的规定。承租人需改变房屋用途的，应当书面征得出租人同意，其中依法须经有关部门审批的，应当由出租人或者出租人委托承租人报有关部门批准。

承租人未征得出租人同意改变房屋用途，致使房屋损坏的，出租人可以解除租赁合同。

出租人可以对承租人使用房屋的情况进行检查，但不得影响承租人正常使用房屋；承租人对出租人的检查应当予以配合。

第二十一条 出租非独立成套的房屋，出租人应当在租赁合同中明确承租人使用房屋合用部位的范围、条件和要求。

相邻房屋承租人对合用部位的使用产生争议的，承租人的共同出租人应当按照公平、合理的原则在争议一方提出解决争议要求之日起三十日内协调处理，并出具书面意见。

承租人与相邻房屋产权人或者相邻房屋承租人对合用部位的使用产生争议的，出租人应当与相邻房屋产权人协商处理。

第二十二条 承租人装修房屋或者增设附属设施的，应当书面征得出租人同意。增设的附属设施应当由租赁当事人协商确定归属及维修责任，其中依法须经有关部门审批的，应当由出租人或者出租人委托承租人报有关部门批准。

承租人未征得出租人同意或者超出出租人同意的范围和要求装修房屋或者增设附属设施的，出租人可以要求承租人恢复房屋原状或者赔偿损失。

第二十三条 房屋承租人应当按照租赁合同的约定支付租金。

房屋出租人应当按照租赁合同的约定收取租金；除租赁合同另有约定外，不得向承租人收取其他费用。

房屋承租人延期支付租金的，应当支付违约金。违约金的数额，按照租赁合同约定的标准计算；租赁合同未约定的，按照拖欠租金额的日万分之四的标准计算。

承租人逾期不支付租金累计超过六个月的，出租人可以解除租赁合同，但租赁合同另有约定的，从其约定。

第二十四条 承租人使用房屋所发生的水、电、煤、通信、空调等费用，由承租人承担，但租赁合同另有约定的，从其约定。

第二十五条 承租人使用房屋获得的收益归承租人所有，但租赁合同另有约定的，从其约定。

第二十六条 出租人应当定期对房屋进行养护，使房屋处于正常的可使用状态；承租人发现房屋损坏的，应当通知出租人予以修复，出租人应当及时修复，但租赁合同另有约定的，从其约定。

第二十七条 出租人养护和维修房屋时，应当采取措施减少对承租人使用房屋的影响。承租人应当配合出租人养护和维修房屋。

第二十八条 承租人按照租赁合同的约定使用房屋，不承担房屋自然损耗的赔偿责任。

因承租人的原因造成房屋损坏的，承租人应当负责修复；承租人造成房屋主体结构损坏的，出租人可以解除租赁合同。

第五章 转　　租

第二十九条 房屋转租，是指承租人在租赁期间将其承租房屋的部分或者全部再出租的行为。

第三十条 有下列情形之一的房屋不得转租：

（一）承租人拖欠租金的；

（二）承租人在承租房屋内擅自搭建的；

（三）预租的商品房。

第三十一条 房屋租赁合同约定可以转租的，承租人可以按照租赁合同的约定转租房屋。房屋租赁合同未约定可以转租的，承租人转租房屋应当征得出租人书面同意；未征得出租人同意转租房屋的，出租人可以解除租赁合同。

公有居住房屋承租人转租房屋不需征得出租人同意，但应当在签订转租合同前书面告知出租人；未告知出租人的，出租人可以解除租赁合同。

非独立成套房屋承租人转租房屋，不得影响相邻使用人对合用部位的正常使用。

第三十二条 房屋转租期间，租赁合同发生变更，影响转租合同履行的，转租合同应当随之变更；房屋转租期间，租赁合同解除的，转租合同应当随之解除。

第三十三条 房屋转租的租金，由转租当事人协商确定。

第三十四条 房屋转租合同约定租期的最后时限，不得超过租赁合同中约定的最后租期期日。

第三十五条 房屋转租期间，承租人应当继续履行租赁合同，但出租人与转租当事人另有约定的除外。

房屋转租期间，转租人和接受转租人的权利、义务参照适用本条例有关出租人和承租人的权利、义务的规定。

第三十六条 公有居住房屋转租用于居住的，出租人不得从承租人转租收益中获取收益。

第六章 租赁关系的变更和终止

第三十七条 房屋在租赁期间转让的，房屋的受让人应当继续履行租赁合同，并与承租人签订租赁主体变更合同。

房屋在租赁期间出售的，出租人应当在出售前三个月通知承租人，承租人在同等条件下有优先购买权。

第三十八条 承租人在租赁期间将房屋承租权转让给第三人的，应当书面征得出租人同意，由房屋承租权的受让人继续履行租赁合同，并与出租人签订租赁主体变更合同。

公有居住房屋承租人将承租权转让给他人，应当事先征得本处有本市常住户口的共同居住人的同意。

第三十九条 房屋承租人交换使用各自承租的房屋，应当征得出租人书面同意，公有居住房屋的出租人无正当理由不得拒绝。

房屋交换使用的双方应当订立书面合同，并分别与出租人签订租赁主体变更合同。

公有居住房屋承租人交换使用各自承租的房屋，承租人应当事先征得本处有本市常住户口的共同居住人的同意。

第四十条 公有居住房屋承租人与本处有本市常住户口的共同居住人协商一致，要求将承租户名变更为本处有本市常住户口的共同居住人之一的，出租人应予同意。

公有居住房屋承租人户口迁离本市，其本处有本市常住户口的共同居住人经协商一致，要求将承租户名变更为本处有本市常住户口的共同居住人之一的，出租人应予同意；协商不一致的，由出租人在本处有本市常住户口的共同居住人中确定承租人。

租赁户名变更后，原承租人的共同居住人仍享有居住权。

第四十一条 房屋租赁期间租赁当事人死亡或者依法变更、终止的，租赁关系按照下列规定处理：

（一）出租人死亡或者依法终止的，由房屋所有权的继承人或者继受人继续履行租赁合同。

（二）居住房屋承租人死亡的，其生前共同居住人可以继续履行租赁合同。公有居住房屋承租人死亡的，其生前的共同居住人在该承租房屋处有本市常住户口的，可以继续履行租赁合同；其生前的共同居住人在该承租房屋处无本市常住户口或者其生前无共同居住人的，其生前有本市常住户口的配偶和直系亲属可以继续履行租赁合同。

（三）非居住房屋承租人死亡或者依法终止的，租赁合同依法变更或者终止。

（四）租赁当事人依法分立、合并的，由变更后的当事人继续履行租赁合同。

前款第（二）项规定中可以继续履行租赁合同者有多人的，应当协商确定承租人。协商一致的，出租人应当变更承租人；协商不一致的，由出租人在可以继续履行租赁合同者中确定承租人。

租赁关系变更后，原承租人的生前共同居住人仍享有居住权。

第四十二条 房屋在租赁期间改建、扩建或者拆除重建，致使租赁房屋的面积、部位发生变化的，出租人应当与承租人协商一致，变更租赁合同。

房屋在租赁期间因城市建设需要拆迁的，租赁关系按照租赁合同的约定处理；租赁合同未约定的，按照城市房屋拆迁管理的有关规定处理。

第四十三条 房屋租赁期间发生下列情形之一的，该租赁关系终止：

（一）房屋占用范围内的土地使用权被依法提前收回的；

（二）房屋因社会公共利益需要被依法征用的；

（三）房屋毁损、灭失或者被鉴定为危险房屋的。

发生前款第（一）、（二）项所列情形的，由依法提前收回的部门或者依法征用的单位另行安置承租人；公有居住房屋发生前款第（三）项所列情形的，由出租人另行安置承租人。

第四十四条 房屋在租赁期满后继续出租的，承租人在同等条件下享有优先承租权。

第四十五条 租赁关系终止时，出租人有权收回房屋，承租人应当将房屋返还出租人。承租人未经出租人同意逾期返还房屋的，出租人有权追收房屋占用期间的使用费。

房屋返还时，应当符合正常使用后的状态或者租赁当事人约定的状态；不符合的，出租人可以要求承租人恢复，也可以自行恢复，由此发生的合理费用由承租人承担。

第七章 法 律 责 任

第四十六条 租赁当事人违反本条例第六条、第七条、第八条、第九条、第三十条的规定，致使租赁合同无效的，应当依法承担民事责任。

租赁当事人一方未履行本条例规定的义务，另一方按照本条例第十六条第二款、第三款，第十七条，第二十条第二款，第二十三条第四款，第二十八条第二款，第三十一条第一款、第二款的规定解除租赁合同的，未履行规定义务的租赁当事人一方应当依法承担民事责任。

租赁当事人一方未履行本条例规定的义务，造成另一方或者第三人财产损失、人身伤害的，应当依法承担赔偿责任。

第四十七条 出租人违反本条例第八条第（一）、（三）、（四）、（五）项的规定将不得出租的房屋出租或者承租人违反本条例第三十条规定将不得转租的房屋转租的，由区、县房地产管理部门责令其限期改正，没收违法所得，并处以违法所得一倍以下的罚款。

第四十八条 当事人违反本条例第九条规定预租商品房的，由区、县房地产管理部门责令其限期改正，没收违法所得，并处以违法所得一倍以上三倍以下的罚款。

第四十九条 出租人违反本条例第十条规定，未缴纳土地收益的，由市或者区、县房地产管理部门责令其限期改正，并可处以未缴纳土地收益金额一倍以下的罚款。

第五十条 违反本条例第十三条规定，擅自调整租金标准的，由区、县房地产管理部门责令其限期改正，退还超过标准收取的租金，并处以一千元以上一万元以下的罚款。

第五十一条 市或者区、县房地产管理部门的主管人员和其他直接责任人员玩忽职守、滥用职权、徇私舞弊的，由其所在单位或者上级主管部门依法给予行政处分；构成犯罪的，依法追究刑事责任。

第五十二条 当事人对行政管理部门的具体行政行为不服的，可以依照《中华人民共和国行政复议法》或者《中华人民共和国行政诉讼法》的规定，申请行政复议或者提起行政诉讼。

当事人对具体行政行为逾期不申请复议，不提起诉讼，又不履行的，作出具体行政行为的行政管理部门可以申请人民法院强制执行。

第八章　附　　则

第五十三条 本市最低收入家庭租赁居住房屋的办法，由市人民政府另行制定。

第五十四条 本条例自 2000 年 7 月 1 日起施行。《上海市城镇公有房屋管理条例》同时废止。

7. 上海市城镇廉租住房试行办法

（2000 年 9 月 3 日上海市人民政府发布）

第一条 为建立本市城镇最低收入家庭的住房保障制度，根据国务院《关于进一步深化城镇住房制度改革加快住房建设的通知》和上海市《关于进一步深化本市城镇住房制度改革的若干意见》，制定本办法。

第二条 本办法适用于本市试点区内城镇廉租住房的管理。

第三条 本办法所称的廉租住房，是指政府向符合城镇居民最低生活保障标准且住房困难的家庭，提供租金补贴或者以低廉的租金配租具有社会保障性质的普通住房。

第四条 上海市房屋土地资源管理局（以下简称市房地资源局）是本市廉租住房工作的行政主管部门。上海市廉租住房管理办公室（以下简称市廉租办）具体负责指导、协调试点区的廉租住房管理工作。

试点区房地产行政管理部门是本辖区廉租住房工作的行政管理部门。试点区的廉租住房管理办公室（以下简称区廉租办）负责制订本辖区廉租住房的具体实施方案并组织实施，业务上受市廉租办领导。

财政部门、民政部门、街道办事处和镇人民政府按照各自职责，协同实施本办法。

第五条 廉租住房的资金贯彻多渠道筹措的方针，主要包括：

（一）市和区政府的专项资金；

（二）住房公积金的部分增值资金；

（三）直管公房出售后的部分净归集资金；

（四）接受社会捐赠和通过其他渠道筹集的资金。

廉租住房资金由区廉租办专户储存、专项管理，用于发放租金补贴和筹集配租住房的房源。

市、区财政部门应当对廉租住房资金的筹集、使用和管理进行监督。

第六条 配租住房的房源，由区廉租办通过下列方式筹集：

（一）出资收购符合本市廉租住房标准的普通住房；

（二）认定符合本市廉租住房标准的公有住房；

（三）接受社会捐赠和通过其他方式筹集的符合本市廉租住房标准的普通住房。

本市廉租住房标准由市房地资源局另行制订。

第七条 同时符合下列条件的家庭，可以申请廉租住房：

（一）人均收入不超过本市城镇居民最低生活保障标准；

（二）拥有私有住房和承租公有住房的居住面积不超过人均5平方米；

（三）至少有1人取得本市非农业常住户口5年以上；

（四）家庭成员之间有法定的赡养、扶养或者抚养关系。

第八条 申请家庭应当推选一名家庭成员向户籍所在地的区廉租办提出申请，填写申请书，并提交户籍证明和全体家庭成员的身份证明。

第九条 区廉租办应当按照受理时间的先后顺序，对申请家庭的情况进行审查；其中，本办法第七条第一项内容，由区民政部门提出审查意见。

经审查不符合条件的，应当书面通知申请家庭；经审查符合条件的，由区廉租办在申请家庭的居住地范围内公布其基本情况。公布之日起15日内无人提出异议的，应当准予登记；有人提出异议的，区廉租办应当进行核实，并作出准予登记或者不予登记的决定。

第十条 区廉租办应当按照登记时间的先后顺序，根据申请家庭的实际情况，安排配租住房或者发放租金补贴。

前款所称的配租住房是指，以低廉的租金向申请家庭出租一处符合本市廉租住房标准的普通住房；发放租金补贴是指，按规定标准给予申请家庭一定的租金补贴。

人均配租住房的面积标准由市房地资源局另行制订。配租住房租金标准和租金补贴标准，由市房地资源局、市物价局会同有关部门制订。

第十一条 接受住房配租的申请家庭，应当与区廉租办签订廉租住房配租协议，并与房屋出租人签订廉租住房租赁合同。原承租公有住房的，由区廉租办收回其承租权，继续用于廉租住房的配租。

领取租金补贴的申请家庭，应当与区廉租办签订租金补贴协议。区廉租办应当按月发放租金补贴，专项用于补贴申请家庭的住房租金。

廉租住房的有关协议、租赁合同格式由市廉租办统一制订。

第十二条 申请家庭无正当理由拒绝接受廉租住房安排的，应当重新轮候。

第十三条 区廉租办应当在一定范围内公布配租住房和发放住房补贴的情况，接受社会监督。

区廉租办应当每年会同区民政部门以及街道办事处、镇人民政府，对享受廉租住房家庭的收入、住房状况等基本情况进行复核。

享受廉租住房家庭的人均收入连续2年超过本市城镇居民最低生活保障标准的，应当停发租金补贴、收回已配租的住房或者提高已配租住房的租金标准。

第十四条 申请家庭应当如实提供情况，虚报、隐瞒有关情况或者伪造有关证明而获得配租住房或者租金补贴的，由区廉租办收回已配租的住房或者停发租金补贴。

接受住房配租的家庭应当按照租赁合同的约定，交纳租金、合理使用房屋，并且不得改变房屋用途、转租或转让承租权。违反租赁合同约定，拖欠租金、改变房屋用途且拒不改正、转租或者转让承租权的，应当按照合同约定承担违约责任，直至迁出已配租的住房。

对于因违反租赁合同约定而迁出已配租住房的家庭，区廉租办应当取消其在 3 年内申请廉租住房的资格。

第十五条 本办法自发布之日起试行。

8. 广州市房屋租赁管理办法

（穗府［1995］139 号）

第一章 总 则

第一条 为加强本市房屋租赁管理，维护房屋租赁秩序，保障当事人的合法权益，根据《广东省城镇房屋租赁条例》及国家有关规定，结合本市实际，制定本办法。

第二条 本市市辖区范围内从事房屋租赁活动的单位和个人适用本办法。

市辖区范围内的国家机关、企业、事业单位职工租住本单位住房不适用本办法。

第三条 本办法所称房屋租赁，是指公民、法人或其他组织将拥有产权或经营管理权的房屋出租或提供给他人从事经营活动或以合作方式与他人从事经营活动，由承租人向出租人支付租金，并在租赁关系终止时，将房屋返还出租人的行为。

房屋转租，是指房屋承租人将承租房屋再出租的行为。

涉外的房屋租赁，是指当事人双方或一方是境外的经济组织或个人的房屋租赁。

第四条 广州市国土局、房地产管理局是本市房地产租赁工作的行政主管部门（以下简称市房地产主管部门）。

市、区房地产租赁管理机构（以下统称租赁管理机构）负责其辖区内房屋租赁管理和本办法的具体实施。

公安、工商、物价等有关部门按照各自职责协同实施本办法。

第五条　房屋租赁双方当事人（以下简称当事人）应当遵循自愿、平等、互利的原则。

第六条　房屋租赁实行登记制度，未经租赁管理机构登记的租赁行为不受法律保护。

第二章　租　赁　管　理

第七条　中央、省、市属单位、驻穗部队或外地驻穗机构出租的房屋和涉外的房屋租赁，由市租赁管理机构负责租赁登记和管理，其他房屋租赁由房屋所在区租赁管理机构负责租赁登记和管理。

第八条　房屋租赁须签订租赁合同，当事人应当自签订、变更、解除或终止租赁合同之日起10日内到经管的租赁管理机构办理租赁登记或注销登记手续（以下简称登记）。

第九条　当事人申请租赁登记应当提交下列文件：

（一）房屋租赁申请书；

（二）房地产权利证书或证明其产权的其他有效证件；

（三）房屋租赁合同；

（四）身份证明或合法资格证明；

（五）法律、法规规定应当提供的其他证件。

共有房地产的共有人还应当提供其他共有人同意出租的证明。

第十条　租赁管理机构应当在收到申请登记之日起10日内，对符合规定的，予以登记，并由租赁管理机构发给《房屋租赁证》，不符合规定的，应予书面答复。

租赁管理机构应当将予以登记的资料自登记之日起20日内抄送税务部门。

未领取《房屋租赁证》的，不得出租房屋。

第十一条　房屋有下列情形之一的，不予登记：

（一）未取得产权或经营管理权的；

（二）产权有争议或产权受到限制的；

（三）不可分割的共有房屋未取得其他共有人同意的；

（四）属违章建筑的；

（五）不符合居住使用安全标准的；

（六）已抵押，未经抵押权人同意的；

（七）已发布房屋拆迁公告的；

（八）法律、法规规定禁止的其他情形。

第十二条 对已出租的房屋，不符合居住使用安全标准的，租赁管理机构有权责令责任人限期进行维修。

第十三条 当事人可以委托他人代为出租或承租房屋。

受委托人应当持有合法的授权委托书，境外当事人的委托书和有关证件应当按照有关规定经过公证或认证。

第十四条 住宅用房租金，应当执行国家、省、市规定的租金政策和标准，租金标准由市房地产主管部门会同市物价部门制定。

非住宅用房租金，可参照市房地产主管部门制定的指导租金由租赁双方协商议定。指导租金的制定，应当根据国家、省、市的政策规定，定期公布，并采取相应的措施稳定房屋租金。

对与国计民生关系密切和享受政策性补贴行业的租赁房屋的租金，市政府可根据本市实际，公布调控租金。

第十五条 在以划拨方式取得使用权的国有土地上建成房屋进行出租的，出租人如以营利为目的，应当按规定补办土地使用权出让手续，并将租金中所含土地收益上缴国家。

第十六条 当事人应当依法缴纳有关税款。

第十七条 出租人应当向租赁管理机构缴纳房屋租赁管理费。其标准由市房地产主管部门会同市物价局制定。

房屋转租的，由转租人按转租租金高于原租金的差额部分缴纳房屋租赁管理费。

房屋租赁管理费主要用于房屋租赁管理的专项业务，不得挪作他用。

第十八条 当事人应当接受租赁管理机构及工作人员的监督

和管理，不得阻碍工作人员执行公务。

租赁管理机构的工作人员执行公务时，应当出示市房地产主管部门统一制发的证件。

第十九条 公民、法人或其他经济组织未办理房屋租赁手续的，不得占用他人房屋。

第二十条 在农村宅基地上建设房屋出租的，依照《广州市土地管理规定》和国家有关规定办理。

第三章 转租管理

第二十一条 房屋承租人经出租人同意，可以将租赁房屋的一部分或全部转租给第三人，出租人可以从转租中获得收益。

受转租人未经出租人同意不得再转租。

第二十二条 转租人与受转租人应当签订转租的租赁合同，并按照本办法第八条规定进行登记。

第二十三条 转租的租赁合同的租期，不得超过原租赁合同的租期。但原租赁合同另有约定的除外。

第二十四条 转租的租赁合同生效后，转租人和受转租人享有并应承担本办法规定的当事人的权利和义务，同时应当继续履行原租赁合同约定的义务，但当事人另有约定的除外。

第二十五条 转租人与受转租人损害出租人利益的，应当承担赔偿责任。有连带责任的，应负连带赔偿责任。

第二十六条 转租期间，原租赁合同变更、解除或终止的，转租签订的租赁合同应相应变更、解除或终止。

第四章 租赁合同管理

第二十七条 房屋租赁，当事人应当签订书面租赁合同，当事人对租赁合同文本条款的内容需作补充的，应当符合本规定。

租赁合同由市房地产主管部门统一印制。

第二十八条 租赁合同、附加及补充协议经租赁管理机构登记生效后，当事人应当履行，任何一方不得擅自变更或解除。

第二十九条 有下列情形之一的，可以变更或解除租赁合同：

（一）符合合同约定条件的；

（二）因不可抗力致使租赁合同部分或全部不能履行的；

（三）当事人协商一致的。

因为变更或解除租赁合同使一方当事人遭受损失的，除依法可以免除责任外，应当由责任方负责赔偿。

第三十条 房屋承租人在租赁期内外迁或死亡的，与原承租人同住同户籍2年以上的其他人可以继续承租。

出租人在租赁期内死亡的，其合法继承人应当继续履行原租赁合同。

第三十一条 租赁期限届满，租赁合同终止。

租期在1年以上，承租人需要继续承租的，应当在合同终止3个月前提出，并经出租人同意，重新签订租赁合同。

第三十二条 租赁合同发生纠纷时，可由当事人进行协商或请求租赁管理机构调解，也可依法向仲裁机构申请仲裁或向人民法院起诉。

第五章 当事人的权利和义务

第三十三条 出租人按照租赁合同约定向承租人收取租金。出租人收取租金时，应按规定向承租人开具发票或收据。否则，承租人可以拒付租金。

承租人按照租赁合同约定的金额和期限交付租金，逾期不交付租金的，每逾期1日应支付不超过月租金3%的违约金。

第三十四条 出租人可以按照租赁合同约定收取不超过3个月租金数额的保证金。保证金的返还方式，由当事人在合同中约定。

第三十五条 出租人应当按照租赁合同约定期限提供房屋，违约的，每逾期1日应支付不超过月租金3%的违约金，违约金不足以赔偿由此造成承租人损失的，出租人还应当就不足部分进行补偿。

第三十六条 当事人应当按照租赁合同约定负责检查、维修房屋，如不按约定及时维修房屋，致使房屋发生破坏性事故，造成他人财产损失或人身伤害的，应当承担赔偿责任。

承租人因使用不当，造成房屋损坏的，应当负责维修并支付由此产生的费用。

第三十七条 承租人应当配合出租人检查、维修房屋，不得借故阻挠，因故意阻挠造成他人财产损失或人身伤害的，应当承担赔偿责任。

因维修房屋需承租人临时迁出的，出租人应当按照有关规定签定临迁协议，明确临迁、回迁期限。除另有约定外，承租人不得向出租人索取费用。

第三十八条 租赁期间，当事人改建、扩建、改变房屋用途或结构的，必须征得对方同意。按照规定必须经有关部门批准的，应当报请批准。

当事人改变房屋结构，除按前款规定办理手续外，还应当经市房地产主管部门房屋安全鉴定和批准，并按要求做好安全措施后，方可动工。

第三十九条 租赁期限届满而又没有重新签订租赁合同的，出租人有权按照合同约定的期限收回房屋。承租人未经出租人同意逾期不迁出造成出租人损失的，应当承担赔偿责任。承租人不迁出的，出租人可以请求市房地产主管部门责令其限期迁出或向人民法院提起诉讼。

经人民法院判决退出承租房屋，承租人确无其他房屋安置的，其所在单位应当把其列为无房户予以安排；承租人符合条件的，可向广州市解决住房困难办公室申请列为住房困难户，统筹解决，具体办法另行规定。

对与国计民生关系密切的行业租赁房屋期限届满搬迁有困难的，应给予一定的延长期限。

第四十条 承租人有下列行为之一的，出租人可以解除租赁合同收回出租房屋，造成损失的有权要求赔偿：

（一）利用房屋进行违法活动的；

（二）擅自改变房屋结构或约定用途的；

（三）擅自将房屋转让、转租、或调换使用的；

（四）拖欠租金累计 6 个月以上或连续拖欠租金 3 个月以上的；

（五）无正当理由将房屋闲置连续 3 个月以上的；

（六）住宅承租人另有房屋、单位已分配了房屋或已购、建住房的；

（七）法律、法规规定的其他情形。

第四十一条 有下列情形之一的，承租人除按照本办法规定有权获取违约金和要求赔偿损失外，并且可以解除租赁合同：

（一）不按照约定提供房屋的；

（二）不按照约定维修房屋的；

（三）不符合房屋安全标准的；

（四）法律、法规规定的其他情形。

第四十二条 下列人员在同等条件下，应按照以下顺序对出租的房屋有优先承租权：

（一）房屋共有人。

（二）原承租人。

（三）法律、法规规定的其他人员。

第四十三条 租赁期间，承租人未解除租赁合同而擅自迁出，造成第三人占用出租房屋的，承租人应当承担赔偿责任。

第四十四条 租赁期间，出租人转让已经出租的房屋，应当提前 3 个月书面通知承租人。

房地产权转移，受让人应当承担原出租人的义务并享有原出租人的权利。

第六章 罚 则

第四十五条 有下列情形之一的，由租赁管理机构给予处罚：

（一）违反本办法第八条、第二十二条规定，没有办理登记而出租房屋的，除责令其限期补办登记手续外，并按月租金一至二倍处以罚款。

（二）经租赁管理机构确认不予租赁登记而出租房屋的，除责令其限期纠正外，并按月租金一至二倍处以罚款，期满拒不纠正的，加重处罚。

（三）违反本办法第十二条规定，逾期不维修房屋或维修房屋后仍不符合安全标准的，除责令其限期纠正外，并处以 1000 元以上 5000 元以下的罚款。

（四）违反本办法第十四条第一款规定，不按政府规定租金标准收取租金的，除责令其限期纠正，没收其超过部分租金外，并可处以超过部分租金二倍的罚款。

（五）违反本办法第十七条第一款、第二款规定，不按期缴纳房屋租赁管理费的，责令其限期缴纳，逾期不缴纳，每逾期一天，按欠款总额收取 3‰的滞纳金；逾期 30 日仍不缴纳的，吊销《房屋租赁证》。

（六）违反本办法第十九条的规定，擅自占用他人房屋的，责令其限期迁出，赔偿损失，并按赔偿金额的一至二倍处以罚款。

（七）违反本办法第三十八条第二款规定，擅自改变房屋结构的，按月租金一至三倍处以罚款。

第四十六条 围攻、谩骂、殴打依法执行公务的租赁管理机构工作人员，应当给予治安管理处罚的，由公安机关依法处理；构成犯罪的，由司法机关依法追究刑事责任。

第四十七条 当事人对行政处罚不服的，按《中华人民共和国行政诉讼法》和《行政复议条例》的有关规定申请复议或向人民法院提起诉讼。逾期不申请复议、不提起诉讼，又不履行行政处罚决定的，执行处罚单位可向人民法院申请强制执行。

第四十八条 租赁管理机构的工作人员玩忽职守，徇私舞弊的，由其所在单位或上级主管部门追究行政责任；构成犯罪的，由司法机关依法追究刑事责任。

第七章 附 则

第四十九条 本办法施行前依法签定的租赁合同，应当在本办法实施之日起90日内到经管的房屋租赁管理机构办理确认、登记。逾期不办理确认、登记手续的，按无证出租处理。

第五十条 县级市的房屋租赁管理，可参照本办法执行。

第五十一条 本办法自颁布之日起施行。过去本市颁布的有关房屋租赁管理规定如与本办法不符的，按本办法执行。

9. 城市房地产中介服务管理规定

建设部令第97号

第一章 总 则

第一条 为了加强房地产中介服务管理，维护房地产市场秩序，保障房地产活动当事人的合法权益，根据《中华人民共和国城市房地产管理法》，制定本规定。

第二条 凡从事城市房地产中介服务的，应遵守本规定。

本规定所称房地产中介服务，是指房地产咨询、房地产价格评估、房地产经纪等活动的总称。

本规定所称房地产咨询，是指为房地产活动当事人提供法律法规、政策、信息、技术等方面服务的经营活动。

本规定所称房地产价格评估，是指对房地产进行测算，评定其经济价值和价格的经营活动。

本规定所称房地产经纪，是指为委托人提供房地产信息和居间代理业务的经营活动。

第三条 国务院建设行政主管部门归口管理全国房地产中介服务工作。

省、自治区建设行政主管部门归口管理本行政区域内的房地产中介服务工作。

直辖市、市、县人民政府房地产行政主管部门（以下简称房地产管理部门）管理本行政区域内的房地产中介服务工作。

第二章 中介服务人员资格管理

第四条 从事房地产咨询业务的人员，必须是具有房地产及相关专业中等以上学历，有与房地产咨询业务相关的初级以上专业技术职称并取得考试合格证书的专业技术人员。

房地产咨询人员的考试办法，由省、自治区人民政府建设行政主管部门和直辖市房地产管理部门制订。

第五条 国家实行房地产价格评估人员资格认证制度。

房地产价格评估人员分为房地产估价师和房地产估价员。

第六条 房地估价师必须是经国家统一考试、执业资格认证，取得《房地产估价师执业资格证书》，并经注册登记取得《房地产估价师注册证》的人员。未取得《房地产估价师注册证》的人员，不得以房地产估价师的名义从事房地产估价业务。

房地产估价师的考试办法，由国务院建设行政主管部门和人事主管部门共同制定。

第七条 房地产估价员必须是经过考试并取得《房地产估价员岗位合格证》的人员。未取得《房地产估价员岗位合格证》的人员，不得从事房地产估价业务。

房地产估价员的考试办法，由省、自治区人民政府建设行政主管部门和直辖市房地产管理部门制订。

第八条 房地产经纪人必须是经过考试、注册并取得《房地产经纪人资格证》的人员。未取得《房地产经纪人资格证》的人员，不得从事房地产经纪业务。

房地产经纪人的考试和注册办法另行制定。

第九条 严禁伪造、涂改、转让《房地产估价师执业资格证书》、《房地产估价师注册证》、《房地产估价员岗位合格证》、《房地产经纪人资格证》。

遗失《房地产估价师执业资格证书》、《房地产估价师注册证》、《房地产估价员岗位合格证》、《房地产经纪人资格证》的，应当向原发证机关申请补发。

第二章　中介服务机构管理

第十条　从事房地产中介业务，应当设立相应的房地产中介服务机构。

房地产中介服务机构，应是具有独立法人资格的经济组织。

第十一条　设立房地产中介服务机构应具备下列条件：

（一）有自己的名称、组织机构；

（二）有固定的服务场所；

（三）有规定数量的财产和经费；

（四）从事房地产咨询业务的，具有房地产及相关专业中等以上学历、初级以上专业技术职称人员须占总人数的50%以上；从事房地产评估业务的，须有规定数量的房地产估价师；从事房地产经纪业务的，须有规定数量的房地产经纪人。

跨省、自治区、直辖市从事房地产估价业务的机构，应到该业务发生地省、自治区人民政府建设行政主管部门或者直辖市人民政府房地产行政主管部门备案。

第十二条　设立房地产中介服务机构，应当向当地的工商行政管理部门申请设立登记。房地产中介服务机构在领取营业执照后的一个月内，应当到登记机关所在地的县级以上人民政府房地产管理部门备案。

第十三条　房地产管理部门应当每年对房地产中介服务机构的专业人员条件进行一次检查，并于每年年初公布检查合格的房地产中介服务机构名单。检查不合格的，不得从事房地产中介业务。

第十四条　房地产中介服务机构必须履行下列义务：

（一）遵守有关的法律、法规和政策；

（二）遵守自愿、公平、诚实信用的原则；

（三）按照核准的业务范围从事经营活动；

（四）按规定标准收取费用；

（五）依法交纳税费；

（六）接受行业主管部门及其他有关部门的指导、监督和检查。

第四章　中介业务管理

第十五条　房地产中介服务人员承办业务，由其所在中介机构统一受理并与委托人签订书面中介服务合同。

第十六条　经委托人同意，房地产中介服务机构可以将委托的房地产中介业务转让委托给具有相应资格的中介服务机构代理，但不得增加佣金。

第十七条　房地产中介服务合同应当包括下列主要内容：

（一）当事人姓名或者名称、住所；

（二）中介服务项目的名称、内容、要求和标准；

（三）合同履行期限；

（四）收费金额和支付方式、时间；

（五）违约责任和纠纷解决方式；

（六）当事人约定的其他内容。

第十八条　房地产中介服务费用由房地产中介服务机构统一收取，房地产中介服务机构收取费用应当开具发票，依法纳税。

第十九条　房地产中介服务机构开展业务应当建立业务记录，设立业务台账。业务记录和业务台账应当载明业务活动中的收入、支出等费用，以及省、自治区建设行政主管部门和直辖市房地产管理部门要求的其他内容。

第二十条　房地产中介服务人员执行业务，可以根据需要查阅委托人的有关资料和文件，查看现场。委托人应当协助。

第二十一条　房地产中介服务人员在房地产中介活动中不得有下列行为：

（一）索取、收受委托合同以外的酬金或其他财物，或者利用工作之便，牟取其他不正当的利益；

（二）允许他人以自己的名义从事房地产中介业务；

（三）同时在两个或两个以上中介服务机构执行业务；

（四）与一方当事人串通损害另一方当事人利益；

（五）法律、法规禁止的其他行为。

第二十二条 房地产中介服务人员与委托人有利害关系的，应当回避。委托人有权要求其回避。

第二十三条 因房地产中介服务人员过失，给当事人造成经济损失的，由所在中介服务机构承担赔偿责任。所在中介服务机构可以对有关人员追偿。

第五章 罚 则

第二十四条 违反本规定，有下列行为之一的，由直辖市、市、县人民政府房地产管理部门会同有关部门对责任者给予处罚：

（一）未取得房地产中介资格擅自从事房地产中介业务的，责令停止房地产中介业务，并可处以 1 万元以上 3 万元以下的罚款；

（二）违反本规定第九条第一款规定的，收回资格证书或者公告资格证书作废，并可处以 1 万元以下的罚款；

（三）违反本规定第二十一条规定的，收回资格证书或者公告资格证书作废，并可处以 1 万元以上 3 万元以下的罚款；

（四）超过营业范围从事房地产中介活动的，处以 1 万元以上 3 万元以下的罚款。

第二十五条 因委托人的原因，给房地产中介服务机构或人员造成经济损失的，委托人应当承担赔偿责任。

第二十六条 房地产中介服务人员违反本规定，构成犯罪的，依法追究刑事责任。

第二十七条 房地产管理部门工作人员在房地产中介服务管理中以权谋私、贪污受贿的，依法给予行政处分；构成犯罪的，依法追究刑事责任。

第六章　附　　则

第二十八条　省、自治区建设行政主管部门、直辖市房地产行政主管部门可以根据本规定制定实施细则。

第二十九条　本规定由国务院建设行政主管部门负责解释。

第三十条　本规定自 1996 年 2 月 1 日起施行。

10. 中国建设银行个人住房贷款办法

第一章　总　　则

第一条　为支持居民购置住房，根据《中华人民共和国商业银行法》、《中华人民共和国担保法》、中国人民银行《贷款通则》和《个人住房贷款管理办法》等有关法律、法规和规章制度，制订本办法。

第二条　本办法所称个人住房贷款是指中国建设银行用信贷资金向在中国大陆境内城镇购买、建造、大修各类型住房的自然人发放的贷款。

第三条　发放个人住房贷款要坚持效益性、安全性和流动性原则，遵守国家有关法律、法规、政策和中国建设银行的有关信贷规章制度。

第四条　本办法适用于中国建设银行所属各级分支机构发放的个人住房商业性贷款。

第二章　贷款的对象和条件

第五条　贷款对象。具有完全民事行为能力的中国自然人及在中国大陆有居留权的境外、国外自然人。

第六条　贷款条件。借款人必须同时具备下列条件：

有合法的身份；

有稳定的经济收入，信用良好，有偿还贷款本息的能力；

有合法有效的购买、建造、大修住房的合同、协议以及贷款行要求提供的其他证明文件；

有所购（建、大修）住房全部价款 20%以上的自筹资金，并保证用于支付所购（建、大修）住房的首付款；

有贷款行认可的资产进行抵押或质押，或（和）有足够代偿能力的法人、其他经济组织或自然人作为保证人；

贷款行规定的其他条件。

第三章　贷款的额度、期限和利率

第七条　贷款额度最高为所购（建、大修）住房全部价款或评估价值的 80%。

第八条　贷款期限最长为 30 年。

第九条　贷款利率按照中国人民银行有关规定执行。

第四章　贷　款　程　序

第十条　借款人申请个人住房贷款应填写《中国建设银行个人住房借款申请书》，并向贷款行提交下列资料：

身份证件（居民身份证、户口本、居留证件或其他身份证件）；

借款人偿还能力证明材料；

合法的购（建、大修）房合同、协议或（和）其他批准文件；

抵押物或质押权利清单、权属证明文件，有处分权人出具的同意抵押或质押的证明，贷款行认可的评估机构出具的抵押物估价报告书；

保证人出具的同意提供担保的书面承诺及保证人的资信证明；

借款人用于购买（建造、大修）住房的自筹资金的有关证明；

贷款行规定的其他文件和资料。

第十一条 贷款行应对借款人提交的全部文件、资料的真实性、合法性和贷款的可行性进行审查、评估，并在借款人提交上述全部文件、资料之日起 15 个工作日内向借款人作出正式答复。

第十二条 贷款行同意借款人的借款申请后，与当事人各方签订借款合同和担保合同。

第十三条 签订借款合同和担保合同后，应根据国家和当地的法律法规，办理抵押登记、保险及其他必须的手续，并视实际情况办理合同公证。

第十四条 经贷款行同意发放的贷款，办妥有关手续后，贷款行应按照借款合同约定的用款计划和用途按下列方式划款：

直接划款。按照借款合同约定，将款项直接划入借款人在贷款行开立的存款账户内。

专项划款。按照借款合同约定，将款项直接划入售房人、其他有关单位在贷款行开立的存款账户内。贷款行可根据贷款的具体种类、金额、用途及借款人的信用程度，规定采取其中一种方式。

第五章 贷 款 担 保

第十五条 个人住房贷款实行抵押、质押、保证、抵押加阶段性保证等担保方式。

贷款行可根据借款人的具体情况，采用上述一种或同时采用几种贷款担保方式。

在贷款期间，经贷款行同意，借款人可根据实际情况变更贷款担保方式。

第十六条 抵押

抵押贷款指贷款行以借款人或第三人提供的，经贷款行认可的符合规定条件的财产作为抵押物而向借款人发放的贷款。

贷款的抵押物必须是贷款行认可的、能够进行抵押登记的借款人所购房屋或其他符合法律规定的财产。

抵押物价值按照抵押物的市场成交价或评估价确定。需要评估的抵押物其评估费用由借款人负担。

借款人以所购住房作为贷款抵押物的，必须将住房价值全额用于贷款抵押，其贷款额度不得超过所购住房价值的 80%；若以贷款行认可的其他财产作为抵押物，其贷款额度不得超过抵押物价值的 70%。

贷款行与抵押人签订抵押合同后，双方必须依照法律规定办理抵押登记，抵押登记费用由借款人负担。

抵押权设定后，所有能够证明抵押物权属的证明文件（原件），均应由贷款行保管并承担保管责任。贷款行收到上述文件后，应向抵押人出具保管证明。

抵押人对设定抵押的财产在抵押期内必须妥善保管，负有维修、保养、保证完好无损的责任，并随时接受贷款行的监督检查。

对设定的抵押物，在贷款本息未清偿前，未经贷款行书面同意，抵押人不得将抵押物转让、出租、重复抵押或以其他方式处分。

抵押担保的期限自抵押登记完成之日起至担保的债权全部清偿之日止。抵押终止后，当事人应按合同的约定，到原登记部门办理抵押注销登记手续，解除抵押权。

第十七条 质押

质押贷款指贷款行以借款人或第三人提供的，贷款行认可的符合规定条件的权利凭证作为质押权利而向借款人发放的贷款。

个人住房贷款可以用 1999 年以后（含 1999 年）财政部发行的凭证式国债、国家重点建设债券、金融债券、AAA 级企业债券、单位定期存单、个人定期储蓄存款存单等有价证券质押。

借款人以符合条件的有价证券作质押，其贷款额度最高不得超过质押权利凭证票面价值的 90%。

贷款行应对出质人提交的有价证券进行查询和认证，并将有价证券质押的事实书面通知出具有价证券的金融机构。质押期间，出质人对用作质押的权利凭证不得以任何理由挂失。

贷款行与出质人签订质押合同的同时，出质人应将确认后的质押权利凭证交付贷款行。质押担保的期限自权利凭证交付之日起至借款人还清全部贷款本息之日止。

贷款行负有妥善保管质押权利凭证的责任。因保管不善造成质押权利凭证灭失或毁损的，贷款行应承担民事责任。

质押权利凭证兑现日期先于贷款到期日的，可以选择以下方式处理，并应在质押合同中注明：

到期兑现用于提前清偿贷款；

转换为定期储蓄存单继续用于质押；

转换为贷款行认可的有价证券继续用于质押；

用贷款行认可的等额债券、存款单调换到期债券、存款单；

用贷款行认可的财产替换质押权利用于抵押。

用凭证式国债质押的，贷款期限最长不得超过凭证式国债的到期日。若用不同期限的多张凭证式国债作质押，以距离到期日最近者确定贷款期限。

第十八条　保证

保证贷款指贷款行以借款人提供的、贷款行认可的具有代为清偿债务能力的法人、其他经济组织或自然人作为保证人而向借款人发放的贷款。

保证人是法人、其他经济组织的，必须具有代为偿还全部贷款本息的能力。保证人为自然人的，必须有稳定的经济来源，具有足够代偿贷款本息的能力，并在贷款行存有一定数额的保证金。

保证人应与贷款行签订保证合同，保证人为借款人提供的贷款担保为全额连带责任保证。

保证期间，保证人为法人或其他经济组织的，如发生变更、撤销或破产等，借款人应提前30天书面通知贷款行，保证合同项下的全部权利、义务由变更后的机构承担或由对保证人作出撤销决定的机构承担。如贷款行认为变更后的机构不具备完全的保证能力，变更后的机构或作出撤销决定的机构有义务落实为贷款行所接受的新的保证人。保证人为自然人的，如发生死亡、宣告失踪或丧失民事行为能力等，借款人应立即通知贷款行，贷款行有权要求借款人提供新的担保。

借款人之间、借款人与保证人之间不得相互提供保证。

仅提供保证担保方式的，只适用于贷款期限不超过5年（含5年）的贷款，其贷款额度不得超过所购（建、大修）住房价值的50%。

第十九条 抵押加阶段性保证

抵押加阶段性保证贷款指贷款行以借款人提供的所购住房作抵押，在借款人取得该住房的房屋所有权证和办妥抵押登记之前，由售房人提供阶段性连带责任保证而向借款人发放的贷款。

保证人必须是贷款行与之签订了《商品房销售贷款合作协议书》的，且又是借款人所购住房的开发商或售房单位。

本方式涉及的抵押、保证担保按本办法第十六条、第十八条的规定办理。

在所抵押的住房取得房屋所有权证并办妥抵押登记后，根据合同约定，保证人不再履行保证责任。

采用本贷款担保方式的，贷款行应与借款人、抵押人、保证人同时签订借款合同（附件六）。

第六章 公证与保险

第二十条 贷款行与借款人签订借款合同后，贷款行可以要求借款人办理公证，公证费由借贷双方各自承担50%。

第二十一条 用财产作抵押的，须办理抵押财产保险。有关保险手续借款人可到贷款行认定的保险公司或委托贷款行办理，在保险单中注明贷款行为保险第一受益人，并特别约定一旦发生保险事故，保险人应将保险赔偿金直接划付至贷款行指定的账户。该保险赔偿金有几种处理方法可供选择：提前清偿贷款；转为定期存款，存单继续用于质押；用于修复抵押物，以恢复抵押物价值。

保险期不得短于借款期限，投保金额不得低于贷款本息，保险费用由借款人负担。抵押期间，保险单正本由贷款行保管。

第二十二条 借款合同有效期内，投保人不得以任何理由中断或撤销保险。

第二十三条 保险期间，抵押财产如发生保险责任以外的毁损不足以清偿贷款本息，借款人应重新提供贷款行认可的抵押物，并办理保险手续。

第七章 贷 款 偿 还

第二十四条 借款人应按借款合同约定的还款计划、还款方式偿还贷款本息。

第二十五条 借款人可采取以下方式偿还贷款本息：

委托扣款方式 即借款人委托贷款行在其于建设银行开立的信用卡、储蓄卡或储蓄存折账户中直接扣划还款。采用委托扣款方式的，借款人须事先向贷款行提出申请，并签订个人住房贷款委托扣款协议。

柜面还款方式 即借款人直接以现金、支票或信用卡、储蓄卡到贷款行规定的营业柜台还款。

第二十六条 贷款期限在1年以内（含1年）的，实行到期本息一次性清偿的还款方法。

第二十七条 贷款期限在1年以上的，可采用等额本息还款法和等额本金还款法。借款人可以根据需要选择还款方法，但一笔借款合同只能选择一种还款方法，合同签订后，不得更改。

一、等额本息还款法。即借款人每月以相等的金额偿还贷款本息。计算公式为：

每月还款额＝{{月利率×[(1＋月利率)的还款总期数次方]}/{[(1＋月利率)的还款总期数次方]－1}}×借款额

二、等额本金还款法。即借款人每月等额偿还本金，贷款利息随本金逐月递减，计算公式为：

每月还款额＝贷款本金/还款期数

＋(贷款本金－累计已还款)×每期利率

第二十八条 借款人按照第二十七条的方法还款，在第一期和最后一期还款时，按照借款人的借款余额和合同约定期限的利率按实际占用的天数计算借款利息。

第二十九条 贷款期限在1年以内（含1年）的，在借款期内，经贷款行同意，借款人可以提前结清全部贷款，并按原合同利率按实际使用期限结计利息，但不得提前部分还本。

第三十条 贷款期限在一年以上的，在借款期内，借款人向银行提出提前还款书面申请后（附表二），经贷款行同意，可提前部分还本或提前清偿全部贷款本息，提前清偿的部分在以后期限不再计息，此前已计收的贷款利息也不再调整。

提前清偿全部贷款的，经贷款行同意，根据合同约定期限的利率和贷款余额按照实际占用天数计收利息。

调整还款计划的提前部分还本，应有一定的限制额度。超过限额提前还款的，借款人可根据需要调整还款计划，即还款期限不变，分期还款额作相应调整；低于限额提前还款的不调整还款计划。

第三十一条 借款人在原合同履行期间，如不能按照原还款计划按期归还贷款，可向贷款行提出延长借款期限的书面申请，经贷款行批准后，签订个人住房借款延期还款协议，并办理有关手续，同时担保人在延期还款协议上签字。

抵押物、质押权利、保证人发生变更的，担保人应与贷款行重新签订相应的担保合同。抵押物、质押权利、保证人未发生变更的，担保人只须与借款人和贷款行签订延期还款协议，同意继续履行担保责任，而无需与贷款行重新签订相应的担保合同。

借款人申请借款延期只限一次，原借款期限与延长期限之和最长不超过30年。原借款期限加上延长期限达到新的利率期限档次时，从延期之日起，贷款利息按新的期限档次利率计收。已计收的利息不再调整。

第八章 合同变更与终止

第三十二条 借款合同需要变更的或借款人将借款合同项下的权利、义务转让给他人，必须经当事人各方协商同意，并签订相应变更协议。

在担保期间内的，必须事先征得担保人的书面同意；如需办理抵押变更登记的，还应到原抵押登记部门办理变更抵押登记手续，同时应办理公证、保险手续。

第三十三条 借款人在合同履行期间死亡、宣告失踪或丧失民事行为能力，除其遗产或财产的继承人、受遗赠人、监护人、财产代管人同意继续履行借款人签订的借款合同外，贷款行在该债权未获清偿前，有权请求人民法院取消继承人、受遗赠人、监护人、财产代管人接受借款人所购（建、大修）住房的权利，并将该住房折价、拍卖、变卖以清偿借款人的债务。

借款人遗产的继承人、受遗赠人同意继续履行原借款合同义务的，应持经公证的继承协议、文件与贷款行签订债务承担协议，并办理公证、保险、抵押登记或贷款担保手续等。原借款人所购（建、大修）房产应继续用于抵押。

第三十四条 如借款人须变更原担保方式的，应事先征得贷款行同意，并由当事人各方另行办理有关变更手续。变更抵押物或质押权利后，贷款余额与重新提供的抵押物或质押权利的价值之比值不得高于原抵押物或质押权利的抵押率或质押率。

第三十五条 借款人按借款合同规定清偿全部贷款本息后，借款合同终止，贷款行将抵押物的权属证明文件或质押的权利凭证等相关资料返还权利人。

第九章 违约及处置

第三十六条 贷款行未按借款合同约定及时、足额向借款人提供贷款，应按违约数额和违约天数按日向借款人支付违约金。

第三十七条 下列情况属借款人违约：

借款到期，借款人未按合同约定清偿全部贷款本息；

擅自改变贷款用途，挪用贷款；

借款期间，借款人未按约定的分期还款计划按时、足额归还贷款本息；

借款人擅自将抵押物拆除、转让、出租或重复抵押等；

拒绝或妨碍贷款行对贷款使用情况和抵押物使用情况实施监督检查；

提供的文件、资料不实，已经或可能造成贷款损失；

与他人签订有损贷款行权益的合同或协议；

保证人违反保证条款或丧失承担连带保证责任能力，抵押物因意外毁损不足以清偿贷款本息或质押权利价值明显减少影响贷款行实现质权，而借款人未按要求落实新保证或新抵（质）押；

借款人在合同履行期间死亡、宣告失踪或丧失民事行为能力后，其遗产或财产继承人、受遗赠人、监护人、财产代管人拒绝继续履行原借款合同；

借款人在合同履行期间中断或撤销保险；

违反本办法和借款合同的其他行为。

第三十八条 违反本办法第三十七条第一、二款的，从逾期、挤占挪用之日起，贷款行有权根据中国人民银行规定分别按逾期、挤占挪用贷款计收利息。

第三十九条 违反本办法第三十七条第三款的，贷款行有权根据中国人民银行规定，对贷款余额按合同利率计收利息，对未收取利息部分按合同利率计收复利，对拖欠的分期还款额按日收取违约金。

第四十条 发生下列情况之一时，贷款行有权停止发放贷款或提前收回已发放的贷款本息，或解除合同，并要求借款人承担违约责任：

借款期内，借款人累计六个月（包括计划还款当月）未偿还贷款本息和相关费用的；

借款人出现本办法第三十七条第一款至第二款、第四款至第十一款规定的违约情形之一的；

借款人其他重大违约事项的。

第十章 附 则

第四十一条 本办法由中国建设银行负责解释。

第四十二条 中国建设银行各省、自治区、直辖市分行，总行直属分行，苏州、三峡分行可在本办法规定范围内，根据当地实际情况制定实施细则，并报总行备案。

第四十三条 本办法自颁布之日起施行，1997年印发的《中国建设银行个人住房贷款办法》（建总发字［1997］第182号）同时废止。

11. 中华人民共和国契税暂行条例

国务院令第224号

第一条 在中华人民共和国境内转移土地、房屋权属，承受的单位和个人为契税的纳税人，应当依照本条例的规定缴纳契税。

第二条 本条例所称转移土地、房屋权属是指下列行为：

（一）国有土地使用权出让；

（二）土地使用权转让，包括出售、赠与和交换；

（三）房屋买卖；

（四）房屋赠与；

（五）房屋交换。

前款第二项土地使用转让，不包括农村集体土地承包经营权的转移。

第三条 契税税率为3%～5%。

契税的适用税率，由省、自治区、直辖市人民政府在前款规定的幅度内按照本地区的实际情况确定，并报财政部和国家税务总局备案。

第四条 契税的计税依据：

（一）国有土地使用权出让、土地使用权出售、房屋买卖，为成交价格；

（二）土地使用权赠与、房屋赠与，由征收机关参照土地使用权出售、房屋买卖的市场价格核定；

（三）土地使用权交换、房屋交换，为所交换的土地使用权、房屋的价格的差额。

前款成交价格明显低于市场价格并且无正当理由的，或者所交换土地使用权、房屋的价格的差额明显不合理并且无正当理由的，由征收机关参照市场价格核定。

第五条 契税应纳税额，依照本条例第三条规定的税率和第四条规定的计税依据计算征收。应纳税额计算公式：

应纳税额＝计税依据×税率

应纳税额以人民币计算。转移土地、房屋权属以外汇结算的，按照纳税义务发生之日中国人民银行公布的人民币市场汇率中间价折合成人民币计算。

第六条 有下列情形之一的，减征或者免征契税：

（一）国家机关、事业单位、社会团体、军事单位承受土地、房屋用于办公、教学、医疗、科研和军事设施的，免征；

（二）城镇职工按规定第一次购买公有住房的，免征；

（三）因不可抗力灭失住房而重新购买住房的，酌情准予减征或者免征；

（四）财政部规定的其他减征、免征契税的项目。

第七条 经批准减征、免征契税的纳税人改变有关土地、房屋的用途，不再属于本条例第六条规定的减征、免征契税范围的，应当补缴已经减征、免征的税款。

第八条 契税的纳税义务发生时间，为纳税人签订土地、房屋权属转移合同的当天，或者纳税人取得其他具有土地、房屋权属转移合同性质凭证的当天。

第九条 纳税人应当纳税义务发生之日起 10 日内，向土地、房屋所在地的契税征收机关办理纳税申报，并在契税征收机关核定的期限内缴纳税款。

第十条 纳税人办理纳税事宜后，契税征收机关应当向纳税人开具契税完税凭证。

第十一条 纳税人应当持契税完税凭证和其他规定的文件材料，依法向土地管理部门、房产管理部门办理有关土地、房屋的权属变更登记手续。

纳税人未出具契税完税凭证的，土地管理部门、房产管理部门不予办理有关土地、房屋的权属变更登记手续。

第十二条 契税征收机关为土地、房屋所在地的财政机关或者地方税务机关。具体征收机关由省、自治区、直辖市人民政府确定。

土地管理部门、房产管理部门应当向契税征收机关提供有关资料，并协助契税征收机关依法征收契税。

第十三条 契税的征收管理，依照本条例和有关法律、行政法规的规定执行。

第十四条 财政部根据本条例制定细则。

第十五条 本条例自1997年10月1日起施行。1950年4月3日中央人民政府政务院发布的《契税暂行条例》同时废止。

三、城市房屋拆迁管理

1. 城市房屋拆迁管理条例

国务院令第 305 号

第一章　总　　则

第一条　为了加强对城市房屋拆迁的管理，维护拆迁当事人的合法权益，保障建设项目顺利进行，制定本条例。

第二条　在城市规划区内国有土地上实施房屋拆迁，并需要对被拆迁人补偿、安置的，适用本条例。

第三条　城市房屋拆迁必须符合城市规划，有利于城市旧区改造和生态环境改善，保护文物古迹。

第四条　拆迁人应当依照本条例的规定，对被拆迁人给予补偿、安置；被拆迁人应当在搬迁期限内完成搬迁。

本条例所称拆迁人，是指取得房屋拆迁许可证的单位。

本条例所称被拆迁人，是指被拆迁房屋的所有人。

第五条　国务院建设行政主管部门对全国城市房屋拆迁工作实施监督管理。

县级以上地方人民政府负责管理房屋拆迁工作的部门（以下简称房屋拆迁管理部门）对本行政区域内的城市房屋拆迁工作实施监督管理。县级以上地方人民政府有关部门应当依照本条例的规定，互相配合，保证房屋拆迁管理工作的顺利进行。

县级以上人民政府土地行政主管部门依照有关法律、行政法规的规定，负责与城市房屋拆迁有关的土地管理工作。

第二章　拆　迁　管　理

第六条　拆迁房屋的单位取得房屋拆迁许可证后，方可实施拆迁。

第七条 申请领取房屋拆迁许可证的，应当向房屋所在地的市、县人民政府房屋拆迁管理部门提交下列资料：

（一）建设项目批准文件；

（二）建设用地规划许可证；

（三）国有土地使用权批准文件；

（四）拆迁计划和拆迁方案；

（五）办理存款业务的金融机构出具的拆迁补偿安置资金证明。

市、县人民政府房屋拆迁管理部门应当自收到申请之日起30日内，对申请事项进行审查；经审查，对符合条件的，颁发房屋拆迁许可证。

第八条 房屋拆迁管理部门在发放房屋拆迁许可证的同时，应当将房屋拆迁许可证中载明的拆迁人、拆迁范围、拆迁期限等事项，以房屋拆迁公告的形式予以公布。

房屋拆迁管理部门和拆迁人应当及时向被拆迁人做好宣传、解释工作。

第九条 拆迁人应当在房屋拆迁许可证确定的拆迁范围和拆迁期限内，实施房屋拆迁。

需要延长拆迁期限的，拆迁人应当在拆迁期限届满15日前，向房屋拆迁管理部门提出延期拆迁申请；房屋拆迁管理部门应当自收到延期拆迁申请之日起10日内给予答复。

第十条 拆迁人可以自行拆迁，也可以委托具有拆迁资格的单位实施拆迁。

房屋拆迁管理部门不得作为拆迁人，不得接受拆迁委托。

第十一条 拆迁人委托拆迁的，应当向被委托的拆迁单位出具委托书，并订立拆迁委托合同。拆迁人应当自拆迁委托合同订立之日起15日内，将拆迁委托合同报房屋拆迁管理部门备案。

被委托的拆迁单位不得转让拆迁业务。

第十二条 拆迁范围确定后，拆迁范围内的单位和个人，不得进行下列活动：

（一）新建、扩建、改建房屋；

（二）改变房屋和土地用途；

（三）租赁房屋。

房屋拆迁管理部门应当就前款所列事项，书面通知有关部门暂停办理相关手续。暂停办理的书面通知应当载明暂停期限。暂停期限最长不得超过1年；拆迁人需要延长暂停期限的，必须经房屋拆迁管理部门批准，延长暂停期限不得超过1年。

第十三条 拆迁人与被拆迁人应当依照本条例的规定，就补偿方式和补偿金额、安置用房面积和安置地点、搬迁期限、搬迁过渡方式和过渡期限等事项，订立拆迁补偿安置协议。

拆迁租赁房屋的，拆迁人应当与被拆迁人、房屋承租人订立拆迁补偿安置协议。

第十四条 房屋拆迁管理部门代管的房屋需要拆迁的，拆迁补偿安置协议必须经公证机关公证，并办理证据保全。

第十五条 拆迁补偿安置协议订立后，被拆迁人或者房屋承租人在搬迁期限内拒绝搬迁的，拆迁人可以依法向仲裁委员会申请仲裁，也可以依法向人民法院起诉。诉讼期间，拆迁人可以依法申请人民法院先予执行。

第十六条 拆迁人与被拆迁人或者拆迁人、被拆迁人与房屋承租人达不成拆迁补偿安置协议的，经当事人申请，由房屋拆迁管理部门裁决。房屋拆迁管理部门是被拆迁人的，由同级人民政府裁决。裁决应当自收到申请之日起30日内作出。

当事人对裁决不服的，可以自裁决书送达之日起3个月内向人民法院起诉。拆迁人依照本条例规定已对被拆迁人给予货币补偿或者提供拆迁安置用房、周转用房的，诉讼期间不停止拆迁的执行。

第十七条 被拆迁人或者房屋承租人在裁决规定的搬迁期限内未搬迁的，由房屋所在地的市、县人民政府责成有关部门强制拆迁，或者由房屋拆迁管理部门依法申请人民法院强制拆迁。

实施强制拆迁前，拆迁人应当就被拆除房屋的有关事项，向公证机关办理证据保全。

第十八条 拆迁中涉及军事设施、教堂、寺庙、文物古迹以及外国驻华使（领）馆房屋的，依照有关法律、法规的规定办理。

第十九条 尚未完成拆迁补偿安置的建设项目转让的，应当经房屋拆迁管理部门同意，原拆迁补偿安置协议中有关权利、义务随之转移给受让人。项目转让人和受让人应当书面通知被拆迁人，并自转让合同签订之日起30日内予以公告。

第二十条 拆迁人实施房屋拆迁的补偿安置资金应当全部用于房屋拆迁的补偿安置，不得挪作他用。

县级以上地方人民政府房屋拆迁管理部门应当加强对拆迁补偿安置资金使用的监督。

第二十一条 房屋拆迁管理部门应当建立、健全拆迁档案管理制度，加强对拆迁档案资料的管理。

第三章 拆迁补偿与安置

第二十二条 拆迁人应当依照本条例规定，对被拆迁人给予补偿。

拆除违章建筑和超过批准期限的临时建筑，不予补偿；拆除未超过批准期限的临时建筑，应当给予适当补偿。

第二十三条 拆迁补偿的方式可以实行货币补偿，也可以实行房屋产权调换。

除本条例第二十五条第二款、第二十七条第二款规定的外，被拆迁人可以选择拆迁补偿方式。

第二十四条 货币补偿的金额，根据被拆迁房屋的区位、用途、建筑面积等因素，以房地产市场评估价格确定。具体办法由省、自治区、直辖市人民政府制定。

第二十五条 实行房屋产权调换的，拆迁人与被拆迁人应当依照本条例第二十四条的规定，计算被拆迁房屋的补偿金额和所调换房屋的价格，结清产权调换的差价。

拆迁非公益事业房屋的附属物，不作产权调换，由拆迁人给予货币补偿。

第二十六条 拆迁公益事业用房的，拆迁人应当依照有关法律、法规的规定和城市规划的要求予以重建，或者给予货币补偿。

第二十七条 拆迁租赁房屋，被拆迁人与房屋承租人解除租赁关系的，或者被拆迁人对房屋承租人进行安置的，拆迁人对被拆迁人给予补偿。

被拆迁人与房屋承租人对解除租赁关系达不成协议的，拆迁人应当对被拆迁人实行房屋产权调换。产权调换的房屋由原房屋承租人承租，被拆迁人应当与原房屋承租人重新订立房屋租赁合同。

第二十八条 拆迁人应当提供符合国家质量安全标准的房屋，用于拆迁安置。

第二十九条 拆迁产权不明确的房屋，拆迁人应当提出补偿安置方案，报房屋拆迁管理部门审核同意后实施拆迁。拆迁前，拆迁人应当就被拆迁房屋的有关事项向公证机关办理证据保全。

第三十条 拆迁设有抵押权的房屋，依照国家有关担保的法律执行。

第三十一条 拆迁人应当对被拆迁人或者房屋承租人支付搬迁补助费。

在过渡期限内，被拆迁人或者房屋承租人自行安排住处的，拆迁人应当支付临时安置补助费；被拆迁人或者房屋承租人使用拆迁人提供的周转房的，拆迁人不支付临时安置补助费。

搬迁补助费和临时安置补助费的标准，由省、自治区、直辖市人民政府规定。

第三十二条 拆迁人不得擅自延长过渡期限，周转房的使用人应当按时腾退周转房。

因拆迁人的责任延长过渡期限的，对自行安排住处的被拆迁人或者房屋承租人，应当自逾期之月起增加临时安置补助费；对周转房的使用人，应当自逾期之月起付给临时安置补助费。

第三十三条 因拆迁非住宅房屋造成停产、停业的，拆迁人应当给予适当补偿。

第四章 罚 则

第三十四条 违反本条例规定，未取得房屋拆迁许可证，擅自实施拆迁的，由房屋拆迁管理部门责令停止拆迁，给予警告，并处已经拆迁房屋建筑面积每平方米20元以上50元以下的罚款。

第三十五条 拆迁人违反本条例的规定，以欺骗手段取得房屋拆迁许可证的，由房屋拆迁管理部门吊销房屋拆迁许可证，并处拆迁补偿安置资金1%以上3%以下的罚款。

第三十六条 拆迁人违反本条例的规定，有下列行为之一的，由房屋拆迁管理部门责令停止拆迁，给予警告，可以并处拆迁补偿安置资金3%以下的罚款；情节严重的，吊销房屋拆迁许可证：

（一）未按房屋拆迁许可证确定的拆迁范围实施房屋拆迁的；

（二）委托不具有拆迁资格的单位实施拆迁的；

（三）擅自延长拆迁期限的。

第三十七条 接受委托的拆迁单位违反本条例的规定，转让拆迁业务的，由房屋拆迁管理部门责令改正，没收违法所得，并处合同约定的拆迁服务费25%以上50%以下的罚款。

第三十八条 县级以上地方人民政府房屋拆迁管理部门违反本条例规定核发房屋拆迁许可证以及其他批准文件的，核发房屋拆迁许可证以及其他批准文件后不履行监督管理职责的，或者对违法行为不予查处的，对直接负责的主管人员和其他直接责任人员依法给予行政处分；情节严重，致使公共财产、国家和人民利益遭受重大损失，构成犯罪的，依法追究刑事责任。

第五章 附 则

第三十九条 在城市规划区外国有土地上实施房屋拆迁，并需要对被拆迁人补偿、安置的，参照本条例执行。

第四十条 本条例自2001年11月1日起施行。1991年3月22日国务院公布的《城市房屋拆迁管理条例》同时废止。

2. 城市房屋拆迁单位管理规定

建设部令第12号

第一条 为加强对城市房屋拆迁单位的管理，根据《城市房屋拆迁管理条例》，制定本规定。

第二条 国务院房地产行政主管部门负责全国城市房屋拆迁单位的管理工作。

县级以上地方人民政府房地产行政主管部门或者人民政府授权的部门（以下简称房屋拆迁主管部门）负责本行政区域城市房屋拆迁单位的管理工作。

第三条 本规定所称城市房屋拆迁单位（以下简称房屋拆迁单位），是指依法取得拆迁资格证书，接受拆迁人委托，对被拆迁人进行拆迁动员，组织签订和实施补偿、安置协议，组织拆除房屋及其附属物的单位。

第四条 设立房屋拆迁单位必须具备下列条件：

（一）有上级主管部门同意组建的批准文件；

（二）有明确的名称、组织机构和固定的办公场所；

（三）有与承担拆迁业务相适应的自有资金和技术、经济、财务管理人员。

第五条 房屋拆迁主管部门应当依照《城市房屋拆迁管理条例》和本规定，对申请设立房屋拆迁单位进行资格审查，对审查合格的单位颁发《房屋拆迁资格证书》（以下简称《资格证书》），并对房屋拆迁单位和自行拆迁单位的业务工作进行指导、监督和检查。未经批准发给《资格证书》的单位不得接受委托拆迁。

具体资格审查办法由省、自治区、直辖市人民政府房屋拆迁主管部门制定。《资格证书》由省、自治区、直辖市人民政府房屋拆迁主管部门统一印制。

第六条 本规定发布前已设立的房屋拆迁单位，须经房屋拆迁主管部门进行复审；复审合格的，可以核实《资格证书》。对于复审不合格的，责令限期整顿；整顿后仍不合格的，不得接受委托拆迁。

第七条 房屋拆迁单位发生分立、合并的，必须重新申请办理资格审批手续。房屋拆迁单位变更法定代表人的，应当在变更后十日内，向原批准发给《资格证书》的房屋拆迁主管部门备案。

第八条 房屋拆迁单位接受委托拆迁时，应当与拆迁人签订委托合同。委托合同应当经房屋拆迁主管部门鉴证。

第九条 房屋拆迁单位跨城市接受委托拆迁的，须持原批准发给《资格证书》的房屋拆迁主管部门出具的外出拆迁证明，向房屋拆迁地的房屋拆迁主管部门申请办理临时房屋拆迁批准手续后，方可实施拆迁。

第十条 房屋拆迁主管部门对于取得《资格证书》的房屋拆迁单位实行年度考核。被考核的单位必须按照规定的考核内容和时限，如实提供有关材料。对于考核合格的，给予验证；考核不合格的，由房屋拆迁主管部门责令其停业整顿或者吊销《资格证书》。

第十一条 任何单位和个人都不得伪造、涂改或者转让《资格证书》。《资格证书》遗失的，必须公开登报声明作废后，方可向原批准发给证书的房屋拆迁主管部门申请补发。

第十二条 自行拆迁的单位实施本单位建设项目的房屋拆迁前，应当到当地人民政府房屋拆迁主管部门办理核准手续。未经核准的，不得实施拆迁。

第十三条 房屋拆迁单位和自行拆迁的单位应当建立拆迁档案和拆迁工作日志。

第十四条 房屋拆迁主管部门应当对从事房屋拆迁业务的人员进行业务、技术培训和考核。

第十五条 房屋拆迁单位必须信守合同，依法从事拆迁活动。

房屋拆迁工作人员必须遵纪守法，不准弄虚作假、以权谋私。

第十六条 凡违反本规定，有下列行为之一的，房屋拆迁主管部门可以给予警告、通报批评、责令停止拆迁、吊销证书、没收非法所得、罚款等处罚：

（一）无证承担委托拆迁的；

（二）未经核准自行拆迁的；

（三）伪造、涂改、转让《资格证书》的；

（四）擅自或者变相转让拆迁任务的；

（五）未经批准跨越城市承担委托拆迁的。

第十七条 房屋拆迁工作人员弄虚作假、以权谋私的，由其所在单位或者上级主管部门给予行政处分。

第十八条 违反本规定造成经济损失的，房屋拆迁单位或者责任人应当承担赔偿责任。违反治安管理规定的，由公安机关依照《中华人民共和国治安管理处罚条例》的规定处罚；构成犯罪的，由司法机关依法追究刑事责任。

第十九条 当事人对行政处罚决定不服的，可以依照《中华人民共和国行政诉讼法》和《行政复议条例》的有关规定，申请复议或者向人民法院起诉。逾期不申请复议或者不向人民法院起诉，又不履行处罚决定的，由作出处罚决定的机关申请人民法院强制执行。

第二十条 省、自治区、直辖市人民政府房屋拆迁主管部门可以根据本规定制订实施办法。

第二十一条 本办法由国务院房地产行政主管部门负责解释。

第二十二条 本规定自1991年8月1日起施行。

3. 城市房屋拆迁行政裁决工作规程

建住房［2003］252号

第一条 为了规范城市房屋拆迁行政裁决行为，维护拆迁当事人的合法权益，根据《城市房屋拆迁管理条例》，制定本工作规程。

第二条 按照《城市房屋拆迁管理条例》的规定，因拆迁人与被拆迁人就搬迁期限、补偿方式、补偿标准以及搬迁过渡方式、过渡期限等原因达不成协议，当事人申请裁决的，适用本规程。

第三条 市、县人民政府城市房屋拆迁管理部门负责本行政区域内城市房屋拆迁行政裁决工作。房屋拆迁管理部门及其工作人员应当按照有关法律、法规规定，依法履行行政裁决职责。

第四条 行政裁决应当以事实为依据、以法律为准绳，坚持公平、公正、及时的原则。

第五条 拆迁人申请行政裁决，应当提交下列资料：

（一）裁决申请书；

（二）法定代表人的身份证明；

（三）被拆迁房屋权属证明材料；

（四）被拆迁房屋的估价报告；

（五）对被申请人的补偿安置方案；

（六）申请人与被申请人的协商记录；

（七）未达成协议的被拆迁人比例及原因；

（八）其他与裁决有关的资料。

第六条 被拆迁人申请行政裁决，应当提交下列资料：

（一）裁决申请书；

（二）申请人的身份证明；

（三）被拆迁房屋的权属证明；

（四）申请裁决的理由及相关证明材料；

（五）房屋拆迁管理部门认为应当提供的与行政裁决有关的其他材料。

第七条 未达成拆迁补偿安置协议户数较多或比例较高的，房屋拆迁管理部门在受理裁决申请前，应当进行听证。具体标准、程序由省、自治区、直辖市人民政府房屋拆迁管理部门规定。

第八条 有下列情形之一的，房屋拆迁管理部门不予受理行政裁决申请：

（一）对拆迁许可证合法性提出行政裁决的；

（二）申请人或者被申请人不是拆迁当事人的；

（三）拆迁当事人达成补偿安置协议后发生合同纠纷，或者行政裁决做出后，当事人就同一事由再次申请裁决的；

（四）房屋已经灭失的；

（五）房屋拆迁管理部门认为依法不予受理的其他情形。

对裁决申请不予受理的，房屋拆迁管理部门应当自收到申请之日起 5 个工作日内书面通知申请人。

第九条 房屋拆迁管理部门受理房屋拆迁裁决申请后，经审核，资料齐全、符合受理条件的，应当在收到申请之日起 5 个工作日内向申请人发出裁决受理通知书；申请裁决资料不齐全、需要补充资料的，应当在 5 个工作日内一次性书面告知申请人，可以当场补正的，应当当场补正。受理时间从申请人补齐资料的次日起计算。

第十条 房屋拆迁管理部门受理房屋拆迁裁决申请后，应当按照下列程序进行：

（一）向被申请人送达房屋拆迁裁决申请书副本及答辩通知书，并告知被申请人的权利；

（二）审核相关资料、程序的合法性；

（三）组织当事人调解。房屋拆迁管理部门必须充分听取当事人的意见，对当事人提出的事实、理由和证据进行复核；对当事人提出的合理要求应当采纳。房屋拆迁管理部门不得因当事人申辩而做出损害申辩人合法权益的裁决。

拆迁当事人拒绝调解的，房屋拆迁管理部门应依法作出裁决。

（四）核实补偿安置标准。当事人对评估结果有异议，且未经房屋所在地房地产专家评估委员会鉴定的，房屋拆迁管理部门应当委托专家评估委员会进行鉴定，并以鉴定后的估价结果作为裁决依据。鉴定时间不计入裁决时限。

（五）经调解，达成一致意见的，出具裁决终结书；达不成一致意见的，房屋拆迁管理部门应当作出书面裁决。部分事项达成一致意见的，裁决时应当予以确认。书面裁决必须经房屋拆迁管理部门领导班子集体讨论决定。

第十一条 行政裁决工作人员与当事人有利害关系或者有其他关系可能影响公正裁决的，应当回避。

第十二条 有下列情形之一的，中止裁决并书面告知当事人：

（一）发现新的需要查证的事实；

（二）裁决需要以相关裁决或法院判决结果为依据的，而相关案件未结案的；

（三）作为自然人的申请人死亡，需等待其近亲属表明是否参加裁决的；

（四）因不可抗力或者其他特殊情况需要中止的情况。

中止裁决的因素消除后，恢复裁决。中止时间不计入裁决时限。

第十三条 有下列情形之一的，终结裁决并书面告知当事人：

（一）受理裁决申请后，当事人自行达成协议的；

（二）发现申请人或者被申请人不是裁决当事人的；

（三）作为自然人的申请人死亡，15天之内没有近亲属或者近亲属未表示参加裁决或放弃参加裁决的；

（四）申请人撤回裁决申请的。

第十四条 行政裁决应当自收到申请之日起30日内做出。房屋拆迁管理部门做出裁决，应当出具裁决书。

裁决书应当包括下列内容：

（一）申请人与被申请人的基本情况；

（二）争议的主要事实和理由；

（三）裁决的依据、理由；

（四）根据行政裁决申请需要裁决的补偿方式、补偿金额、安置用房面积和安置地点、搬迁期限、搬迁过渡方式和过渡期限等；

（五）告知当事人行政复议、行政诉讼的权利及申请复议期限、起诉期限；

（六）房屋拆迁管理部门的名称、裁决日期并加盖公章；

行政裁决规定的搬迁期限不得少于15天。

第十五条 裁决书应当通过直接送达、留置送达、委托送达或邮寄送达等方式送达。

第十六条 当事人对行政裁决不服的，可以依法申请行政复议或者向人民法院起诉。

责成有关部门行政强制拆迁，或者由房屋拆迁管理部门依法申请人民法院强制拆迁。

第十八条 房屋拆迁管理部门申请行政强制拆迁前，应当邀请有关管理部门、拆迁当事人代表以及具有社会公信力的代表等，对行政强制拆迁的依据、程序、补偿安置标准的测算依据等内容，进行听证。

房屋拆迁管理部门申请行政强制拆迁，必须经领导班子集体讨论决定后，方可向政府提出行政强制拆迁申请。未经行政裁决，不得实施行政强制拆迁。

第十九条 拆迁人未按裁决意见向被拆迁人提供拆迁补偿资金或者符合国家质量安全标准的安置用房、周转用房的，不得实施强制拆迁。

第二十条 房屋拆迁管理部门申请行政强制拆迁，应当提交下列资料：

（一）行政强制拆迁申请书；

（二）裁决调解记录和裁决书；

（三）被拆迁人不同意拆迁的理由；

（四）被拆迁房屋的证据保全公证书；

（五）被拆迁人提供的安置用房、周转用房权属证明或者补偿资金证明；

（六）被拆迁人拒绝接收补偿资金的，应当提交补偿资金的提存证明；

（七）市、县人民政府房屋拆迁管理部门规定的其他材料。

第二十一条 依据强制拆迁决定实施行政强制拆迁，房屋拆迁管理部门应当提前15日通知被拆迁人，并认真做好宣传解释工作，动员被拆迁人自行搬迁。

第二十二条 行政强制拆迁应当严格依法进行。强制拆迁时，应当组织街道办事处（居委会）、被拆迁人单位代表到现场作为强制拆迁证明人，并由公证部门对被拆迁房屋及其房屋内物品进行证据保全。

第二十三条 房屋拆迁管理部门工作人员或者行政强制拆迁执行人员违反本规程的，由所在单位给予警告；造成错案的，按照有关规定追究错案责任；触犯刑律的，依法追究刑事责任。

第二十四条 拆迁人、接受委托的拆迁单位在实施拆迁中采用恐吓、胁迫以及停水、停电、停止供气、供热等手段，强迫被拆迁人搬迁或者擅自组织强制拆迁的，由所在市、县房屋拆迁管理部门责令停止拆迁，并依法予以处罚；触犯刑律的，依法追究刑事责任。

第二十五条 房屋拆迁管理部门是被拆迁人的，由同级人民政府裁决。

第二十六条 在城市规划区外国有土地上实施房屋拆迁申请行政裁决的，可参照本规程执行。

第二十七条 本规程自2004年3月1日起施行。

4. 北京市城市房屋拆迁裁决程序规定

第一条 为维护城市房屋拆迁当事人的合法权益，公正、及时地进行拆迁裁决，根据国务院《城市房屋拆迁管理条例》和《北京市城市房屋拆迁管理办法》，制定本规定。

第二条 北京市城市房屋拆迁的裁决，由核发房屋拆迁许可证的区、县国土房管局作出（以下简称裁决机关）；被拆迁人是核发房屋拆迁许可证的区、县国土房管局的，由同级人民政府作出。

第三条 在区、县国土房管局公告的搬迁期限内，拆迁人与被拆迁人或者拆迁人、被拆迁人与房屋承租人达不成拆迁补偿安置协议的，自搬迁期限期满之日起至拆迁许可证规定的拆迁期限届满之日前，拆迁当事人可以向有管辖权的裁决机关申请裁决。

本规定所称拆迁当事人包括拆迁人、被拆迁人、被拆迁房屋的承租人。

第四条 有下列情形之一的，裁决机关不予受理：

（一）当事人已签订拆迁补偿安置协议的；

（二）搬迁期限未满，或者已超过拆迁期限的；

（三）非因拆迁补偿安置事项申请裁决的。

除市政府确定的重大市政基础设施建设工程以外，同一拆迁项目已裁决居民户数超过拆迁范围内居民总户数5%，拆迁人再申请裁决的，裁决机关也可以不予受理。

第五条 申请人申请裁决，应当向裁决机关递交裁决申请书，并按被申请人人数提交申请书副本。

第六条 申请书应当载明下列事项：

（一）申请人、被申请人及其委托代理人的姓名、性别、年龄、住所，法人或其他组织的名称、地址、法定代表人姓名和职务；

（二）裁决请求和所依据的事实、理由；

（三）申请日期。

申请书应当由申请人签名或者盖章。

第七条 裁决机关收到裁决申请书后，认为裁决申请书不符合本规则第六条规定条件的，可以要求申请人补正。

裁决机关对符合本规则第六条规定条件的申请，应当在5日内进行审查。对不符合本规则规定的申请，决定不予受理，并书面告知申请人；对符合本规则规定，但是不属于本机关管辖范围的申请，应当告知申请人向有管辖权的机关提出；对符合本规则规定，且属于本机关管辖范围的申请，应予受理，受理日期自裁决机关收到申请之日起计算。

第八条 裁决机关应当自裁决申请受理之日起5日内，将裁决申请书副本提供给被申请人。被申请人应当自收到裁决申请书副本之日起 5 日内提出书面答复。被申请人未在规定时间内提交书面答复的，不影响裁决的进行。

第九条 当事人可以委托 1 至 2 人作为代理人参加裁决。

当事人委托他人作为代理人参加裁决的，应当向裁决机关提交授权委托书。

第十条 裁决机关进行裁决时，应当召集拆迁当事人调查询问。调查询问由裁决人员主持。

裁决机关在调查询问时，可以进行调解。

第十一条 申请人经通知不参加调查询问或者未经裁决人员许可中途退出调查询问的，视为撤回裁决申请。

被申请人经通知不参加调查询问或者未经裁决人员许可中途退出调查询问的，可以缺席裁决。

第十二条 当事人应当对自己的主张提供证据。

第十三条 裁决人员应当将调查询问情况记入调查笔录并签名。

调查询问笔录应当由当事人签名或者盖章。当事人认为对自己陈述的记录有遗漏或者差错的，可以要求补正。当事人拒绝签名或盖章的，由裁决人员记明情况附卷。

第十四条 裁决机关受理裁决申请的，应当自收到裁决申请之日起 30 日内做出裁决。

第十五条 有下列情形之一的，裁决终止。申请人应当及时书面告知裁决机关：

（一）经裁决机关调解当事人签订拆迁补偿安置协议的；

（二）当事人自行和解签订拆迁补偿安置协议的。

第十六条 裁决机关作出裁决，应当制作裁决书。裁决书应当载明下列事项：

（一）申请人与被申请人的姓名、性别、年龄、住所（法人或者其他组织的名称、地址、法定代表人姓名、职务）；

（二）申请裁决的请求和理由；

（三）裁决机关认定的事实、理由和适用法律依据；

（四）裁决结果；

（五）起诉期限和起诉法院；

（六）作出裁决的日期。

裁决书应当加盖裁决机关印章。

本条第一款第（四）项所称裁决结果，应当包括拆迁补偿款数额、搬迁期限和用于执行的房屋等内容。

第十七条 裁决书自送达之日起生效。

第十八条 送达裁决书必须有送达回证，由受送达人在送达回证上记明收到日期，签名或者盖章。

受送达人在送达回证上的签收日期为送达日期。

第十九条 送达裁决书，应当直接送交受送达人。受送达人是公民的，本人不在由其同住的成年家属签收；受送达人是法人或者其他组织的，由法人的法定代表人、其他组织的主要负责人或者该法人、组织负责收件的人员签收；受送达人有代理人的，可以送交其代理人签收；受送达人已向裁决机关指定代收人的，送交代收人签收。受送达人的同住成年家属、法人或者其他组织负责收件的人、代理人或者代收人在送达回证上签收的日期为送达日期。

受送达人或其同住成年家属拒绝接收裁决书的，送达人应当邀请有关基层组织或者所在单位人员到场，说明情况，在送达回证上记明拒收事由和日期，由送达人、见证人签名或者盖章，把裁决书留在受送达人住所或者收发部门，即视为送达。

受送达人是军人的，通过其所在部队团以上单位的政治机关转交；受送达人是被监禁的，通过其所在监所或者劳动改造单位转交；受送达人是被劳动教养的，通过其所在劳动教养单位转交。代为转交的机关、单位收到裁决书后，应立即交受送达人签收，以在送达回证上的签收日期，为送达日期。

第二十条 直接送达裁决书有困难的，可以邮寄送达。邮寄送达的，以挂号回执上注明的收件日期为送达日期。

第二十一条　受送达人下落不明，或者用本规定第十九条、第二十条规定的其他方式无法送达的，可以公告送达。自公告发布之日起，经过六十日，即视为送达。

公告送达，应当在案卷中记明原因和经过。

第二十二条　裁决书规定的搬迁期限届满，被拆迁人或者房屋承租人拒绝搬迁的，由区、县人民政府责成有关部门强制拆迁，或者由裁决机关申请人民法院强制拆迁。

第二十三条　本规定自发布之日起施行。

原北京市房屋土地管理局1999年3月31日发布的《北京市房屋拆迁纠纷裁决规则》同时废止。

5. 城市房屋拆迁估价指导意见

建住房［2003］234号

第一条　为规范城市房屋拆迁估价行为，维护拆迁当事人的合法权益，根据《中华人民共和国城市房地产管理法》、《城市房屋拆迁管理条例》的有关规定和国家标准《房地产估价规范》，制定本意见。

第二条　城市规划区内国有土地上房屋拆迁涉及的房地产估价活动，适用本意见。

第三条　本意见所称城市房屋拆迁估价（以下简称拆迁估价），是指为确定被拆迁房屋货币补偿金额，根据被拆迁房屋的区位、用途、建筑面积等因素，对其房地产市场价格进行的评估。

房屋拆迁评估价格为被拆迁房屋的房地产市场价格，不包含搬迁补助费、临时安置补助费和拆迁非住宅房屋造成停产、停业的补偿费，以及被拆迁房屋室内自行装修装饰的补偿金额。搬迁补助费、临时安置补助费和拆迁非住宅房屋造成停产、停业的补偿费，按照省、自治区、直辖市人民政府规定的标准执行。被拆迁房屋室内自行装修装饰的补偿金额，由拆迁人和被拆迁人协商确定；协商不成的，可以通过委托评估确定。

第四条 拆迁估价由具有房地产价格评估资格的估价机构（以下简称估价机构）承担，估价报告必须由专职注册房地产估价师签字。

第五条 拆迁估价应当坚持独立、客观、公正、合法的原则。任何组织或者个人不得非法干预拆迁估价活动和估价结果。

第六条 市、县房地产管理部门应当向社会公示一批资质等级高、综合实力强、社会信誉好的估价机构，供拆迁当事人选择。

拆迁估价机构的确定应当公开、透明，采取被拆迁人投票或拆迁当事人抽签等方式。

房屋拆迁许可证确定的同一拆迁范围内的被拆迁房屋，原则上由一家估价机构评估。需要由两家或者两家以上估价机构评估的，估价机构之间应当就拆迁估价的依据、原则、程序、方法、参数选取等进行协调并执行共同的标准。

第七条 拆迁估价机构确定后，一般由拆迁人委托。委托人应当与估价机构签订书面拆迁估价委托合同。

第八条 受托估价机构不得转让、变相转让受托的估价业务。

估价机构和估价人员与拆迁当事人有利害关系或者是拆迁当事人的，应当回避。

第九条 拆迁当事人有义务向估价机构如实提供拆迁估价所必需的资料，协助估价机构进行实地查勘。

第十条 受托估价机构和估价人员需要查阅被拆迁房屋的房地产权属档案和相关房地产交易信息的，房地产管理部门应当允许查阅。

第十一条 拆迁估价目的统一表述为“为确定被拆迁房屋货币补偿金额而评估其房地产市场价格。”

拆迁估价时点一般为房屋拆迁许可证颁发之日。拆迁规模大、分期分段实施的，以当期（段）房屋拆迁实施之日为估价时点。

拆迁估价的价值标准为公开市场价值，不考虑房屋租赁、抵押、查封等因素的影响。

第十二条 委托拆迁估价的，拆迁当事人应当明确被拆迁房屋的性质（包括用途，下同）和面积。

被拆迁房屋的性质和面积一般以房屋权属证书及权属档案的记载为准；各地对被拆迁房屋的性质和面积认定有特别规定的，从其规定；拆迁人与被拆迁人对被拆迁房屋的性质或者面积协商一致的，可以按照协商结果进行评估。

对被拆迁房屋的性质不能协商一致的，应当向城市规划行政主管部门申请确认。对被拆迁房屋的面积不能协商一致的，可以向依照《房产测绘管理办法》设立的房屋面积鉴定机构申请鉴定；没有设立房屋面积鉴定机构的，可以委托具有房产测绘资格的房产测绘单位测算。

对拆迁中涉及的被拆迁房屋的性质和面积认定的具体问题，由市、县规划行政主管部门和房地产管理部门制定办法予以解决。

第十三条 市、县人民政府或者其授权的部门应当根据当地房地产市场交易价格，至少每年定期公布一次不同区域、不同用途、不同建筑结构的各类房屋的房地产市场价格。

第十四条 拆迁估价应当参照类似房地产的市场交易价格和市、县人民政府或者其授权部门定期公布的房地产市场价格，结合被拆迁房屋的房地产状况进行。

第十五条 拆迁估价人员应当对被拆迁房屋进行实地查勘，做好实地查勘记录，拍摄反映被拆迁房屋外观和内部状况的影像资料。

实地查勘记录由实地查勘的估价人员、拆迁人、被拆迁人签字认可。

因被拆迁人的原因不能对被拆迁房屋进行实地查勘、拍摄影像资料或者被拆迁人不同意在实地查勘记录上签字的，应当由除拆迁人和估价机构以外的无利害关系的第三人见证，并在估价报告中作出相应说明。

第十六条 拆迁估价一般应当采用市场比较法。不具备采用市场比较法条件的，可以采用其他估价方法，并在估价报告中充分说明原因。

第十七条 拆迁评估价格应当以人民币为计价的货币单位，精确到元。

第十八条 估价机构应当将分户的初步估价结果向被拆迁人公示7日，并进行现场说明，听取有关意见。

公示期满后，估价机构应当向委托人提供委托范围内被拆迁房屋的整体估价报告和分户估价报告。委托人应当向被拆迁人转交分户估价报告。

第十九条 拆迁人或被拆迁人对估价报告有疑问的，可以向估价机构咨询。估价机构应当向其解释拆迁估价的依据、原则、程序、方法、参数选取和估价结果产生的过程。

第二十条 拆迁当事人对估价结果有异议的，自收到估价报告之日起5日内，可以向原估价机构书面申请复核估价，也可以另行委托估价机构评估。

第二十一条 拆迁当事人向原估价机构申请复核估价的，该估价机构应当自收到书面复核估价申请之日起5日内给予答复。估价结果改变的，应当重新出具估价报告；估价结果没有改变的，出具书面通知。

拆迁当事人另行委托估价机构评估的，受托估价机构应当在10日内出具估价报告。

第二十二条 拆迁当事人对原估价机构的复核结果有异议或者另行委托估价的结果与原估价结果有差异且协商达不成一致意见的，自收到复核结果或者另行委托估价机构出具的估价报告之日起5日内，可以向被拆迁房屋所在地的房地产价格评估专家委员会（以下简称估价专家委员会）申请技术鉴定。

第二十三条 估价专家委员会应当自收到申请之日起10日内，对申请鉴定的估价报告的估价依据、估价技术路线、估价方法选用、参数选取、估价结果确定方式等估价技术问题出具书面鉴定意见。

估价报告不存在技术问题的，应维持估价报告；估价报告存在技术问题的，估价机构应当改正错误，重新出具估价报告。

第二十四条 省、自治区建设行政主管部门和设区城市的市房地产管理部门或者其授权的房地产估价行业自律性组织，应当成立由资深专职注册房地产估价师及房地产、城市规划、法律等方面专家组成的估价专家委员会，对拆迁估价进行技术指导，受理拆迁估价技术鉴定。

第二十五条 受理拆迁估价技术鉴定后，估价专家委员会应当指派 3 人以上（含 3 人）单数成员组成鉴定组，处理拆迁估价技术鉴定事宜。

鉴定组成员与原估价机构、拆迁当事人有利害关系或者是拆迁当事人的，应当回避。

原估价机构应当配合估价专家委员会做好鉴定工作。

第二十六条 估价专家委员会成员、估价机构、估价人员应当回避而未回避的，其鉴定意见或者估价结果无效。

拆迁当事人不如实提供有关资料或者不协助估价机构实地查勘而造成估价失实或者其他后果的，应当承担相应责任。

第二十七条 对有下列行为之一的估价机构和估价人员，依据《城市房地产中介服务管理规定》、《房地产估价师注册管理办法》等规定进行处罚，或记入其信用档案：

（一）出具不实估价报告的；

（二）与拆迁当事人一方串通，损害对方合法权益的；

（三）以回扣等不正当竞争手段获取拆迁估价业务的；

（四）允许他人借用自己名义从事拆迁估价活动或者转让、变相转让受托的拆迁估价业务的；

（五）多次被申请鉴定，经查证，确实存在问题的；

（六）违反国家标准《房地产估价规范》和本意见其他规定的；

（七）法律、法规规定的其他情形。

第二十八条 以产权调换作为房屋拆迁补偿、安置方式的，对所调换房屋的房地产市场价格进行的评估，参照本意见执行。

城市规划区外国有土地上房屋拆迁涉及的房地产估价活动，参照本意见执行。

第二十九条 本意见自2004年1月1日起施行。此前已颁发房屋拆迁许可证的拆迁项目，其拆迁估价不适用本意见。

6. 上海市城市房屋拆迁管理实施细则

（上海市人民政府111号令）

第一章 总 则

第一条 目的和依据

为了加强对城市房屋拆迁的管理，维护拆迁当事人的合法权益，保障建设项目顺利进行，根据《城市房屋拆迁管理条例》，结合本市实际情况，制定本细则。

第二条 适用范围

凡在本市国有土地上实施房屋拆迁，并需要对被拆迁人补偿、安置的，适用本细则。

第三条 有关用语的含义

下列用语在本细则中的含义：

（一）拆迁人，是指取得房屋拆迁许可证的单位。

（二）被拆迁人，是指被拆除房屋的所有人。

（三）房屋承租人，是指与被拆迁人具有合法租赁关系的单位和个人。

第四条 基本原则

城市房屋拆迁必须符合城市规划，有利于城市旧区改造和生态环境改善，保护文物古迹。

第五条 拆迁当事人的权利义务

拆迁人应当依照本细则规定，对被拆迁人、房屋承租人给予补偿安置；被拆迁人、房屋承租人应当在搬迁期限内完成搬迁。

第六条 拆迁管理部门

上海市房屋土地资源管理局（以下简称市房地资源局）对本市房屋拆迁工作实施监督管理。

区、县房屋土地管理部门（以下简称区、县房地局）对本行政区域内的房屋拆迁工作实施监督管理，业务上受市房地资源局的领导。

第七条 协同实施

市和区、县人民政府有关部门依照本细则的规定，互相配合，保证房屋拆迁工作的顺利进行。

第二章 拆 迁 管 理

第八条 拆迁范围内不得进行的活动

规划管理部门核发建设用地规划许可证，确定拆迁范围后，拆迁范围内的单位和个人不得进行下列活动：

（一）新建、改建和扩建房屋及其附属物；

（二）改变房屋和土地用途；

（三）建立新的房屋租赁关系；

（四）分列房屋租赁户名。

第九条 停止建设的通知和暂停办理有关手续的申请和公告

规划管理部门核发建设用地规划许可证后，应当通知拆迁范围内已取得建设工程规划许可证件的单位和个人停止房屋及其附属物的新建、改建和扩建。

建设单位可以凭建设用地规划许可证，向拆迁房屋所在地的区、县房地局申请暂停办理改变房屋和土地用途的审批手续，以及房屋租赁合同的登记备案手续。暂停办理有关手续的期限不超过一年。

区、县房地局收到建设单位申请后，应当在拆迁范围内以公告形式公布本细则第八条规定的事项和暂停办理有关手续的期限。

第十条 重大市政建设项目暂停办理有关手续的申请

因重大市政建设项目拆迁房屋的，建设单位可以凭市发展计划委员会或者市建设和管理委员会（以下简称市建委）的批准文件，向规划管理部门申请办理停止房屋及其附属物的新建、改建和扩建的通知手续，并向拆迁房屋所在地的区、县房地局申请暂停办理改变房屋和土地用途的审批手续，以及房屋租赁合同的登记备案手续。

第十一条 暂停办理有关手续的期限顺延、解除和延期

暂停办理有关手续的期限内，建设单位取得房屋拆迁许可证的，暂停办理有关手续的期限顺延至拆迁期限届满日；暂停办理有关手续的期限届满时，建设单位未取得房屋拆迁许可证的，暂停措施自行解除。

建设单位需要延长暂停办理有关手续的期限，应当在期限届满日的30日前向拆迁房屋所在地的区、县房地局提出申请。经审核批准的，由区、县房地局在期限届满日的10日前予以公告。

延长暂停办理有关手续的期限累计不超过六个月的，由区、县房地局审批；累计超过六个月的，由区、县房地局报经市房地资源局审核后批准。

第十二条 房屋拆迁许可证的申请

需要拆迁房屋的建设单位应当向拆迁房屋所在地的区、县房地局提出申请，取得房屋拆迁许可证后，方可拆迁房屋。重大市政建设项目拆迁房屋的，应当向市房地资源局提出申请。

建设单位申请领取房屋拆迁许可证时，应当提交下列文件：

（一）建设项目批准文件；

（二）建设用地规划许可证；

（三）国有土地使用权批准文件；

（四）拆迁计划和拆迁方案；

（五）本市银行出具的补偿安置资金专用存款账户的存款证明；

（六）产权清晰、无权利负担的安置用房证明。

本条第二款第五项规定的存款金额不得低于补偿安置资金总额的30%。该存款金额与安置用房价值之和不足补偿安置资金总额的，建设单位应当在拆迁方案中明确资金分期到位的时间。

本条第二款第六项规定的安置用房应当符合国家质量安全标准和本市公共建筑设施配套要求。

第十三条 房屋拆迁许可证的审核和颁发

市房地资源局和区、县房地局应当自收到拆迁房屋申请之日起30日内，对申请事项进行审核。经审核符合条件的，由区、县房地局颁发房屋拆迁许可证。拆迁房屋申请有下列情形之一的，区、县房地局颁发房屋拆迁许可证应当报经市房地资源局审核：

（一）被拆除房屋建筑类型为新式里弄、成套独用新工房、花园住宅、公寓的；

（二）拆迁期限超过一年的；

（三）市人民政府规定由市房地资源局审核的其他情形。

房屋拆迁许可证应当载明拆迁人、拆迁范围和拆迁期限等事项。

第十四条 拆迁公告

区、县房地局颁发房屋拆迁许可证的同时，应当将房屋拆迁许可证中载明的拆迁人、拆迁范围、拆迁期限等事项，以房屋拆迁公告的形式予以公布。区、县房地局和拆迁人应当及时做好拆迁政策、拆迁方案的宣传解释工作。

第十五条 拆迁范围的变更

拆迁人应当按照房屋拆迁许可证确定的拆迁范围实施拆迁，不得擅自扩大或者缩小。确需扩大或者缩小拆迁范围的，应当按规定办理规划、土地批准手续，并向颁发原拆迁许可证的区、县房地局申请变更拆迁范围。

拆迁范围经批准变更的，区、县房地局应当将变更后的房屋拆迁许可证的相关内容予以公告。

第十六条 拆迁期限的延长

拆迁人应当在拆迁期限内完成拆迁。确需延长拆迁期限的，应当在拆迁期限届满日的15日前，向区、县房地局提出延期拆迁申请，区、县房地局应当在收到延期拆迁申请之日起10日内给予答复。

拆迁期限累计超过一年的，延期拆迁申请由区、县房地局报经市房地资源局审核后给予答复。

拆迁期限经批准延长的，区、县房地局应当将变更后的房屋拆迁许可证的相关内容予以公告。

第十七条 自行拆迁和委托实施拆迁

拆迁人可以自行拆迁，也可以委托取得市房地资源局颁发的房屋拆迁资格证书的单位（以下简称拆迁单位）实施拆迁。区、县房地局不得作为拆迁人，也不得接受委托实施拆迁。

拆迁人委托拆迁的，应当向被委托的拆迁单位出具委托书，并订立拆迁委托合同。拆迁人应当自拆迁委托合同订立之日起15日内，将拆迁委托合同报区、县房地局备案。

被委托的拆迁单位实施拆迁时，应当出示委托书。

被委托的拆迁单位按其实施的拆迁劳务收取拆迁服务费，拆迁服务费标准由市价格主管部门会同市房地资源局制定。

被委托的拆迁单位不得转让拆迁业务。

第十八条 拆迁工作人员的培训和考核

拆迁人和拆迁单位内从事拆迁工作的人员应当通过有关法律、业务知识的培训考核，取得市房地资源局颁发的上海市房屋拆迁工作人员上岗证后，方可从事拆迁工作。

第十九条 订立拆迁补偿安置协议的当事人

拆迁人应当与被拆迁人订立拆迁补偿安置协议。

拆迁租赁房屋的，拆迁人应当与被拆迁人、房屋承租人共同订立拆迁补偿安置协议；符合下列情形之一的，拆迁人应当与被拆迁人、房屋承租人分别订立拆迁补偿安置协议：

（一）拆迁执行政府规定租金标准的公有出租房屋且被拆迁人选择货币补偿的；

（二）拆迁执行政府规定租金标准的私有居住房屋的；

（三）拆迁房管部门依法代管的房屋的；

（四）拆迁宗教团体委托房管部门代理经租的房屋的。

第二十条 被拆迁人和房屋承租人的确定

被拆迁人、房屋承租人以房屋拆迁许可证核发之日合法有效的房地产权证、租用公房凭证、房屋租赁合同计户，由拆迁人按户进行补偿安置。

与拆迁人签订拆迁补偿安置协议的被拆迁人、房屋承租人，以房地产权证所载明的所有人和租用公房凭证、房屋租赁合同所载明的房屋承租人为准。

第二十一条 拆迁补偿安置协议的主要内容

拆迁补偿安置协议的内容应当包括：

（一）被拆除房屋的建筑面积；

（二）货币补偿金额；

（三）补偿安置方式；

（四）搬迁期限；

（五）当事人需要约定的其他事项。

实行房屋调换的，拆迁补偿安置协议的内容还应当包括安置房屋的价值金额、面积、地点和层次等事项。

拆迁补偿安置协议的示范文本由市房地资源局制订，由拆迁当事人参照使用。

拆迁期限届满后的30日内，拆迁人应当将其订立的所有拆迁补偿安置协议报区、县房地局备案。

第二十二条 居住在拆迁范围外的私房所有人的通知

被拆除私房的所有人居住在拆迁范围外的，由其代理人、房屋使用人负责通知该私房所有人办理拆迁补偿安置手续；属于空关房屋的，由拆迁人负责通知。

房屋拆迁许可证第一次经批准的拆迁期限届满，仍无法通知到被拆除私房的所有人的，拆迁人做好被拆除房屋的勘察记录，向公证机关办理证据保全、补偿费提存；并提出对房屋使用人的临时安置方案，经区、县房地局核准后，可先行拆迁腾地。

第二十三条 仲裁、诉讼和先予执行

拆迁补偿安置协议订立后，被拆迁人、房屋承租人未在协议约定的搬迁期限内完成搬迁的，拆迁人可以依法向仲裁机构申请仲裁，也可以依法向人民法院起诉。诉讼期间，拆迁人提供相应安置房屋的，可以依法申请人民法院先予执行。

第二十四条 裁决

拆迁人与被拆迁人或者房屋承租人达不成拆迁补偿安置协议的，经当事人申请，由被拆除房屋所在地的区、县房地局裁决。

裁决应当自收到申请之日起30日内作出。居住房屋的拆迁补偿安置争议，应当裁决以房屋调换。非居住房屋的拆迁补偿安置争议，可以裁决以房屋调换，也可以裁决以货币补偿。

当事人对裁决不服的，可以在裁决书送达之日起60日内向有管辖权的行政机关申请行政复议，也可以在裁决书送达之日起3个月内向人民法院起诉。拆迁人依照本细则规定已对被拆迁人、房屋承租人提供安置房屋或者给予货币补偿的，行政复议、诉讼期间不停止裁决的执行。

第二十五条 裁决后的强制执行

被拆迁人或者房屋承租人在裁决规定的搬迁期限内未完成搬迁的，经区、县房地局申请，由区、县人民政府责成区、县房地局和公安机关等有关部门强制执行；或者由区、县房地局依法申请人民法院强制执行。区、县人民政府责成有关部门强制执行的，应当提前通知当事人。

实施强制执行前，拆迁人应当就被拆除房屋的有关事项，向公证机关办理证据保全。

第二十六条 市政建设项目的拆迁纠纷处理

市政建设项目拆迁房屋，按照先拆迁腾地、后处理纠纷的原则办理。被拆迁人及其上级主管单位必须服从建设需要，按工程建设要求，保证按期搬迁。

第二十七条 迁出房屋使用人的义务

被拆迁人、房屋承租人应当在拆迁补偿安置协议或者裁决确定的搬迁期限内，负责将房屋使用人迁出。房屋使用人未迁出的，视同被拆迁人，房屋承租人未完成搬迁。

第二十八条　特别规定的执行

拆迁中涉及军事设施、教堂、寺庙、文物古迹以及外国驻华使（领）馆房屋的，依照有关法律、法规的规定办理。

第二十九条　建设项目转让的处理

建设项目在拆迁期限内发生转让，应当经区、县房地局同意后，办理房屋拆迁许可证变更手续；区、县房地局应当将变更后的房屋拆迁许可证的相关内容予以公告。

建设项目转让人尚未将拆迁补偿安置协议或者裁决载明的有关权利、义务履行完毕的，由受让人继续履行；项目转让人与受让人应当书面通知被拆迁人、房屋承租人，并自转让合同签订之日起 30 日内予以公告。

因其他情形引起建设单位在拆迁期限内发生变更的，均按本条规定处理。

第三十条　拆迁补偿安置资金使用的监督

拆迁补偿安置资金应当全部用于房屋拆迁的补偿安置，不得挪作他用。

市房地资源局和区、县房地局应当加强对拆迁补偿安置资金使用的监督，出具拆迁补偿安置资金存款证明的银行应当协助监督。

第三十一条　拆迁活动的监督检查和档案管理

市房地资源局和区、县房地局应当加强对房屋拆迁活动的监督检查。拆迁人、拆迁单位有义务如实提供有关情况和资料。

市房地资源局和区、县房地局应当建立、健全房屋拆迁档案管理制度，加强对房屋拆迁档案资料的管理。拆迁人和拆迁单位应当根据国家和本市有关规定，建立房屋拆迁档案，及时报送有关资料，并接受监督检查。

第三章　拆迁补偿与安置

第三十二条　拆迁补偿安置方式

拆迁补偿安置可以实行货币补偿，也可以实行与货币补偿金额同等价值的产权房屋调换（以下称价值标准房屋调换）；拆迁居住房屋，还可以实行以房屋建筑面积为基础，在应安置面积内不结算差价的异地产权房屋调换（以下称面积标准房屋调换）。

拆迁用于非公益事业房屋的附属物，不作房屋调换，由拆迁人给予货币补偿。

拆迁补偿安置方式，由被拆迁人、房屋承租人按照本章规定进行选择。

实行房屋调换的，拆迁人应当提供两处以上经区、县房地局审核的安置用房，供被拆迁人、房屋承租人选择。

第三十三条　居住房屋的货币中补偿金额

拆迁居住房屋，货币补偿金额应当根据被拆除房屋的房地产市场评估单价和被拆除房屋的建筑面积确定。

执行本细则第三十五条、第三十六条、第三十七条第一款和第三款规定时，适用被拆除房屋的房地产市场单价和价格补贴。被拆除房屋的房地产市场单价为房地产市场评估单价，房地产市场评估单价低于最低补偿单价标准的，按最低补偿单价标准计算。

最低补偿单价标准，为被拆除房屋同区域已购公有居住房屋上市交易的平均市场单价。

本条所称的单价，是指每平方米建筑面积的价格。

已购公有居住房屋上市交易的平均市场单价，由各区、县政府按其划定的区域范围定期公布。

价格补贴标准，由市价格主管部门会同市建委、市房地资源局制定。

第三十四条　价值标准房屋调换的差价结算

实行价值标准房屋调换的，应当按照本章规定的货币补偿金额与安置房屋的房地产市场价结算差价。

第三十五条 未出租私有居住房屋的补偿安置

拆迁未出租的私有居住房屋，拆迁人对被拆迁人给予补偿安置，其货币补偿金额的计算公式为：（被拆除房屋的房地产市场单价＋价格补贴）×被拆除房屋的建筑面积。

第三十六条 协商议定租金标准的出租居住房屋的补偿安置

拆迁由租赁双方协商议定租金标准的出租居住房屋，被拆迁人与房屋承租人协议解除租赁关系的，拆迁人对被拆迁人给予补偿安置，其货币补偿金额的计算公式为：（被拆除房屋的房地产市场单价＋价格补贴）×被拆除房屋的建筑面积。

被拆迁人与房屋承租人对解除租赁关系未达成协议的，拆迁人应当对被拆迁人实行房屋调换。安置房屋由原房屋承租人承租，被拆迁人应当与原房屋承租人重新订立房屋租赁合同。

第三十七条 执行政府规定租金标准的公有出租居住房屋的补偿安置

拆迁执行政府规定租金标准的公有出租居住房屋，被拆迁人选择房屋调换的，由被拆迁人安置房屋承租人，租赁关系继续保持，其货币补偿金额的计算公式为：（被拆除房屋的房地产市场单价＋价格补贴）×被拆除房屋的建筑面积。

拆迁执行政府规定租金标准的公有出租居住房屋，被拆迁人选择货币补偿的，租赁关系终止，其货币补偿金额的计算公式为：被拆除房屋的房地产市场评估单价×被拆除房屋的建筑面积×20％。

拆迁执行政府规定租金标准的公有出租居住房屋且被拆迁人选择货币补偿的，拆迁人应当按下列规定对房屋承租人进行补偿安置：

（一）房屋承租人选择货币补偿或者价值标准房屋调换的，其货币补偿金额的计算公式为：（被拆除房屋的房地产市场单价×80％＋价格补贴）×被拆除房屋的建筑面积；

（二）符合本细则第三十九条规定的，房屋承租人还可以选择面积标准房屋调换。

第三十八条　执行政府规定租金标准的私有出租居住房屋的补偿安置

拆迁执行政府规定租金标准的私有出租居住房屋，租赁关系终止。

被拆迁人可以选择货币补偿或者价值标准房屋调换，其货币补偿金额的计算公式为：被拆除房屋的房地产市场评估单价×被拆除房屋的建筑面积×100%。

房屋承租人的补偿安置按照本细则第三十七条第三款规定执行。

第三十九条　面积标准房屋调换

被拆除房屋属于旧式里弄房屋、简屋以及其他非成套独用居住房屋，符合拆迁房屋所在地的区、县人民政府规定条件的下列被拆迁人、房屋承租人，可以选择面积标准房屋调换：

（一）未出租私有居住房屋的所有人；

（二）执行政府规定租金标准的公有居住房屋承租人，但被拆迁人选择房屋调换的除外；

（三）执行政府规定租金标准的私有居住房屋、由房管部门代理经租的宗教团体房屋、由居管部门依法代管房屋的承租人。

面积标准房屋调换的应安置面积，以被拆除房屋的建筑面积为依据，按照下表所列的百分率增加安置面积：

被拆除房屋地段	安置房屋地段四	安置房屋地段五	安置房屋地段六
一、二、三	30%	60%	100%
四	—	40%	70%

前款所列房屋地段，由市房地资源局划定。

每户被拆迁居民应安置面积的最低标准和位于五、六类地段的被拆除房屋增加安置面积的标准，由拆迁房屋所在地的区、县人民政府制定。

安置房屋的建筑面积超过应安置面积的部分，被拆迁人、房屋承租人应当按照安置房屋的房地产市场价支付房价款。

安置房屋在一、二、三类地段，以及被拆除房屋和安置房屋均在四类地段的，不适用本条规定。

第四十条 低收入居住困难户的补偿安置

拆迁廉租住房，拆迁人应当优先给予面积标准房屋调换，并可适当减免超过应安置面积部分的房价款。拆迁人、房屋承租人属于孤老、孤残、孤幼的，参照前款规定给予面积标准房屋调换。

第四十一条 拆迁居住房屋的过渡期

拆迁居住房屋以期房调换的，拆迁人应当与被拆迁人、房屋承租人在拆迁补偿安置协议中，根据建设情况约定过渡期，并遵守过渡期的约定。

过渡期内，由被拆迁人、房屋承租人自行安排住处。

第四十二条 拆迁居住房屋的搬家补助费等有关费用

拆迁人应当向居住房屋的被拆迁人、承租人支付搬家补助费、设备迁移费、过渡期内的临时安置补助费，并自过渡期逾期之月起增加临时安置补助费。

搬家事补助费、设备迁移费和临时安置补助费标准由市价格主管部门会同市房地资源局制定。

第四十三条 非居住房屋的货币补偿金额和房屋调换的差价结算

拆迁非居住房屋，货币补偿金额应当根据被拆除房屋的房地产市场价确定；实行价值标准房屋调换的，应当按照货币补偿金额与安置房屋的房地产市场价结算差价。

第四十四条 非居住房屋的补偿安置

拆迁未出租非居住房屋的，或者拆迁由租赁双方协商议定租金标准的出租非居住房屋，被拆迁人与房屋承租人协议解除租赁关系的，拆迁人对被拆迁人给予补偿安置；被拆迁人与房屋承租人对解除租赁关系未达成协议的，拆迁人应当对被拆迁人实行价值标准房屋调换。安置房屋由原房屋承租人承租，被拆迁人应当与原房屋承租人重新订立房屋租赁合同。拆迁执行政府规定租金标准的公有出租非居住房屋,被拆迁人选择价值标准房屋调换的,由被拆迁人安置承租人,租赁关系继续保持;被拆迁人选择货币补偿的,拆迁人应当将被拆除房屋的房地产市场价的20%补偿给被拆迁人,将被拆除房屋的房地产市场价的80%补偿给房屋承租人,租赁关系终止。

第四十五条 拆迁非居住房屋的有关费用补偿

拆迁非居住房屋,拆迁人应当补偿被拆迁人或者房屋承租人下列费用:

(一)按国家和本市规定的货物运输价格、设备安装价格计算的设备搬迁和安装费用;

(二)无法恢复使用的设备按重置价结合成新结算的费用;

(三)因拆迁造成停产、停业的适当补偿。

第四十六条 拆迁公益事业房屋

拆迁用于公益事业的房屋及其附属物,拆迁人应当根据有关法律、法规的规定和城市规划的要求,按照原性质和规模予以重建,或者按照房地产市场价补偿。

第四十七条 拆迁宗教团体所有的房屋

拆迁宗教团体所有的房屋,拆迁人应当事先征求宗教事务管理部门意见,并与宗教团体签订拆迁补偿安置协议。

拆迁由房管部门代理经租的宗教团体的房屋,租赁关系终止。拆迁居住房屋的,补偿安置方式与标准按照本细则第三十八条规定执行。拆迁非居住房屋的,被拆迁人和房屋承租人均可以选择货币补偿或者价值标准房屋调换;其中,被拆迁人的货币补偿金额为被拆除房屋的房地产市场价的100%,承租人的货币补偿金额为被拆除房屋的房地产市场价的80%。

第四十八条 拆迁依法代管的房屋

拆迁房管部门依法代管的房屋,拆迁人应当与代管人订立拆迁补偿安置协议。拆迁补偿安置协议应当经公证机关公证,拆迁房屋有关资料应当向公证机关办理证据保全。补偿安置方式与标准，按照本细则第四十七条 第二款的规定执行。

第四十九条 拆迁有关公共设施

因房屋拆迁需要拆除交通岗亭、交通标志。交通护栏、邮筒、废物箱、车辆站点、消防栓、人防等公共设施以及树木绿地的，拆迁人应当重建或者给予适当补偿。

因房屋拆迁需要迁移管线或铺设临时管线的费用，由拆迁人负担；但结合道路扩建按规划需要就位或新建、扩建各种管线的费用，拆迁人不予负担。

第五十条 拆迁产权不明确的房屋

拆迁产权不明确的房屋，拆迁人应当提出补偿安置方案，对被拆除房屋作勘察记录，向公证机关办理率补偿款提存和证据保全手续，并报区、县房地局审核同意后实施拆迁。

第五十一条 拆迁设有抵押权的房屋

拆迁设有抵押权的房屋，抵押人与抵押权人应当按《上海市房地产抵押办法》的规定，就抵押权及其所担保债权的处理问题进行协商，并向拆迁人提交有关书面协议后，被拆迁人方可取得补偿款或者安置房屋。

抵押人和抵押权人达不成协议的，拆迁人应当对被拆迁人实行货币补偿，并将补偿款向公证机关办理提存。

第五十二条 拆除违章建筑和临时建筑

拆除违章建筑、超过批准期限的临时建筑，不予补偿；拆除未超过批准期限的临时建筑，应当给予适当补偿。被拆迁人接到停止建设通知后，继续进行房屋及其附属物新建、改建、扩建的部分，不予补偿。

第五十三条 估价机构和评估时点

本细则中涉及的居住房屋的房地产市场评估单价和非居住房屋的房地产市场价，由拆迁人委托具有市房地资源局核准的房屋拆迁估价资格的房地产估价机构评估。估价机构应当根据被拆除房屋的区位、用途、建筑面积等因素进行评估，评估时点以房屋拆迁许可证核发之日为准。

拆迁当事人对评估结果有争议的，一方当事人可以向上海市房地产估价师协会组织的房屋拆迁估价专家委员会申请鉴定。

拆迁当事人在收到评估报告后的15日内未申请鉴定的，以评估结果作为裁决依据；申请鉴定的，以鉴定结果作为裁决依据。拆迁房屋的评估技术规范、评估争议处理程序和有关管理规范，由市房地资源局制订。

拆迁房屋评估收费标准，由市价格主管部门会同市房地资源局制定。

第五十四条　货币补偿款、安置房屋的归属和房屋使用人的安置

拆迁人给予被拆迁人的货币补偿款、安置房屋归被拆迁人所有。被拆迁人应当负责安置房屋使用人。拆迁人给予房屋承租人的货币补偿款、安置房屋归房屋承租人及其同住人共有。

第五十五条　特种存款单

拆迁人应当将货币补偿款以被拆迁人、房屋承租人的名义存入本市银行，由银行开具特种存款单。特种存款单可以用于支付购房款，也可以兑取现金。

第五十六条　货币补偿款、房屋调换差价款的支付

拆迁人支付货币补偿款和房屋调换差价款的时间，应当在拆迁补偿安置协议中约定；未约定的，应当在被拆迁人、房屋承租人搬离原址后一个月内一次性支付。

被拆迁人、房屋承租人支付房屋调换差价款的时间，应当在拆迁补偿安置协议中约定；未约定的，应当在拆迁人交付房屋时一次性支付。

被拆迁人、房屋承租人支付房屋调换差价款，可以以现金支付，也可以通过银行贷款支付。

经拆迁裁决的，支付货币补偿款或者房屋调换差价款的时间，参照上述规定确定。

第五十七条　房地产权证的注销

拆迁人补偿安置被拆迁人后，被拆迁人应当将房地产权证交

拆迁人保管，由拆迁人移送房地产登记机构予以注销。

第五十八条 拒绝受领补偿款的提存

拆迁补偿安置争议经裁决后，被拆迁人在法定期限内不申请行政复议，也不提起行政诉讼；且拒绝受领补偿款的，拆迁人可以向公证机关办理提存。

第四章 罚 则

第五十九条 擅自实施拆迁的处罚

拆迁人违反本细则第十二条规定，未取得房屋拆迁许可证擅自实施拆迁的，由市房地资源局或者区、县房地局责令停止拆迁、予以警告，并处已拆迁房屋建筑面积每平方米20元以上50元以下的罚款。

第六十条 提供虚假文件骗取房屋拆迁许可证的处罚

拆迁人违反本细则第十二条规定，提供虚假文件骗取房屋拆迁许可证的，由市居地资源局或者区、县房地局吊销房屋拆迁许可证，并处拆迁补偿安置资金1%以上3%以下的罚款。

第六十一条 拆迁补偿安置资金不到位的处罚

拆迁人未按照本细则第十二条规定的资金分期到位的时间提供拆迁补偿安置资金的，由市房地资源局或者区、县房地局责令拆迁人停止拆迁，并限期提供资金到位证明；拆迁人逾期仍不提供资金到位证明的，由市房地资源局或者区、县房地局吊销房屋拆迁许可证。

第六十二条 有关违法行为的处罚

拆迁人有下列行为之一的，由市房地资源局或者区、县房地局责令停止拆迁、予以警告，可以并处拆迁补偿安置资金3%以下的罚款，情节严重的，吊销房屋拆迁许可证：

（一）违反本细则第十五条规定，未按照房屋拆迁许可证确定的拆迁范围实施房屋拆迁的；

（二）违反本细则第十六条规定，未按照房屋拆迁许可证确定的拆迁期限实施房屋拆迁的；

（三）违反本细则第十七条规定，委托未取得房屋拆迁资格证书的单位拆迁的。

拆迁人违反本细则第五十三条规定，委托未取得房屋拆迁估价资格的单位评估的，由市房地资源局或者区、县房地局责令停止拆迁、予以警告，可以并处拆迁补偿安置资金3%以下且不超过3万元的罚款；情节严重的，吊销房屋拆迁许可证。

第六十三条 转让拆迁业务的处罚

接受委托的拆迁单位违反本细则第十七条规定。转让拆迁业务的，由市房地资源局或者区、县房地局责令改正，没收违法所得，并处委托合同约定的拆迁服务费25%以上50%以下的罚款。

第六十四条 行政复议和诉讼

被处罚的当事人对行政处罚决定不服的，可以依法申请行政复议，或者依法向人民法院起诉。

当事人逾期不申请行政复议，也不起诉，又不履行处罚决定的，由作出处罚决定的机关申请人民法院强制执行。

第六十五条 管理责任

市房地资源局或者区、县房地局违反本细则规定核发房屋拆迁许可证或者其他批准文件，核发房屋拆迁许可证或者其他批准文件后不履行监督管理职责的，或者对违法行为不予查处的。

对直接负责的主管人员和其他直接责任人员依法给予行政处分；构成犯罪的，依法追究刑事责任。

第五章 附 则

第六十六条 被拆迁居民的公假

在职职工因房屋拆迁搬家，凭区、县房地局的证明，所在单位可给公假两天。

第六十七条 征地后的房屋补偿安置

征用集体所有土地后拆迁房屋及其附属物的补偿安置办法另行规定。

第六十八条 具体应用解释

本细则的具体应用问题，由市房地资源局负责解释。

第六十九条 施行日期

本细则自2001年11月1日起施行，1991年7月19日市人民政府发布的《上海市城市房屋拆迁管理实施细则》、1997年4月22日市人民政府发布的《上海市个体工商户营业用房拆迁安置补偿办法》以及1997年12月8日市人民政府发布的《上海市危棚简屋改造地块居住房屋拆迁中补偿安置试行办法》同时废止。市人民政府其他有关拆迁管理的规定与本细则不一致的，以本细则为准。

7. 北京市城市房屋拆迁管理办法

北京市人民政府令（第87号）

第一章 总 则

第一条 为加强本市城市房屋拆迁管理，维护拆迁当事人的合法权益，保障城市建设顺利进行，根据国务院《城市房屋拆迁管理条例》，结合本市实际情况，制定本办法。

第二条 凡在本市行政区域内国有土地上实施房屋拆迁，并需要对被拆迁人补偿、安置的，适用本办法。

第三条 本市城市房屋拆迁，必须符合城市规划，适应城镇住房制度改革，促进危旧房改造，有利于改善生态环境和保护文物古迹。

本市危旧房改造采取多种形式推进，鼓励居民结合住房制度改革实施危旧房改造。

第四条 拆迁人应当依照本办法的规定，对被拆迁人给予补偿。被拆迁人和被拆迁租赁房屋的承租人应当在规定的搬迁期限内完成搬迁。

本办法所称拆迁人是指依法取得房屋拆迁许可证的建设单位。

本办法所称被拆迁人是指被拆迁房屋的所有权人。

第五条 市国土资源和房屋管理局（以下简称市国土房管局）主管本市城市房屋拆迁管理工作，负责本办法的组织实施和监督检查。区、县房屋行政主管部门（以下简称区、县国土房管局）负责本行政区域内的城市房屋拆迁管理工作。

市和区、县人民政府有关部门应当按照各自的职责，做好城市房屋拆迁工作。

第二章　拆　迁　管　理

第六条 建设单位取得房屋拆迁许可证后，方可作为拆迁人实施拆迁。

拆迁人可以自行拆迁，也可以委托拆迁。被委托的拆迁单位不得转让拆迁业务。

市和区、县国土房管局不得接受拆迁委托。

第七条 本市对城市房屋拆迁单位实行资格管理、资质等级评审和资质年审制度，具体办法由市国土房管局制定并公布。

第八条 拆迁范围确定后，拆迁范围内暂停办理下列事项：

（一）新建、改建、扩建房屋。

（二）房屋租赁。

（三）改变房屋、土地用途。

区、县国土房管局应当就前款所列事项书面通知有关部门暂停办理相关手续，并在拆迁范围内予以公示。通知和公示应当载明拆迁范围、暂停事项和暂停期限。暂停期限不超过1年；建设单位需要延长暂停期限的，必须经区、县国土房管局批准，延长暂停期限不超过1年。

拆迁范围由区、县国土房管局按照规划许可证件批准的范围确定。

第九条 建设单位申请核发房屋拆迁许可证时应当提交下列

文件：

（一）建设项目批准文件。

（二）建设用地规划许可证或者建设工程规划许可证。

（三）国有土地使用批准文件。

（四）城市房屋拆迁资格证书。

（五）办理存款业务的金融机构出具的拆迁补偿安置资金证明文件。

（六）拆迁计划，包括项目基本情况、拆迁范围和方式、搬迁期限、工程开工和竣工时间等。

（七）拆迁方案，包括被拆迁房屋状况、补偿款和补助费预算等。

（八）法律、法规和规章明确规定应当提交的其他材料。

区、县国土房管局应当在收到申请之日起 30 日内，对申请事项进行审查，经审查符合条件的，核发房屋拆迁许可证。其中，属于市人民政府确定的重大市政基础设施建设工程和跨区、县建设工程的，区、县国土房管局应当报经市国土房管局复审同意后，方可核发房屋拆迁许可证。

第十条 区、县国土房管局核发房屋拆迁许可证后，应当在拆迁范围内发布拆迁公告。拆迁公告应当载明拆迁许可证批准文号、拆迁人、工程名称、拆迁范围和搬迁期限等。

搬迁期限是指拆迁公告规定的被拆迁人或者房屋承租人与拆迁人订立拆迁补偿安置协议并搬离拆迁范围的期限。

第十一条 拆迁人应当按照房屋拆迁许可证规定的拆迁范围和拆迁期限实施拆迁。

房屋拆迁许可证规定的拆迁期限最长为 1 年。拆迁人在规定的拆迁期限内未完成拆迁的，应当在期限届满 15 日前向核发房屋拆迁许可证的区、县国土房管局申请延期，延期不超过 6 个月。

第十二条 拆迁人应当与被拆迁人按照本办法的规定订立拆迁补偿安置书面协议。实行货币补偿的，协议应当规定补偿金额、付款方式、付款期限、搬迁期限和违约责任以及当事人约定的其他条款；实行产权调换的，双方还应当就房屋位置、房屋面积、差价结算、原房屋承租人安置等订立协议。

协议的示范文本，由市国土房管局制定。

第十三条 代管房屋的拆迁补偿协议必须经公证机关公证，并办理证据保全。

前款所称代管房屋是指所有权人出走弃留或者下落不明，由市或者区、县国土房管局代为管理待发还产权的房屋。

第十四条 拆迁补偿安置协议订立后，被拆迁人应当办理房地权属注销登记手续。

第十五条 在区、县国土房管局公告的搬迁期限内，拆迁人与被拆迁人、房屋承租人达不成拆迁补偿安置协议的，自搬迁期限届满之日起至拆迁许可证规定的拆迁期限届满之日前，经当事人申请，由核发房屋拆迁许可证的区、县国土房管局裁决。被拆迁人是核发房屋拆迁许可证的区、县国土房管局的，由同级人民政府裁决。裁决应当自收到申请之日起 30 日内作出。

当事人对裁决不服的，可以依法向人民法院提起诉讼，拆迁人已向被拆迁人或者被拆迁人已向房屋承租人提供房屋的，依法不停止拆迁的执行。

第十六条 裁决规定的搬迁期限届满，被拆迁人或者房屋承租人拒绝搬迁的，由区、县人民政府责成有关部门强制拆迁，或者由裁决机关申请人民法院强制拆迁。

第十七条 拆迁中涉及军事设施、教堂、寺庙、文物古迹、外国驻华使（领）馆房屋的，依照有关法律、法规的规定办理。

第十八条 拆迁人实施房屋拆迁的补偿安置资金应当全部用于房屋拆迁补偿安置，不得挪作他用。被拆迁住房所有权人和房屋承租人的补偿款应当用于住房安置。

市和区、县国土房管局应当加强对拆迁补偿安置资金使用的监督。

第十九条 拆迁人应当按照规定及时整理并妥善保管拆迁档案资料，在完成拆迁后 1 个月内向区、县国土房管局移交拆迁档案资料并办理有关手续。

市和区、县国土房管局应当建立拆迁档案制度，加强对拆迁档案资料的管理。

第二十条 市和区、县国土房管局应当明确其在拆迁行政管理中审批、核准事项的审批时限、具体条件和责任人员，建立健全责任追究制度。

第三章 拆迁补偿与安置

第二十一条 房屋拆迁可以实行货币补偿，也可以实行产权调换。

拆迁租赁房屋，被拆迁人与房屋承租人解除租赁关系的，或者被拆迁人对房屋承租人进行安置的，拆迁人对被拆迁人给予补偿；被拆迁人与房屋承租人对解除租赁关系达不成协议的，拆迁人应当对被拆迁人实行房屋产权调换，产权调换的房屋由原房屋承租人承租，被拆迁人应当与原房屋承租人重新订立房屋租赁合同。

拆迁租赁房屋实行产权调换，拆迁人提供的产权调换房屋在规划市区内（在规划市区外的房屋拆迁除外）、与原房屋价格相当并且使用面积不低于原房屋使用面积的，被拆迁人、房屋承租人应当服从。

第二十二条 实行货币补偿的，补偿款根据被拆迁房屋的区位、用途、建筑面积等因素，以房地产市场评估价确定。被拆迁房屋的房地产市场评估价包括房屋的重置成新价和区位补偿价，具体评估规则由市国土房管局制定公布。

第二十三条 拆迁人应当委托有资质的房地产价格评估机构（以下简称评估机构）对被拆迁房屋进行评估，并将评估报告报区、县国土房管局备案。

被拆迁人对评估结果有异议的，应当持其委托的评估机构出具的评估报告向区、县国土房管局提出申请，由区、县国土房管局指定评估机构复核，并按复核结果补偿。评估机构复核的费用，由过失方承担。

市国土房管局按照国家有关评估机构资质管理的规定，定期公布符合规定条件的评估机构名录。

第二十四条 实行产权调换的，拆迁人与被拆迁人应当按照本办法第二十二条的规定，计算被拆迁房屋的补偿金额与所调换房屋的房地产市场评估价款，结算差价。

第二十五条 拆迁公益事业用房的，拆迁人应当依照有关法律、法规的规定和城市规划的要求予以重建，或者给予货币补偿。

第二十六条 拆迁执行本市规定租金标准的私有出租房屋，拆迁人对被拆迁人给予补偿，房屋承租人应当按照市人民政府关于解决城镇私有标准租出租房屋问题的有关规定搬出。房屋承租人搬出确有困难的，拆迁人可以给予资助或者提供房屋临时安置。

第二十七条 拆迁已购公有住房，拆迁人应当按照被拆迁房屋的房地产市场评估价对被拆迁人给予补偿，政府对被拆迁人不再提供经济适用住房。被拆迁人住房超过房改政策规定的标准的，拆迁人应当扣除超标部分的补偿款中属于应当上缴财政或者返还原售房单位的部分，并分别上缴或者返还。

第二十八条 拆迁市和区、县人民政府所有、并指定有关单位管理的公有住房（以下简称直管公有住房）的，直管公有住房应当按照房改政策出售给房屋承租人。房屋承租人购买现住公房后作为被拆迁人，由拆迁人按照本办法第二十七条规定给予补偿。

拆迁机关、企业、事业单位自管的公有住房（以下简称自管公有住房）的，可以按照前款规定处理。

直管公有住房的出售收入、补偿款应当纳入同级人民政府的住房基金，专项用于廉租住房。

第二十九条 拆迁出租的公有住房，被拆迁人可以通过协议收购房屋承租人依法享有的公房使用权或者异地安置房屋承租人的方式，与房屋承租人解除租赁关系，由拆迁人对被拆迁人给予补偿。

被拆迁人提供的异地安置房应当在规划市区内（在规划市区

外的房屋拆迁除外)、并且使用面积不低于原房屋使用面积的，双方应当重新订立房屋租赁合同，并继续执行本市规定的租金标准。

第三十条 私有房屋和已购公有住房的自住人、执行本市规定租金标准的出租住房的承租人住房确有困难的，可以向拆迁人申请给予适当补助。

第三十一条 拆迁人应当对被拆迁人或者房屋承租人支付搬迁补助费。

拆迁住宅房屋的，搬迁补助费根据原住房建筑面积和规定的补助标准计算；拆迁人负责搬迁的，拆迁人不再支付搬迁补助费。

拆迁非住宅房屋的，搬迁补助费包括：

（一）设备搬迁、安装费用。

（二）无法恢复使用的设备按照重置价结合成新结算的费用。

第三十二条 被拆迁私有房屋和已购公有住房的所有权人或者租赁房屋的承租人在规定的搬迁期限届满前搬迁的，拆迁人可以给予提前搬家奖励费。

第三十三条 因拆迁非住宅房屋造成停产、停业经济损失的，拆迁人可以结合被拆迁房屋的区位和使用性质，按照规定标准给予一次性停产停业综合补助费。

第三十四条 在本市确定的结合房改实施危旧房改造的地区(以下简称房改危改区)，由各区人民政府确定有关单位作为拆迁人组织实施危改，以划拨方式取得建设用地建设安置房，有关单位应当服从统一规划。安置房按照经济适用住房产权管理。房改危改区的安置和补偿应当遵守下列规定：

（一）属于直管公有住房的，被拆迁人放弃补偿。拆迁人对房屋承租人给予就地安置的，房屋承租人按照规定价格购买就地安置房；房屋承租人放弃就地安置的，拆迁人可以收购房屋承租人依法享有的公房使用权，由房屋承租人异地购买经济适用住房。

（二）属于自管公有住房的，拆迁人可以对被拆迁人按照原建筑面积就地实行产权调换，并且按照被拆迁房屋的重置成新价与所调换房屋的建设综合成本价结算差价，所调换的房犀由原房屋承租人继续承租，被拆迁人与房屋承租人重新订立租赁合同；也可以按照前项规定实施。

（三）属于非住宅房屋的，能够予以就地返还的，拆迁人应当对被拆迁人按照原建筑面积就地返还，互不结算差价；不能按照原建筑面积就地返还的，拆迁人应当对被拆迁人给予适当经济补偿。

拆迁房改危改区内的自住私有房屋（不含已购公有住房）的，被拆迁人可以参照直管公有住房承租人就地或者异地购买经济适用住房价的安置房，所购房屋按照商品房产权管理；也可以按照房改危改区危改前被拆迁房屋的房地产市场评估价获得补偿。

拆迁房改危改区内执行本市规定租金标准的私有出租住房的，被拆迁人可以按照被拆迁房屋的重置成新价和安置房的建设综合成本价的差价，按照原建筑面积就地换购住房，换购后的房屋按照商品房产权管理，被拆迁人也可以按照房改危改区危改前被拆迁房屋的房地产市场评估价获得补偿；房屋承租人参照本条第一款第（一）项规定的房屋承租人的权益处理。

房改危改区安置和补偿的具体办法按照本市有关规定执行。

第三十五条 市政基础设施等公益事业建设项目的房屋拆迁，对被拆迁人可以按照被拆迁房屋的房地产市场评估价给予补偿；也可以按照被拆迁房屋原建筑面积的经济适用住房价格补偿，并允许其用补偿款购买经济适用住房，其中私有住房所有权人所购经济适用住房按照商品房产权管理。

第三十六条 拆迁产权不明确的房屋（包括在区、县国土房管局公告的搬迁期限内产权仍未明确的），经公证机关办理证据保全，由拆迁人按照本办法规定的标准给予货币补偿后先行拆迁。补偿款由拆迁人向公证机关办理提存公证，并将被拆迁房屋的有关证明文件交区、县国土房管局保存。

房屋所有权人下落不明或者在拆迁公告规定的搬迁期限内未答复的，参照前款规定执行。

第三十七条 拆除违章建筑、超过批准期限的临时建筑和规划批准建设时规定如遇规划调整应当拆除的临时建筑的，不予补偿；拆除未超过批准期限的临时建筑，按照其建筑面积的重置成新价结合剩余期限给予补偿。

第四章 法 律 责 任

第三十八条 违反本办法和《城市房屋拆迁管理条例》，有下列行为之一的，由市或者区、县国土房管局按照《城市房屋拆迁管理条例》的规定予以处罚：

（一）未取得房屋拆迁许可证，擅自实施拆迁的。

（二）以欺骗手段取得房屋拆迁许可证的。

（三）未按照房屋拆迁许可证确定的拆迁范围实施拆迁的。

（四）委托不具有拆迁资格的单位实施拆迁的。

（五）擅自延长拆迁期限的。

第三十九条 违反本办法第六条第二款规定，被委托的拆迁单位转让拆迁业务的，由市或者区、县国土房管局责令改正，没收违法所得，并处合同约定拆迁服务费25%以上50%以下的罚款。

第四十条 评估机构不按照规定进行评估的，由市或者区、县国土房管局依照国家有关规定责令停止中介服务、收回资格证书、处以1万元以上3万元以下罚款等行政处罚；责任人构成犯罪的，依法追究刑事责任。

第四十一条 市或者区、县国土房管局违反本办法有下列行为之一的，对直接负责的主管人员和其他直接责任人员依法给予行政处分；情节严重，构成犯罪的，依法追究刑事责任：

（一）不按照规定核发房屋拆迁许可证以及其他批准文件的。

（二）核发房屋拆迁许可证以及其他批准文件后不履行监督管理职责的。

（三）对依法应当查处的违法行为不予查处的。

第五章　附　　则

第四十二条　本办法第三十一条、第三十二条、第三十三条规定的搬迁补助费、提前搬家奖励费和停产停业综合补助费的具体标准，由市国土房管局制定，报市人民政府批准后公布实施。

第四十三条　历史文化保护区房屋修缮和改建以及文物保护等项目涉及房屋拆迁，本市另有规定的，从其规定。

第四十四条　本办法自2001年11月1日起施行。市人民政府1998年10月15日发布的《北京市城市房屋拆迁管理办法》同时废止。

本办法施行前已由区、县国土房管局公告的房屋拆迁，不适用本办法。

8. 广州市城市房屋拆迁管理办法

（2003年9月3日广州市第十二届人民代表大会常务委员会第三次会议通过2003年9月26日广东省第十届人民代表大会常务委员会第六次会议批准）

第一章　总　　则

第一条　为了加强对本市城市房屋拆迁的管理，维护拆迁当事人的合法权益，保障建设项目顺利进行，根据国务院《城市房屋拆迁管理条例》及有关法律法规的规定，结合本市实际，制定本办法。

第二条　在本市市辖区范围内的国有土地上实施房屋拆迁，并且需要对被拆迁人补偿、安置的，适用本办法。

第三条　市房地产行政主管部门对本市城市房屋拆迁工作实施监督管理；区房地产行政主管部门按照职权分工，对本辖区内的房屋拆迁工作实施监督管理。

规划、建设、公安、工商、文化、教育、民政、城管等有关部门应当按照各自职责，协同实施本办法。

第二章 拆 迁 管 理

第四条 拆迁房屋的单位取得房屋拆迁许可证后，方可实施拆迁。

申领城市房屋拆迁许可证的，应当向市房地产行政主管部门提交下列资料：

（一）建设项目批准文件；

（二）建设用地规划许可证；

（三）国有土地使用权批准文件；

（四）拆迁计划和拆迁方案；

（五）办理存款业务的金融机构出具的补偿安置资金专用账户的存款证明；

（六）产权自有、未设定抵押权的补偿安置用房证明。

前款第五项规定的补偿安置资金存款证明的金额不得低于补偿安置资金总额的百分之五十。该存款金额与补偿安置用房价值之和不得低于补偿安置资金总额。补偿安置资金存款证明的金额达到补偿安置资金总额的，可以不提供补偿安置用房证明。

拆迁补偿安置资金总额的核定办法，由市人民政府另行制定。

第五条 市房地产行政主管部门自收到申请之日起，应当在三十日内按本办法第四条所列条件进行审查。符合条件的，颁发房屋拆迁许可证；不符合条件的，应当作出不予颁发房屋拆迁许可证的决定，并且书面说明理由。

第六条 市房地产行政主管部门应当将房屋拆迁公告在实施拆迁的区域内张贴，并且在公开发行的报纸上刊登。

房屋拆迁公告应当包括下列内容：

（一）拆迁的目的和依据；

（二）拆迁的地点和范围；

（三）拆迁期限；

（四）拆迁人、拆迁人委托的拆迁单位的名称；

（五）达不成拆迁补偿安置协议的法律救济途径；

（六）索取拆迁相关资料的地点；

（七）其他应当公告的事项。

第七条 因城市规划调整改变拆迁范围的，市房地产行政主管部门应当书面通知拆迁人。拆迁人应当自接到书面通知之日起七日内，到市房地产行政主管部门办理有关变更房屋拆迁许可证的手续。市房地产行政主管部门应当将变更后的拆迁范围予以公告。

因城市规划调整改变拆迁范围给拆迁人或者被拆迁人造成损失的，政府应当给予补偿。

第八条 具备法人资格并依本条规定取得房屋拆迁资格证的单位，可以接受拆迁人委托，组织房屋拆迁。

申请房屋拆迁资格证的单位，应当具备以下条件：

（一）取得房屋拆迁员证的拆迁工作人员十名以上；

（二）取得中级以上职称的建筑工程技术人员二名以上。

符合前款规定条件的，市房地产行政主管部门应当自收到申请之日起三十日内核发房屋拆迁资格证。

本条第二款所称拆迁工作人员，是指受拆迁人或者拆迁人委托的拆迁单位指派，与被拆迁人、房屋承租人协商拆迁补偿安置等事宜的人员。

第九条 拆迁工作人员经考核合格后，由市房地产行政主管部门颁发房屋拆迁员证。

拆迁工作人员进行房屋拆迁工作时应当佩戴房屋拆迁员证；未佩戴房屋拆迁员证的，被拆迁人、房屋承租人有权拒绝与其协商。

第十条 房屋拆迁资格证自颁发之日起有效期为二年。有效期满需要延长的，拆迁单位应当在有效期满的二个月前，向市房地产行政主管部门申请办理延期手续。逾期不申请的，房屋拆迁资格证自动失效。

第十一条 拆迁人与被拆迁人、房屋承租人应当依法订立拆迁补偿安置协议。拆迁补偿安置协议应当包括以下内容：

（一）被拆迁房屋的建筑面积及价格金额；

（二）拆迁补偿方式；

（三）搬迁期限；

（四）违约责任；

（五）当事人需要约定的其他事项。

实行房屋产权调换的，拆迁补偿安置协议除前款所列内容外，还应当包括补偿安置用房的权属证明、有关规划资料、价格金额、面积、地点、楼层、差价款的支付方式和期限等事项。

实行货币补偿的，拆迁补偿安置协议除本条第一款所列内容外，还应当包括货币补偿款的支付方式和期限。

第十二条 拆迁人应当自拆迁补偿安置协议订立之日起三十日内，将拆迁补偿安置协议报市房地产行政主管部门备案。

第十三条 在房屋拆迁公告发布之日起至拆迁工作完毕止，拆迁范围内房屋的结构和附属设施的安全责任由拆迁人承担，但因使用人、使用人以外的第三人的原因和不可抗力引起的除外。

第十四条 拆迁期间，拆迁人应当保障尚未搬迁的被拆迁人、房屋承租人原有的供水、供电等基本生活条件。

市、区房地产行政主管部门应当加强对拆迁人的监督，切实保障被拆迁人的基本生活条件。

第十五条 被拆迁人、房屋承租人凭拆迁补偿安置协议向公安、邮政、电信、公用事业、教育等部门或者单位申请办理户口迁移、邮件传递、电话迁移、供水、供电以及转学、转托等手续，相关部门或者单位应当依法按照有关规定办理。

第十六条 拆迁人与被拆迁人或者拆迁人、被拆迁人与房屋承租人达不成拆迁补偿安置协议的，经当事人申请，由市房地产行政主管部门裁决。被拆迁人或者房屋承租人是市房地产行政主管部门的，由市人民政府裁决。裁决应当自申请之日起三十日内作出。

第十七条 拆迁补偿安置争议经裁决后，被拆迁人在法定期限内不申请行政复议，也不提起行政诉讼，并且拒绝受领补偿款的，拆迁人可以到公证机构办理提存公证。

第十八条 在裁决规定的搬迁期限内，被拆迁人或者房屋承租人拒绝搬迁的，由市人民政府责成有关部门强制拆迁，或者由市房地产行政主管部门申请人民法院强制拆迁。

实施强制拆迁前，拆迁人应当向公证机构办理被拆迁房屋的证据保全和拆迁补偿款的提存公证。

第十九条 法律、法规对拆迁外国领事馆房屋、军事设施、华侨房屋、教堂、寺庙、文物古迹、历史文化保护区内的建筑物等另有规定的，依照有关的法律、法规执行。

第二十条 拆迁人应当将拆迁补偿安置资金存入金融机构的专用账户。拆迁补偿安置资金在房屋拆迁补偿安置完成之前，不得挪作他用。

市房地产行政主管部门应当加强对拆迁补偿安置资金使用的监督。

第二十一条 被拆迁人选择产权调换的，拆迁人应当提供不同地段的两处以上产权自有的补偿安置用房供被拆迁人选择，所提供的补偿安置用房应当符合国家质量安全标准和本市规划配套要求。

在拆迁补偿安置完成前，拆迁人不得转让、抵押、租赁补偿安置用房，有关行政主管部门应当暂停办理该房屋的相关手续。

第三章 拆迁补偿与安置

第二十二条 房屋拆迁补偿以房地产权证所列登记事项为依据。

房地产权证所列登记事项不明确或者与现状不符的，被拆迁人应当自房屋拆迁公告发布之日起二个月内向房地产行政主管部门申请办理有关确认手续。

符合房地产权属登记的法律、法规规定的确认条件的，市房地产行政主管部门应当依照《广东省城镇房地产权登记条例》规定的时限办理有关确认手续。申办事项需要以规划行政主管部门的批准文件为依据的，由市房地产行政主管部门查明后确认。

拆除违法建筑和超过批准使用期限的临时建筑,不予补偿;拆除未超过批准使用期限的临时建筑，按重置成本结合成新予以补偿。

第二十三条 拆迁补偿的方式可以实行货币补偿，也可以实行房屋产权调换。

拆迁非公益事业房屋的附属物，不作产权调换，由拆迁人给予货币补偿。

拆迁租赁房屋，被拆迁人与房屋承租人对解除租赁关系达不成协议的，拆迁人应当对被拆迁人实行房屋产权调换，不作货币补偿。

第二十四条 被拆迁房屋和补偿安置用房的价格，由拆迁人和被拆迁人协商确定。拆迁人和被拆迁人协商不能达成协议的,可以共同或者分别委托具备房屋拆迁评估资格的房地产评估机构进行评估。共同委托不成或者对分别委托评估的结果有异议的，经拆迁当事人申请，可以由市房地产行政主管部门采用随机抽取的方式确定房地产评估机构进行评估，评估结果作为补偿安置的依据。

具备房屋拆迁评估资格的房地产评估机构，由市房地产行政主管部门定期公布。

第二十五条 被拆迁房屋的货币补偿金额,根据房屋的区位、用途、建筑面积等因素，以房地产市场评估价格确定。

本市历史旧城区范围内被拆迁住宅房屋的补偿金额，按照房地产市场价格增加百分之二十确定。历史旧城区范围以附图的标示为准。

被拆迁房屋补偿金额达不到最低补偿标准的，按照最低补偿标准支付。最低补偿标准由市人民政府另行制定。

第二十六条 拆迁执行政府规定租金标准的公有住宅房屋，被拆迁人实行房屋产权调换的，拆迁人应当提供使用面积不少于被拆迁房屋使用面积，并且与被拆迁房屋价格相当的房屋给被拆迁人，产权调换的房屋仍由原承租人继续承租；被拆迁人对房屋承租人进行安置的，安置用房的使用面积不少于被拆迁房屋的使用面积。

第二十七条 选择货币补偿的被拆迁人申请购买经济适用房、租住廉租房，符合申请条件的，市房地产行政主管部门应当优先安排。

第二十八条 拆迁用于公益事业的房屋，拆迁人应当按照法律、法规的规定和城市规划的要求予以重建或者给予货币补偿。

前款所称公益事业是指科教、文化、卫生等社会公共福利性，非生产性、营利性的事业。

第二十九条 拆迁按照房改政策购买的房屋，被拆迁人可以按照住房制度改革有关规定购买公用分摊面积后再办理拆迁补偿安置相关手续。被拆迁人不购买公用分摊面积的，对被拆迁人按照原购房面积给予补偿。

第三十条 在房屋拆迁公告规定的拆迁期限内，有以下情形之一的房屋，可以由市房地产行政主管部门代管：

（一）产权不明晰的；

（二）所有人死亡并且尚无法确定继承人的；

（三）所有人下落不明又无合法代理人的。

拆迁由房地产行政主管部门代管的房屋，拆迁人应当与代管人签订拆迁补偿安置协议。拆迁补偿安置协议应当公证。被拆迁房屋应当依法办理证据保全。

被代管房屋的所有人出现或者继承人确定的，市房地产行政主管部门应当将产权调换的房屋或者货币补偿款及其银行利息返还该所有人或者继承人。

第三十一条 拆迁人应当对被拆迁人或者房屋承租人支付搬迁补助费等相关费用。

在过渡期限内，被拆迁人或者房屋承租人自行安排住处的，拆迁人应当支付临时安置补助费；被拆迁人或者房屋承租人使用拆迁人提供的周转用房的，拆迁人不支付临时安置补助费。

搬迁补助费和临时安置补助费按照国家和省的有关规定执行。

第三十二条 实行房屋产权调换的，拆迁人与被拆迁人应当计算被拆迁房屋的补偿金额和所调换房屋的价格，结清差价。

实行货币补偿或者实行产权调换，拆迁人需补房屋差价的，应当在被拆迁人搬迁前一次性支付补偿款或者差价款。

由被拆迁人向拆迁人支付所调换房屋差价的，被拆迁人可以分期付款，首期付款不低于差价总额的百分之三十。

第三十三条 被拆迁房屋所在地块依照规划建设的住宅房屋，其面积大于或者等于原所在地块被拆迁住宅房屋总面积的，被拆迁人可以选择原址产权调换的补偿形式。

被拆迁人选择原址产权调换的，应当在拆迁补偿安置协议中明确。拆迁人应当自房地产行政主管部门核发新建房屋预售许可证之日起七日内告知被拆迁人；被拆迁人应当自收到拆迁人通知之日起十五日内与拆迁人就新建房屋签订产权调换协议。被拆迁人逾期不签订产权调换协议的，不保留原址产权调换的权利。

被拆迁人选择原址产权调换的，拆迁人应当在被拆迁人搬迁前一次性支付被拆迁房屋的价款。

被拆迁人应当按照产权调换协议商定的期限、方式向拆迁人支付所调换房屋的价款。

第三十四条 被拆迁人应当在搬迁前向市房地产行政主管部门交回被拆迁房屋的房地产权证，市房地产行政主管部门应当予以注销。

实行产权调换的，拆迁人应当为被拆迁人办理所调换房屋的产权登记手续。市房地产行政主管部门应当自收到申请之日起三十日内给予办理。

第四章　罚　　则

第三十五条　违反本办法第四条第一款规定，未取得房屋拆迁许可证，擅自实施拆迁的，由市房地产行政主管部门依照国务院《城市房屋拆迁管理条例》第三十四条处罚。

第三十六条　拆迁人违反本办法第四条第二款、第三款的规定，提供虚假资料或者以其他欺骗手段取得房屋拆迁许可证的，由市房地产行政主管部门依照国务院《城市房屋拆迁管理条例》第三十五条处罚。

第三十七条　房地产行政主管部门违反本办法的规定，有下列行为之一的，对直接负责的主管人员和其他直接责任人员依法给予行政处分；情节严重，致使公共财产、国家和人民利益遭受重大损失，构成犯罪的，依法追究刑事责任：

（一）违法核发房屋拆迁许可证、房屋拆迁资格证、房屋拆迁员证以及其他批准文件的；

（二）核发房屋拆迁许可证以及其他批准文件后不履行监督管理职责的；

（三）违法办理有关拆迁房屋登记确认手续的；

（四）应当暂停办理补偿安置用房抵押、转让、买卖手续，而未暂停办理的；

（五）对违法行为不予查处的；

（六）有其他违反法律、法规规定行为的。

第五章　附　　则

第三十八条　县级市可参照本办法实施。

第三十九条　本办法自2004年1月1日起施行。1997年6月10日广州市人民代表大会常务委员会公布实施的《广州市城市房屋拆迁管理条例》同时废止。

9. 上海市征用集体所有土地拆迁房屋补偿安置若干规定

（2002年4月10日上海市人民政府发布）

第一条 为了规范征用农民集体所有土地拆迁房屋及其附属物的补偿安置活动，根据《上海市实施〈中华人民共和国土地管理法〉办法》和《上海市城市房屋拆迁管理实施细则》，制定本规定。

第二条 征地拆迁房屋补偿安置是征地补偿安置工作的组成部分。征地拆迁房屋的补偿安置标准，应当纳入征地补偿安置方案进行公告。征地拆迁房屋的补偿安置费用应当纳入征地补偿安置费用管理。

第三条 征地补偿安置方案经区（县）人民政府批准后，由建设单位负责拆迁房屋的补偿安置。

拆迁房屋补偿安置的具体工作，由建设单位委托已取得市房屋土地资源管理局（以下简称市房地资源局）颁发的房屋拆迁资格证书的单位实施。

第四条 征地拆迁房屋，应当按规定对征地范围内的房屋所有人（以下简称被拆迁人）给予补偿安置；被拆迁人应当在搬迁期限内完成搬迁。

被拆迁人以合法有效的房地产权证、农村宅基地使用证或者建房批准文件计户，拆迁补偿安置按户进行。

第五条 被拆除房屋的用途和建筑面积，以房地产权证、农村宅基地使用证或者建房批准文件的记载为准。

征用土地公告时，被拆迁人已取得建房批准文件且新房已建造完毕的，对新房予以补偿，对应当拆除而未拆除的旧房不予补偿。征用土地公告时，被拆迁人已取得建房批准文件但新房尚未建造完毕的，被拆迁人应当立即停止建房，具体补偿金额可以由拆迁当事人协商议定。

拆除未超过批准期限的临时建筑，可以给予适当补偿。

违章建筑、超过批准期限的临时建筑，以及征用土地公告后擅自进行房屋及其附属物新建、改建、扩建的部分，均不予补偿。

第六条 征地拆迁居住房屋，被征地的村或者村民小组建制撤销的，被拆迁人可以选择货币补偿，也可以选择与货币补偿金额同等价值的产权房屋调换。

前款规定的货币补偿金额计算公式为:(被拆除房屋建安重置单价结合成新+同区域新建多层商品住房每平方米建筑面积的土地使用权基价+价格补贴）×被拆除房屋的建筑面积。

本条所称的单价，是指每平方米建筑面积的价格。

本条规定的被拆除房屋建安重置单价结合成新，由建设单位委托具有市房地资源局核准的房屋拆迁评估资格的房地产估价机构评估；同区域新建多层商品住房每平方米建筑面积的土地使用权基价及价格补贴标准，由被拆除房屋所在地的区（县）人民政府制定并公布。

第七条 征地拆迁居住房屋，被征地的村或者村民小组建制不撤销的，应当按下列规定对未转为城镇户籍的被拆迁人予以补偿安置:

（一）具备易地建房条件的区域，被拆迁人可以在乡（镇）土地利用总体规划确定的中心村或居民点范围内申请宅基地新建住房，并获得相应的货币补偿；

（二）不具备易地建房条件的区域，按本规定第六条执行，被拆迁人不得再申请宅基地新建住房。

本条第一款第一项规定的货币补偿金额计算公式为:(被拆除房屋建安重置单价结合成新+价格补贴）×被拆除房屋的建筑面积；被拆迁人使用新宅基地所需的费用，由建设单位支付给被征地的村或者村民小组。

被拆迁人申请宅基地新建房屋的审批程序，按照国家和本市农村住房建设的有关规定执行。

第八条 拆迁居住房屋,还应当补偿被拆迁人搬家补助费、设备迁移费、过渡期内的临时安置补助费，并自过渡期逾期之日起增加临时安置补助费。

第九条 拆迁非居住房屋实行货币补偿。

拆除农村集体经济组织以土地使用权入股、联营等形式与其他单位、个人共同举办的企业所有的非居住房屋，被拆迁人的货币补偿金额计算公式为：被拆除房屋的建安重置价＋相应的土地使用权取得费用。

本条第二款规定的被拆除房屋的建安重置价、相应的土地使用权取得费用，由建设单位委托具有市房地资源局核准的房屋拆迁估价资格的房地产估价机构评估。

第十条 拆除非居住房屋，还应当补偿被拆迁人下列费用：

（一）按国家和本市规定的货物运输价格、设备安装价格计算的设备搬迁和安装费用；

（二）无法恢复使用的设备按重置价结合成新结算的费用；

（三）因拆迁造成停产、停业的适当补偿。

第十一条 拆除居住房屋附属的棚舍、除本规定第九条第二款以外的非居住房屋，以及其他地上构筑物的补偿，按照本市有关国家建设征地的财物补偿标准执行。

第十二条 征地拆迁房屋的评估技术规范，由市房地资源局制定。

第十三条 征地农业人口安置补助费、青苗补偿费和土地补偿费，按照国家和本市有关规定执行。

第十四条 征地拆迁房屋补偿安置的实施程序，按照《上海市城市房屋拆迁管理实施细则》中的有关规定执行。

第十五条 在本规定实施前已办理征地手续但尚未进行房屋拆迁的项目，也适用本规定。

第十六条 本规定的具体应用问题，由市房地资源局负责解释。

第十七条 本规定自发布之日起施行。

10. 北京市集体土地房屋拆迁管理办法

（北京市人民政府令第124号）

第一章 总 则

第一条 为了加强集体土地房屋拆迁管理，维护拆迁当事人合法权益，保障城乡建设顺利进行，根据《中华人民共和国土地管理法》等有关法律、法规，结合本市实际情况，制定本办法。

第二条 在本市行政区域内因国家建设征用集体土地（以下简称征地）或者因农村建设占用集体土地（以下简称占地）拆迁房屋，并需要对被拆迁人补偿、安置的，适用本办法。

征地拆迁宅基地以外的房屋的，按照本市有关规定执行。

第三条 本办法所称拆迁人是指经依法批准征用或者占用集体土地并取得房屋拆迁许可证的用地单位。

本办法所称被拆迁人是指对被拆除房屋拥有所有权的单位或者个人。

第四条 市国土资源和房屋管理局（以下简称市国土房管局）主管本市集体土地房屋拆迁管理工作；区、县国土资源和房屋管理局（以下简称区、县国土房管局）负责本行政区域内集体土地房屋拆迁管理工作。

第五条 区、县人民政府和乡（民族乡）、镇人民政府应当依照本办法规定的职责，做好本行政区域内的房屋拆迁管理工作。

第六条 拆迁人应当依照本办法的规定对被拆迁人进行补偿安置。被拆迁人应当在规定的搬迁期限内完成搬迁。

第二章 拆 迁 管 理

第七条 用地单位取得房屋拆迁许可证后，方可实施拆迁。

第八条 用地单位取得征地或者占地批准文件后，可以向区、县国土房管局申请在用地范围内暂停办理下列事项：

（一）新批宅基地和其他建设用地；

（二）审批新建、改建、扩建房屋；

（三）办理入户和分户，但因婚姻、出生、回国、军人退伍转业、经批准由外省市投靠直系亲属、刑满释放和解除劳动教养等原因必须入户、分户的除外；

（四）核发工商营业执照；

（五）房屋、土地租赁；

（六）改变房屋、土地用途。

区、县国土房管局核准用地单位的申请后，应当就前款所列事项书面通知有关部门暂停办理相关手续，并在用地范围内予以公告。通知和公告应当载明拆迁范围、暂停办理事项和暂停期限。暂停期限自公告之日起算，最长不超过1年。用地单位确需延长暂停期限的，应当报经区、县国土房管局批准，延长的期限不超过半年。

暂停期限内，擅自办理本条第一款所列事项的，房屋拆迁时不予认定。

第九条 用地单位申请核发房屋拆迁许可证的，应当向被拆迁房屋所在地的区、县国土房管局提交下列文件：

（一）用地批准文件；

（二）规划批准文件；

（三）拆迁实施方案；

（四）安置房屋或者拆迁补偿资金的证明文件。

区、县国土房管局应当自收到申请之日起30日内审查完毕；对符合条件的，核发房屋拆迁许可证，并将拆迁人、拆迁范围、搬迁期限等情况向被拆迁人公告。

第十条 征地拆迁宅基地上房屋的，拆迁实施方案由拆迁人根据本办法第三章的规定和经批准的征地方案拟订，报区、县国土房管局批准后执行。

占地拆迁房屋的，拆迁实施方案由拆迁人拟订，经乡（民族乡）、镇人民政府审核并报区、县国土房管局备案后执行；其中旧村改造的拆迁实施方案在报乡（民族乡）、镇人民政府审核前，应当经村民会议或者村民代表会议讨论通过。

拆迁人应当在拆迁范围内公布拆迁实施方案，公布的期限不少于10日。

第十一条 拆迁人与被拆迁人应当就房屋拆迁补偿安置事宜签订书面协议。协议应当规定补偿安置方式和标准、搬迁期限、违约责任等内容。

第十二条 在区、县国土房管局公告的搬迁期限内，拆迁人与被拆迁人没有达成拆迁补偿安置协议的，经一方或者双方当事人申请，由区、县国土房管局裁决。

裁决规定的搬迁期限届满被拆迁人拒绝搬迁的，属于征地拆迁宅基地上房屋的，由区、县国土房管局申请人民法院强制执行；属于占地拆迁房屋的，由当事人依法向人民法院提起民事诉讼。

第三章 拆迁补偿和安置

第十三条 宅基地上的房屋拆迁，可以实行货币补偿或者房屋安置，有条件的地区也可以另行审批宅基地。

第十四条 拆迁宅基地上房屋实行货币补偿的，拆迁人应当向被拆迁人支付补偿款。补偿款按照被拆除房屋的重置成新价和宅基地的区位补偿价确定。房屋重置成新价的评估规则和宅基地区位补偿价的计算办法由市国土房管局制定并公布。

按照前款规定对被拆迁人给予货币补偿的，不再进行房屋安置或者另行审批宅基地。

第十五条 拆除宅基地上房屋以国有土地上房屋安置的，拆迁人与被拆迁人应当按照本办法第十四条第一款的规定确定拆迁补偿款，并与安置房屋的市场评估价款结算差价；但按照市人民政府规定以经济适用住房安置被拆迁人的除外。

农村集体经济组织或者村民委员会作为拆迁人实施拆迁，以本集体建设用地范围内的房屋安置被拆迁人的，经村民会议或者村民代表会议讨论通过并报乡（民族乡）、镇人民政府批准后，可以按照被拆除房屋建筑面积安置，也可以结合被拆迁人家庭人口情况安置。

其他拆迁人委托农村集体经济组织或者村民委员会安置被拆迁人的，可以参照本条第二款的规定执行。

第十六条 农村集体经济组织或者村民委员会在集体土地上建设安置房屋的，应当符合城市规划、土地利用规划和年度计划，依法取得用地和规划许可。

第十七条 农村集体经济组织或者村民委员会作为拆迁人拆迁宅基地上房屋，有条件的地区，可以按照土地管理法律、法规和规章的规定，另行审批宅基地由被拆迁人自建房屋，并对被拆除的房屋按照重置成新价给予补偿。

其他拆迁人委托农村集体经济组织或者村民委员会安置被拆迁人的，可以参照前款规定执行。

第十八条 拆迁补偿中认定的宅基地面积应当经过合法批准，且不超过控制标准。未经合法批准的宅基地，不予认定。

经合法批准的宅基地超出控制标准的部分，不予补偿；但1982年以前经合法批准的宅基地超出控制标准的部分，可以按照区、县人民政府的规定给予适当补偿。

每户宅基地面积的控制标准，按照区、县人民政府根据《北京市人民政府关于加强农村村民建房用地管理若干规定》第六条确定的标准执行。

第十九条 拆迁补偿中认定宅基地上房屋建筑面积，以房屋所有权证标明的面积为准；未取得房屋所有权证但具有规划行政主管部门批准建房文件的，按照批准的建筑面积认定。

本办法施行前宅基地上已建成的房屋，未取得房屋所有权证和规划行政主管部门批准建房文件，但确由被拆迁人长期自住的，应当给予适当补偿。属于征地拆迁房屋的，补偿标准由乡（民族乡）、镇人民政府根据当地实际情况确定，报区、县人民政府批准后执行；属于占地拆迁房屋的，补偿标准由农村集体经济组织或者村民委员会确定，报乡（民族乡）、镇人民政府批准后执行。

本办法施行后宅基地上新建、改建、扩建的房屋，未取得房屋所有权证或者规划行政主管部门批准建房文件的，拆迁房屋时不予认定。

第二十条 农村村民符合审批宅基地条件但未实际取得宅基地，且按照拆迁实施方案安置确有困难的，拆迁人应当按照区、县人民政府的规定给予适当补助。但拆迁实施方案确定以另行审批宅基地的方式予以补偿安置的除外。

第二十一条 占地拆迁宅基地以外房屋的补偿，参照征地拆迁的有关规定执行。

第二十二条 对利用宅基地内自有房屋从事生产经营活动并持有工商营业执照的，拆迁人除按照本办法的规定予以补偿、安置外，还应当适当补偿停产、停业的经济损失。其中，征地拆迁房屋的经济损失补偿标准，由区、县人民政府规定；占地拆迁房屋的经济损失补偿标准，由乡（民族乡）、镇人民政府规定并报区、县人民政府备案。

第二十三条 拆迁人应当向被拆迁人支付搬迁补助费。征地拆迁房屋的搬迁补助费，由区、县人民政府规定；占地拆迁房屋的搬迁补助费，由乡（民族乡）、镇人民政府规定并报区、县人民政府备案。

第二十四条 拆除违法建筑和超过批准期限的临时建筑不予补偿；拆除未超过批准期限的临时建筑，按照重置成新价结合剩余期限给予适当补偿。

第四章 法律责任

第二十五条 违反本办法第七条规定，未取得房屋拆迁许可证擅自实施拆迁的，由市或者区、县国土房管局责令停止拆迁行为，处1万元以上3万元以下罚款。

第二十六条 市和区、县国土房管局违反本办法规定核发房屋拆迁许可证以及其他批准文件的，核发房屋拆迁许可证以及其他批准文件后不履行监督管理职责的，或者对违法行为不予查处的，对直接负责的主管人员和其他直接责任人员依法给予行政处分；情节严重，致使公共财产、国家和人民利益遭受重大损失，构成犯罪的，依法追究刑事责任。

第五章　附　　则

第二十七条　因进行水利水电工程建设、绿化隔离地区建设、贫困山区农民搬迁以及因地质灾害移民涉及集体土地房屋拆迁的，不适用本办法。

第二十八条　本办法自2003年8月1日起施行。

本办法施行前已发布拆迁公告的，不适用本办法。

11. 北京市宅基地房屋拆迁补偿规则

（京国土房管征［2003］606号）

第一条　根据《北京市集体土地房屋拆迁管理办法》（市人民政府令第124号）第十四条规定，制定本规则。

第二条　拆迁集体宅基地房屋的补偿价（以下简称房屋拆迁补偿价），按照本规则计算。

第三条　房屋拆迁补偿价，由宅基地区位补偿价、被拆迁房屋重置成新价构成；计算公式为：

房屋拆迁补偿价＝宅基地区位补偿价×宅基地面积＋被拆迁房屋重置成新价

宅基地面积按照《北京市集体土地房屋拆迁管理办法》第十八条确定；宅基地区位补偿价由区县人民政府以乡镇为单位，依本规则第四条的规定确定并公布，报市国土房管局备案。

第四条　宅基地区位补偿价按下列公式计算：

当地普通住宅指导价，由区县人民政府参照一定时间、一定区域内普通商品住宅均价、城市规划等情况综合确定。

房屋重置成新均价，是指一定时间、一定区域内的被拆迁宅基地房屋重置成新平均价，具体标准由区县人民政府按照前述区域内农村房屋建设情况在400～700元/平方米幅度内确定。

户均安置面积，按照100～150平方米控制，具体安置标准由区县人民政府根据当地农村经济发展水平、农民居住情况确定。

户均宅基地面积，原则上暂统一按0.3亩（200平方米）计算。

与国有土地相邻的集体土地，其宅基地区位补偿价，可以参照《北京市城市房屋拆迁管理办法》（市人民政府令第87号）确定。

第五条 按照《北京市集体土地房屋拆迁管理办法》第十五条规定，以经济适用住房或其他房屋定向安置被拆迁人的，依本规则计算拆迁补偿时，当地普通住宅指导价分别为经济适用住房价、定向安置房屋价。

第六条 被拆迁房屋重置成新价按照《北京市房屋估价办法》（京房地评字［1996］573号）和《北京市住宅楼房估价技术规范》（京房地评字［1996］655号）执行。

第七条 本规则自2003年8月1日起施行。

12. 北京市房屋拆迁评估规则（暂行）

第一条 根据《北京市城市房屋拆迁管理办法》第二十二条规定，结合本市实际情况，制定本规则。

第二条 被拆迁住宅房屋的房地产市场评估价（以下简称房屋拆迁补偿价），按照本规则第二条至第七条规定评估确定。

第三条 房屋拆迁补偿价计算公式为：

房屋拆迁补偿价＝（基准地价×K＋基准房价）×被拆迁房屋建筑面积＋被拆迁房屋重置成新价

第四条 基准地价和基准房价构成区位补偿房价。其中，基准地价，是指在一定时间和一定区域内，普通住宅商品房的楼面地价平均水平；基准房价，是指一定时间和一定区域内，普通住宅商品房平均建设综合成本价和被拆迁房屋平均重置成新价的差额。

住宅房屋拆迁的基准地价、基准房价和土地级别范围，由国土资源和房屋管理局（以下简称市国土房管局）制定并定期公布。土地级别为七至十级的地区的基准房价，由区、县人民政府在市国土房管局规定的幅度内确定，并报市国土房管局备案。

第五条 K 为容积率修正系数，按照《房屋拆迁容积率修正系数表》确定。

被拆迁房屋现状容积率，按照被拆迁房屋建筑面积除以土地面积计算。被拆迁房屋建筑面积和土地面积，按照被拆迁人提交的房地权属证明文件标明的面积确定；房地权属证明文件没有标明土地面积的，平房容积率按照 0.7 计算，地上二层及二层以上楼房容积率按照 1 计算；当事人有异议的，也可以按照测绘部门实际测量的数据计算。

第六条 被拆迁房屋重置成新价的评估，按照《北京市房屋估价办法》（京房地评字〔1996〕573 号）和《北京市住宅楼房估价技术规范》（京房地评字〔1999〕655 号）执行。

第七条 根据《北京市城市房屋拆迁管理办法》第三十四条规定，房改危改区内被拆迁私有房屋（不含已购公有住房）的房屋拆迁补偿价，按照危改前的市场交易价格，采用市场比较法评估。

按照《北京市城市房屋拆迁管理办法》第二十四条规定实行产权调换的，所调换房屋的价格按照前款规定评估。

第八条 非住宅房屋拆迁评估，可以按照《北京市非住宅房屋拆迁评估技术标准》（京房地评字〔1999〕656 号）执行，也可以按照国家规定的其他评估方法进行评估。

第九条 本规则由市国土资源和房屋管理局负责解释。

13. 北京市非住宅楼房估价技术规范

（京国土房管拆［2002］646号）

一、本技术规范适用于本市按建筑规范标准（国家标准、行业标准）建造的各类非住宅楼房的评估。

二、本技术规范采用成本法进行测算，主要计算公式为：

非住宅楼价格＝（基本价格×楼房成新率＋Σ各增项价格×各增项成新率）×建筑面积×时点系数×区域系数＋设备、附属物及装修价

三、基本价格包括土建及上下水、照明及普通内装修（水泥地，内外墙刷白），在《非住宅楼房基本价格表》中根据建筑结构类型查取；楼房成新率，按《非住宅楼房成新评定说明》和《非住宅楼房直线折旧参数说明表》,采用直接观察法和直线折旧法相结合的方式确定。

四、增项是指由产权单位统一安装或修建的项目，包括暖气、中央空调、煤气及抗震加固。各增项价格在《增项价格表》中查取，各增项成新率，按《增项成新评定说明》执行。

五、设备、附属物及装修价格的评估参照《北京市房屋估价办法》,《北京市房屋估价办法》中没有的项目可据实评估。

六、区域系数城近郊区为1.0；十个远郊区县可适当降低，但不得低于0.5。

七、本技术规范发布时时点系数为1.0,以后根据建筑工程造价变动和市场行情适时调整。

八、本技术规范未列入的项目和未依据建筑规范标准建造的房屋，可根据实际情况参照本技术规范执行。

14. 上海市城市房屋拆迁评估技术规范（试行）

沪房地资市［2002］0066号

第一章　总　　则

第一条　制定依据

为维护房屋拆迁当事人的合法权益，规范房屋拆迁评估行为，根据《中华人民共和国城市房地产管理法》、《城市房屋拆迁管理条例》、《上海市城市房屋拆迁管理实施细则》和《房地产估价规范》、《城镇土地估价规程》的有关规定，结合本市实际情况，制定本技术规范。

第二条　适用范围

本市国有土地上的房屋拆迁评估适用本技术规范。

第三条　估价目的和价格定义

采用本技术规范的估价目的统一称为“房屋拆迁补偿估价”。

房屋拆迁评估的价值定义是被拆除房屋无权利负担的房地产公开市场价值。房屋拆迁评估不考虑租赁、抵押等权利限制的影响。

第四条　估价时点

房屋拆迁评估的估价时点为房屋拆迁许可证颁发之日。

第五条　评估方法与可比实例选取

各类房屋拆迁评估应采用本技术规范规定的评估方法。

在运用市场比较法时，应在拆迁房屋相同或相似区域内收集成交时间一般不超过6个月的充分房地产市场交易实例，包括房屋拆迁范围内的交易实例。在分析、筛选的基础上确定与估价对象区位、用途、建筑类型、结构和设备等相同或相似的3个以上可比实例，并制作《可比实例调查表》。采用基准价格修正法确定基准价格的，应选取4个以上可比实例。

可比实例的成交单价一般相差不应超过30%。

第六条 拆迁房屋用途、建筑面积、占地面积

拆迁房屋用途、建筑面积、占地面积应以委托人书面确定的为准。

第七条 房屋装饰评估

拆迁房屋的评估价格中不包括房屋的装饰价值。

委托人书面要求评估房屋装饰价值的，应按照本市房屋装饰工程定额标准，单独评定其装饰的重置价格和成新程度。

房屋装饰应单独出具评估报告。

第八条 房屋拆迁评估的质量控制

房屋拆迁评估的货币单位应当精确到元。

房屋拆迁评估报告（以下简称评估报告）应经估价机构内部审核批准。

第九条 评估报告

估价机构应按《房地产估价规范》的规定格式出具评估报告。其中居住房屋的，估价机构还应按房地产权证、租用公房凭证或房屋租赁合同出具分户评估报告。

评估报告和分户评估报告应经注册房地产估价师签名并加盖估价机构公章。

采用基准价格修正法评估时应提供估价结果汇总表。估价结果汇总表应包含分户估价对象座落、产权人、建筑面积、基准价格、修正系数、评估单价等内容。

第十条 评估资料存档

估价机构应当将下列资料与评估报告（含技术报告）共同整理存档：

（一）评估委托合同；

（二）拆迁许可证、或者建设用地规划许可证、或者有关批准文件；

（三）评估对象的产权证明材料及有关房屋基本情况的证

明材料；

（四）评估对象的实地查勘记录、照片等资料；

（五）可比实例的实地查勘记录、照片等资料；

（六）确定评估结果的有关系数、参数等证明资料；

（七）其他涉及评估项目的一切必要资料。

评估报告及有关资料至少应保留十年。

第十一条　证据保全

评估依法代管的房屋、产权不明确的房屋，估价机构应将评估报告（含技术报告）及评估过程中形成的有关评估资料同时提交委托人，由委托人一并办理证据保全手续。

第二章　居住房屋的评估

第十二条　居住房屋分类

本市国有土地上的居住房屋按建筑类型分为公寓、花园住宅、职工住宅（新工房）、新式里弄、旧式里弄、简屋六类。

第十三条　评估方法

居住房屋应采用市场比较法评估。

第十四条　可比实例的比较修正

可比实例比较修正时，应建立价格可比基础后进行交易情况、交易日期、区域因素、个别因素修正。每项修正对可比实例成交价格的调整不得超过10%，综合调整不得超过15%。

第十五条　基准价格修正法

（一）基准价格修正法与适用条件

对于房屋建筑类型相同、功能完整性相同或相似的同一拆迁地块的成片居住房屋，可采用市场比较法确定典型房屋的市场价格，作为该拆迁范围同类房屋的基准价格。然后根据不同房屋的楼层、朝向、采光、通风等因素，对该基准价格进行适当的调整、修正，确定其它被拆除房屋的评估价格。

整幢花园住宅和整幢新式里弄一般不宜采用基准价格修正法。

（二）运作程序

1. 按照居住房屋的建筑类型、建造年代、建筑结构、设备、房屋户型以及功能的完整性等因素划分房屋类别；

2. 在同一房屋类别内确定典型房屋；

3. 运用市场比较法对典型房屋进行评估，经核验后确定典型房屋的价格作为基准价格；

4. 确定层次、朝向等其他因素修正系数；

5. 运用本规范的计算公式确定房屋的市场价格。

（三）计算公式

估价对象价格＝类别基准价格×（1＋朝向修正系数）×（1＋层次修正系数）×（1＋其他因素修正系数）

本计算公式中的修正系数可参照下列系数确定。修正系数绝对值大于或等于5％的，调整幅度一般控制在±2％以内；修正系数绝对值小于5％的，调整幅度一般控制在±1％以内：

1. 朝向系数

主卧朝向	北	西	东	一间朝南	两间朝南	三间朝南
修正系数	－8％	－3％	－2％	0％	1％	2％

朝向以住宅主卧室为准

2. 层次修正系数表

层次\总层数	一	二	三	四	五	六	七	高层
1	0％	0％	0％	0％	0％	0％	0％	－3％
2		4％	4％	2％	2％	2％	2％	－2％
3			2％	6％	5％	5％	6％	－1％
4				－4％	4％	4％	5％	0％
5					－8％	2％	3％	0％
6						－8％	1％	1％
7							－10％	1％

8～11	2%
12～ (顶层－1)	4%
顶层	－4%

顶层修正一般为20世纪90年代中期以前顶层普通防水等处理的建筑，不包括复式结构或特殊防水处理的顶层房屋。

3. 计算公式中的其他修正因素是指采光、通风等在基准价格中未进行修正的其他影响估价对象价格的个别因素。修正范围根据具体情况在±5%范围内综合确定。

第十六条 评估结果

居住房屋只评估房地产市场单价，以房屋的建筑面积为计价单位。

第三章 非居住房屋的评估

第十七条 经营性房屋的分类

非居住房屋包括商场、店铺、旅馆、办公、金融、娱乐、餐饮、服务业和工厂、站场码头、仓库堆栈、学校、文化馆、影剧院、福利院、医院、公共设施用房等经营性和非经营性房屋。

第十八条 评估方法

能搜集充分成交案例并有符合规定要求可比实例的非居住房屋，应采用市场比较法进行评估。

不能适用市场比较法的，可采用收益法进行评估。房屋收益应按照房屋的租金收益确定。

难以确定房屋租金收益的，采用成本法等其他方法进行评估。

房屋的租金收益按照其同一经营用途、同一区域的社会平均收益水平修正确定。

第十九条 收益法

采用收益法评估时，应选择二种以上评估方法进行评估。评估结果的确定应符合《房地产估价规范》的有关规定。

第二十条 成本法

采用成本法进行评估的，应当采取房地分别评估的方式，评估出房地产市场价格。

房屋占用范围内的土地价格应采用市场比较法、成本法或基准地价修正法等方法求取。

建筑物重置价格的费用构成应符合《房地产估价规范》的有关规定。建筑、安装工程费应运用工料测量法或分部分项法求取。

房屋折旧以直线折旧法计算。不适用的，可以使用成新折扣法计算。房屋建筑设备应单独计算折旧。

第四章 附 则

第二十一条 在建工程评估

在建工程应采用成本法进行评估。在建工程土地评估以政府管理部门批准的用途、参数或规划设计方案等为依据，工程建设进度以政府管理部门通知停止施工时的状态为准。

第二十二条 临时建筑

未超过批准期限的临时建筑应评估其建筑物残值。

第二十三条 安置房屋的评估技术规范

安置房屋应按照本技术规范的相关规定进行评估。

第二十四条 其他

凡房屋拆迁评估中涉及原始成本、建筑设备、工程造价等专业技术工作的，估价机构可委托有资格从事该类业务的机构协助评估。

本技术规范未作规定的，应按照国家和本市其他房地产评估技术规范的有关规定执行。

第二十五条 解释部门

本技术规范由上海市房屋土地资源管理局负责解释。

15. 上海市房屋拆迁评估管理暂行规定

沪房地资权［2004］114号

第一条 制定依据

为规范房屋拆迁估价行为,维护房屋拆迁当事人的合法权益,根据《中华人民共和国城市房地产管理法》、《城市房屋拆迁管理条例》、《上海市城市房屋拆迁管理实施细则》、《城市房屋拆迁估价指导意见》的有关规定,结合本市实际情况,制定本规定。

第二条 适用范围

凡在本市国有土地上进行房屋拆迁估价活动的,适用本规定。

第三条 从业资格

房地产估价机构从事房屋拆迁估价,应当具有经上海市房屋土地资源管理局(以下简称市房地资源局)核准的房屋拆迁估价资格。

未取得房屋拆迁估价资格的房地产估价机构,不得接受房屋拆迁估价委托、出具估价报告或价格咨询报告。

第四条 资格申请、核准及公布

房地产估价机构可以向市房地资源局书面申请房屋拆迁估价资格。市房地资源局根据估价机构的资质等级、从业经历、估价技术水平、社会信誉等,结合房屋拆迁工作需要,予以核准。

核准的房屋拆迁估价机构(以下简称估价机构)名单,由市房地资源局予以公布。

第五条 拆迁估价委托

在房屋拆迁许可证确定的拆迁范围内,拆迁人只能委托一家由被拆迁人或者拆迁当事人确定的估价机构进行估价,并与其签订书面的房屋拆迁估价委托合同。

估价机构接受估价委托,应当核验拆迁人的房屋拆迁许可证。

第六条　房屋拆迁估价机构的确定

估价机构的确定应当公开、透明，一般采取被拆迁人〔即按照市政府规定租金标准承租公有房屋和私有居住房屋的承租人（以下简称：承租人）及房屋所有人〕投票的方式，也可以由拆迁当事人通过协商一致或者抽签方式确定估价机构。

采取投票方式的，由估价机构向拆迁人提出估价意向，拆迁人应当如实将有估价意向的估价机构名单（不得少于5家）提供给被拆迁人，并组织被拆迁人在此范围内进行投票。根据投票结果，按照简单多数的原则，得票数第一位的为拆迁基地的估价机构，第二位的为重新估价机构。拆迁人应当将投票结果进行公告。

区县房地局应当对投票、抽签过程进行监督，并可以邀请区县监察委、街道办事处等共同监督。

第七条　禁止转让业务

估价机构接受房屋拆迁估价委托后，不得向其他估价机构转让受托的估价业务。

第八条　拆迁人义务

拆迁人应当如实向估价机构提供估价所需资料，协助估价机构开展现场查勘等工作。

拆迁人未如实提供有关资料、未履行委托合同约定的义务，造成估价失实或其他后果的，由拆迁人承担相应责任。

第九条　被拆迁人义务

被拆迁人有义务向估价机构如实提供拆迁估价所必需的资料，并配合估价机构进行实地查勘。

第十条　估价人员现场查勘

房地产估价人员应当持证上岗，并对被拆迁房屋进行实地查勘，做好实地查勘记录，拍摄被拆迁房屋状况的照片，有必要的可拍摄录像资料。实地查勘记录由实地查勘的估价人员、拆迁人、被拆迁人签字认可。

被拆迁人拒绝房地产估价人员实地查勘或不同意在实地查勘记录上签字的，应当由除拆迁人和估价机构以外的无利害关系的第三人见证，并在估价报告中作出相应说明。

第十一条 拒绝估价的处理

被拆迁人不提供资料、拒绝估价人员实地查勘，致使房屋估价无法进行的，估价机构可参照被拆除房屋同区域、同建筑类型的房屋进行估价。

第十二条 抽样估价

对成片简屋、旧里及非成套独用居住房屋，拆迁人应当委托估价机构做抽样估价报告。抽样估价样本比例不得低于同类被拆迁房屋建筑面积的5%。抽样估价结果明显低于被拆迁房屋所处区域最低补偿单价标准的，拆迁人应当将抽样估价的结果在拆迁范围内进行公示，估价机构可以不再出具分户估价报告；但被拆迁人要求对其房屋进行估价的，拆迁人应当委托估价机构进行估价。

第十三条 估价时点

房屋拆迁估价时点为房屋拆迁许可证颁发之日。拆迁分期实施的，以当期房屋拆迁许可证颁发之日为房屋拆迁估价时点。

房屋拆迁估价报告的有效期为房屋拆迁许可证的拆迁期限(包括延长期限)。

第十四条 估价机构义务

估价机构应当按照委托合同约定的时间和要求完成估价，向拆迁人出具估价报告(包括分户估价报告)。估价机构未按照约定的时间和要求完成估价，或者估价失实的，应当承担相应的责任。

第十五条 估价技术标准

估价机构应当按照市房地资源局颁布的房屋拆迁估价技术规范及拆迁法规、规章的有关规定，进行房屋拆迁估价。

第十六条 估价成果用途

房屋拆迁估价报告只作为房屋拆迁补偿的依据，不得用作其他用途。

第十七条 公示及咨询

估价机构在向拆迁人出具估价报告前，应当将拆迁估价的初步结果向拆迁当事人公示7日，并进行现场说明，听取有关意见。

公示期满后，估价机构应当向拆迁人提供委托范围内被拆迁房屋的估价报告（包括分户估价报告）。拆迁人应当将分户估价报告送交被拆迁人。

拆迁人、被拆迁人对估价报告有疑问的，可以向估价机构咨询。估价机构应当向其解释拆迁估价的依据、原则、程序、方法、参数选取和估价结果产生的过程。

第十八条 复估及重新委托估价

拆迁当事人对估价结果有异议的，可以在收到估价报告或分户估价报告之日起5日内，向原估价机构书面申请复估，也可以另行委托估价机构重新估价。

拆迁当事人向原估价机构书面申请复估的，估价机构应当在收到复估申请的3日内向申请人出具书面复估结论。估价机构调整估价结果的，还应向拆迁人出具调整后的估价报告并注明调整原因。

拆迁当事人委托重新估价的，应当委托投票或者协商或者抽签确定的重新估价机构进行估价。委托人需支付估价费用，受托的重新估价机构应当在10日内出具估价报告。

第十九条 估价鉴定申请

拆迁当事人对原估价机构的估价结果、复估结果有异议或者另行委托估价的结果与原估价结果有差异且协商达不成一致意见的，可以自收到估价报告、复估结论或重估报告之日起15日内，向上海市房地产估价师协会组织的房屋拆迁估价专家委员会（以下简称专家委员会）申请鉴定。

拆迁当事人向专家委员会申请鉴定的，应当提交相应的估价报告（包括复估结论、重估报告）。

估价机构应当配合专家委员会的鉴定工作，向专家委员会提供估价报告、估价技术报告及鉴定所需的其他有关资料。

第二十条 专家鉴定

专家委员会受理申请鉴定后，应当对相应估价报告的合法性、规范性、合理性进行鉴定，并在收到申请后的10日内出具鉴定意见。

经专家委员会鉴定，估价报告合法、规范、合理的，估价结果作为房屋拆迁补偿的依据；估价报告不合法或者不规范或者不合理的，由专家委员会指定其中一家估价机构进行再估价。受指定的估价机构应在7日内出具再估价报告。

拆迁当事人对再估价的结果无争议的，再估价结果作为拆迁补偿的依据；拆迁当事人对再估价结果仍有争议的，可以重新向专家委员会申请鉴定。专家委员会应当在收到申请后的5个工作日出具鉴定意见。

第二十一条 估价和鉴定收费

房屋拆迁估价费由委托估价的房屋拆迁当事人承担。

房屋拆迁估价鉴定费由申请人预交。经专家委员会鉴定，估价报告不合法或者不规范或者不合理的，鉴定费由出具估价报告的估价机构承担；经专家委员会鉴定，估价报告、重估报告都合法、规范、合理的，鉴定费由申请人承担。

估价费、鉴定费的收取标准按照市价格主管部门和市房地资源局的有关规定执行。

第二十二条 机构范围调整

市房地资源局根据估价机构从事房屋拆迁估价工作的规范情况和拆迁工作的需要，对估价机构的房屋拆迁估价资格进行调整，并将调整后的名单予以公布。

第二十三条 取消资格

市房地资源局对房屋拆迁估价活动进行监督管理。估价机构有下列行为之一的，由市房地资源局取消其房屋拆迁估价资格：

（一）擅自转让估价业务、或允许他人借用自己名义从事房屋拆迁估价业务的；

（二）违反房屋拆迁估价技术规范，出具虚假估价报告，估价结果严重失实，或者恶意串通、损害拆迁当事人合法权益的；

（三）不履行估价技术咨询义务或者复估义务或重新估价义

务的；

（四）不配合专家委员会进行鉴定的；

（五）估价报告多次被鉴定为不合法或者不规范或者不合理的；

（六）其他不符合从事房屋拆迁估价业务的情形。

第二十四条　估价技术指导

上海市房地产估价师协会负责对房屋拆迁估价工作进行技术指导。

第二十五条　交易登记资料查阅

市和各区县房地产交易中心应当配合估价机构对房地产交易登记资料的查阅工作。

第二十六条　参照适用

本市征用集体土地上拆迁房屋的估价管理，参照适用本规定。

第二十七条　施行时间

本规定适用于2004年4月1日以后颁发房屋拆迁许可证的拆迁基地。

16. 上海市征用集体所有土地房屋拆迁评估技术规范（试行）

沪房地资市［2002］0308号

第一章　总　　则

第一条　制定依据

为了规范征用集体所有土地房屋拆迁补偿估价行为，维护当事人合法权益，根据《中华人民共和国土地管理法》、《上海市征用集体所有土地拆迁房屋补偿安置若干规定》和中华人民共和国国家标准《房地产估价规范》的有关规定，结合本市的实际情况，制定本技术规范。

第二条 适用范围

本市征用集体所有土地上的房屋拆迁评估适用本技术规范。

在《上海市征用集体所有土地拆迁房屋补偿安置若干规定》实施前已办理征地手续但尚未进行房屋拆迁的房屋评估，也适用本技术规范。

第三条 估价目的

采用本技术规范的估价目的为“征地房屋拆迁补偿估价”。

第四条 价值定义

征地房屋拆迁补偿建安重置价评估的价值定义，是指采用现有建筑材料和建筑技术，按估价时点的价格水平，重新建造与被拆除房屋具有同等功能效用的全新状态的房屋的正常价格。若评估对象为居住房屋的，还应结合成新。

相应的土地使用权取得费用，是指土地使用权人在估价时点，在估价对象所在地取得相同性质、同等数量的土地使用权按现行政策法规应当支付的有关费用之总和。

第五条 估价时点

房屋拆迁评估的估价时点为房屋拆迁许可证颁发之日。

第六条 拆迁房屋用途、建筑面积、土地面积

拆迁房屋的用途、建筑面积、土地面积应以委托人书面提供并确定的为准。

第七条 估价结果

居住房屋只评估房屋单价；非居住房屋，评估房屋和相应的土地使用权取得费用总价。

第八条 评估报告

估价机构应按《房地产估价规范》的规定格式出具评估报告。

居住房屋还应出具分户报告。

评估报告应由注册房地产估价师签名，经估价机构审核并加盖机构公章。

房屋拆迁评估的货币单位应当精确到元。

第九条 评估资料存档

估价机构应当将下列资料整理存档：

（一）评估报告（含技术报告）

（二）评估委托合同；

（三）房屋拆迁许可证、建设用地规划许可证或者有关批准文件；

（四）评估对象的产权证明材料及有关房屋基本情况的证明材料；

（五）评估对象的实地查勘记录、照片等资料；

（六）确定评估结果的有关系数、参数等证明资料；

（七）其他涉及评估项目的一切必要资料。

以上资料至少保留十年。

第二章　房地产评估

第十条　房屋评估方法

居住房屋宜采用分部分项法或基准价格修正法进行评估。对于结构、用料、工艺、式样等比较特殊的房屋不宜采用基准价格修正法，宜个案单独评估。

非居住房屋宜采用分部分项法进行评估，也可采用工程造价类比法进行评估。

同一拆迁基地范围内的同种用途的房屋宜采用同一种评估技术思路。

第十一条　分部分项法及操作程序

分部分项法是以房屋的各个独立构件或工程的单位价格或成本为基础来估算房屋的重新建造价格的方法。

分部分项法的操作程序：

（一）现场勘测房屋各组成部份（即分项，如墙体、楼地面、屋面等）的主要特征，如用料、工艺及规格数量等；

（二）计算各分项数量；

（三）根据现行工程定额标准确定各分项价格；

（四）评定房屋成新；

（五）确定房屋评估价格：

1. 居住房屋评估单价＝（Σ分项价格）×成新率÷建筑面积

2. 非居住房屋评估总价＝Σ分项价格

第十二条　基准价格修正法及操作程序

对于同一拆迁基地内，房屋结构、用途等基本相同的成片房屋，采用分部分项法确定典型房屋的价格，作为该拆迁基地范围内同类房屋的基准价格。然后根据不同房屋的屋面、墙身、楼地面、层高等因素，对该基准价格进行调整、修正，确定被拆除房屋的评估价格。

基准价格修正法的操作程序：

1. 按照房屋的建筑结构进行房屋分类；

2. 在同一类别房屋内确定典型房屋；

3. 求取并确定典型房屋的价格作为基准价格；

4. 根据房屋的屋面、墙身、楼地面、层高等方面的差异进行修正；

5. 确定房屋成新；

6. 确定房屋的评估价格。

第十三条　工程造价类比法及操作程序

工程造价类比法是根据实际情况，用与拟估房屋在结构、功效等方面相同或相似的已建成的工程造价进行类比，通过对有差异的项目进行调整，确定被拆除房屋的评估价格。

工程造价类比法宜适用于有可比较的类似工程的房屋评估。

工程造价类比法的操作程序：

1. 根据评估对象的实际状况，选取并确定类似工程；

2. 计算修正系数：人工费用修正系数（$K1$）、材料价格修正系数（$K2$）、机械使用费修正系数（$K3$）、间接费用修正系数（$K4$）；

$$K1=\frac{\text{标的物所在地区的人工费标准}}{\text{类似工程所在地区人工费标准}}$$

$$K2=\frac{\sum 标的物工程主要材料数量\times 所在区域单价}{类似工程主要材料费用}$$

$$K3=\frac{\sum 标的物工程主要机械数量\times 所在区域机械单价}{类似工程主要机械使用费用}$$

$$K4=\frac{标的物所在区域间接费率}{类似工程所在区域间接费率}$$

3. 计算总造价修正系数 K；

K＝类似工程人工费比例×$K1$＋类似工程材料费比例×$K2$＋类似工程机械使用费比例×$K3$＋类似工程间接费比例×$K4$

4. 计算房屋评估价格；

评估价格＝类似工程单价×K×建筑面积

第十四条 居住房屋成新的确定

居住房屋折旧以成新折扣法计算，并结合房屋的维护、保养、使用情况，最终确定房屋的成新率。

尚可继续使用的房屋，成新率一般不宜低于40%。

第十五条 房屋装饰评估

拆迁房屋的评估价格不包括房屋的装饰价值。

委托人书面要求评估房屋装饰价值的，应按照本市房屋装饰工程定额标准，单独评定其装饰的重置价格和成新程度。

房屋装饰应单独出具评估报告。

第十六条 相应的土地使用权取得费用评估

相应的土地使用权取得费用评估按现行有关政策进行；具体的费用项目构成应根据实际情况及相应政策规定确定。

第三章 附 则

第十七条 附属物、附着物等评估

房屋附属物、土地附着物等的评估，按照本市有关国家建设征地的财物补偿标准进行。

第十八条 在建工程评估

在建工程应采用成本法进行评估。在建工程评估以政府管理部门批准的用途、参数或规划设计方案等为依据，工程建设进度以政府管理部门通知停工时的状态为准。

第十九条 临时建筑评估

未超过批准期限的临时建筑应评估其建筑物残值。

第二十条 其他

凡房屋拆迁评估中涉及原始成本、机电设备、工程造价等专业技术工作的，估价机构可委托有资格从事该类业务的机构协助评估。

本技术规范未作规定的，应按照国家和本市其他房地产评估技术规范的有关规定执行。

第二十一条 解释部门

本技术规范由上海市房屋土地资源管理局负责解释。

第二十二条 实施日期

本技术规范自颁发之日起生效。

17. 关于调整国有土地上居住房屋拆迁评估的层次和朝向修正系数标准的通知

（沪房地资市［2003］106号）

市房地产估价师协会、各房地产估价机构：

为更好地维护被拆迁人的合法权益，根据《上海市城市房屋拆迁评估技术规范（试行）》实施情况及本市房地产市场的实际，经研究，对国有土地上居住房屋拆迁评估的层次、朝向修正系数标准作调整。现就有关事项通知如下：

一、对《上海市城市房屋拆迁评估技术规范（试行）》的第十五条（三）中的朝向修正系数表、层次修正系数表的修正系数进行调整，调整后的居住房屋拆迁评估的层次、朝向修正系数标准，分别见附件。

二、居住房屋拆迁评估的层次、朝向修正系数标准调整后，

《上海市城市房屋拆迁评估技术规范（试行）》的第十五条（三）中“顶层修正一般为90年代中期以前顶层普通防水等处理的建筑，不包括复式结构或特殊防水处理的顶层房屋”不再适用。

三、调整后的居住房屋拆迁评估的层次、朝向修正系数标准，自2003年4月1日起执行。但在2003年4月1日前已取得房屋拆迁许可证项目的评估，仍按原修正系数标准执行。

附件1 房屋的层次修正系数标准（无电梯）

层次\总层数	一	二	三	四	五	六	七
1	0%	0%	0%	0%	0%	0%	0%
2		4%	4%	2%	2%	2%	2%
3			2%	4%	4%	4%	4%
4				−2%	4%	4%	4%
5					−2%	2%	2%
6						−4%	0%
7							−6%

说明：

1. 表列层次为一、二、三层楼的房屋一般指坡屋顶。如为平屋顶的，其顶层层次修正系数应向下调整50%。

2. 表列层次为四、五、六层楼的房屋一般指平屋顶。如经防水隔热处理（或平改坡等）的，其顶层层次修正系数应向上调整50%。

附件2 房屋的层次修正系数标准（有电梯）

层次\总层数	四	五	六	七	高层
1	0%	0%	0%	0%	−4%
2	2%	2%	2%	2%	−2%

3	4%	4%	4%	4%	−1%
4	4%	5%	5%	5%	0%
5		5%	6%	6%	0%
6			6%	7%	0%
7				7%	1%
8—(顶层—1)					每增加一层加1%
顶层					同(顶层—1)

附件3　朝向修正系数标准

主卧朝向	北	西	东	一间朝南	二间朝南	三间朝南
修正系数	−6%	−2%	−2%	0%	1%	2%

四、城市房屋产权产籍管理

1. 城市房地产抵押管理办法

建设部令第 98 号

第一章　总　　则

第一条　为了加强房地产抵押管理，维护房地产市场秩序，保障房地产抵押当事人的合法权益，根据《中华人民共和国城市房地产管理法》、《中华人民共和国担保法》，制定本办法。

第二条　凡在城市规划区国有土地范围内从事房地产抵押活动的，应当遵守本办法。

地上无房屋（包括建筑物、构筑物及在建工程）的国有土地使用权设定抵押的，不适用本办法。

第三条　本办法所称房地产抵押，是指抵押人以其合法的房地产以不转移占有的方式向抵押权人提供债务履行担保的行为。债务人不履行债务时，债权人有权依法以抵押的房地产拍卖所得的价款优先受偿。

本办法所称抵押人，是指将依法取得的房地产提供给抵押权人，作为本人或者第三人履行债务担保的公民、法人或者其他组织。

本办法所称抵押权人，是指接受房地产抵押作为债务人履行债务担保的公民、法人或者其他组织。

本办法所称预购商品房贷款抵押，是指购房人在支付首期规定的房价款后，由贷款银行代其支付其余的购房款，将所购商品房抵押给贷款银行作为偿还贷款履行担保的行为。

本办法所称在建工程抵押，是指抵押人为取得在建工程继续建造资金的贷款，以其合法方式取得的土地使用权连同在建工程的投入资产，以不转移占有的方式抵押给贷款银行作为偿还贷款履行担保的行为。

第四条 以依法取得的房屋所有权抵押的，该房屋占用范围内的土地使用权必须同时抵押。

第五条 房地产抵押，应当遵循自愿、互利、公平和诚实信用的原则。

依法设定的房地产抵押，受国家法律保护。

第六条 国家实行房地产抵押登记制度。

第七条 国务院建设行政主管部门归口管理全国城市房地产抵押管理工作。

省、自治区建设行政主管部门归口管理本行政区域内的城市房地产抵押管理工作。

直辖市、市、县人民政府房地产行政主管部门（以下简称房地产管理部门）负责管理本行政区域内的房地产抵押管理工作。

第二章 房地产抵押权的设定

第八条 下列房地产不得设定抵押：

（一）权属有争议的房地产；

（二）用于教育、医疗、市政等公共福利事业的房地产；

（三）列入文物保护的建筑物和有重要纪念意义的其他建筑物；

（四）已依法公告列入拆迁范围的房地产；

（五）被依法查封、扣押、监管或者以其他形式限制的房地产；

（六）依法不得抵押的其他房地产。

第九条 同一房地产设定两个以上抵押权的，抵押人应当将已经设定过的抵押情况告知抵押权人。

抵押人所担保的债权不得超出其抵押物的价值。

房地产抵押后，该抵押房地产的价值大于所担保债权的余额部分，可以再次抵押，但不得超出余额部分。

第十条 以两宗以上房地产设定同一抵押权的，视为同一抵押房地产。但抵押当事人另有约定的除外。

第十一条 以在建工程已完工部分抵押的，其土地使用权随之抵押。

第十二条 以享受国家优惠政策购买的房地产抵押的，其抵押额以房地产权利人可以处分和收益的份额比例为限。

第十三条 国有企业、事业单位法人以国家授予其经营管理的房地产抵押的，应当符合国有资产管理的有关规定。

第十四条 以集体所有制企业的房地产抵押的，必须经集体所有制企业职工（代表）大会通过，并报其上级主管机关备案。

第十五条 以中外合资企业、合作经营企业和外商独资企业的房地产抵押的，必须经董事会通过，但企业章程另有规定的除外。

第十六条 以有限责任公司、股份有限公司的房地产抵押的，必须经董事会或者股东大会通过，但企业章程另有规定的除外。

第十七条 有经营期限的企业以其所有的房地产设定抵押的，所担保债务的履行期限不应当超过该企业的经营期限。

第十八条 以具有土地使用年限的房地产设定抵押的，所担保债务的履行期限不得超过土地使用权出让合同规定的使用年限减去已经使用年限后的剩余年限。

第十九条 以共有的房地产抵押的，抵押人应当事先征得其他共有人的书面同意。

第二十条 预购商品房贷款抵押的，商品房开发项目必须符合房地产转让条件并取得商品房预售许可证。

第二十一条 以已出租的房地产抵押的，抵押人应当将租赁情况告知抵押权人，并将抵押情况告知承租人。原租赁合同继续有效。

第二十二条 设定房地产抵押时，抵押房地产的价值可以由抵押当事人协商议定，也可以由房地产价格评估机构评估确定。

法律、法规另有规定的除外。

第二十三条 抵押当事人约定对抵押房地产保险的，由抵押人为抵押的房地产投保，保险费由抵押人负担。抵押房地产投保的，抵押人应当将保险单移送抵押权人保管。在抵押期间，抵押权人为保险赔偿的第一受益人。

第二十四条 企业、事业单位法人分立或者合并后，原抵押合同继续有效，其权利和义务由变更后的法人享有和承担。

抵押人死亡、依法被宣告死亡或者被宣告失踪时，其房地产合法继承人或者代管人应当继续履行原抵押合同。

第三章 房地产抵押合同的订立

第二十五条 房地产抵押，抵押当事人应当签订书面抵押合同。

第二十六条 房地产抵押合同应当载明下列主要内容：

（一）抵押人、抵押权人的名称或者个人姓名、住所

（二）主债权的种类、数额；

（三）抵押房地产的处所、名称、状况、建筑面积、用地面积以及四至等；

（四）抵押房地产的价值；

（五）抵押房地产的占用管理人、占用管理方式、占用管理责任以及意外损毁、灭失的责任；

（六）债务人履行债务的期限；

（七）抵押权灭失的条件；

（八）违约责任；

（九）争议解决方式；

（十）抵押合同订立的时间与地点；

（十一）双方约定的其他事项。

第二十七条 以预购商品房贷款抵押的，须提交生效的预购房屋合同。

第二十八条 以在建工程抵押的，抵押合同还应当载明以下内容：

（一）《国有土地使用权证》、《建设用地规划许可证》和《建设工程规划许可证》编号；

(二)已交纳的土地使用权出让金或需交纳的相当于土地使用权出让金的款额；

（三）已投入在建工程的工程款；

（四）施工进度及工程竣工日期；

（五）已完成的工作量和工程量。

第二十九条 抵押权人要求抵押房地产保险的，以及要求在房地产抵押后限制抵押人出租、转让抵押房地产或者改变抵押房地产用途的，抵押当事人应当在抵押合同中载明。

第四章 房地产抵押登记

第三十条 房地产抵押合同自签订之日起30日内，抵押当事人应当到房地产所在地的房地产管理部门办理房地产抵押登记。

第三十一条 房地产抵押合同自抵押登记之日起生效。

第三十二条 办理房地产抵押登记，应当向登记机关交验下列文件：

（一）抵押当事人的身份证明或法人资格证明；

（二）抵押登记申请书；

（三）抵押合同；

（四）《国有土地使用权证》、《房屋所有权证》或《房地产权证》，共有的房屋还必须提交《房屋共有权证》和其他共有人同意抵押的证明；

（五）可以证明抵押人有权设定抵押权的文件与证明材料；

（六）可以证明抵押房地产价值的资料：

（七）登记机关认为必要的其他文件。

第三十三条 登记机关应当对申请人的申请进行审核。凡权属清楚、证明材料齐全的，应当在受理登记之日起7日内决定是否予以登记，对不予登记的，应当书面通知申请人。

第三十四条 以依法取得的房屋所有权证书的房地产抵押的，登记机关应当在原《房屋所有权证》上作他项权利记载后，由抵押人收执。并向抵押权人颁发《房屋他项权证》。

以预售商品房或者在建工程抵押的，登记机关应当在抵押合同上作记载。抵押的房地产在抵押期间竣工的，当事人应当在抵押人领取房地产权属证书后，重新办理房地产抵押登记。

第三十五条 抵押合同发生变更或者抵押关系终止时，抵押当事人应当在变更或者终止之日起15日内，到原登记机关办理变更或者注销抵押登记。

因依法处分抵押房地产而取得土地使用权和土地建筑物、其他附着物所有权的，抵押当事人应当自处分行为生效之日起30日内，到县级以上地方人民政府房地产管理部门申请房屋所有权转移登记，并凭变更后的房屋所有权证书向同级人民政府土地管理部门申请土地使用权变更登记。

第五章 抵押房地产的占用与管理

第三十六条 已作抵押的房地产，由抵押人占用与管理。

抵押人在抵押房地产占用与管理期间应当维护抵押房地产的安全与完好。抵押权人有权按照抵押合同的规定监督、检查抵押房地产的管理情况。

第三十七条 抵押权可以随债权转让。抵押权转让时，应当签订抵押权转让合同，并办理抵押权变更登记。抵押权转让后，原抵押权人应当告知抵押人。

经抵押权人同意，抵押房地产可以转让或者出租。

抵押房地产转让或者出租所得价款，应当向抵押权人提前清偿所担保的债权。超过债权数额的部分，归抵押人所有，不足部分由债务人清偿。

第三十八条 因国家建设需要，将已设定抵押权的房地产列入拆迁范围的，抵押人应当及时书面通知抵押权人；抵押双方可以重新设定抵押房地产，也可以依法清理债权债务，解除抵押合同。

第三十九条 抵押人占用与管理的房地产发生损毁、灭失的，抵押人应当及时将情况告知抵押权人，并应当采取措施防止损失的扩大。抵押的房地产因抵押人的行为造成损失使抵押房地产价值不足以作为履行债务的担保时，抵押权人有权要求抵押人重新提供或者增加担保以弥补不足。

抵押人对抵押房地产价值减少无过错的，抵押权人只能在抵押人因损害而得到的赔偿的范围内要求提供担保。抵押房地产价值未减少的部分，仍作为债务的担保。

第六章　抵押房地产的处分

第四十条　有下列情况之一的，抵押权人有权要求处分抵押的房地产：

（一）债务履行期满，抵押权人未受清偿的，债务人又未能与抵押权人达成延期履行协议的；

（二）抵押人死亡，或者被宣告死亡而无人代为履行到期债务的；或者抵押人的合法继承人、受遗赠人拒绝履行到期债务的；

（三）抵押人被依法宣告解散或者破产的；

（四）抵押人违反本办法的有关规定，擅自处分抵押房地产的；

（五）抵押合同约定的其他情况。

第四十一条　有本办法第四十条规定情况之一的，经抵押当事人协商可以通过拍卖等合法方式处分抵押房地产。协议不成的，抵押权人可以向人民法院提起诉讼。

第四十二条　抵押权人处分抵押房地产时，应当事先书面通知抵押人；抵押房地产为共有或者出租的，还应当同时书面通知共有人或承租人；在同等条件下，共有人或承租人依法享有优先购买权。

第四十三条　同一房地产设定两个以上抵押权时，以抵押登记的先后顺序受偿。

第四十四条　处分抵押房地产时，可以依法将土地上新增的房屋与抵押财产一同处分，但对处分新增房屋所得，抵押权人无权优先受偿。

第四十五条　以划拨方式取得的土地使用权连同地上建筑物

设定的房地产抵押进行处分时，应当从处分所得的价款中缴纳相当于应当缴纳的土地使用权出让金的款额后，抵押权人方可优先受偿。

法律、法规另有规定的依照其规定。

第四十六条 抵押权人对抵押房地产的处分，因下列情况而中止：

（一）抵押权人请求中止的；

（二）抵押人申请愿意并证明能够及时履行债务，并经抵押权人同意的；

（三）发现被拍卖抵押物有权属争议的；

（四）诉讼或仲裁中的抵押房地产；

（五）其他应当中止的情况。

第四十七条 处分抵押房地产所得金额，依下列顺序分配：

（一）支付处分抵押房地产的费用；

（二）扣除抵押房地产应缴纳的税款；

（三）偿还抵押权人债权本息及支付违约金；

（四）赔偿由债务人违反合同而对抵押权人造成的损害；

（五）剩余金额交还抵押人。

处分抵押房地产所得金额不足以支付债务和违约金、赔偿金时，抵押权人有权向债务人追索不足部分。

第七章 法 律 责 任

第四十八条 抵押人隐瞒抵押的房地产存在共有、产权争议或者被查封、扣押等情况的，抵押人应当承担由此产生的法律责任。

第四十九条 抵押人擅自以出售、出租、交换、赠与或者以其他方式处分抵押房地产的，其行为无效；造成第三人损失的，由抵押人予以赔偿。

第五十条 抵押当事人因履行抵押合同或者处分抵押房地产发生争议的，可以协商解决；协商不成的，抵押当事人可以根据双方达成的仲裁协议向仲裁机构申请仲裁；没有仲裁协议的，也可以直接向人民法院提起诉讼。

第五十一条 因国家建设需要，将已设定抵押权的房地产列入拆迁范围时，抵押人违反前述第三十八条的规定，不依法清理债务，也不重新设定抵押房地产的，抵押权人可以向人民法院提起诉讼。

第五十二条 登记机关工作人员玩忽职守、滥用职权，或者利用职务上的便利，索取他人财物，或者非法收受他人财物为他人谋取利益的，依法给予行政处分；构成犯罪的，依法追究刑事责任。

第八章 附 则

第五十三条 在城市规划区外国有土地上进行房地产抵押活动的，参照本办法执行。

第五十四条 本办法由国务院建设行政主管部门负责解释。

第五十五条 本办法自 1997 年 6 月 1 日起施行。

2. 城市房屋权属登记管理办法

建设部令第 99 号

第一章 总 则

第一条 为加强城市房屋权属管理，维护房地产市场秩序，保障房屋权利人的合法权益，根据《中华人民共和国城市房地产管理法》的规定，制定本办法。

第二条 本办法适用于城市规划区国有土地范围内的房屋权属登记。

第三条 本办法所称房屋权属登记，是指房地产行政主管部门代表政府对房屋所有权以及由上述权利产生的抵押权、典权等房屋他项权利进行登记，并依法确认房屋产权归属关系的行为。本办法所称房屋权利人（以下简称权利人），是指依法享有房屋所有权和该房屋占用范围内的土地使用权、房地产他项权利的法人、其他组织和自然人。本办法所称房屋权利申请人（以下简称申请人），是指已获得了房屋并提出房屋登记申请，但尚未取得房屋所有权证书的法人、其他组织和自然人。

第四条 国家实行房屋所有权登记发证制度。申请人应当按照国家规定到房屋所在地的人民政府房地产行政主管部门（以下简称登记机关）申请房屋权属登记，领取房屋权属证书。

第五条 房屋权属证书是权利人依法拥有房屋所有权并对房屋行使占有、使用、收益和处分权利的惟一合法凭证。依法登记的房屋权利受国家法律保护。

第六条 房屋权属登记应当遵循房屋的所有权和该房屋占用范围内的土地使用权权利主体一致的原则。

第七条 县级以上地方人民政府由一个部门统一负责房产管理和土地管理工作的，可以制作、颁发统一的房地产权证书，依照《城市房地产管理法》的规定，将房屋的所有权和该房屋占用范围内的土地使用权的确认和变更，分别载入房地产权证书。房地产权证书的式样报国务院建设行政主管部门备案。

第八条 国务院建设行政主管部门负责全国的房屋权属登记管理工作。省、自治区人民政府建设行政主管部门负责本行政区域内的房屋权属登记管理工作。直辖市、市、县人民政府房地产行政主管部门负责本行政区域内的房屋权属登记管理工作。

第二章 房屋权属登记

第九条 房屋权司登记分为：

（一）总登记；

（二）初始登记；

（三）转移登记；

（四）变更登记；

（五）他项权利登记；

（六）注销登记。

第十条 房屋权属登记依以下程序进行：

（一）受理登记申请；

（二）权属审核；

（三）公告；

（四）核准登记，颁发房屋权属证书。

本条第（三）项适用于登记机关认为有必要进行公告的登记。

第十一条 房屋权属登记由权利人（申请人）申请。权利人（申请人）为法人、其他组织的，应当使用其法定名称，由其法定代表人申请；权利人（申请人）为自然人的，应当使用其身份证件上的姓名。共有的房屋，由共有人共同申请。房屋他项权利登记，由权利人和他项权利人共同申请。房地产行政主管部门直管的公房由登记机关直接代为登记。

第十二条 权利人（申请人）可以委托代理人申请房屋权属登记。

第十三条 权利人（申请人）申请登记时，应当向登记机关交验单位或者相关人的有效证件。代理人申请登记时，除向登记机关交验代理人的有效证件外，还应当向登记机关提交权利人（申请人）的书面委托书。

第十四条 总登记是指县级以上地方人民政府根据需要，在一定期限内对本行政区域内的房屋进行统一的权属登记。登记机关认为需要时，经县级以上地方人民政府批准，可以对本行政区域内的房屋权属证书进行验证或者换证。凡列入总登记、验证或者换证范围，无论权利人以往是否领取房屋权属证书，权属状况有无变化，均应当在规定的期限内办理登记。总登记、验证、换证的期限，由县级以上地方人民政府规定。

第十五条 总登记、验证、换证应当由县级以上地方人民政府在规定期限开始之日 30 日前发布公告。公告应当包括以下内容：

（一）登记、验证、换证的区域；

（二）申请期限；

（三）当事人应当提交的有关证件；

（四）受理申请地点；

（五）其他应当公告的事项。

第十六条 新建的房屋，申请人应当在房屋竣工后的3个月内向登记机关申请房屋所有权初始登记，并应当提交用地证明文件或者土地使用权证、建设用地规划许可证、建设工程规划许可证、施工许可证、房屋竣工验收资料以及其他有关的证明文件。集体土地上的房屋转为国有土地上的房屋，申请人应当自事实发生之日起30日内向登记机关提交用地证明等有关文件，申请房屋所有权初始登记。

第十七条 因房屋买卖、交换、赠与、继承、划拨、转让、分割、合并、裁决等原因致使其权属发生转移的，当事人应当自事实发生之日起30日内申请转移登记。申请转移登记，权利人应当提交房屋权属证书以及相关的合同、协议、证明等文件。

第十八条 权利人名称变更和房屋现状发生下列情形之一的，权利人应当自事实发生之日起30日内申请变更登记：

（一）房屋坐落的街道、门牌号或者房屋名称发生变更的；

（二）房屋面积增加或者减少的；

（三）房屋翻建的；

（四）法律、法规规定的其他情形。申请变更登记，权利人应当提交房屋权属证书以及相关的证明文件。

第十九条 设定房屋抵押权、典权等他项权利的，权利人应当自事实发生之日起30日内申请他项权利登记。申请房屋他项权利登记，权利人应当提交房屋权属证书，设定房屋抵押权、典权等他项权利的合同书以及相关的证明文件。

第二十条 房屋所有权登记应当按照权属单元以房屋的门牌号、幢、套（间）以及有具体权属界限的部分为基本单元进行登记。

第二十一条 有下列情形之一的，由登记机关依法直接代为登记：

（一）依法由房地产行政主管部门代管的房屋；

（二）无人主张权利的房屋；

（三）法律、法规规定的其他情形。代为登记的房屋，不颁发房屋权属证书。

第二十二条 有下列情形之一的，经权利人（申请人）申请可以准予暂缓登记：

（一）因正当理由不能按期提交证明材料的；

（二）按照规定需要补办手续的；

（三）法律、法规规定可以准予暂缓登记的。

第二十三条 有下列情形之一的，登记机关应当作出不予登记的决定：

（一）属于违章建筑的；

（二）属于临时建筑的；

（三）法律、法规规定的其他情形。

第二十四条 因房屋灭失、土地使用年限届满、他项权利终止等，权利人应当自事实发生之日起30日内申请注销登记。申请注销登记，权利人应当提交原房屋权属证书、他项权利证书，相关的合同、协议、证明等文件。

第二十五条 有下列情形之一的，登记机关有权注销房屋权属证书：

（一）申报不实的；

（二）涂改房屋权属证书的；

（三）房屋权利灭失，而权利人未在规定期限内办理房屋权属注销登记的；

（四）因登记机关的工作人员工作失误造成房屋权属登记不实的。注销房屋权属证书，登记机关应当作出书面决定，并送达权利人。

第二十六条 登记机关自受理登记申请之日起30日内应当作出准予登记、暂缓登记、不予登记的决定，并书面通知权利人（申请人）。

第二十七条 登记机关应当对权利人（申请人）的申请进行审查。凡权属清楚、产权来源资料齐全的，初始登记、转移登记、变更登记、他项权利登记应当在受理登记后的两个月内核准登记，并颁发房屋权属证书；注销登记应当在受理登记后的1个月内核准注销，并注销房屋权属证书。

第二十八条 房屋权属登记，权利人（申请人）应当按照国家规定交纳登记费和权属证书工本费。登记费的收取办法和标准由国家统一制定。在国家统一制定的办法和标准颁布之前，按照各省、自治区、直辖市的办法和标准执行。

第二十九条 从事房屋权属登记的工作人员必须经过业务培训，持证上岗。

第三章 房屋权属证书

第三十条 房屋权属证书包括《房屋所有权证》、《房屋共有权证》、《房屋他项权证》或者《房地产权证》、《房地产共有权证》、《房地产他项权证》。

第三十一条 共有的房屋，由权利人推举的持证人收执房屋所有权证书。其余共有人各执房屋共有权证书1份。房屋共有权证书与房屋所有权证书具有同等的法律效力。

第三十二条 房屋他项权证书由他项权利人收执。他项权利人依法凭证行使他项权利，受国家法律保护。

第三十三条 《房屋所有权证》、《房屋共有权证》、《房屋他项权证》的式样由国务院建设行政主管部门统一制定，证书由市、县房地产行政主管部门颁发。

第三十四条 房屋权属证书破损，经登记机关查验需换领的，予以换证。房屋权属证书遗失的，权利人应当及时登报声明作废，并向登记机关申请补发，由登记机关作出补发公告，经6个月无异议的，予以补发。

第四章　法　律　责　任

第三十五条　以虚报、瞒报房屋权属情况等非法手段获得房屋权属证书的，由登记机关注销其房屋权属证书、没收其非法所得，并可对当事人处以1000元以上10000元以下罚款。涂改房屋权属证书的，其证书无效，由登记机关没收其房屋权属证书，并可对当事人处以1000元以上10000元以下罚款。非法印制、伪造房屋权属证书的，由登记机关没收其非法印制的房屋权属证书及非法所得，并可对当事人处以10000元以上30000元以下的罚款；构成犯罪的，依法追究刑事责任。

第三十六条　未按期进行房屋权属登记的，由登记机关责令其限期补办登记手续，并按原登记费的3倍以下收取登记费。

第三十七条　因登记机关工作人员工作过失导致登记不当，致使权利人受到经济损失的，登记机关对当事人的直接经济损失负赔偿责任。

第三十八条　登记机关的工作人员玩忽职守、徇私舞弊、贪污受贿的，滥用职权、超越管辖范围颁发房屋权属证书的，由所在机关给予行政处分；情节严重、构成犯罪的，依法追究刑事责任。

第三十九条　当事人对行政处罚决定不服的，可以依照《行政复议条例》、《中华人民共和国行政诉讼法》的有关规定，申请行政复议或者向人民法院起诉。逾期不申请复议或者不向人民法院起诉，又不履行处罚决定的，由作出处罚决定的机关申请人民法院强制执行。

第五章　附　　则

第四十条　在城市规划区外的国有土地范围内的房屋权属登记，参照本办法执行。

第四十一条　各省、自治区、直辖市人民政府可以根据本办法制定实施细则。

第四十二条 本办法由建设部负责解释。

第四十三条 本办法自1998年1月1日起施行。

3. 城市房地产权属档案管理办法

建设部令第101号

总 则

第一条 为了加强城市房地产权属档案管理，保障房地产权利人的合法权益，有效保护和利用城市房地产权属档案，根据《中华人民共和国城市房地产管理法》、《中华人民共和国档案法》、《中华人民共和国档案法实施办法》等法律法规，制定本办法。

第二条 本办法适用于城市规划区国有土地范围内房地产权属档案的管理。

第三条 房地产权属档案是城市房地产行政管理部门在房地产权属登记、调查、测绘、权属转移、变更等房地产权属管理工作中直接形成的有保存价值的文字、图表、声像等不同形式的历史记录，是城市房地产权属登记管理工作的真实记录和重要依据，是城市建设档案的组成部分。

第四条 国务院建设行政主管部门负责全国城市房地产权属档案管理工作；省、自治区人民政府建设行政主管部门负责本行政区域内的房地产权属档案的管理工作。

直辖市、市、县人民政府房地产行政主管部门负责本行政区域内的房地产权属档案的具体管理工作。

房地产权属档案管理业务上受同级城建档案管理部门的监督和指导。

第五条 市（县）人民政府房地产行政主管部门应当根据房

地产权属档案管理工作的需要，建立房地产权属档案管理机构，配备专职档案管理人员，健全工作制度，配备必要的安全保护设施，确保房地产权属档案的完整、准确、安全和有效利用。

第六条 从事房地产权属档案管理的工作人员经过业务培训后，方可上岗。

房地产权属档案的收集、整理和归档

第七条 房地产权属登记管理部门应当建立健全房地产权属文件材料的收集、整理、归档制度。

第八条 下列文件材料属于房地产权属档案的归档范围：

一、房地产权利人、房地产权属登记确权、房地产权属转移及变更、设定他项权利等有关的证明和文件：

（一）房地产权利人（自然人或法人）的身份（资格）证明、法人代理人的身份证明、授权委托书等；

（二）建设工程规划许可证，建设用地规划许可证，土地使用权证书或者土地来源证明，房屋拆迁批件及补偿安置协议书，联建或者统建合同，翻改扩建及固定资产投资批准文件，房屋竣工验收有关材料等；

（三）房地产买卖合同书、房产继承书、房产赠与书、房产析产协议书、房产交换协议书、房地产调拨凭证、有关房产转移的上级批件、有关房产的判决、裁决、仲裁文书及公证文书等；

（四）设定房地产他项权利的有关合同、文件等。

二、房屋及其所占用的土地使用权权属界定位置图；房地产分幅平面图、分丘平面图、分层分户平面图等。

三、房地产产权登记工作中形成的各种文件材料，包括房产登记申请书、收件收据存根、权属变更登记表、房地产状况登记表、房地产勘测调查表、墙界表、房屋面积计算表、房地产登记审批表、房屋灭籍申请表、房地产税费收据存根等。

四、反映和记载房地产权属状况的信息资料，包括统计报表、摄影片、照片、录音带、录像带、缩微胶片、计算机软盘、光盘等。

五、其他有关房地产权属的文件资料，包括房地产权属冻结文件、房屋权属代管文件、历史形成的各种房地产权证、契证、账、册、表、卡等。

第九条 每件（宗）房地产权属登记工作完成后，权属登记人员应当及时将整理好的权属文件材料，经权属登记负责人审查后，送交房地产权属档案管理机构立卷归档。任何单位和个人都不得将房地产权属文件材料据为已有或者拒不归档。国家规定不得归档的材料，禁止归档。

第十条 归档的有关房地产权属的资料，应当是原件；原件已存城市建设档案馆或者经房地产管理部门批准认定的，可以是复印、复制件。复印、复制件应当由经办人与原件校对、签章，并注明校对日期及原件的存放处。

第十一条 归档的房地产权属资料，应当做到书写材料合乎标准、字迹工整、内容规范、图形清晰、数据准确、符合档案保护的要求。

第十二条 房地产权属档案管理机构应当按照档案管理的规定对归档的各种房地产权属档案材料进行验收,不符合要求的,不予归档。

房地产权属档案的管理

第十三条 房地产权属档案管理机构对归档的房地产权属文件材料应当及时进行登记、整理、分类编目、划分密级、编制检索工具。

第十四条 房地产权属档案应当以丘为单元建档。丘号的编定按照国家《房产测量规范》标准执行。

第十五条 房地产权属档案应当以房地产权利人（即权属单元）为宗立卷。卷内文件排列，应当按照房地产权属变化、产权文件形成时间及权属文件主次关系为序。

第十六条 房地产权属档案管理机构应当掌握房地产权属变

化情况，及时补充有关权属档案材料，保持房地产权属档案与房地产权属现状的一致。

第十七条 房地产权属档案管理人员应当严格执行权属档案管理的有关规定，不得擅自修改房地产权属档案。确需变更和修改的，应当经房地产权属登记机关批准，按照规定程序进行。

第十八条 房地产权属档案应当妥善保存，定期检查和鉴定。对破损或者变质的档案，应当及时修复；档案毁损或者丢失，应当采取补救措施。未经批准，任何人不得以任何借口擅自销毁房地产权属档案。

第十九条 保管房地产权属档案应当配备符合设计规范的专用库房，并按照国家《档案库房技术管理暂行规定》实施管理。

第二十条 房地产权属档案管理应当逐步采用新技术、新设备，实现管理现代化。

第二十一条 房地产权属档案管理机构应当与城市建设档案管理机构密切联系，加强信息沟通，逐步实现档案信息共享。

第二十二条 房地产权属档案管理机构的隶属关系及档案管理人员发生变动，应当及时办理房地产权属档案的交接手续。

第二十三条 房屋自然灭失或者依法被拆除后，房地产权属档案管理机构应当自档案整理归档完毕之日起 15 日内书面通知城市建设档案馆。

房地产权属档案的利用

第二十四条 房地产权属档案管理机构应当充分利用现有的房地产权属档案，及时为房地产权属登记、房地产交易、房地产纠纷仲裁、物业管理、房屋拆迁、住房制度改革、城市规划、城市建设等各项工作提供服务。

第二十五条 房地产权属档案管理机构应当严格执行国家档案管理的保密规定，防止房地产权属档案的散失、泄密；定期对房地产权属档案的密级进行审查，根据有关规定，及时调整密级。

第二十六条 查阅、抄录和复制房地产权属档案材料应当履行审批手续，并登记备案。

涉及军事机密和其他保密的房地产权属档案，以及向境外团体和个人提供的房地产权属档案应当按照国家安全、保密等有关规定保管和利用。

第二十七条 向社会提供利用房地产权属档案，可以按照国家有关规定，实行有偿服务。

法 律 责 任

第二十八条 有下列行为之一的，由县级以上人民政府房地产行政主管部门对直接负责的主管人员或者其他直接责任人员依法给予行政处分；构成犯罪的，依法追究刑事责任：

（一）损毁、丢失房地产权属档案的；

（二）擅自提供、抄录、公布、销毁房地产权属档案的；

（三）涂改、伪造房地产权属档案的；

（四）擅自出卖或者转让房地产权属档案的；

（五）违反本办法第九条规定，不按照规定归档的；

（六）档案管理工作人员玩忽职守，造成房地产权属档案损失的。

第二十九条 违反《中华人民共和国档案法》、《中华人民共和国档案法实施办法》以及本办法的规定，造成房地产权属档案损失的，由县级以上人民政府房地产行政主管部门根据损失档案的价值，责令赔偿损失。

第三十条 有下列行为之一的，按照有关法律法规的规定处罚：

（一）在利用房地产权属档案的过程中，损毁、丢失、涂改、伪造房地产权属档案或者擅自提供、抄录、公布、销毁房地产权属档案的；

（二）企事业组织或者个人擅自出卖或者转让房地产权属档案的。

附　则

第三十一条　房地产权属档案管理机构的设置、编制、经费，房地产权属档案管理工作人员的职称、奖惩办法等参照国家档案管理的有关规定执行。

第三十二条　城市规划区集体土地范围内和城市规划区外土地上的房地产权属档案管理可以参照本办法执行。

第三十三条　各省、自治区人民政府建设行政主管部门、直辖市房地产行政主管部门可以根据本办法制定实施细则。

第三十四条　本办法由国务院建设行政主管部门负责解释。

第三十五条　本办法自二〇〇一年十二月一日起施行。

4. 城市异产毗连房屋管理规定

建设部令第 94 号

第一条　为加强城市异产毗连房屋的管理，维护房屋所有人、使用人的合法权益，明确管理、修缮责任，保障房屋的正常使用，特制定本规定。

第二条　本规定适用于城市（指直辖市、市、建制镇，下同）内的异产毗连房屋。

本规定所称异产毗连房屋，系指结构相连或具有共有、共用设备和附属建筑，而为不同所有人所有的房屋。

第三条　异产毗连房屋的所有人按照城市房地产行政主管部门核发的所有权证规定的范围行使权利，并承担相应的义务。

第四条　国务院建设行政主管部门负责全国的城市异产毗连房屋管理工作。

县级以上地方人民政府房地产行政主管部门负责本辖区的城市异产毗连房屋管理工作。

第五条 所有人和使用人对房屋的使用和修缮，必须符合城市规划、房地产管理、消防和环境保护等部门的要求，并应按照有利使用、共同协商、公平合理的原则，正确处理毗连关系。

第六条 所有人和使用人对共有、共用的门厅、阳台、屋面、楼道、厨房、厕所以及院路、上下水设施等，应共同合理使用并承担相应的义务；除另有约定外，任何一方不得多占、独占。

所有人和使用人在房屋共有、共用部位，不得有损害他方利益的行为。

第七条 异产毗连房屋所有人以外的人如需使用异产毗连房屋的共有部位时，应取得各所有人一致同意，并签订书面协议。

第八条 一方所有人如需改变共有部位的外形或结构时，除须经城市规划部门批准外，还须征得其他所有人的书面同意。

第九条 异产毗连房屋发生自然损坏（因不可抗力造成的损坏，视同自然损坏），所需修缮费用依下列原则处理：

（一）共有房屋主体结构中的基础、柱、梁、墙的修缮，由共有房屋所有人按份额比例分担。

（二）共有墙体的修缮（包括因结构需要而涉及的相邻部位的修缮），按两侧均分后，再由每侧房屋所有人按份额比例分担。

（三）楼盖的修缮，其楼面与顶棚部位，由所在层房屋所有人负责；其结构部位，由毗连层上下房屋所有人按份额比例分担。

（四）屋盖的修缮：

1. 不上人房盖，由修缮所及范围覆盖下各层的房屋所有人按份额比例分担。

2. 可上人屋盖（包括屋面和周边护拦），如为各层所共用，由修缮所及范围覆盖下各层的房屋所有人按份额比例分担；如仅为若干层使用，使用层的房屋所有人分担一半，其余一半由修缮所及范围覆盖下层房屋所有人按份额比例分担。

（五）楼梯及楼梯间（包括出屋面部分）的修缮：

1. 各层共用楼梯，由房屋所有人按份额比例分担。

2. 为某些层所专用的楼梯，由其专用的房屋所有人按份额比例分担。

（六）房屋共用部位必要的装饰，由受益的房屋所有人按份额比例分担。

（七）房屋共有、共用的设备和附属建筑（如电梯、水泵、暖气、水卫、电照、沟管、垃圾道、化粪池等）的修缮，由所有人按份额比例分担。

第十条 异产毗连房屋的自然损坏，应当按照本规定及时修缮，不得拖延或者拒绝。

第十一条 因使用不当造成异产毗连房屋损坏的，由责任人负责修缮。

第十二条 异产毗连房屋的一方所有人或使用人有造成房屋危险行为的，应当及时排除危险；他方有权采取必要措施，防止危险发生；造成损失的，责任方应当负责赔偿。

第十三条 异产毗连房屋的一方所有人或使用人超越权利范围，侵害他方权益的，应停止侵害，并赔偿由此而造成的损失。

第十四条 异产毗连房屋的所有人或使用人发生纠纷的，可以协商解决。不愿协商或者协商不成的，可以依法申请仲裁或者向人民法院起诉。

第十五条 异产毗连房屋经房屋安全鉴定机构鉴定为危险房屋的，房屋所有人必须按有关规定及时治理。

第十六条 异产毗连房屋的所有人可组成房屋管理组织，也可委托其它组织，在当地房地产行政主管部门的指导下，负责房屋的使用、修缮等管理工作。

第十七条 售给个人的异产毗连公有住房，其共有部位和共用设备的维修办法另行规定。

第十八条 县级以上地方人民政府房地产行政主管部门可依据本规定，结合当地情况，制定实施细则，经同级人民政府批准后，报上一级主管部门备案。

第十九条 未设镇建制的工矿区可参照本规定执行。

第二十条 本规定由国务院建设行政主管部门负责解释。

第二十一条 本规定自一九九〇年一月一日起施行。

5. 住房公积金管理条例

国务院令第350号

第一章 总 则

第一条 为了加强对住房公积金的管理，维护住房公积金所有者的合法权益，促进城镇住房建设，提高城镇居民的居住水平，制定本条例。

第二条 本条例适用于中华人民共和国境内住房公积金的缴存、提取、使用、管理和监督。

本条例所称住房公积金，是指国家机关、国有企业、城镇集体企业、外商投资企业、城镇私营企业及其他城镇企业、事业单位、民办非企业单位、社会团体（以下统称单位）及其在职职工缴存的长期住房储金。

第三条 职工个人缴存的住房公积金和职工所在单位为职工缴存的住房公积金，属于职工个人所有。

第四条 住房公积金的管理实行住房公积金管理委员会决策、住房公积金管理中心运作、银行专户存储、财政监督的原则。

第五条 住房公积金应当用于职工购买、建造、翻建、大修自住住房，任何单位和个人不得挪作他用。

第六条 住房公积金的存、贷利率由中国人民银行提出，经征求国务院建设行政主管部门的意见后，报国务院批准。

第七条 国务院建设行政主管部门会同国务院财政部门、中国人民银行拟定住房公积金政策，并监督执行。

省、自治区人民政府建设行政主管部门会同同级财政部门以及中国人民银行分支机构，负责本行政区域内住房公积金管理法规、政策执行情况的监督。

第二章 机构及其职责

第八条 直辖市和省、自治区人民政府所在地的市以及其他设区的市（地、州、盟），应当设立住房公积金管理委员会，作为住房公积金管理的决策机构。住房公积金管理委员会的成员中，人民政府负责人和建设、财政、人民银行等有关部门负责人以及有关专家占1/3，工会代表和职工代表占1/3，单位代表占1/3。

住房公积金管理委员会主任应当由具有社会公信力的人士担任。

第九条 住房公积金管理委员会在住房公积金管理方面履行下列职责：

（一）依据有关法律、法规和政策，制定和调整住房公积金的具体管理措施，并监督实施；

（二）根据本条例第十八条的规定，拟订住房公积金的具体缴存比例；

（三）确定住房公积金的最高贷款额度；

（四）审批住房公积金归集、使用计划；

（五）审议住房公积金增值收益分配方案；

（六）审批住房公积金归集、使用计划执行情况的报告。

第十条 直辖市和省、自治区人民政府所在地的市以及其他设区的市（地、州、盟）应当按照精简、效能的原则，设立一个住房公积金管理中心，负责住房公积金的管理运作。县（市）不设立住房公积金管理中心。

前款规定的住房公积金管理中心可以在有条件的县（市）设立分支机构。住房公积金管理中心与其分支机构应当实行统一的规章制度，进行统一核算。

住房公积金管理中心是直属城市人民政府的不以营利为目的的独立的事业单位。

第十一条 住房公积金管理中心履行下列职责：

（一）编制、执行住房公积金的归集、使用计划；

（二）负责记载职工住房公积金的缴存、提取、使用等情况；

（三）负责住房公积金的核算；

（四）审批住房公积金的提取、使用；

（五）负责住房公积金的保值和归还；

（六）编制住房公积金归集、使用计划执行情况的报告；

（七）承办住房公积金管理委员会决定的其他事项。

第十二条 住房公积金管理委员会应当按照中国人民银行的有关规定，指定受委托办理住房公积金金融业务的商业银行（以下简称受委托银行）；住房公积金管理中心应当委托受委托银行办理住房公积金贷款、结算等金融业务和住房公积金账户的设立、缴存、归还等手续。

住房公积金管理中心应当与受委托银行签订委托合同。

第三章 缴 存

第十三条 住房公积金管理中心应当在受委托银行设立住房公积金专户。

单位应当到住房公积金管理中心办理住房公积金缴存登记，经住房公积金管理中心审核后，到受委托银行为本单位职工办理住房公积金账户设立手续。每个职工只能有一个住房公积金账户。

住房公积金管理中心应当建立职工住房公积金明细账，记载职工个人住房公积金的缴存、提取等情况。

第十四条 新设立的单位应当自设立之日起 30 日内到住房公积金管理中心办理住房公积金缴存登记，并自登记之日起 20 日内持住房公积金管理中心的审核文件，到受委托银行为本单位职工办理住房公积金账户设立手续。

单位合并、分立、撤销、解散或者破产的，应当自发生上述情况之日起 30 日内由原单位或者清算组织到住房公积金管理中心办理变更登记或者注销登记，并自办妥变更登记或者注销登记之日起20日内持住房公积金管理中心的审核文件,到受委托银行为本单位职工办理住房公积金账户转移或者封存手续。

第十五条 单位录用职工的,应当自录用之日起30日内到住房公积金管理中心办理缴存登记，并持住房公积金管理中心的审核文件，到受委托银行办理职工住房公积金账户的设立或者转移手续。

单位与职工终止劳动关系的，单位应当自劳动关系终止之日起30日内到住房公积金管理中心办理变更登记,并持住房公积金管理中心的审核文件，到受委托银行办理职工住房公积金账户转移或者封存手续。

第十六条 职工住房公积金的月缴存额为职工本人上一年度月平均工资乘以职工住房公积金缴存比例。

单位为职工缴存的住房公积金的月缴存额为职工本人上一年度月平均工资乘以单位住房公积金缴存比例。

第十七条 新参加工作的职工从参加工作的第二个月开始缴存住房公积金，月缴存额为职工本人当月工资乘以职工住房公积金缴存比例。

单位新调入的职工从调入单位发放工资之日起缴存住房公积金,月缴存额为职工本人当月工资乘以职工住房公积金缴存比例。

第十八条 职工和单位住房公积金的缴存比例均不得低于职工上一年度月平均工资的5%;有条件的城市,可以适当提高缴存比例。具体缴存比例由住房公积金管理委员会拟订，经本级人民政府审核后，报省、自治区、直辖市人民政府批准。

第十九条 职工个人缴存的住房公积金，由所在单位每月从其工资中代扣代缴。

单位应当于每月发放职工工资之日起5日内将单位缴存的和为职工代缴的住房公积金汇缴到住房公积金专户内，由受委托银行计入职工住房公积金账户。

第二十条 单位应当按时、足额缴存住房公积金，不得逾期缴存或者少缴。

对缴存住房公积金确有困难的单位，经本单位职工代表大会或者工会讨论通过，并经住房公积金管理中心审核，报住房公积金管理委员会批准后，可以降低缴存比例或者缓缴；待单位经济效益好转后，再提高缴存比例或者补缴缓缴。

第二十一条 住房公积金自存入职工住房公积金账户之日起按照国家规定的利率计息。

第二十二条 住房公积金管理中心应当为缴存住房公积金的职工发放缴存住房公积金的有效凭证。

第二十三条 单位为职工缴存的住房公积金，按照下列规定列支：

（一）机关在预算中列支；

（二）事业单位由财政部门核定收支后，在预算或者费用中列支；

（三）企业在成本中列支。

第四章 提取和使用

第二十四条 职工有下列情形之一的，可以提取职工住房公积金账户内的存储余额：

（一）购买、建造、翻建、大修自住住房的；

（二）离休、退休的；

（三）完全丧失劳动能力，并与单位终止劳动关系的；

（四）出境定居的；

（五）偿还购房贷款本息的；

（六）房租超出家庭工资收入的规定比例的。

依照前款第（二）、（三）、（四）项规定，提取职工住房公积金的，应当同时注销职工住房公积金账户。

职工死亡或者被宣告死亡的，职工的继承人、受遗赠人可以提取职工住房公积金账户内的存储余额；无继承人也无受遗赠人的，职工住房公积金账户内的存储余额纳入住房公积金的增值收益。

第二十五条 职工提取住房公积金账户内的存储余额的，所在单位应当予以核实，并出具提取证明。

职工应当持提取证明向住房公积金管理中心申请提取住房公积金。住房公积金管理中心应当自受理申请之日起 3 日内作出准予提取或者不准提取的决定，并通知申请人；准予提取的，由受委托银行办理支付手续。

第二十六条 缴存住房公积金的职工，在购买、建造、翻建、大修自住住房时，可以向住房公积金管理中心申请住房公积金贷款。

住房公积金管理中心应当自受理申请之日起 15 日内作出准予贷款或者不准贷款的决定，并通知申请人；准予贷款的，由受委托银行办理贷款手续。

住房公积金贷款的风险，由住房公积金管理中心承担。

第二十七条 申请人申请住房公积金贷款的，应当提供担保。

第二十八条 住房公积金管理中心在保证住房公积金提取和贷款的前提下，经住房公积金管理委员会批准，可以将住房公积金用于购买国债。

住房公积金管理中心不得向他人提供担保。

第二十九条 住房公积金的增值收益应当存入住房公积金管理中心在受委托银行开立的住房公积金增值收益专户，用于建立住房公积金贷款风险准备金、住房公积金管理中心的管理费用和建设城市廉租住房的补充资金。

第三十条 住房公积金管理中心的管理费用，由住房公积金管理中心按照规定的标准编制全年预算支出总额，报本级人民政府财政部门批准后，从住房公积金增值收益中上交本级财政，由本级财政拨付。

住房公积金管理中心的管理费用标准，由省、自治区、直辖市人民政府建设行政主管部门会同同级财政部门按照略高于国家规定的事业单位费用标准制定。

第五章 监　督

第三十一条 地方有关人民政府财政部门应当加强对本行政区域内住房公积金归集、提取和使用情况的监督，并向本级人民政府的住房公积金管理委员会通报。

住房公积金管理中心在编制住房公积金归集、使用计划时，应当征求财政部门的意见。

住房公积金管理委员会在审批住房公积金归集、使用计划和计划执行情况的报告时，必须有财政部门参加。

第三十二条 住房公积金管理中心编制的住房公积金年度预算、决算，应当经财政部门审核后，提交住房公积金管理委员会审议。

住房公积金管理中心应当每年定期向财政部门和住房公积金管理委员会报送财务报告，并将财务报告向社会公布。

第三十三条 住房公积金管理中心应当依法接受审计部门的审计监督。

第三十四条 住房公积金管理中心和职工有权督促单位按时履行下列义务：

（一）住房公积金的缴存登记或者变更、注销登记；

（二）住房公积金账户的设立、转移或者封存；

（三）足额缴存住房公积金。

第三十五条 住房公积金管理中心应当督促受委托银行及时办理委托合同约定的业务。

受委托银行应当按照委托合同的约定，定期向住房公积金管理中心提供有关的业务资料。

第三十六条 职工、单位有权查询本人、本单位住房公积金的缴存、提取情况，住房公积金管理中心、受委托银行不得拒绝。

职工、单位对住房公积金账户内的存储余额有异议的，可以申请受委托银行复核；对复核结果有异议的，可以申请住房公积金管理中心重新复核。受委托银行、住房公积金管理中心应当自收到申请之日起5日内给予书面答复。

职工有权揭发、检举、控告挪用住房公积金的行为。

第六章　罚　　则

第三十七条　违反本条例的规定，单位不办理住房公积金缴存登记或者不为本单位职工办理住房公积金账户设立手续的，由住房公积金管理中心责令限期办理；逾期不办理的，处1万元以上5万元以下的罚款。

第三十八条　违反本条例的规定，单位逾期不缴或者少缴住房公积金的，由住房公积金管理中心责令限期缴存；逾期仍不缴存的，可以申请人民法院强制执行。

第三十九条　住房公积金管理委员会违反本条例规定审批住房公积金使用计划的，由国务院建设行政主管部门会同国务院财政部门或者由省、自治区人民政府建设行政主管部门会同同级财政部门，依据管理职权责令限期改正。

第四十条　住房公积金管理中心违反本条例规定，有下列行为之一的，由国务院建设行政主管部门或者省、自治区人民政府建设行政主管部门依据管理职权，责令限期改正；对负有责任的主管人员和其他直接责任人员，依法给予行政处分：

（一）未按照规定设立住房公积金专户的；

（二）未按照规定审批职工提取、使用住房公积金的；

（三）未按照规定使用住房公积金增值收益的；

（四）委托住房公积金管理委员会指定的银行以外的机构办理住房公积金金融业务的；

（五）未建立职工住房公积金明细账的；

（六）未为缴存住房公积金的职工发放缴存住房公积金的有效凭证的；

（七）未按照规定用住房公积金购买国债的。

第四十一条　违反本条例规定，挪用住房公积金的，由国务院建设行政主管部门或者省、自治区人民政府建设行政主管部门依据管理职权，追回挪用的住房公积金，没收违法所得；对挪用或者批准挪用住房公积金的人民政府负责人和政府有关部门负责人以及住房公积金管理中心负有责任的主管人员和其他直接责任人员，依照刑法关于挪用公款罪或者其他罪的规定，依法追究刑事责任；尚不够刑事处罚的，给予降级或者撤职的行政处分。

第四十二条 住房公积金管理中心违反财政法规的，由财政部门依法给予行政处罚。

第四十三条 违反本条例规定，住房公积金管理中心向他人提供担保的，对直接负责的主管人员和其他直接责任人员依法给予行政处分。

第四十四条 国家机关工作人员在住房公积金监督管理工作中滥用职权、玩忽职守、徇私舞弊，构成犯罪的，依法追究刑事责任；尚不构成犯罪的，依法给予行政处分。

第七章 附 则

第四十五条 住房公积金财务管理和会计核算的办法，由国务院财政部门商国务院建设行政主管部门制定。

第四十六条 本条例施行前尚未办理住房公积金缴存登记和职工住房公积金账户设立手续的单位，应当自本条例施行之日起60日内到住房公积金管理中心办理缴存登记，并到受委托银行办理职工住房公积金账户设立手续。

第四十七条 本条例自发布之日起施行。

6. 住房公积金行政监督办法

建金管［2004］34号

第一条 为了加强住房公积金行政监督，规范监督行为，保证住房公积金规范管理和安全运作，根据《住房公积金管理条例》等国家有关法律、法规，制定本办法。

第二条 建设部和省（自治区）建设厅分别会同同级财政、中国人民银行（分支机构）、中国银行业监督管理委员会（派出机构）等有关部门（以下简称监督部门，分为部级监督部门和省（自治区）监督部门），依据管理职权，对住房公积金管理法规、政策执行情况实施的监督，适用本办法。

第三条 建设部会同有关部门，制定住房公积金行政监督的制度措施，并组织实施和监督执行。

省（自治区）监督部门负责本行政区域内的住房公积金行政监督工作，并向部级监督部门报告。

建设部、省（自治区）建设厅住房公积金监督管理机构，负责住房公积金行政监督的日常具体工作。

第四条 住房公积金行政监督应当遵循合法、客观、公正、效率的原则。

第五条 住房公积金行政监督包括以下内容：

（一）贯彻执行住房公积金管理法规和政策情况；

（二）住房公积金管理委员会履行决策职责情况；

（三）住房公积金管理中心履行职责情况，以及依法接受监督情况；

（四）受委托银行承办住房公积金有关金融业务和相关手续情况；

（五）住房公积金管理中的其他事项。

第六条 住房公积金行政监督方式包括现场监督和非现场监督。

现场监督是指监督部门对被监督单位实施的实地检查。必要时，监督部门可以聘请会计师事务所等社会中介机构协助检查或者审计。

非现场监督是指监督部门对被监督单位报送的住房公积金管理有关文件和数据资料进行的检查、分析。非现场监督分为常规监督和专项监督。常规监督是监督部门对被监督单位按要求上报有关文件和定期报送数据资料实施的监督；专项监督是监督部门对被监督单位就专项问题按要求报送文件和数据资料实施的监督。

第七条 现场监督实行定期检查和不定期检查相结合的制度。

省（自治区）监督部门和部级监督部门应在职责范围内拟定年度计划，定期对一定比例的设区城市（包括地、州、盟，以下同）或者省（区、市）进行检查。建设部会同有关部门拟定全国现场检查年度计划和比例，经由部级监督部门及相关部门组成的住房公积金工作联席会议审定后实施。

根据需要，监督部门可以不定期就一个或者一个以上专门问题进行专项检查。

第八条 监督部门实施现场检查，依照下列程序进行：

（一）根据检查计划或者专项检查需要，组成检查组，确定检查项目和检查内容，制定检查方案，在实施检查3日前通知被监督单位。监督部门认为必要，也可以在到达检查现场时出示检查通知，检查人员应当出具证件表明执法检查身份；

（二）检查组就检查事项听取被监督单位的汇报，查阅有关文件、资料，检查被监督单位有关会计凭证、会计账簿、会计报表、统计报表以及现金、实物、有价证券，向有关单位和个人调查取证等；

（三）检查组应在现场检查结束后，写出检查报告，送被监督单位征求意见。被监督单位有异议的，可以在接到检查报告15日内提出书面意见。逾期未提出书面意见的，视同无异议。

（四）检查组征求被监督单位意见后，将检查报告报监督部门审定。监督部门对检查事项做出评价，形成检查意见书，送被监督单位。对经查证存在问题的，监督部门还可以依照本办法做出监督决定或者监督建议。

第九条 监督部门及其工作人员在履行检查职责时，有权采取以下措施：

（一）要求被监督单位提供与监督事项有关的管理文件、财务账目、原始凭证及其他资料，进行查阅或者予以复制；

（二）向有关单位和个人进行调查，要求就监督事项涉及的问题做出解释和说明，并取得有关证明材料；

（三）对被监督单位和人员隐匿、伪造、篡改、毁弃会计凭证、会计账簿、会计报表，转移、隐匿住房公积金资产以及其他违反法律、法规和行政纪律的行为，责令停止和予以纠正；

（四）建议暂停有严重妨碍检查工作的人员执行公务。

第十条 在监督检查中，被监督单位、人员有权向监督部门进行陈述和申辩。

第十一条 监督部门实施非现场监督，依照下列程序进行：

（一）根据监督工作需要，提出报送文件和数据资料的内容、格式、报送方式及时限，通知被监督单位；

（二）审核被监督单位报送的文件和数据资料，对不符合要求的，通知被监督单位补报或重新报送；

（三）分析被监督单位报送的文件和数据资料，通过住房公积金监督管理信息系统查询有关信息，评估住房公积金管理和使用状况及存在的问题，必要时写出监督报告。

第十二条 有关部门、单位应当在以下事项发生后15日内，按照管理权限，报省（自治区）监督部门或部级监督部门备案：

（一）为贯彻执行国家关于住房公积金监督和管理规定，拟定的具体办法和措施；

（二）住房公积金管理委员会组成情况、章程、决策制度以及做出的决议；

（三）有关住房公积金管理中心设立、编制和分支机构、业务经办网点、内设机构设置的文件及法人授权书；

（四）住房公积金管理中心与受委托银行签订的办理住房公积金金融业务和住房公积金账户设立等有关手续的委托合同；

（五）监督部门认为需要备案的其他事项。

监督部门发现备案事项违反国家有关规定的，有权责令改正。

第十三条 住房公积金管理委员会应当每年就住房公积金决策、管理和使用情况写出年度报告，并于下一年度2月底前向监督部门报告。

省（自治区）监督部门应当每年就本省（自治区）住房公积金决策、管理和使用情况写出年度报告，并于下一年度3月底前向部级监督部门报告。

第十四条 住房公积金管理中心应当按规定，按时向上级建设行政主管部门、财政部门报送住房公积金统计报表、会计报表，保证数据准确、完整、真实。纸质报表须由经办人和单位负责人签字，加盖单位公章。

省（自治区）建设行政主管部门、财政部门要对本行政区域内住房公积金管理中心的统计报表和会计报表进行汇总，按时向建设部、财政部报送。

第十五条 公民、法人和其他社会组织对住房公积金管理和使用方面的违法违规行为进行检举和控告的，监督部门应当及时受理，依法办理。部级监督部门接到举报的，可以批转省（自治区）监督部门办理，案情重大或复杂的也可以直接组织查处。对部级监督部门批转的事项，省（自治区）监督部门应当及时向部级监督部门报告办理情况。

实名举报的，监督部门应当承担对举报人有关情况的保密责任。

第十六条 建设部依托现有网络，建立健全国家、省（自治区）和设区城市三级联通的住房公积金监督管理信息系统，对全国住房公积金管理和使用情况进行适时监督。省（自治区）建设厅负责本行政区域内住房公积金监管信息系统的建设和正常运行。设区城市住房公积金管理中心业务管理信息系统应与监管信息系统保持联通，保证数据传输的及时、准确、完整和真实。

第十七条 建设部会同财政部等有关部门拟定统一的考核办法和标准，建立考核评价体系，组织、指导对住房公积金管理中心工作业绩、管理水平、服务质量和风险控制能力的考核工作；对直辖市、新疆生产建设兵团住房公积金管理中心进行考核。

省（自治区）建设厅会同财政等有关部门，负责对本行政区域内的住房公积金管理中心进行考核。

第十八条 住房公积金管理中心负责人必须符合建设部会同有关部门拟定的任职基本条件。

住房公积金管理中心的关键岗位应当按规定持证上岗。

第十九条 监督部门要加强对住房公积金管理中心负责人的监督，发现问题及时向设区城市人民政府反映。住房公积金管理中心负责人有下列情形之一的，监督部门可以提出撤换或者给予其他行政处分的建议：

（一）对应当由住房公积金管理委员会决策的事项自行决策，或者不执行住房公积金管理委员会依法做出的决策，情节较严重的；

（二）违反《住房公积金管理条例》规定挪用住房公积金，或者对批准挪用住房公积金行为不予抵制，也没有向监督部门及时报告的；

（三）住房公积金管理中心违反《住房公积金管理条例》第四十条规定，情节较严重的；

（四）住房公积金管理中心向他人提供担保；

（五）拒绝或者阻扰监督部门依法实施监督的；

（六）有贪污、贿赂行为，查证属实的；

（七）住房公积金管理中心连续三年未通过监督部门工作考核的；

（八）不同意辞去兼任的其他行政、事业单位和经济组织职务的；

（九）有其他违法违规行为的。

第二十条 实施监督过程中，监督部门发现被监督单位和有关个人有违法违规行为嫌疑，需要进行调查的，应当按照以下程序执行：

（一）对需要调查的事项予以立项；

（二）组织调查，收集证据；

（三）有证据证明违法违规行为属实的，依法做出监督决定或者监督建议；

（四）调查认定不存在违法违规行为或者不需要追究行政纪律责任的，应当将调查结果告知被监督单位和有关个人。

调查人员在调查时应当出具证件表明身份。

省（自治区）监督部门对重大、复杂事项的调查结果，应当向部级监督部门报告。

第二十一条 监督部门建立通报制度，定期或者不定期通报住房公积金管理法规、政策贯彻执行情况以及存在问题。对于贯彻执行较好的，可以通报表扬；对于存在问题较多或者较严重的，应当通报批评。

第二十二条 监督部门对被监督单位查证属实的违法违规行为，可以根据有关规定提出以下监督决定或者监督建议：

（一）责令被监督单位限期改正；

（二）建议按照干部管理权限对有关责任人给予行政处分；

（三）建议解聘住房公积金管理委员会委员或者撤换住房公积金管理中心负责人；

（四）建议住房公积金管理中心按规定解除与有关商业银行分支机构经办住房公积金金融业务和相关手续的委托关系；

（五）构成犯罪的，建议移送司法机关依法追究刑事责任；

（六）其他决定或建议。

第二十三条 建设部和省（自治区）建设厅对住房公积金管理和使用中查证属实的违法、违规行为，有权直接处理的，可以做出监督决定。应当由被监督单位处理，或者依照管理权限由有关部门处理，或者应当移送司法机关处理的，可以提出监督建议。监督决定和监督建议应当以统一的书面格式做出。

第二十四条 对监督部门做出的监督决定，被监督单位应当认真执行，并向监督部门报告执行情况。无正当理由的，不得拒绝执行。监督部门应当对监督决定的执行情况进行检查。

对监督部门做出的监督建议，有关单位、部门应当积极采纳；未采纳的，应当说明理由。

第二十五条 财政部门对住房公积金管理中执行财政法规情况进行监督，对违反财政法规行为依法给予行政处罚。

国务院财政部门负责拟定住房公积金财务管理和会计核算制度，并监督执行；省（自治区）财政部门负责本行政区域内住房公积金管理中心（包括分中心）执行《住房公积金财务管理办法》（财综字［1999］59号）和《住房公积金会计核算办法》（财会字［1999］33号）情况的监督检查，并组织设区城市财政部门建立对住房公积金管理和使用的全过程监督机制；设区城市财政部门负责对本行政区域内住房公积金管理和使用情况进行监督。

第二十六条 建设行政主管部门、财政部门、中国人民银行及其分支机构依据管理职权，对住房公积金管理中心在受委托银行设立住房公积金账户进行监督。

第二十七条 中国银行业监督管理委员会及其派出机构依照有关法规和《商业银行中间业务管理暂行规定》，对受委托银行承办的住房公积金金融业务和相关手续进行监督。

第二十八条 住房公积金管理中心应当认真接受审计部门依法对其财务收支的真实、合法、效益进行审计监督，住房公积金管理中心负责人应当接受经济责任审计。

第二十九条 建设部会同财政部、中国人民银行、中国银行业监督管理委员会等有关部门，依照本办法规定直接对直辖市和新疆生产建设兵团住房公积金决策、管理和使用情况实施监督。

第三十条 被监督单位有下列行为之一的，监督部门可以建议有权部门，对负有责任的主管人员和其他直接责任人员给予行政处分；构成犯罪的，由司法机关依法追究刑事责任：

（一）拒绝、阻挠监督人员进行监督的；

（二）拒绝或者故意拖延提供与监督事项有关文件、数据和资料的；

（三）隐瞒事实真相、出具伪证或者隐匿、转移、篡改、毁灭证据的；

（四）拒绝就监督部门所提问题做出解释和说明的；

（五）无正当理由，拒不执行监督决定的。

第三十一条 被监督单位和有关个人对控告人、检举人、监督人员进行报复陷害的，由有权部门对直接责任人给予行政处分；构成犯罪的，由司法机关依法追究刑事责任。

第三十二条 省（自治区）监督部门以及设区城市有关监督部门未按照有关规定履行监督职责的，上级主管部门应依据管理职权责令限期改正；造成资金损失的，对有关责任人给予行政处分。

第三十三条 监督人员滥用职权、徇私舞弊、玩忽职守的，由监督部门给予行政处分；构成犯罪的，由司法机关依法追究刑事责任。

第三十四条 各省（自治区）可以根据本办法，结合本地实际，制订实施细则贯彻执行。

第三十五条 本办法自 2004 年 5 月 1 日起实施。

7. 上海市房地产登记条例

（2002 年 10 月 31 日上海市第十一届人民代表大会常务委员会第四十四次会议通过根据 2004 年 4 月 14 日上海市第十二届人民代表大会常务委员会第十一次会议《关于修改〈上海市房地产登记条例〉的决定》修正）

第一章 总 则

第一条 为了规范本市房地产登记行为，保障房地产交易安全，维护房地产权利人的合法权益，根据《中华人民共和国土地管理法》、《中华人民共和国城市房地产管理法》和其他有关法律、行政法规，结合本市实际情况，制定本条例。

第二条 本条例适用于本市行政区域内的房地产登记。

第三条 本条例所称房地产登记，是指房地产登记机构依当事人申请或者依职权，对土地使用权、房屋所有权、房地产他项权利和其他依法应当登记的房地产权利以及与此相关的事项进行记载、公示的行为。

本条例所称房地产权利人，是指依法享有土地使用权、房屋所有权、房地产他项权利等房地产权利的自然人、法人和其他组织。

第四条 上海市房屋土地资源管理局（以下简称市房地资源局）是本市房地产行政主管部门，负责房地产登记管理工作。

市房地资源局所属的上海市房地产登记处（以下简称市登记处）负责本市房地产登记的日常工作。区、县房地产登记处受市登记处委托，具体办理房地产登记事务。

区、县房地产管理部门协助市房地资源局对区、县房地产登记工作实施监督管理。

第五条 市房地资源局应当建立全市统一的房地产登记册和登记信息系统，制作统一的房地产权证书和登记证明，并制定房地产登记技术规范。

房地产登记机构应当按照房地产登记技术规范和登记信息系统的要求，对房地产登记册进行记载、公示。

房地产登记工作人员应当经统一考核合格后，持证上岗。

第二章　一　般　规　定

第六条 因下列情形之一进行房地产登记，有关当事人双方应当共同申请：（一）买卖；（二）交换；（三）赠与；（四）抵押；（五）设典；（六）法律、法规规定的其他情形。

第七条 因下列情形之一进行房地产登记，由房地产权利人申请：（一）以划拨或者出让、租赁等方式取得土地使用权；（二）经批准取得集体所有的非农业建设用地使用权；（三）新建房屋；（四）继承、遗赠；（五）行政机关已经发生法律效力的土地使用权争议处理决定；（六）人民法院已经发生法律效力的判决、裁定、调解；（七）仲裁机构已经发生法律效力的裁决、调解；（八）本条例第三十二条所列情形；（九）法律、法规规定的其他情形。

第八条 两人以上共有房地产的登记，应当由共有人共同申请。

第九条 当事人委托代理人申请房地产登记的，代理人应当提交当事人的委托书。

第十条 申请房地产登记的，应当提交规定的申请登记文件。申请人提交的申请登记文件齐备的，房地产登记机构应当即时出具收件收据，申请日为受理日。申请人提交的申请登记文件尚未齐备的，房地产登记机构应当书面告知补正要求，申请登记文件补齐日为受理日。

第十一条 房地产登记机构应当在规定的时限内完成对登记申请的审核。经审核符合规定的，房地产登记机构应当将有关事项记载于房地产登记册，登记申请的受理日为登记日。

第十二条 申请人可以在房地产登记机构将房地产登记内容公示前，撤回登记申请。

第十三条 依法登记的房地产权利受法律保护。

未经登记的房地产不得转让。

同一房地产上设定两个以上的房地产他项权利和其他依法应当登记的房地产权利的，依房地产登记册记载的登记日的先后确定其顺位。法律、行政法规另有规定的，从其规定。

第十四条 土地使用权未经初始登记的，该土地范围内的其他房地产权利不予登记。

房屋所有权未经初始登记的，与该房屋有关的其他房地产权利不予登记，但依据本条例规定申请预告登记的情形除外。

有下列情形之一的，房地产登记机构应当作出不予登记的决定：（一）房地产权属争议尚未解决的；（二）不能提供有效的房地产权属证明的；（三）非法占用土地的；（四）属违法建筑或者临时建筑的；（五）法律、行政法规规定不予登记的，或者不符合本条例规定的其他登记条件的。

第十五条 有下列情形之一的，有关国家机关可以将已经发生法律效力的文件向房地产登记机构办理登记：（一）人民法院、行政机关对土地使用权、房屋所有权依法实施财产保全等限制措施；

（二）行政机关依法作出征用集体所有土地、批准建设用地、房屋拆迁许可、商品房预售许可等与房地产权利有关的决定。

第十六条 房屋租赁合同等与房地产权利有关的文件，当事人可以向房地产登记机构办理登记备案。

第十七条 房地产登记机构应当按照当事人提交的申请登记文件或者行政机关、人民法院、仲裁机构已经发生法律效力的文件，对房地产登记册进行记载，并永久保存。

房地产登记册应当对房地产的坐落，房地产权利人姓名或者名称，房屋和土地的面积，土地使用权取得的方式、期限和用途，房地产他项权利，房地产权利的限制等进行记载。

房地产权证书、登记证明与房地产登记册的记载应当保持一致。房地产权证书、登记证明与房地产登记册的记载不一致的，以房地产登记册为准。

第十八条 房地产权利人发现房地产登记册的记载有误的，可以申请更正。申请更正的事项涉及第三人房地产权利的，有关的权利人应当共同申请。

房地产登记机构发现房地产登记册的记载有误的，应当书面通知有关的房地产权利人在规定期限内办理更正手续；当事人无正当理由逾期不办理更正手续的，房地产登记机构可以依据申请登记文件或者有效的法律文件对房地产登记册的记载予以更正，并书面通知当事人。

第十九条 房地产权利的利害关系人认为房地产登记册记载的土地使用权人、房屋所有权人与实际状况不一致的，可以持与房地产权利相关的文件，提出登记异议。房地产登记机构应当在受理登记异议申请的当日，将异议事项记载于房地产登记册以警示第三人，该登记满三个月失效。

第二十条 土地使用权、房屋所有权的房地产权证，由市房地资源局颁发。房地产他项权利和其他依法应当登记的房地产权利的登记证明，由市登记处颁发。

房地产权证书、登记证明是房地产登记的凭证，不得涂改。

房地产权证书、登记证明破损的，房地产权利人可以向房地产登记机构申请换发。房地产登记机构换发房地产权证书、登记证明前，应当查验并收回原房地产权证书、登记证明。

房地产权证书、登记证明灭失的，房地产权利人可以向房地产登记机构申请补发，补发的房地产权证书、登记证明上应当注明“补发”字样。自补发之日起，原房地产权证书、登记证明作废。

第二十一条 房地产登记册可以公开查阅、抄录和复印；申请登记文件可以供有关当事人查阅、抄录和复印。具体办法由市人民政府规定。

第三章 土地使用权和房屋所有权登记

第一节 初 始 登 记

第二十二条 以出让、租赁方式取得土地使用权的，房地产权利人应当申请土地使用权初始登记，并提交下列文件：（一）申请书；（二）身份证明；（三）土地使用权出让合同或者土地租赁合同；（四）地籍图；（五）土地勘测报告。

以出让方式取得土地使用权的，房地产权利人申请土地使用权初始登记时，除提交前款规定的文件外，还应当提交已付清土地使用权出让金的证明。

出让、租赁土地使用权年限届满后，经批准续期的，房地产权利人应当重新办理土地使用权初始登记。

第二十三条 以划拨方式取得土地使用权或者依法取得集体所有的非农业建设用地使用权的，房地产权利人应当申请土地使用用权初始登记，并提交下列文件：

（一）申请书；（二）身份证明；（三）建设用地批准文件；（四）地籍图；（五）土地勘测报告。

第二十四条 符合下列条件的土地使用权初始登记申请，应当准予登记：

（一）申请人是土地使用权出让合同、土地租赁合同或者建设用地批准文件记载的土地使用人；

（二）申请登记的土地使用范围、位置、面积、用途与土地使用权出让合同、土地租赁合同或者建设用地批准文件、地籍图、土地勘测报告的记载一致；

（三）申请登记事项与房地产登记册的记载不冲突；

（四）不属于本条例第十四条第三款所列的情形。

第二十五条 新建房屋竣工验收合格后，房地产权利人应当申请房屋所有权初始登记，并提交下列文件：

（一）申请书；（二）身份证明；（三）记载土地使用权状况的房地产权证书；（四）建设工程规划许可证；（五）竣工验收证明；（六）记载房屋状况的地籍图；（七）房屋勘测报告；（八）根据登记技术规范应当提交的其他有关文件。

第二十六条 符合下列条件的房屋所有权初始登记申请，应当准予登记：（一）申请人是房地产登记册记载的土地使用权人；（二）申请初始登记的房屋坐落、用途、幢数、层数、建筑面积符合建设工程规划许可证的规定并与记载房屋状况的地籍图、房屋勘测报告一致；（三）申请登记事项与房地产登记册的记载不冲突；（四）不属于本条例第十四条第三款所列的情形。

第二十七条 房地产登记机构应当自受理初始登记申请之日起二十日内完成审核。符合规定条件的，应当将初始登记事项记载于房地产登记册，并通知房地产权利人领取房地产权证书；不符合规定条件的，不予登记，并书面告知申请人。

第二节 转移登记

第二十八条 经登记的房地产有下列情形之一的，当事人应当在有关法律文件生效或者事实发生后申请转移登记:(一)买卖;(二)交换;(三)赠与;(四)继承、遗赠;(五)法律、法规规定的其他情形。

第二十九条 申请房地产转移登记,应当提交下列文件:(一)申请书;(二)身份证明;(三)房地产权证书;(四)证明房地产权属发生转移的文件;(五)根据登记技术规范应当提交的其他有关文件。

第三十条 符合下列条件的房地产转移登记申请,应当准予登记:(一)转让人是房地产登记册记载的权利人,受让人是有关证明文件中载明的受让人;(二)申请转移登记的房地产在房地产登记册的记载范围内;(三)申请登记事项与房地产登记册的记载不冲突。

第三十一条 房地产登记机构应当自受理房地产转移登记申请之日起二十日内完成审核。符合规定条件的,应当将转移事项记载于房地产登记册,并通知房地产权利人领取房地产权证书;不符合规定条件的,不予登记,并书面告知申请人。

第三节 变 更 登 记

第三十二条 经登记的房地产有下列情形之一的,房地产权利人应当在事实发生后申请变更登记:(一)房地产用途发生变化的;(二)房地产权利人姓名或者名称发生变化的;(三)土地、房屋面积增加或者减少的;(四)房地产分割、合并的;(五)法律、法规规定的其他情形。

第三十三条 申请房地产变更登记应当提交下列文件:(一)申请书;(二)身份证明;(三)房地产权证书;(四)证明发生变更事实的文件;(五)根据登记技术规范应当提交的其他有关文件。

第三十四条 符合下列条件的房地产变更登记申请,应当准予登记:(一)申请人是房地产登记册记载的权利人;(二)申请变更登记的房地产在房地产登记册的记载范围内;(三)申请变更登记的内容与有关文件证明的变更事实一致;(四)申请登记事项与房地产登记册的记载不冲突。

第三十五条 房地产登记机构应当自受理房地产变更登记申请之日起二十日内完成审核。符合规定条件的，应当将变更事项记载于房地产登记册，并通知房地产权利人领取房地产权证书；不符合规定条件的，不予登记，并书面告知申请人。

第四节 注 销 登 记

第三十六条 房屋因倒塌、拆除等原因灭失的，房地产权利人应当在灭失事实发生后申请注销房地产登记，并提交下列文件：

（一）申请书；（二）身份证明；（三）房地产权证书；（四）房屋灭失的证明。

第三十七条 以出让、租赁等方式取得的土地使用权依法终止的，原土地使用权人应当申请注销房地产登记，并提交下列文件：

（一）申请书；（二）身份证明；（三）房地产权证书；（四）证明土地使用权依法终止的文件。

第三十八条 土地使用权、房屋所有权因抛弃而终止的，房地产权利人应当申请注销房地产登记，并提交下列文件：

（一）申请书；（二）身份证明；（三）房地产权证书。

第三十九条 符合下列条件的注销房地产登记申请，应当准予登记：

（一）申请人是房地产登记册记载的房地产权利人；

（二）申请注销登记的房地产在房地产登记册的记载范围内；

（三）申请注销登记的事项与房地产登记册的记载不冲突。

第四十条 房地产登记机构应当自受理注销房地产登记申请之日起二十日内完成审核。符合规定条件的，应当将注销事项记载于房地产登记册，并书面通知申请人，原房地产权证书作废；不符合规定条件的，不予注销登记，并书面告知申请人。

第四十一条 房屋灭失或者土地使用权依法终止后，当事人未申请注销登记的，房地产登记机构可以依据有关部门提供的证明文件，将注销事项记载于房地产登记册，原房地产权证书作废。

第四十二条 土地使用权、房屋所有权因行政机关、人民法院依法作出的征收、收回、没收等行为终止的，由有关行政机关、人民法院持已经发生法律效力的文件办理注销房地产登记。房地产登记机构应当将注销事项记载于房地产登记册，原房地产权证书作废。

第四章 房地产他项权利登记

第四十三条 有下列情形之一的，当事人应当申请房地产他项权利设定登记：（一）抵押；（二）设典；（三）其他依照法律、行政法规设定的房地产他项权利。

第四十四条 申请房地产抵押权设定登记，应当提交下列文件：（一）申请书；（二）身份证明；（三）房地产权证书；（四）抵押担保的主债权合同；（五）抵押合同。

第四十五条 申请房地产典权登记，应当提交下列文件：（一）申请书；（二）身份证明；（三）房地产权证书；（四）设典合同。

第四十六条 经登记的房地产他项权利发生转移、变更或者依法终止的，当事人应当申请转移登记、变更登记、注销登记，并提交下列文件：（一）申请书；（二）身份证明；（三）房地产他项权利登记证明；（四）证明房地产他项权利发生转移、变更或者终止的文件。

第四十七条 符合下列条件的房地产他项权利登记的申请，应当准予登记：（一）申请人是设定房地产他项权利的当事人，且其中一方是房地产登记册记载的房地产权利人；（二）申请登记的房地产在房地产登记册的记载范围内；（三）申请登记事项与房地产登记册的记载不冲突。

第四十八条 房地产登记机构应当自受理房地产他项权利登记申请之日起七日内完成审核。符合规定条件的，应当将有关事项记载于房地产登记册，并通知房地产他项权利登记及其转移、变更登记的权利人领取登记证明，或者书面通知房地产他项权利注销登记的申请人原登记证明作废；不符合规定条件的，不予登记，并书面告知申请人。

第五章 预 告 登 记

第四十九条 房屋尚未建成时，有下列情形之一的，当事人可以申请预告登记：（一）预购商品房以及按照市人民政府有关规定进行预购商品房的转让；（二）以预购商品房设定抵押及其抵押权的转让；（三）以房屋建设工程设定抵押及其抵押权的转让；（四）法律、法规规定的其他情形。

应当由当事人双方共同申请的登记，一方当事人未提出登记申请的，另一方当事人可以单方申请预告登记。

经预告登记后，当事人取得土地使用权、房屋所有权或者房地产他项权利的优先请求权。

本条第一款所列情形的预告登记，自房屋所有权初始登记之日起满两年，当事人未申请土地使用权、房屋所有权或者房地产他项权利登记的，该预告登记失效；本条第二款规定的预告登记，自登记之日起满两年，当事人未申请土地使用权、房屋所有权或者房地产他项权利登记的，该预告登记失效。

第五十条 申请预购商品房预告登记，应当提交下列文件：（一）申请书；（二）身份证明；（三）商品房预售合同。

预购商品房发生转让的，申请预告登记时，除提交前款规定的文件外，还应当提交转让合同。

第五十一条 预购商品房未经预告登记的，或者不符合市人民政府有关规定进行预购商品房转让的，不予办理预购商品房转让的预告登记。

已经预告登记的预购商品房不得重复办理预告登记。

第五十二条 申请预购商品房抵押权预告登记，应当提交下列文件：（一）申请书；（二）身份证明；（三）商品房预售合同；（四）抵押担保的主债权合同；（五）抵押合同。

预购商品房抵押权发生转让的，申请预告登记时，除提交前款规定的文件外，还应当提交转让合同。

第五十三条 预购商品房未经预告登记的，不予办理预购商品房抵押权的预告登记。

第五十四条 申请房屋建设工程抵押权预告登记，应当提交下列文件：（一）申请书；（二）身份证明；（三）记载土地使用权状况的房地产权证书；（四）建设工程规划许可证；（五）房屋建设工程总承包合同或者施工总承包合同；（六）抵押担保的主债权合同；（七）抵押合同。

房屋建设工程抵押权发生转让的，申请预告登记时，除提交前款规定的文件外，还应当提交转让合同。

第五十五条 单方申请预告登记，应当提交下列文件：（一）申请书；（二）身份证明；（三）证明房地产权利变动的法律关系已经形成的文件。

第五十六条 经预告登记的房地产权利依法终止的，当事人应当申请注销预告登记，并提交下列文件：

（一）申请书；（二）身份证明；（三）证明经预告登记的房地产权利终止的文件。

第五十七条 符合下列条件的预告登记及其注销登记的申请，应当准予登记：（一）申请登记的房地产在房地产登记册的记载范围内；（二）申请登记事项与房地产登记册的记载不冲突；（三）申请人符合本条第二款的规定。

预告登记及其注销登记的申请人应当符合下列规定：（一）申请预购商品房预告登记的，申请人一方应当是商品房预售许可证记载的房地产开发企业，另一方应当是商品房预售合同载明的预购人；（二）申请预购商品房转让预告登记的，申请人一方应当是房地产登记册记载的商品房预购人，另一方应当是预购商品房转让合同载明的受让人；（三）申请预购商品房抵押权预告登记的，申请人应当是设定预购商品房抵押权的当事人，且抵押人是房地产登记册记载的商品房预购人；（四）申请房屋建设工程抵押权预告登记的，申请人应当是设定房屋建设工程抵押权的当事人，且抵押人是房地产登记册记载的土地使用权人；（五）申请注销预告登记的，申请人应当是原预告登记的当事人；（六）单方申请预告登记的，申请人应当是房地产权利变动法律文件记载的一方当事人。

第五十八条 房地产登记机构应当自受理预告登记及其注销登记申请之日起七日内完成审核。符合规定条件的，应当将有关事项记载于房地产登记册，并书面通知当事人；不符合规定条件的，不予登记，并书面告知申请人。

第五十九条 新建商品房所有权初始登记后，商品房预购人应当申请房地产转移登记。预购商品房设定抵押的，房地产转移登记后，其预购商品房抵押权预告登记转为房地产抵押权登记。

第六十条 新建房屋所有权初始登记后，其房屋建设工程抵押权预告登记转为房地产抵押权登记。

房屋建设工程抵押权预告登记转为房地产抵押权登记时，其抵押物范围不包括已经办理预告登记的预购商品房。

第六章 法 律 责 任

第六十一条 房地产登记机构及其工作人员违反本条例规定，导致房地产登记错误，给房地产权利人造成损失的，由市房地资源局或者市登记处承担相应的法律责任。

第六十二条 房地产登记申请人提交错误、虚假的申请登记文件或者申请登记异议不当，给房地产权利人造成损失的，应当承担相应的法律责任。

第六十三条 当事人伪造房地产权证书的，由市房地资源局依法没收伪造的房地产权证书，并移送司法机关处理。

第六十四条 市房地资源局和市、区县房地产登记处的直接负责的主管人员和其他直接责任人员玩忽职守、滥用职权、徇私舞弊的，由其所在单位或者上级主管部门依法给予行政处分；构成犯罪的，依法追究其刑事责任。

第六十五条 当事人对市房地资源局、市登记处的具体行政行为不服的，可以依照《中华人民共和国行政复议法》或者《中华人民共和国行政诉讼法》的规定，申请行政复议或者提起行政诉讼。

第七章　附　　则

第六十六条　对本市房地产总登记时应当登记而未登记的土地使用权和房屋所有权，当事人可以凭房地产权属来源证明，向房地产登记机构申请登记。

房地产登记机构受理登记申请后，应当向有关部门核查，并将有关情况在本市主要报纸或者其他媒体上公告；公告六个月期满无异议的，应当核准当事人的登记申请。

第六十七条　本条例施行前依法颁发的房地产权属证书和登记证明继续有效。

第六十八条　本条例自 2003 年 5 月 1 日起施行。

8. 上海市房地产抵押办法

上海市人民政府令第 76 号

第一章　总　　则

第一条　制定目的和依据

为了加强本市房地产抵押管理，保护当事人的合法权益，维护房地产市场秩序，根据《中华人民共和国城市房地产管理法》、《中华人民共和国担保法》和有关法律、法规，结合本市实际情况，制定本办法。

第二条　适用范围

本办法适用于本市行政区域内的房地产抵押。

第三条　有关用语含义

下列用语在本办法中的含义：

（一）房地产抵押，是指债务人或者第三人以不转移占有的方式向债权人提供土地使用权、房屋和房屋期权（以下统称房地产）作为债权担保的行为；在债务人不履行债务时，债权人有权依法处分该抵押物并就处分所得的价款优先得到偿还。

（二）房屋期权，是指以建设工程总承包合同、建设工程施工总承包合同或者以商品房预购（售）合同约定将来某一时间获得建成房屋的权利。房屋期权包括房屋建设工程期权和预购商品房期权。

第四条 基本原则

房地产抵押应当遵循平等、自愿、公平和诚实信用原则。依法设定的房地产抵押权受法律保护。

第二章 抵押权的设定

第五条 可以抵押的房地产

下列房地产可以抵押：

（一）依法获得的尚未建有房屋及其他地上定着物的出让土地使用权；

（二）依法获得所有权的房屋及其占用范围内的土地使用权；

（三）依法获得的房屋期权；

（四）依法可以抵押的其他房地产。

第六条 不得抵押的房地产

下列房地产不得抵押：

（一）以行政划拨方式获得的尚未建有房屋及其他地上定着物的土地使用权；

（二）尚未建有房屋及其他地上定着物的农村集体所有土地使用权；

（三）学校、幼儿园、医院等以公益为目的的事业单位、社会团体的教育设施、医疗卫生设施和其他社会公益设施；

（四）依法列入城市房屋拆迁范围或者集体所有土地征用范围的房屋、土地使用权；

（五）政府代管的房地产；

（六）未依法登记领取权属证书的房屋和土地使用权；

（七）权属不明或者有争议的房地产；

（八）依法被查封、监管的房地产或者依法被以其他形式限制转移的房地产；

（九）已出租的公有居住房屋；

（十）依法不得抵押的其他房地产。

第七条 抵押担保的债权范围

抵押担保的债权范围，包括主债权及利息、违约金、损害赔偿金和实现抵押权的费用。抵押合同另有约定的，从其约定。

第八条 抵押权担保的期间

抵押权与其担保的债权同时存在，债权消灭的，抵押权也消灭。

第九条 抵押物价值的确定

设定抵押权时，抵押物的价值由抵押人和抵押权人协商议定。抵押人和抵押权人协商议定不成的，可以经双方当事人协商委托房地产评估机构评估确定。法律、法规另有规定的除外。

第十条 抵押物的价值与所担保的债权

抵押物所担的债权不得超出该房地产的价值；其中，出让土地使用权抵押所担保的债权不得超出国有土地使用权出让金的款额，房屋建设工程期权抵押所担保的债权不得超出该建设工程总承包合同约定的建设工程造价。

设定抵押权后，该房地产的价值大于所担保债权的余额部分可以再次抵押，但再次抵押所担保的债权数额不得超了其价值的余额部分。

第十一条 再次抵押的告知

以已设定抵押权的房地产再次抵押的，抵押人应当将已抵押的事实书面告知接受再抵押者。

第十二条 以已出租的房地产设定抵押权

以已出租的房地产设定抵押权的，抵押人应当书面告知承租人，原租赁合同继续有效。

第十三条 以有期限的房地产设定抵押权

以有土地使用年限的房地产设定抵押权的，抵押所担保债务的履行期限不得超过土地使用年限。

第十四条 以共有房地产设定抵押权

以按份共有的房地产设定抵押权的，抵押物以抵押人享有的份额为限。以共同共有的房地产设定抵押权的，必须经全体共有人同意，抵押人为全体共有人。

第十五条 以两宗以上房地产设定同一抵押权

以两宗以上房地产设定同一抵押权的，视为同一抵押物；在抵押权存续期间，其承担的共同担保义务不可分割。抵押人和抵押权人另有约定的，从其约定。

第十六条 以出让土地使用权设定抵押权

以出让土地使用权设定抵押权的，所担保的主债权仅限于开发建设该出让地块的贷款，并不得违反国家和本市关于土地使用权出让、转让的规定和土地使用权出让合同的约定。

第十七条 设定抵押权时房屋与土地使用权的关系

房屋及其占用范围内的土地使用权应当同时抵押。以部分房屋抵押的,该部分房屋所占相应比例的土地使用权应当同时抵押。

第十八条 以商品房设定抵押权

房地产开发企业不得以已预售的商品房设定抵押权。

房地产开发企业以已建成商品方设定抵押权的，在抵押权存续期间，不得销售该抵押物。

第十九条 抵押合同签订后新增的房屋

抵押合同签订后，土地上新增的房屋不属于抵押物。

第二十条 以有限产权房屋设定抵押权

以有限产权房屋设定抵押权的，必须符合国家和本市有关有限产权房屋权利的规定。

前款所称的有限产权房屋，是指房屋所有人拥有的享有完全的占有权、使用权和有限的处分权、收益权的房屋。

第二十一条 以房地产设定最高额抵押权

债权人和债务人可以以房地产设定最高额抵押。设定最高额抵押权时，抵押人和抵押权人应当约定连续发生债权的期间、被担保债权的最高限额。

约定的债权发生期届满后，抵押人和抵押权人应当办理最高额抵押权确定登记。实际的债权发生期短于约定的债权发生期的，可以以实际的债权发生期为准；实际的债权发生期超出约定的债权发生期的，以约定的债权发生期为准。债权发生期届满时，实际存在债权的累计数额低于最高债权限额的，以实际存在债权的累计数额登记为被担保的主债权额；实际存在债权的累计数额超出最高债权限额的，以最高债权限额登记为被担保的主债权额。

以最高额抵押担保的主债权合同，仅限于借款合同和就某项商品在一定期间内连续发生交易而签订的合同。

本条所称的最高额抵押，是指抵押人与抵押权人协议，在最高债权额限度内，以房地产对一定期间内连续发生的债权作担保的行为。

第二十二条 以房屋建设工程期权设定抵押权

房地产开发企业和其他建设单位以房屋建设工程期权设定抵押权，所担保的主债权仅限于建造该建设工程的贷款，但已付清该建设工程全部建造款的不在此限。

以房屋建设工程期权设定抵押权，必须同时符合以下条件：

（一）房屋建设的开发投资总额已经完成25%以上；

（二）该建设工程承包合同是能形成具有独立使用功能的房屋的总承包合同或者施工总承包合同；

（三）该建设工程范围内商品房尚未预售。

不得以房屋建设工程期权设定最高额抵押。以房屋建设工程期权设定最高额抵押，应当符合国家和本市关于建设工程承发包管理的规定。

第二十三条 以预购商品房期权设定抵押权

预购人以预购商品房期权设定抵押权，所担保的主债权仅限于购买该商品房的贷款，但已付清该商品房全部购房价款的不在此限。

不得以预购商品房期权设定最高额抵押。

以预购商品房期权设定抵押权，应当符合国家和本市关于商品房预售管理的规定。

第二十四条　资金监管

房屋建设工程抵押权人应当按合同约定对贷款资金的使用进行监管，专项用于该建设工程的建造。

房地产开发企业收取的商品房预售款和销售款，应当委托专门机构监管使用，先行用于清偿该房屋建设工程的各项贷款。房屋建设工程及其占用范围内的出让土地使用权上存在抵押权的，应当注销相应部位的抵押权。

对商品房预售款和销售款进行监管的具体办法，由市人民政府另行制定。本条第二款所称的各项贷款，是指出让土地使用权抵押贷款、房屋建设工程期权抵押贷款和建造该建设工程的其他贷款。

第三章　抵　押　合　同

第二十五条　抵押合同的形式

设定地产抵押应当签订书面的抵押合同。

抵押合同可以以在主债权合同中订立抵押条款的方式签订，也可以单独签订。

第二十六条　抵押合同的主要内容

抵押合同应当包括以下内容：

（一）抵押人和抵押权人的姓名（或者名称）、住所；

（二）被担保的主债权种类、数额；

（三）债务人履行债务的期限；

（四）抵押物的坐落、用途、结构、面积、四至范围以及价值；

（五）房屋权属和土地使用权属状况、土地使用权取得方式、房地产权证编号；

（六）抵押担保的债权范围；

（七）抵押人和抵押权人约定的其他事项。

以房屋建设工程期权设定抵押权的，抵押合同的内容除本条第一款规定外还应当包括以下内容：

（一）《建设工程规划许可证》编号；

（二）国有土地使用权出让金的款额；

（三）该建设工程的总承包合同或者施工总承包合同约定的建设工程造价；

（四）已投入该建设工程的款额，但不包括获得土地使用权的费用；

（五）建设工程竣工日期。

以房地产设定最高额抵押的，抵押合同的内容除本条第一款规定外还应当包括以下内容：

（一）连续发生债权的期间；

（二）最高债权限额。

抵押合同不完全具备本条规定内容的，可以补正。

第二十七条 抵押合同不得约定的事项

订立抵押合同时，抵押权人和抵押人在合同中不得约定在债务履行期届满而抵押权人未受清偿时，抵押物的所有权转移为债权人所有。

第二十八条 抵押合同的文字

抵押合同应当用中文书写，也可以同时用其他文字书写。

第二十九条 涉外房地产抵押的公证

抵押人和抵押权人一方为香港特别行政区、澳门特别行政区、台湾地区和外国的自然人、法人或者其他组织的，应当经本市公证机构公证。

第三十条 无效合同

下列抵押合同为无效合同：

（一）违反本办法第六条、第十八条第一款、第二十二条第三款、第二十三条第二款规定而签订的抵押合同；

（二）主合同无效的抵押合同，但抵押合同另有约定的，从其约定；

（三）违法签订的其他抵押合同。

第三十一条　抵押合同的变更

抵押人和抵押权人协商一致，可以变更抵押合同。变更抵押合同，应当签订书面的抵押变更合同。

一宗抵押物上存在两个以上抵押权的，需要变更抵押合同的抵押权人，必须征得所有后须位抵押权人的同意。

第三十二条　抵押合同的解除

抵押人和抵押权人协商一致，可以解除抵押合同。解除抵押合同，应当签订书面的抵押解除合同。

第三十三条　抵押合同的终止

有下列情形之一的，抵押合同终止：

（一）抵押所担保的债务已经履行；

（二）抵押合同被解除；

（三）债权人免除债务；

（四）法律规定终止或者当事人约定终止的其他情形。

第四章　抵　押　登　记

第三十四条　抵押登记的效力

设定房地产抵押权，应当依法办理抵押合同自抵押登记之日起生效。抵押合同发生变更的，应当依法变更抵押登记。抵押变更合同自变更抵押登记之日起生效。

第三十五条　抵押登记的机构

抵押人和抵押权人应当按照房地产登记的管理权限，向市或者区、县房地产登记机构办理抵押登记。

第三十六条　抵押登记的申请人和需提交的材料

抵押人和抵押权人应当共同提出抵押登记申请。申请抵押登记时，应当提交身份证件、主合同、抵押合同和以下材料：

（一）以预购商品房期权设定抵押权的，应当提交商品房预购（售）合同；

（二）以房屋建设工程期权设定抵押权的，应当提交房地产权证书、该建设工程的总承包合同或者施工总承包合同；

（三）以尚未建有房屋及其他地上定着物的出让土地使用权设定抵押权的，应当提交房地产权证书和土地使用权出让合同；

（四）以其他房地产设定抵押，应当提交房地产权证书。

第三十七条 变更抵押登记的申请人和需提交的材料

抵押合同发生变更的，抵押人和抵押权人应当共同向原抵押登记机构提出变更抵押登记申请。申请变更抵押时，应当提交身份证件、抵押权利证明和抵押变更合同。

第三十八条 注销抵押登记的申请人和需提交的材料

抵押合同终止的，抵押人和抵押权人应当共同向原抵押登记机构提出注销抵押登记申请。申请注销抵押登记时，应当提交身份证件、抵押权利证明和以下材料：

（一）按本办法第三十三条第一项、第三项规定，抵押所担保的债务已经履行或者债权人免除债务的，应当提交债权人出具的书面证明；

（二）按本办法第三十三条第二项规定，抵押合同解除的，应当提交抵押解除合同；

（三）按本办法第三十三条第四项规定，发生法律规定终止或者当事人约定终止的其他情形的，应当提交有关材料。

办理注销抵押登记手续时，抵押人申请但抵押权人不申请的，登记机构可以受理抵押人的申请，并且责成抵押权人限期办理注销登记。抵押权人逾期仍未办理注销登记的，可以依法核准抵押人的注销登记。

第三十九条 抵押权利证明的出具、变更和收回

房地产登记机构应当在受理抵押登记申请之日起的规定期限内，依法作出是否准于登记的决定。准于登记的，应当出具抵押权利证明；不予登记的，应当书面通知申请人。

房地产登记机构应当在受理变更抵押登记申请之日起的规定期限内，依法作出是否准予变更登记的决定，准予变更登记的，应

当变更抵押权利证明；不予变更登记的，应当书面通知申请人。

房地产登记机构应当在受理注销抵押登记申请之日起的规定期限内，依法作出是否准予注销登记的决定，准予注销登记的，应当收回抵押权利证明；不予注销登记的，应当书面通知申请人。

第四十条 房地产权证书和抵押权利证明的保管

抵押物的房地产权证书，由抵押人保管。

房地产登记机构出具的抵押权利证明，由抵押权人保管。

第四十一条 登记的费用

办理抵押登记和变更抵押登记时，抵押人和抵押权人应当按照有关规定向房地产登记机构支付登记费用。

第四十二条 登记资料的查阅

抵押登记、变更抵押登记、注销抵押登记的有关资料应当对公众开放查阅。具体办法按照市人民政府有关规定执行。

第五章 抵押物的占管

第四十三条 抵押物的占管及占管责任

抵押物由抵押人占管。

抵押人在占管期间应当维护抵押物的安全与完好。

抵押权人有权按照抵押合同的约定，监督、检查抵押物的占管情况。

第四十四条 抵押物的出租

抵押人在抵押期间将抵押物出租的，应当将已抵押的事实书面告知承租人。

第四十五条 抵押物的转让

除本办法第十八条第二款规定外，抵押人在抵押期间可以转让抵押物。除房地产开发企业预售、销售商品房外，抵押人在抵押期间转让抵押物的，应当事先以书面形式通知抵押权人，并将已抵押的事实告知受让人。抵押人未事先通知抵押权人或者未告知受让人的，转让行为无效。

转让抵押物所得的价款，抵押人可以与抵押权人协商提前清偿抵押所担保的债权，也可以与抵押权人协商向约定的第三人提存作为抵押财产。

抵押人通知抵押权人时，应当同时提出转让抵押物的价格和对转让款的处理方式，并与抵押权人就此进行协商。

抵押权人应当在接到通知后的15天内书面答复抵押人，并可以向房地产登记机构登记备案；逾期未作答复的视作无异议。抵押权人认为转让抵押物的价格明显低于其价值的，可以要求抵押人提供新的担保；抵押人不同意提供新的担保的，抵押权人可以不准于转让该抵押物。

抵押人向房地产交易管理机构提出过户申请，或者预购商品房转让合同的登记备案申请时，应当提交其与抵押权人关于转让款处理方式的协议或者其通知抵押权人而抵押权人逾期未作答复的证明，房地产交易管理机构据此移交房地产登记机构办理房地产转让变更登记或者预购商品房转让合同的登记备案手续。

抵押人转让抵押物所得的价款，超过债权数额的部分，归抵押人所有，不足部分由债务人清偿。

第四十六条　抵押合同的继受履行

作为抵押人的法人或者非法人组织变更后，其继受主体应当继续履行原抵押合同。

作为抵押人的自然人死亡或者被依法宣告死亡时，该抵押物的合法继承人或者受遗赠人应当继续履行原抵押合同，但当事人放弃继承或者遗赠的除外。

第四十七条　抵押物和抵押人变化的通知责任

有下列情形之一的，抵押人或者其继受人应当及时书面通知抵押权人：

（一）已设定抵押权的房屋被依法列入拆迁范围的；

（二）因作为抵押人的自然人死亡或者被依法宣告死亡而发生继承、析产；

（三）因作为抵押人的法人或者非法人组织变更而发生继受情形的。

除自然损耗外，抵押物灭失或者毁损的，抵押人应当立即采取有效措施防止损失扩大，并通知抵押权人。

第四十八条　抵押物灭失或者毁损的补救

抵押权因抵押物灭失而消灭。抵押人和抵押权人协商一致，可以由抵押人将灭失或者毁损所得的赔偿金向抵押权人提前清偿所担保的债权，也可以向第三人提存作为抵押财产处理。

抵押人怠于向造成抵押物灭失或者毁损的责任人追究赔偿责任的，抵押权人可以代位求偿。

因抵押人的过错而导致抵押物灭失或者毁损，不能或者不足以担保其债务履行时，抵押人应当重新提供或者增加抵押物，以弥补原抵押物价值的损耗部分。

第四十九条　抵押物拆除改建的限制

除城市建设需要拆迁房屋外，未征得抵押权人的书面同意，抵押人不得将已设定抵押权的房屋拆除或者改建。

第五十条　抵押房屋的拆迁

房屋在抵押期间被依法列入拆迁范围的，按下列规定处理：

（一）以交换产权作为补偿的，以交换所得房屋重新设定抵押权；

（二）实行作价补偿的，抵押人可以与抵押权人协商提前清偿抵押所担保的债权，也可以与抵押权人协商将补偿金向约定的第三人提存作为抵押财产。

抵押人与拆迁人达成安置补偿协议后，应当与抵押权人就前款规定的事项进行协商。抵押人向拆迁人提交其与抵押权人关于该抵押权及其所担保债权处理问题的书面协议后，方可取得补偿金和安置房屋。

根据本条第一款第一项规定重新设定抵押的，抵押人和抵押权人应当重新签订抵押合同。原抵押物上存在两个以上抵押权的，各抵押权的先后顺序应当与原抵押登记的顺序一致。

第五十一条　抵押权的转让

抵押权不得与债权分离而单独转让或者作为其他债权的担

保。

抵押权可以随主合同债权转让而转让，受让人享有原抵押权人的相应权利，抵押权转让合同应当向房地产登记机构办理登记。

最高额抵押的主合同债权不得转让。

第六章 抵押权的实现

第五十二条 行使抵押权的条件

债务履行期届满时，有下列情形之一的，抵押权人可以行使抵押权：

（一）债务人不履行到期债务的；

（二）债务人死亡、被依法宣告死亡，其合法继承人、受遗赠人不履行到期债务的；

（三）债务人解散或者被宣告破产的；

（四）抵押权人未受清偿的其他情形。

第五十三条 一宗抵押物上一个抵押权的行使方式

一宗抵押物上存在一个抵押权的，债务履行期届满面未受清偿的抵押权人可以与抵押人协议，以抵押物折价或者以拍卖、变卖该抵押物所得的价款受偿。

第五十四条 一宗抵押物上两个以上抵押权的行使方式

一宗抵押物上存在两个以上抵押权的，债务履行期届满而未受清偿的抵押权人行使抵押权时，应当通知其他抵押权人，并应当与所有先顺位抵押权人就该抵押权及其被担保债权的处理进行协商；协商不成的，该抵押权人可以与抵押人协议以拍卖或者变卖方式处分抵押物。

各抵押权人对拍卖或者变卖抵押物所得价款的优先受偿顺序，以抵押登记的顺序为准。

拍卖或者变卖抵押物所得的价款，应当按照下列方式处理：

（一）对债务履行期届满的抵押权人，清偿所担保的债权；

（二）对其他抵押权人，抵押人可以与其协商提前清偿抵押所担保的债权，也可以与其协商将处分抵押物所得的价款向约定的第三人提存作为抵押财产。

第五十五条 抵押物处分方式的规定

抵押人和抵押权人选择以拍卖方式处分抵押物的，按照国家和本市有关拍卖的规定办理。

抵押人和抵押权人选择以变卖或者折价方式处分抵押物的，不得违反本市有关房地产转让的规定。

第五十六条 优先购买权

抵押人和抵押权人协议以折价、变卖方式处分抵押物的，下列自然人、法人或者其他组织在同等条件下依法享有优先购买权：

（一）按份共有抵押物的其他共有人；

（二）抵押前已出租房地产的承租人。

抵押人和抵押权人以抵押物折价或者变卖抵押物前，应当书面征询前款所列享有优先购买权的当事人是否行使优先购买权。

第五十七条 抵押权人收取孳息

债务履行期届满，债务人不履行债务致使抵押物被人民法院依法查封的，自查封之日起抵押权人有权收取该抵押物的孳息。抵押权人未将查封抵押物的事实通知应当清偿法定孳息的义务人的，抵押权的效力不及于该孳息。

前款孳息应当先充抵收取孳息的费用。

第五十八条 处分抵押物所得价款中土地收益的处理

以行政划拨土地使用权连同地上定着物设定抵押权的，抵押权人处分抵押物时，应当缴纳相当于应当缴纳的国有土地使用权出让金的款额后，方可就剩余价款优先受偿。

第五十九条 新增房屋的拍卖所得

需要拍卖抵押的房地产时，可以依法将土地上新增的房屋与抵押物一同拍卖，但对拍卖新增房屋所得的价款，抵押权人无视优先受偿。

第六十条 处分抵押物所得价款的分配

处分抵押物所得的价款，依下列顺序分配：

（一）处分抵押物的费用；

（二）处分抵押物应缴纳的税费；

（三）相当于应缴纳的国有土地使用权出让金的款额；

（四）应支付的建造该建设工程的欠款；

（五）主债权及利息、违约金、损害赔偿金；

（六）剩余金额交还抵押人。

处分抵押物所得价款不足抵押所担保债权数额的部分，由债务人负责清偿。

处分有限产权房屋所得价款的分配，不得违反国家和本市的有关规定。

第六十一条 出让土地使用权抵押权人的受偿范围

抵押人以出让土地使用权设定抵押权后，又以该土地上新增房屋设定抵押权的，出让土地使用权抵押权人的债务受偿范围以国有土地使用权出让金的款额为限；其中，以该土地上部分新增房屋设定抵押权的，出让土地使用权抵押权人的受偿范围以该部分新增房屋所占相应比例的国有土地使用权出让金的款额为限。

第六十二条 处分抵押物时租赁关系的处理

以已出租的房地产设定抵押权的，抵押物处分后，经登记备案的原租赁合同继续有效。

将已抵押的房地产出租的，抵押物处分后，原租赁合同自动终止，但受让人同意继续原租赁关系的除外。

第六十三条 破产后的抵押物

抵押人破产的，破产前已抵押的房地产不属于破产财产。但处分抵押物所得价款超过所担保债权金额的，超过部分属于破产财产。法律、法规另有规定的除外。

第六十四条 农村房地产的抵押权行使

以农村集体土地上的乡（镇）、村企业的厂房或者其他房屋及其占用范围内的土地使用权设定抵押权的，处分抵押物时应当遵守国家和本市集体土地上房地产转让的有关规定。处分抵押物后，未经法定程序不得改变土地集体所有的性质和土地用途。

第七章　法　律　责　任

第六十五条　违约责任

抵押合同生效后，抵押人和抵押权人应当履行；任何一方不履行或者不完全履行的，应当承担违约责任，并赔偿另一方由此遭受的经济损失。

因抵押人或者抵押权人过错致使抵押合同不能履行的，过错方应当赔偿另一方当事人遭受的经济损失。

第六十六条　致使抵押合同无效的责任

抵押合同无效的，有过错的一方应当赔偿对方因此所受到的损失；双方都有过错的，应当各自承担相应责任。

第六十七条　隐瞒抵押物状况的责任

抵押人隐瞒抵押物已抵押或者已出租的状况，造成他人损失的，由抵押人予以赔偿。

第六十八条　责任的免除

由于不可抗力致使抵押物全部或者部分灭失、毁损、贬值，抵押人应当及时告知抵押权人。在取得有关证明后，可免除抵押人重新提供或者增加抵押物的责任。

第六十九条　争议的处理

抵押人和抵押权人因履行抵押合同或者行使抵押权发生争议的，应当协商解决；协商不成的，可以依法向人民法院提起诉讼。

第八章　附　　则

第七十条　国有房地产的抵押

国有房地产的抵押，同时适用国有资产管理的有关规定。

第七十一条　生效日期

本办法自2000年1月1日起施行，上海市人民政府1994年8月22日发布的《上海市房地产抵押办法》同时废止。

9. 广州市房地产抵押登记管理条例

（2000 年 5 月 24 日广州市第十一届人民代表大会常务委员会第十六次会议通过，2000 年 7 月 28 日广东省第九届人民代表大会常务委员会第十九次会议批准，2000 年 10 月 1 日起施行。）

第一条 为了加强房地产抵押登记管理，保障抵押当事人的合法权益，根据《中华人民共和国担保法》和《中华人民共和国城市房地产管理法》有关规定，结合本市实际情况，制定本条例。

第二条 本市行政区域内的房地产抵押登记管理，适用本条例。

第三条 本条例所称房地产抵押登记，是指房地产设定抵押时，依照法定程序进行登记的行为。

第四条 房地产抵押实行登记制度。依法设定并登记的房地产抵押，受法律保护。

第五条 市房地产行政管理部门主管本市行政区域内的房地产抵押登记管理工作，并组织实施本条例。县级市房地产行政管理部门负责本辖区内的房地产抵押登记管理工作。

第六条 下列房地产抵押，应当登记：

（一）抵押人所有的房屋；

（二）抵押人依法有权处分的国有房屋；

（三）抵押人预购的商品房；

（四）抵押人所有的在建房屋；

（五）抵押人依法有权处分的国有土地使用权；

（六）镇、村依法建设的企业厂房等建筑物及其占用范围内的集体土地使用权；

（七）抵押人依法承包并经发包方同意抵押的荒山、荒沟、荒丘、荒滩等荒地的土地使用权；

（八）法律、法规规定可以抵押的其他房地产。

第七条 以房屋或者在建房屋抵押的，其占用范围内的土地使用权同时抵押登记；以依法有权处分的国有土地使用权抵押的，该国有土地上的房屋同时抵押登记。

第八条 下列房地产不得抵押登记：

（一）土地所有权；

（二）耕地、宅基地、自留地、自留山等集体所有的土地使用权，但本条例第六条第（六）、（七）项规定的除外；

（三）房屋所有权、土地使用权不明确或者有争议的；

（四）无建筑物的行政划拨土地使用权；

（五）学校、幼儿园、医院等以公益为目的的事业单位、社会团体的；

（六）依法列入文物保护和具有重要纪念意义的；

（七）被依法查封、监管的；

（八）法律、法规规定不得抵押登记的。

第九条 抵押人申请房地产抵押登记，应当符合下列规定：

（一）国有企业、事业单位法人以其房地产抵押的，应当报相关的国有资产管理部门或者授权投资机构审批；

（二）集体所有制企业以自有房地产抵押的，应当经该企业职工大会或者职工代表大会通过，并报上级主管部门备案；以上级调整使用的房地产抵押的，应当经上级主管部门批准；

（三）股份有限公司、有限责任公司或者外商投资企业以房地产抵押的，应当经股东大会或者董事会通过，法律、法规另有规定的，从其规定；

（四）在合伙企业存续期间，以合伙企业的房地产抵押登记的，必须经全体合伙人同意；

（五）以出让等有偿使用方式取得国有土地使用权抵押的，必须付清土地使用权出让金；

（六）以本条例第六条第（六）项抵押的，应当经集体土地所有者书面同意；

（七）以共同共有的房地产抵押的，抵押人应当征得其他共有人的书面同意；以按份共有的房地产中所占有部分抵押的，抵押人应当书面通知其他共有人；

（八）以出租的房地产抵押的，抵押人应当书面告知抵押权人和承租人；

（九）以预购商品房抵押的，其预售合同应当经所在地房地产交易机构登记。

第十条 有经营期限的企业以房地产抵押登记的，抵押期限不得超过该企业的经营期限；以具有土地使用期限的房地产抵押登记的，抵押期限不得超过土地使用权出让合同规定的使用期限。

第十一条 以未付清房款的预购商品房和在建房屋抵押登记的，抵押权人必须是金融机构。以在建房屋抵押登记的，其投入建设的资金应当达到工程建设总投资的百分之二十五以上，并已经确定施工进度和竣工日期。以优惠政策购买的公有住房、解困房、安居房等房屋抵押登记的，必须符合国家、省、市的有关政策规定。

第十二条 以镇、村依法建设的企业厂房等建筑物及其占用范围内的集体土地使用权抵押，或者以承包方式取得荒山、荒沟、荒丘、荒滩等荒地的集体土地使用权抵押的，其地价评估结果，应当经市或者县级市土地行政管理部门确认核准后，方可抵押登记。

以划拨方式取得土地使用权抵押的，应当进行地价评估，由市或者县级市土地行政管理部门核定土地使用权出让金。抵押所担保的债务金额不得超过扣除出让金后的土地价值。

第十三条 房地产抵押登记时，抵押人所担保的债权不得超出该房地产的价值。

房地产抵押登记后，抵押人以其价值大于所担保的债权的余额部分再次抵押登记的，抵押人应当将已经设定过的抵押情况事先书面告知首次抵押和再次抵押的抵押权人。

第十四条 因城市建设需要，已抵押登记的房地产被拆迁的，抵押人应当按照国家有关规定将拆迁补偿价款清偿债务，或者重新设定抵押。抵押当事人也可以重新设定抵押物和抵押权，或者依法清理债权债务，解除抵押合同。

第十五条 申请房地产抵押登记的，抵押当事人应当依法订立书面抵押合同。抵押合同应当包括以下内容：

（一）抵押人、抵押权人的名称、地址或者姓名、身份证号码、住所；

（二）被担保的主债权的种类、数额和债务人履行债务的期限；

（三）抵押的房地产座落、名称、用途、建筑面积、用地面积、四至情况以及所有权权属或者使用权权属等；

（四）抵押的房地产价值；

（五）抵押担保的范围；

（六）抵押的房地产占用管理人、管理方式、管理责任以及意外损毁、灭失的责任；

（七）抵押权灭失的条件；

（八）违约责任；

（九）争议解决方式；

（十）抵押合同订立的时间与地点；

（十一）双方认为需要约定的其他事项。

第十六条 房地产抵押合同签订后，抵押人与抵押权人应当共同向房地产所在地的房地产行政管理部门办理抵押登记。抵押合同自核准抵押登记之日起生效。

第十七条 经登记的抵押合同需要变更或者终止的，抵押当事人应当在变更或者终止之日起十五日内，到原登记部门办理抵押变更或者涂销抵押登记手续。

第十八条 办理抵押登记应当提供下列资料：

（一）抵押当事人的身份证明或者法人资格证明；

（二）抵押登记申请书；

（三）主合同和抵押合同；

（四）房地产权属证书或者经登记的预售合同；

（五）抵押人有权设定抵押的证明文件与资料；

（六）法律、法规规定或者双方约定需要评估房地产价值的证明资料；

（七）依法应当提供的其他资料。

第十九条 持房地产权属证书办理房地产抵押登记的，登记部门应当在房地产权属证书上作他项权利记载后，由抵押人收执，并向抵押权人核发房地产他项权证。

第二十条 持已经登记的房地产预售合同或者国有土地使用证申请办理预购商品房或者在建房屋抵押登记的，登记部门应当在房地产预售合同或者国有土地使用证上作他项权利记载后由抵押人收执，并由抵押权人核发抵押登记证明书。

第二十一条 以预购商品房或者在建房屋抵押登记的，房屋竣工后抵押关系尚未终止，抵押当事人应当在房屋竣工验收合格之日起三十日内，申请办理房地产证及他项权证。

第二十二条 登记部门自受理抵押登记申请之日起十五个工作日内，对符合抵押登记条件的，应当核准抵押登记，发给房地产他项权证或者抵押登记证明书。自受理抵押变更登记、涂销登记申请之日起十个工作日内完成变更、涂销抵押登记手续。

对不符合登记条件的，应当书面通知抵押当事人并告知不予登记的理由。登记部门在法定的时间内不作答复或者符合条件不予登记的，抵押当事人可以提起行政复议或者行政诉讼。

第二十三条 抵押当事人隐瞒真实情况或者以虚假文件资料等非法手段获得核准抵押登记的，经人民法院、仲裁机构确认抵押合同无效的，由原登记部门撤销抵押登记。

第二十四条 抵押当事人因履行抵押合同或者处分抵押房地产发生争议的，可以依照相关的法律法规和规章的规定协商解决；协商不成的，可以根据双方达成的仲裁协议向仲裁机构申请仲裁；没有仲裁协议或者仲裁协议无效的，可以直接向人民法院提起诉讼。

第二十五条 房地产抵押登记部门工作人员玩忽职守、滥用职权，或者利用职务上的便利索取他人财物，或者非法收受他人财物为他人谋取利益的，由其所在单位或者上级主管部门给予行政处分；构成犯罪的，依法追究刑事责任。

第二十六条 本条例自 2000 年 10 月 1 日起施行。1990 年 6 月 6 日市人民政府公布的《广州市房地产抵押管理办法》同时废止。

10. 上海市商品住宅维修基金管理办法

上海市人民政府令第 91 号

第一条 目的和依据

为了加强本市商品住宅维修基金的管理，保障商品住宅及相关公共设施的正常维修、更新，根据《上海市居住物业管理条例》，制定本办法。

第二条 适用范围

本市行政区域内商品住宅维修基金（以下简称维修基金）的设立、使用和管理，适用本办法。

第三条 管理部门

上海市房屋土地资源管理局（以下简称市房地资源局）是本市物业管理的行政主管部门，负责本办法的组织实施。区、县房地产管理部门是本辖区物业管理的行政主管部门，依照本办法对维修基金的设立和使用进行监督管理。

第四条 维修基金的设立

新建内销售商品住宅应当设立维修基金。新建外销商品住宅出售时设立维修基金的，由房地产开发企业与购房人在住宅转让合同中约定；住宅出售时未设立维修基金的，业主大会或者业主代表大会可以决定设立，并在业主公约中规定。

第五条 维修基金专户的开立

业主委员会成立前，维修基金物业所在地的区、县房地产管理部门代为监管，本息归业主所有，任何单位和个人不得使用。

区、县房地产管理部门应当与本市商业银行（以下称专户银行）签订委托协议，开立一个本辖区维修基金的专户。维修基金专户的开立，应当以一个物业管理区域为单位，按每幢住宅立账，并分列每套住宅单元的分户账；一幢住宅有两个或者两个以上门号的，按门号立账，并分别每套住宅单元的分户账。

第六条 首期维修基金的交纳标准

新建内销商品住宅的房地产开发企业和购房人，应当按照下列标准交纳首期维修基金；

（一）配备电梯的住宅，房地产开发企业按照每平方米建筑面积成本价的4%交纳；不配备电梯的住宅，房地产开发企业按照每平方米建筑面积成本价的3%交纳。

（二）配备电梯的住宅，购房人按照每平方米建筑面积成本价的3%交纳；不配备电梯的住宅，购房人按照每平方米建筑面积成本价的2%交纳。

新建内销商品住宅每平方米建筑面积成本价，由市房地资源局和市物价部门核定。

新建外销商品住宅出售时设立维修基金的，首期交纳标准由房地产开发企业和购房人在住宅转让合同中约定；业主大会或者业主代表大会决定设立维修基金的，全体业主应当按照业主公约规定的标准交纳首期维修基金。

第七条 首期维修基金的交纳时限

新建内销商品住宅的房地产开发企业和购房人应当按照下列规定的时限交纳首期维修基金；

（一）房地产开发企业应当在办理新建商品住宅所有权初始登记前，按本办法第六条第一款第一项的规定，将该新建商品住宅的维修基金存入专户银行。

（二）购房人应当在办理房地产权变更登记前，按本办法第六条第一款第二项的规定，将所购商品住宅的维修基金存入专户银行。

（三）业主委员会成立时尚未出售的商品住宅，房地产开发企业应当在业主委员会成立之日起15日内，按本办法第六条第一款第二项的规定交纳维修基金，存入专户银行。

新建内销商品住宅的房地产开发企业和购房人在办理新建商品住宅所有权初始登记、房地产权变更登记手续时，应当向房地产登记机构提交专户银行收款凭证。

新建外销商品住宅出售时设立维修基金的，应当按住宅转让合同约定的时限，将首期维修基金存入专户银行；业主大会或者业主代表大会决定设立维修基金的，全体业主应当按业主公约规定的时限，将首期维修基金存入本办法第十条规定的开户银行。

第八条　首期维修基金交存情况的核查和公布

区、县房地产管理部门应当定期核查首期维修基金的交存情况，并每年公布一次。

第九条　前期物业维修和更新费用的承担

业主委员会成立前发生的物业维修、更新、不得使用维修基金，其费用由房地产开发企业承担。

第十条　维修基金账户的开立

业主委员会成立后，应当与本市商业银行（以下称开户银行）签订委托协议，开立一个物业管理区域的维修基金账户。

维修基金账户的开立，应当按每幢住宅立账，并分列每套住宅单元的分户账；一幢住宅有两个或者两个以上门号的，应当按门号立账，并分列每套住宅单元的分户账。

第十一条　开立维修基金账户提交的文件和资料

业主委员会开立维修基金账户时，应当提交下列文件和资料；

（一）开户申请书；

（二）业主委员会成立的批准文件；

（三）业主分户清册；

（四）业主委员会主任、副主任私章和业主委员会财务专用章的印鉴；

（五）物业管理服务合同。

前款规定的业主分户清册由区、县房地产管理部门经核对后向业主委员会提供。业主分户清册的格式，由市房地资源局会同有关部门制定。

业主委员会委托物业管理企业办理开户手续的，还应当提交书面委托书。

第十二条　维修基金的划转

业主委员会开立维修基金账户后，应当通知区、县房地产管理部门，由区、县房地产管理部门将维修基金专户中已收取该物业管理区域首期维修基金的本息划转至业主委员会的维修基金账户。

第十三条　纳入维修基金的收益

业主委员会许可他人利用住宅共用部位设置广告等级经营性设施而收取的费用，应当存入维修基金账户，归该幢住宅的业主共同所有，并设立单独账目，专项用于该幢住宅共同部位、共用设备的维修、更新。

业主委员会许可他人利用物业管理区域公共设施停放车辆、设置广告等经营性设施而收取的费用，应当存入维修基金账户，归全体业主管理区域公共设施的维修、更新。

第十四条　维修基金的用途

维修基金应当专项用于住宅共用部位、共用设备和物业管理区域公共设施的维修、更新、不得挪作他用。

住宅共用部位、共用设备和物业管理区域公共设施属于人为损坏的，其维修、更新费用应当由责任人承担。

经业主大会或者业主代表大会决定，业主委员会活动经费可以在维修基金中列支，业主大会或者业主代表大会的决定应当包括活动经费的用途、开支项目和限额。

第十五条　物业维修和更新的实施

物业管理服务合同应当约定物业的日常维修、更新的范围、标准和实施程序等事项；合同未约定或者约定不明确的，按照下列规定实施；

（一）住宅公用部位、公用设备的维修、更新，应当事先征得业主委员会书面同意；

（二）物业管理区域公共设施的维修、更新，应当事先征得业主委员会书面同意。

发生危及房屋使用安全或者公共安全的紧急情况，物业管理企业应当立即组织物业维修、更新，并及时通知业主委员会。住宅需要大修或者专项维修、更新的，物业管理企业应当在物业管理服务年度计划中列明，提交业主委员会审核；业主委员会审核同意的，应当书面委托物业管理企业通过招标或者其他方式确定施工单位。施工单位编制的费用预算和决算，应当由主业委员会或者其委托的物业管理企业审核。住宅大修和专项维修、更新完成后，物业管理企业应当向业主委员会提交物业维修、更新情况的书面报告。住宅共用部位、共用设备和物业管理区域公共设施的维修、更新属于房地产开发企业保修责任范围内，应当由房地产开发企业或者其委托的物业管理企业负责实施。

第十六条　房屋督修

经房屋安全鉴定为危险房屋，或者出现法规、规章和有关技术标准规定必须维修房屋的情形，区、县房地产管理部门应当督促业主和业主委员会限期维修；逾期不维修的，区、县房地产管理部门可以组织代为维修，其费用由房屋所有人承担，或者按本办法第十七条第二款规定在维修基金中列支。

第十七条　维修基金列支的范围和方式

物业维修、更新完成后，物业管理企业应当将加盖企业公章的费用清单、发票原件提交业主委员会审核，并经业主委员会主任、副主任共同签章后，有关的费用方可在维修基金中列支。

物业维修、更新费用按照下列规定在维修基金中列支：

（一）住宅共用部位、共用设备的维修、更新费用，由该幢住宅的业主按照拥有住宅建筑面积的比例共同承担；其中，一幢住宅有两个或者两个以上门号的，每个门号内共用部位、共用设备的维修、更新费用，由该门号内的业主按照拥有住宅建筑面积的比例共同承担。

（二）物业管理区域公共设施的维修、更新费用，由全体业主按照拥有住宅建筑面积的比例共同承担；其中，属于两个或者两个以上物业管理区域的公共设施维修、更新费用，由各物业管理区域的全体业主按照拥有住宅建筑面积的比例共同承担。

业主委员会活动经费在维修基金中列支的，由全体业主按照拥有住宅建筑面积的比例共同承担。

第十八条 维修基金的支取和分摊

维修基金应当按照下列规定支取；

（一）物业管理企业可以从维修基金中暂借相当于一个月的物业日常维修、更新费用的备用金，实际发生的日常维修、更新费用按月结算；物业管理服务合同另有约定的，从其约定。物业管理企业向开户银行支取备用金时，应当提交经业主委员会主任、副主任审核签章的支付凭证；支取实际发生的费用时，应当提交经业主委员会主任、副主任审核签章的支付凭证和有关费用清单。

（二）住宅需要大修或者专项维修、更新的，施工承包合同中可以约定预付款，但预付款最高不得超过工程款总额的30%。物业管理企业向开户银行代为支取预付款时，应当提交经业主委员会主任、副主任审核签章的支付凭证和施工承包合同；代为支取实际发生的费用时，应当提交经业主委员会主任、副主任审核签章的支付凭证和有关费用清单。

（三）业主委员会可以在物业管理企业的账户上留有相当于一个月活动经费的备用金，实际发生的活动经费按月结算；业主大会或者业主代表大会另有决定的，从其决定。向开户银行支取备用金时，应当提交经业主委员会主任、副主任审核签章的支付凭证和业主大会或者业主代表大会的决定；支取实际发生的费用时，应当提交经业主委员会主任、副主任审核签章的支付凭证和有关费用清单。

物业的日常维修、更新费用和业主委员会活动经费由物业管理企业按季度进行按户分摊；物业管理服务合同另有约定的，从其约定。住宅大修和专项维修、更新费用，应当单项即时按户分摊。业主分户账外设立单独账目的，可以衔在该账目列支。

物业管理企业应当向开户银行提交按户分摊费用清单，由开户银行计入业主分户帐和业主分账外的单独账目。

第十九条 维修基金账目的核对和公布

业主委员会或者其委托的物业管理企业应当每月与开户银行核对维修基金账目，并将下列情况每半年向全体业主公布一次：

（一）维修基金交纳、使用和结存的金额；

（二）发生物业维修、更新的项目和费用以及按户分摊情况；

（三）业主委员会活动经费在维修基金中列支的项目和费用以及按户分摊情况；

（四）维修基金使用和管理的其他有关情况。

前款第二项规定的情况，应当按每幢住宅公布；一幢住宅有两个或者两个以上门号的，应当按门号公布。业主对公布的维修基金账目情况有异议的，可以要求业主委员会和物业管理企业提供有关的费用清单、发票原件和按户分摊费用清单进行核对。开户银行应当每月向业主委员会发送维修基金帐户对账单，每年向全体业主发送维修基金分户对账单。业主委员会和业主可以向开户银行查询其账户或者分户账的情况。

第二十条 维修基金的再次筹集

一幢或者一个门号住宅的维修基金余额不足首期维修基金的30％时，业主委员会应当向该幢或者该门号住宅的业主再次筹集维修基金。具体筹集工作由业主委员会或者其委托的业主小组实施。

再次筹集维修基金的标准由业主委员会拟订，提交业主大会或者业主代表大会讨论通过，但再次筹集后的维修基金余额不得少于首期维修基金。

第二十一条　住宅转让时维修基金的处理

因买卖、赠与等发生住宅转让的，住宅受让人应当持本人身份证件、房地产权证和业主委员会的证明，向开户银行办理分户账更名手续。住宅转让时，原业主交纳的维修基金剩余款额，由住宅受让人向原业主支付；住宅转让合同或者转让当事人另有约定的，从其约定。房地产开发企业出售住宅时，其按本办法第七条第一款第三项规定交纳的维修基金剩余款额，按前款规定执行。

第二十二条　维修基金账户的变更

有下列情况之一的，业主委员会应当向开户银行办理维修基金账户的有关变更手续：

（一）物业管理区域发生调整的；

（二）业主委员会主任、副主任发生更换的；

（三）物业管理企业发生更换的。

第二十三条　维修基金账户的注销

因拆迁、自然灾害或者其他原因致使住宅灭失的，业主可以持本人身份证件、注销房地产权证的证明和业主委员会的证明，向开户银行提取其维修基金分户账中的剩余款额，并办理分户帐注销手续。

因拆迁、自然灾害或者其他原因致使一个物业管理区域内的住宅全部灭失的，业主委员会应当凭区、县房地产管理部门的有关证明，向开户银行办理维修基金帐户注销手续。业主分户帐外设立单独帐目的，其剩余款额由本办法第十三条规定的共同所有人按照原拥有住宅建筑面积的比例分别提取。

第二十四条　投诉

市房地资源局和区、县房地产管理部门应当建立投诉受理制度，接受业主委员会、业主和物业管理企业对违反本办法行为的投诉。

区、县房地产管理部门受理投诉后，应当进行调查、核实，并自受理之日起30日内答复投诉人。投诉人对区、县房地产管理部门的投诉答复有异议的，可以向市房地资源局申请复核；市房地资源应当自受理之日起 30 日内，将复核意见告知投诉人。

第二十五条　法律责任

房地产开发企业或者物业管理企业违反本办法规定的，由市房地资源局或者区、县房地产管理部门按照《上海市居住物业管理条例》的有关规定予以处理；业主或者业主委员会可以依法向人民法院提起民事诉讼。业主委员会或者业主委员会成员违反本办法规定，侵占应当存入维修基金帐户的经营服务收益或者挪用维修基金的，由市房地资源局或者区、县房地产管理部门责令限期改正，并通告全体业主；业主或者业主委员会可以依法向人民法院提起民事诉讼。因物业管理企业的过错致使维修基金被挪用的，物业管理企业应当依法承担连带责任。

第二十六条　物业管理区域内非居住房屋的维修基金

物业管理区域内纳入住宅竣工配套计划的公共建筑设施，应当由设施接收单位按照下列规定交纳首期维修基金：

（一）新建内销商品住宅的配套公共建筑设施接收单位，按本办法第六条第一款第一项和第二项规定标准的总和，在办理设施移交手续之日起的 15 日内交纳；其中，单幢的配套公共建筑设施由一家单位接收的，按规定标准的 50％交纳。

（二）新建外销商品住宅出售时设立维修基金的，由配套公共建筑设施接收单位按办法第六条第三款的规定交纳。前款规定以外的物业管理区域内非居住房屋，应当由房地产开发企业和购房人按本办法第六条和第七条的规定交纳首期维修基金。物业管理区域内非居住房屋维修基金的使用和管理，依照本办法的有关规定执行。

第二十七条　维修基金的委托管理

业主委员会可以委托社会中介机构代为管理维修基金。具体办法由市房地产资源局制定。

第二十八条　应用解释部门

市房地资源局可以对本办法的具体应用问题作出解释。

第二十九条 施行日期和执行事项

本办法自2001年1月1日起施行。本办法施行前已出售商品住宅的维修基金的设立、使用和管理，参照本办法的有关规定执行，具体执行办法由市房地资源局制定。

11. 关于房屋建筑面积计算与房屋权属登记有关问题的通知

建住房［2002］74号

各省、自治区建设厅，直辖市建委及有关部门：

为了切实做好房屋面积计算和房屋权属登记工作，保护当事人合法权益，现就有关问题通知如下：

一、在房屋权属证书附图中应注明施测的房产测绘单位名称、房屋套内建筑面积（在图上标注尺寸）和房屋分摊的共有建筑面积。

二、根据《房产测绘管理办法》的有关规定，由房产测绘单位对其完成的房产测绘成果的质量负责。

三、房屋权属登记涉及的有关房屋建筑面积计算问题，《房产测量规范》未作规定或规定不明确的，暂按下列规定执行：

（一）房屋层高

计算建筑面积的房屋，层高（高度）均应在2.20米以上（含2.20米，以下同）。

（二）外墙墙体

同一楼层外墙，既有主墙，又有玻璃幕墙的，以主墙为准计算建筑面积，墙厚按主墙体厚度计算。

各楼层墙体厚度不同时，分层分别计算。

金属幕墙及其他材料幕墙，参照玻璃幕墙的有关规定处理。

（三）斜面结构屋顶

房屋屋顶为斜面结构（坡屋顶）的，层高（高度）2.20米以上的部位计算建筑面积。

（四）不规则围护物

阳台、挑廊、架空通廊的外围水平投影超过其底板外沿的，以底板水平投影计算建筑面积。

（五）变形缝

与室内任意一边相通，具备房屋的一般条件，并能正常利用的伸缩缝、沉降缝应计算建筑面积。

（六）非垂直墙体

对倾斜、弧状等非垂直墙体的房屋，层高（高度）2.20米以上的部位计算建筑面积。

房屋墙体向外倾斜，超出底板外沿的，以底板投影计算建筑面积。

（七）楼梯下方空间

楼梯已计算建筑面积的，其下方空间不论是否利用均不再计算建筑面积。

（八）公共通道

临街楼房、挑廊下的底层作为公共道路街巷通行的，不论其是否有柱，是否有维护结构，均不计算建筑面积。

（九）二层及二层以上的房屋建筑面积均按《房产测量规范》中多层房屋建筑面积计算的有关规定执行。

（十）与室内不相通的类似于阳台、挑廊、檐廊的建筑，不计算建筑面积。

（十一）室外楼梯的建筑面积，按其在各楼层水平投影面积之和计算。

四、房屋套内具有使用功能但层高（高度）低于2.20米的部分，在房屋权属登记中应明确其相应权利的归属。

五、本通知自二〇〇二年五月一日起执行。

各地在执行中有何问题，请及时告我部住宅与房地产业司。

12. 关于规范房屋所有权登记费计费方式和收费标准等有关问题的通知

计价格［2002］595号

各省、自治区、直辖市计委、物价局、财政厅（局），新疆生产建设兵团计委、财务局：

根据《国家计委、财政部关于全面整顿住房建设收费取消部分收费项目的通知》（计价格［2001］585号）的规定，现就规范房屋所有权登记费计费方式和收费标准等有关问题通知如下：

一、房屋所有权登记费是指县级以上地方人民政府行使房产行政管理职能的部门依法对房屋所有权进行登记，并核发房屋所有权证书时，向房屋所有权人收取的登记费，不包括房产测绘机构收取的房产测绘（或勘丈）费用。

二、房屋所有权登记包括所有权初始登记、变更登记、转移登记、注销登记等内容。

三、房屋所有权登记费的计费方式和收费标准，按下列规定执行：

（一）对住房收取的，从现行按房屋价值量定率计收、按房屋建筑面积定率或定额计收、按套定额计收等，统一规范为按套收取，每套收费标准为80元。住房以外其他房屋所有权登记费，统一规范为按宗定额收取，具体收费标准由省、自治区、直辖市价格、财政部门核定。农民建房收费按照《国家计委、财政部、农业部、国土资源部、建设部、国务院纠风办关于开展农民建房收费专项治理工作的通知》（计价格［2001］1531号）规定执行。

（二）注销登记不得收费。

各地按照规定管理权限批准收取的房屋他项权利（包括抵押权、典权等）登记费，比照上述规定执行。

四、行使房产行政管理职能的部门按规定核发一本房屋所有权证书免于收取工本费；向一个以上房屋所有权人核发房屋所(共）有权证书时，每增加一本证书可按每本10元收取工本费。

权利人因丢失、损坏等原因申请补办证书，以及按规定需要更换证书且权属状况没有发生变化的，收取证书工本费每本10元。

五、房屋所有权登记费项目由财政部会同国家计委负责审批，收费标准由国家计委会同财政部负责核定。除本通知规定的收费项目和收费标准外，房产行政主管部门在房屋所有权登记过程中不得收取房屋勘丈费等其他任何费用。

六、收取房屋所有权登记费，应按照国家有关规定到指定的价格主管部门办理收费许可证，并使用各省、自治区、直辖市财政部门统一印制的行政事业性收费票据。执收单位要公布规定的收费项目和收费标准，实行亮证收费，自觉接受价格、财政部门的监督检查。

七、房屋所有权登记费等收费属于行政性收费，应当按照《财政部关于行政收费纳入预算管理有关问题的通知》（财预[1994]37号）的有关规定，纳入同级地方财政预算，实行“收支两条线”管理。即：房产行政主管部门，应在取得以上收入后的3日内，就地将房屋所有权登记费等收费收入全额上缴同级地方国库，缴库时使用“一般缴款书”，并填列政府预算科目“一般预算收支”科目第42类“行政性收费收入”第4203款“建设行政性收费收入”科目，支出按批准的预算安排使用。

八、本通知自2002年5月1日起执行，原国家物价局、财政部《关于发布中央管理的建设系统行政事业性收费项目及标准的通知》（价费字[1992]179号）中第四条有关房屋所有权登记费的规定，以及各地有关房屋所有权登记费的规定同时废止。

五、城市房屋建筑面积计算

1. 建筑面积计算规则

一、计算建筑面积的范围

1. 单层建筑物不论其高度均按一层计算，其建筑面积按建筑物外墙勒角以上的外围水平面积计算。单层建筑物内如带有部分楼层者，亦应计算建筑面积。

2. 多层建筑物的建筑面积按以建筑面积的总和计算，其底层按建筑物外墙勒角以上外围水平面积计算，二层及二层以上按外墙外围水平面积计算。

3. 层高超过 2.2 米的地下室、半地下室、地下车间、仓库、商店、地下指挥部等及相应出入口的建筑面积按其上口外墙（不包括采光井、防潮层及其保护墙）外围的水平面积计算。

4. 用深基础做架空层加以利用，层高超过 2.2 米的，按架空层外围的水平面积的一半计算建筑面积。

5. 坡地建筑物利用吊脚做架空层加以得用且层高超过 2.2 米的，按围护结构外围水平面积计算建筑面积。

6. 穿过建筑物的通道，建筑物内的门厅、大厅不论其高度如何，均按一层计算建筑面积。门厅、大厅内回廊部分按其水平投影计算建筑面积。

7. 电梯井、提物井、垃圾道、管道井等均按建筑物自然层计算建筑面积。

8. 舞台灯光控制室按围护结构外围水平面积乘以实际层数计算建筑面积。

9. 建筑物内的技术层（管道层、附层、夹层）是指房屋的局部层次，层高超过 2.2 米的，按其墙外围水平面积计算建筑面积。

10. 与建筑物连接的有柱雨篷按柱外围水平面积计算建筑面积；独立柱雨篷按其顶盖水平投影面积的一半计算建筑面积。

11. 有柱的车棚、货棚、站台等按柱外围水平面积计算建筑面积；单排柱、独立柱的车棚、货棚、站台等按其顶盖水平投影面积的一半计算建筑面积。

12. 突出屋面的有围护结构的楼梯间、水箱间、电梯机房等按围护结构外围水平面积计算建筑面积。

13. 突出墙外的门斗按围护结构外围水平面积计算建筑面积。

14. 封闭阳台、挑廊，按其水平投影面积计算建筑面积。凹阳台、挑阳台按其水平投影面积的一半计算建筑面积。

15. 建筑物墙外有顶盖和柱的走廊、檐廊，按柱的外边线水平面积计算建筑面积。无柱的走廊、檐廊按其投影面积的一半计算建筑面积。

16. 两个建筑物间有顶盖的架空通廊，按通廊的投影面积计算建筑面积。无顶盖的架空通廊按其投影面积的一半计算建筑面积。

17. 室外楼梯作为主要通道和用于疏散的，按每层水平投影面积计算建筑面积；楼内有楼梯的，室外楼梯按其水平投影面积的一半计算建筑面积。

18. 跨越其他建筑物、构筑物的高架单层建筑物，按其水平投影面积计算建筑面积，多层者按多层计算。

19. 室内体育馆按实际层数计算建筑面积。体育馆（场）看台下空间加以利用的，其超过1.8米的部位计算建筑面积（多层按多层计算）。

20. 原始设计为假层（含顶层阁）屋面全部翻高后，前后墙沿口到楼板高度超过1.8米的，按实计算建筑面积。

二、不计算建筑面积的范围

1. 突出墙的构件配件和艺术装饰，如：柱、垛、勒角、台阶、无柱雨篷等。

2. 检修、消防等用的室外爬梯。

3. 层高在2.2米以内的技术层、夹层。

4. 构筑物，如：独立烟囱、烟道、油罐、水塔、储油（水）池、储仓、车库，及地下人防干、支线等。

5. 建筑物内外的操作平台、上料平台，及利用建筑物的空间安置箱罐的平台。

6. 没有围护结构的屋顶水箱，舞台及后台悬挂幕布、布景的天桥、挑台。

7. 单层建筑物内分割的操作间、控制室、仪表间等单层房间。

8. 层高小于2.2米的地下室、半地下室、深基础地下架空层、坡地建筑物吊脚架空层。

9. 岗亭、警亭、书报亭等。

10. 里弄房屋后天井内的天棚。

11. 利用马路、通道及隙地所搭棚架。

12. 阁楼。

13. 房屋的平台、晒台、花台、屋顶平台等。

三、其他

在计算建筑物建筑面积时，如遇上述以外的情况，要参照上述规则精神办理。

2. 商品房销售面积计算及公用建筑面积分摊规则（试行）

建房（1995）第517号

一、商品房买卖所签订的商品房购销合同中，应明确载明购房者所购置的商品房的建筑面积，并注明该商品房的套内建筑面积（实得建筑面积）及应合理分摊的公用建筑面积。

二、在本规则实施前已签订的商品房屋购销合同，除合同对商品房销售面积的约定有明显违法或计算错误的外，应维持合同约定的面积。若买卖双方有一方提出按本规则计算商品房销售面积，或房地产权属登记机关按本规则测定商品房建筑面积的，合同双方可对合同中的销售面积作调整，但应维持原合同约定的总价款不变。

三、房地产权属登记机关进行房屋产权登记，应遵循《商品房销售面积计算及公用建筑面积分摊规则》(试行)测定商品房的建筑面积。

第一条 根据国家有关技术标准，制定《商品房销售面积计算及公用建筑面积分摊规则》(试行)。

第二条 本规则适用于商品房的销售和产权登记。

第三条 商品房销售以建筑面积为面积计算单位。建筑面积应按国家现行《建筑面积计算规则》进行计算。

第四条 商品房整栋销售，商品房的销售面积即为整栋商品房的建筑面积（地下室作为人防工程的，应从整栋商品房的建筑面积中扣除）。

第五条 商品房按“套”或“单元”出售，商品房的销售面积即为购房者所购买的套内或单元内建筑面积（以下简称套内建筑面积）与应分摊的公用建筑面积之和。

商品房销售面积＝套内建筑面积＋分摊的公用建筑面积

第六条 套内建筑面积由以下三部分组成：

1. 套（单元）内的使用面积；

2. 套内墙体面积；

3. 阳台建筑面积。

第七条 套内建筑面积各部分的计算原则如下：

1. 套（单元）内的使用面积住宅按《住宅建筑设计规范》(GBJ96—86) 规定的方法计算。其他建筑，按照专用建筑设计规范规定的方法或参照《住宅建筑设计规范》计算。

2. 套内墙体面积商品房各套（单元）内使用空间周围的维护或承重墙体，有共用墙及非共用墙两种。

商品房各套（单元）之间的分隔墙、套（单元）与公用建筑空间之间的分隔墙以及外墙（包括山墙）均为共用墙，共用墙墙体水平投影面积的一半计入套内墙体面积。非共用墙墙体水平投影面积全部计入套内墙体面积。

3. 阳台建筑面积按国家现行《建筑面积计算规则》进行计算。

4. 套内建筑面积的计算公式为：

套内建筑面积＝套内使用面积＋套内墙体面积＋阳台建筑面积

第八条 公用建筑面积由以下两部分组成：

1. 电梯井、楼梯间、垃圾道、变电室、设备间、公共门厅和过道、地下室、值班警卫室以及其他功能上为整栋建筑服务的公共用房和管理用房建筑面积；

2. 套（单元）与公用建筑空间之间的分隔墙以及外墙（包括山墙）墙体水平投影面积的一半。

第九条 公用建筑面积计算原则凡已作为独立使用空间销售或出租的地下室、车棚等，不应计入公用建筑面积部分。作为人防工程的地下室也不计入公用建筑面积。

公用建筑面积按以下方法计算：

整栋建筑物的建筑面积扣除整栋建筑物各套（单元）套内建筑面积之和，并扣除已作为独立使用空间销售或出租的地下室、车棚及人防工程等建筑面积，即为整栋建筑物的公用建筑面积。

第十条 公用建筑面积分摊系数计算

将整栋建筑物的公用建筑面积除以整栋建筑物的各套套内建筑面积之和，得到建筑物的公用建筑面积分摊系数

公用建筑面积分摊系数＝公用建筑面积/套内建筑面积之和

第十一条 公用建筑面积分摊计算

各套（单元）的套内建筑面积乘以公用建筑面积分摊系数，得到购房者应合理分摊的公用建筑面积。

分摊的公用建筑面积＝公用建筑面积分摊系数×套内建筑面积

第十二条 其他房屋的买卖和房地产权属登记，可参照本规

则执行。

第十三条 本规则由建设部解释。

第十四条 本规则自1995年12月1日起施行。

3. 上海市异产同幢房屋建筑面积摊算办法

沪房（93）权字发第52号

为了加强异产同幢房屋的管理，维护房屋产权人的合法权益，合理分摊房屋建筑面积，根据《中华人民共和国测绘行业标准房产测量规范》的精神，结合本市实际情况，制订本办法。

一、摊算原则：

异产同幢房屋是指同一幢房屋内结构相连并具有共有、共用部位而为不同所有人所有的房屋。异产同幢房屋建筑面积的摊算，有合法的产权分割文件或协议的，按文件或协议办理；无产权分割文件、协议或协议含糊不清的，按本办法办理。

二、摊算方法：

$$S_i=(A_i+C_i)\times\frac{S}{A+C}+B_i$$

式中：

S_i——某产权人的房屋建筑面积

A_i——某产权人独用部位的使用面积，包括独用的客厅、卫生间、灶间、箱子间、壁橱、扶梯间等辅助部位的使用面积（不包括凹、挑阳台）；

C_i——某产权人应分得的非全幢房屋产权人共有共用部位的使用面积（不包括凹、挑阳台）；

S——全幢房屋的建筑面积（不包括凹、挑阳台、地下室地下架空层、非居住的半地下室的建筑面积）；

A——各产权人独用的使用面积之和；

C——非全幢房屋产权人共有共用部位的使用面积之和；

B_i——某产权人凹、挑阳台的建筑面积。

三、几点说明：

1. 房屋内外墙体和共用门厅、走廊通道、电梯井道、电梯机房间、垃圾道、烟道、屋顶水箱间、配电间、水泵房等为全幢房屋全体产权人共有共用部位，建筑面积按各产权人各自的房屋使用面积所占的比例分摊。

2. 客厅、箱子间、壁橱、灶间、卫生间、楼梯间等凡由非全幢房屋产权人共同使用的部位，其使用面积按该部位共同使用的产权人户数平均分摊。

3. 凹、挑阳台建筑面积按其投影面积的一半计算、合用的凹、挑阳台按合用的产权人户数平均分摊建筑面积。

4. 原始设计的封闭式阳台以及通过统一设计、统一施工、统一用料而改建成的封闭式阳台应视作房间，参与全幢房屋建筑面积分摊。

5. 主体房屋中层高超过2.2米（含2.2米）的技术层、管道层应计算建筑面积，并参与全幢房屋建筑面积分摊；主体房屋中层高超过2.2米（含2.2米）的地下室、地下架空层及非居住的地下室，应计算建筑面积，但不参与全幢房屋建筑面积分摊。

6. 主体房屋外的附属建筑（门卫室、管理室、配电房、泵房等）的建筑面积另行单独计算，不参与主体房屋的面积分摊。

7. 原始设计的假层的使用面积，指层高超过1.8米（含1.8米）部位的净面积；原始设计的假层的建筑面积，指使用面积及与其相连的墙体水平面积之和；原始设计的假层应参与全幢房屋建筑面积分摊。

8. 全幢房屋产权人共同所有的部位的非全幢房屋产权人共同使用的部位在其面积分摊后，不划分摊算面积的具体部位，房屋使用情况应维持原状。

9. 居住用房与非居住用房同幢时，不论相互隔开与否，全幢房屋应为一个整体，建筑面积摊算按本办法办理。

10. 凡私房社会主义改造时形成的公私同幢房屋，如私改复查，则仍按私改的有关规定办理。

11. “全幢”亦适用于“建筑单元”。

12. 以前已按原办法摊算房屋建筑面积的，在今后房屋产权变更登记时，按本办法摊算面积。

4. 新建商品房用地面积分摊技术规定

沪房地籍（1995）373号

一、分摊原则

新建商品房包括外销商品房、内销商品房以及侨汇商品房，即在出让、转让地块上建造的高层、多层公寓、商住、商办综合楼、花园别墅、标准厂房等，以及在征用、划拨土地上建造的产权为单位、个人的各类房屋。

商品房整幢或分层、分套出售时，发展商应按有关规定明确各产权人相应使用的部位，包括发展商自己留用的部位。

建筑面积计算方法参照沪房93权字发第52号《上海市房产管理局关于印发异产同幢房屋建筑面积摊算办法的通知》执行。

土地面积分摊应符合出让、转让合同及有关规定，按各产权人拥有的建筑面积占地块总建筑面积的比例来确定土地使用权的比例。

无任何设施的土地不能单独分割转让。

二、需提供的资料

1. 建筑总平面图

2. 各幢建筑物分层平面设计图

3. 花园别墅小区施工建筑总平面图和围墙放样图

4. 各类型花园别墅底层建筑平面图

5. 共用部位、自用部位、出售部位示意图及书面申请

6. 国有土地使用证及附图复印件已经本市房地管理部门核定过的建筑面积可作为土地面积分摊的依据。

三、计算方法

1. 单幢或同规格多幢的面积分摊

单幢总建筑面积计算公式可表达为：

$$S=S_1+S_2\cdots\cdots S_n+\triangle S \qquad (1)$$

式中：S 为整幢楼的总建筑面积；

S_i为各产权人自用的建筑面积；

$\triangle S$为整幢楼的公用面积。

为把公用面积分摊给每一产权人，求出分摊系数 K 值，然后可写成：

$$K=(S-\Sigma S_i)/\Sigma S_i$$

$$S=(S_1+S_1K)+(S_2+S_2K)+\cdots+(S_n+S_nK) \qquad (2)$$

当公用部位不能直接求证时，可通过丈量或图纸量算大楼外围尺寸而计算面积。

各产权人的用地面积＝总占地面积×每户的建筑面积/总建筑面积　(3)

同一地块中有相同规格的多幢建筑，当整地块共用时，先求出地块总的建筑面积，再按（3）式计算。

2. 花园别墅小区用地面积分摊

先求出整幢房屋的建筑占地面积，然后求出花园面积，两者之和为该产权人房屋的独立占地面积。用小区总占地面积减去各套房屋独立占地面积之和为公用总面积，把公用总面积分摊到各产权人房屋按面积大小的占地面积中，求出各产权人房屋的用地面积，其公式表达为：

$$S=\triangle S/\Sigma(G+S_i)\times D+D$$

式中：S 为各产权人房屋用地面积；

G为花园面积；

$\triangle S$为总公用面积；

S_i为建筑占地面积；

D为各产权人房屋的独立占地面积。

3. 各类房屋混合的用地面积分摊

在一个地块内会出现各种不同类型的建筑，如花园别墅和公寓混合，为合理分摊用地面积，按下列程序计算。

（1）计算不同类型房屋的各户建筑面积和总建筑面积

（2）计算每幢房屋的占地面积和公共用地面积

（3）按单幢分摊方法分摊每幢占地面积

（4）按各户建筑面积占地块总建筑面积的比例分摊公共用地面积

（5）各产权人房屋用地面积＝单幢分摊占地面积＋公用分摊面积

4. 地下室的用地面积分摊

（1）与主楼相连的地下室作为建筑面积参予整幢楼的公用建筑面积分摊不计容积率。

（2）与主楼分开的地下室，其建设面积不参予公用建筑面积分摊，但参予用地面积分摊。

(3) 地下室的车位、商场等，视同地面上建筑计算用地面积。室外固定永久的有围护设施的车位，按其数量与具体尺寸，算出独立用地面积，并参与公共用地分摊。

四、成果整理

1. 分摊报告提交给发展商

（1）地籍主管部门核定的《土地面积分摊认定书》

（2）用地面积分摊技术报告　技术报告中应写明委托单位及其要求，以及计算时对特殊问题的处理意见，写明计算的依据。

（3）用地面积计算表

主要内容：名称、建筑面积、公用面积、分摊后建筑面积、备注、公用面积分摊系数、用地面积分摊系数、计算者、校对者。

(4)《用地面积分摊明细表》

2. 用地面积表（由发展商售房时提交给客户）

(1)《购买商品房用地面积表》

(2) 地籍图二张

3. 整个分摊过程形成的成果资料应整理装订、归档。

5. 上海市房屋建筑面积计算及公用建筑面积分摊规则

沪房地资权［2003］108号

一、《规则》适用于上海地区所有新建房屋和存量房屋的面积计算。按《规则》计算的测绘成果是房地产权属登记的依据。

二、在《规则》实施前已进行房屋建筑面积计算及分摊计算的，除有明显违规或确系计算错误的，应维持原来的面积计算成果。据此办理的房地产权证亦不做变更。

三、《规则》发布之日起原计算规则（沪房地籍［1996］489号）停止执行。在此之前房屋土地测绘部门已按原计算规则预测过房屋建筑面积的，房屋土地测绘部门实测（复测）时，仍可按原分摊办法执行。

建筑面积计算规则：

一、一般规定

1. 房屋面积计算系指外围水平面积及水平投影面积计算，其中包括房屋建筑面积、公用建筑面积、使用面积等的测算。

2. 房屋建筑面积计算按房屋外墙（柱）勒脚以上各层的外围水平投影面积，包括阳台、挑廊、地下室、室外楼梯等，且层高2.20米（含2.20米，下同）以上的永久性建筑。

3. 房屋公用建筑面积系指各产权人共同占有或共同使用的建筑面积。

4. 房屋使用面积系指房屋户内全部可供使用的空间面积，按房屋的内墙面水平面积计算。

5. 房屋层数是指房屋的自然层数，一般按室内地坪±0 米以上计算。假层、附层（夹层）、插层、阁楼（暗楼）、装饰性塔楼，以及突出屋面的楼梯间、水箱间不计层数。

6. 房屋所在层次是指本权属单元的房屋在该幢楼房中的第几层。地下层次以负数表示。

二、计算全部建筑面积的范围

1. 永久性结构的单层房屋按一层计算建筑面积。单层房屋内如带有部分楼层者，符合规则一般规定的亦应计算建筑面积。

2. 多层和高层房屋按各层建筑面积的总和计算。

3. 房屋内的技术层（管道层、附层、夹层等）层高在 2.20 米以上的按其墙外围水平面积计算。

4. 穿过房屋的通道，房屋内的门厅、大厅均按一层计算建筑面积。门厅、大厅内的回廊部分，层高在 2.20 米以上的，按其水平投影面积计算建筑面积。

5. 楼梯、楼梯间、电梯（观光梯）井、提物井、垃圾道、管道井等均按房屋自然层计算建筑面积。

6. 属永久性结构有上盖的室外楼梯，按各楼层外围水平投影面积计算。

7. 房屋天面上属永久性建筑，层高在 2.20 米以上的楼梯间、水箱间、电梯机房按外围水平面积计算。

8. 原始设计斜面结构屋顶下加以利用的空间，高度在 2.20 米以上的部位，按其外围水平投影面积计算。

9. 挑楼、全封闭的阳台接外围水平投影面积计算。

10. 与房屋相连的有柱走廊、两房屋间有上盖和柱的走廊，均按柱外围水平面积计算。

11. 房屋间永久性的、封闭的架空通廊，按外围水平投影面积计算。

12. 层高在 2.20 米以上的地下层（地下室、半地下室、地下车库、地下商场等）及其相应出入口，按其外墙（不包括采光井、防潮层及保护墙）外围水平面积计算。

13. 有柱或围护结构的门廊、门斗，按其柱或围护结构外围水平面积计算。

14. 玻璃幕墙、金属幕墙以及其他材料幕墙等作为房屋外墙的，按其外围水平面积计算建筑面积。既有主墙体又有幕墙时，以主墙体为准计算建筑面积。其墙厚亦按主墙体厚度计算。

15. 属永久性建筑层高在 2.20 米以上有柱的车棚、货棚等按柱外围水平面积计算。

16. 与房屋相通的有柱雨篷按柱外围水平面积计算。雨篷上盖面积小于柱外围水平面积时，按上盖水平投影面积计算。

17. 室内体育馆按实际层数计算建筑面积。体育馆（场）看台下空间加以利用的，高度在 2.20 米以上的部位，按其外围水平投影面积计算建筑面积（多层按多层计）。

18. 机械车库不论其高度和停放层数，均按一层计算。

19. 依坡地建筑的房屋，利用吊脚做架空层有围护结构的，按其高度在 2.20 米以上部位的外围水平投影面积计算。

20. 房屋的伸缩缝，若与室内相通的，伸缩缝计算建筑面积。

三、计算一半建筑面积的范围

1. 与房屋相连有上盖无柱的走廊、檐廊，按其围护结构外围水平面积的一半计算。

2. 独立柱、单排柱的门廊、雨篷、车棚、货棚等，按其上盖水平投影面积的一半计算。

3. 未封闭的阳台、挑廊，按其围护结构外围水平投影面积的一半计算建筑面积。当围护结构向内倾斜时，按围护结构上沿外围水平投影面积的一半计算建筑面积；当围护结构向外倾斜或外凸时，按底板外沿水平投影面积的一半计算。

4. 无顶盖的室外楼梯按各楼层外围水平投影面积的一半计算。

5. 有顶盖不封闭的架空通廊，按其外围水平投影面积的一半计算。

四、不计算建筑面积的范围

1. 层高小于 2.20 米的房屋及房屋附属部位。

2. 突出房屋墙面的构件、配件、装饰柱、垛、勒脚、台阶、无柱雨棚等，以及有主墙体的玻璃幕、金属幕及其他材料幕墙。

3. 房屋之间无上盖的架空通廊。

4. 房屋的天面、挑台，房屋天面上的花园、泳池。

5. 顶层挑台的底板局部是下层房屋的上盖时，挑台整体不计算建筑面积。

6. 房屋的平台、花台、晒台及与室内不相通的类似于阳台、挑廊、檐廊等。

7. 建筑物内的操作平台、上料平台及利用建筑物的空间安置箱、罐的平台。

8. 骑楼、过街楼的底层用作道路街巷通行的部分；临街楼房挑廊下用作社会公共通道的，不论其是否有柱，是否有围护结构，都不计算建筑面积。

9. 屋面上有柱有盖但无围护结构的一些观景建筑设施。

10. 利用引桥、高架路、高架桥路面作为顶盖的建筑。

11. 广场式室外楼梯。

12. 独立烟囱以及亭、塔、罐、池、地下人防干、支线。

13. 与房屋室内不相通的房屋间伸缩缝。

五、房屋计算建筑面积的基本原则

在计算房屋建筑面积时，如遇上述以外的情况按以下原则办理。

判别房屋计算建筑面积的基本原则是：

永久固定，层高 2.20 米（含 2.20 米）以上的房屋及与室内相通的部位计算建筑面积。

1. 计算全部建筑面积应是有顶盖全封闭的房屋及部位或底层有顶盖、有柱或有围护的部位。

2. 计算一半建筑面积一般是不封闭的房屋及部位（房屋底层的部位除外）。

3. 不计算建筑面积通常是层高小于 2.20 米的房屋及部位；装饰性的建筑；与室内不相通的部位；沿街巷社会公用的建筑及无上盖或上盖为社会公用的建筑（除挑阳台、非广场式室外楼梯算一半面积外）。

六、特殊墙体及部位处理原则

1. 非垂直墙体处理原则：当房屋的墙体向内倾斜时，按其外墙高度 2.20 米处的水平投影面积测算房屋的建筑面积；当房屋的墙体向外倾斜时，按底板（地坪）外沿测算房屋建筑面积。

2. 不规则（弧状）墙体处理原则：当房屋墙体向内凹且内凹的高度高于 2.20 米时，按其外墙高度 2.20 米处的水平投影面积测算房屋的建筑面积。内凹高度低于 2.20 米时，按最小部分的外墙水平投影面积测算房屋的建筑面积。当房屋墙体外凸时，按底板（地坪）外沿测算房屋建筑面积。

公用建筑面积分摊规则：

一、一般规定

1. 房屋公用建筑面积分摊计算，有合法产权分割协议的，按协议分摊；无协议或协议不明确的按本《规则》执行。

2. 房屋公用建筑面积分摊以幢为单位。公用建筑面积分摊仅限于本幢内的公用建筑面积。与本幢房屋不相连的公用建筑（如变电房、水泵房、门卫等）不得分摊到本幢房屋内。本幢内为多幢房屋服务的公用设施建筑面积亦不得分摊到本幢房屋内。

3. 房屋公用建筑面积按各户套内建筑面积乘以房屋内相关面积的比例进行分摊。分摊的公用建筑面积不划分各户摊得面积的具体部位。公用部位建筑面积一经分摊，便不得改变原始设计的使用功能。

4. 有两种以上房屋类型的综合楼，应根据房屋类型，按相关面积比例先行分摊除垂直通道（楼梯、电梯及相应走道，下同）外的全幢公用建筑面积（此次分摊的最小单位为不同类型的功能区），垂直通道不论所处功能区使用（停靠、连通）与否，均按层分割，垂直通道面积并入各自功能区公用建筑面积。

5. 楼房下层（含底层）楼层的垂直通道，无论其使用（停靠、连通）与否，均应承担相应的建筑面积。

6. 同一幢楼具有两个以上独立出入的单元(门牌号)，其公用建筑面积应分别进行分摊。

7. 套（单元）建筑面积为套内建筑面积与分摊的公用建筑面积之和。

套（单元）建筑面积＝套内建筑面积＋分摊的公用建筑面积

二、计算方法

（一）成套房屋的套内建筑面积由房屋的套内使用面积、套内墙体面积、套内阳台建筑面积三部分组成

1. 套内使用面积

（1）套内使用面积包括卧室、起居室、厅、过道、厨房、卫生间、厕所、储藏室、壁橱等分户门内面积的总和；

（2）跃层住宅中的户内楼梯按自然层数的面积总和计入使用面积；

（3）不包括在结构面积内的烟囱、通风道、管道井均计入使用面积；

（4）内墙面装修厚度计入使用面积。

2. 套内墙体面积

新建住宅各套(单元)内使用空间周围的围护或承重墙体，有公共墙和非公共墙两种。其中套（单元）与套（单元)、套（单元）与公用建筑空间之间的分隔墙以及外墙（包括山墙）均为公共墙。公共墙按墙体水平面积的一半计入套内墙体面积。套（单元）内的分隔墙为非公共墙。非公共墙按墙体水平面积的全部计入套内墙体面积。

3. 套内阳台建筑面积

（1）封闭式阳台，按其外围水平投影面积计算建筑面积；

（2）未封闭的阳台按其围护结构外围水平投影面积的一半计算建筑面积。

套内建筑面积＝套内使用面积＋套内墙体面积＋套内阳台建

筑面积

（二）公用建筑面积由以下两部分组成

1. 电梯井、楼梯、垃圾道、变电室、设备层（间）、公共门厅和走道、地下设备间、值班警卫室等公用部位的面积，以及为整幢服务的公共用房和管理用房的建筑面积。

单独具备使用功能的独立使用空间（如车库、自行车库、会所或俱乐部、仓库、人防工程等）；为多幢房屋服务的警卫室、管理用房、设备间等，均不计入公用建筑面积。

2. 套（单元）与公用建筑空间之间的分隔墙以及外墙（包括山墙）的公共墙体，墙体水平面积一半的建筑面积。

整幢房屋的建筑面积扣除整幢房屋各套套内建筑面积之和，并扣除单独具备使用功能的独立使用空间及为多幢房屋服务的警卫室、管理用房、设备间等，即为整幢房屋的公用建筑面积。

公用建筑面积＝全幢建筑面积－全幢各套内建筑面积之和－单独具备使用功能的独立使用空间等

（三）公用建筑面积分摊系数

整幢房屋的公用建筑面积除以整幢房屋各套内建筑面积之和，得到建筑物的公用建筑面积分摊系数。

（四）分摊的公用建筑面积

分摊的公用建筑面积＝套内建筑面积×公用建筑面积分摊系数

三、公用建筑面积的分摊方法

1. 住宅楼公用建筑面积的分摊方法住宅楼以幢为单位，根据各套房屋的套内建筑面积，求得各套房屋应分摊的公用建筑面积。

2. 商住楼公用建筑面积的分摊方法

首先根据住宅和商业等的不同使用功能按各自的建筑面积将全幢的公用建筑面积分摊成住宅和商业两部分，即住宅部分分摊得到的全幢公用建筑面积和商业部分分摊得到的全幢公用建筑面积。然后住宅和商业部分将分摊所得的公用建筑面积再各自进行分摊。

住宅部分：将分摊得到的幢公用建筑面积，加上住宅部分本身的公用建筑面积，按各套房屋的套内建筑面积计算各套房屋分摊的公用建筑面积。

商业部分：将分摊得到的幢公用建筑面积，加上商业部分本身的公用建筑面积，按各层套内建筑面积依比例分摊至各层，作为各层公用建筑面积的一部分，加至各层的公用建筑面积中，得到各层总的公用建筑面积，然后再根据层内各套房屋的套内建筑面积按比例分摊至各套，求出各套房屋分摊的公用建筑面积。

3. 多功能综合楼公用建筑面积的分摊方法多功能综合楼公用建筑面积按照各自的功能，参照商住楼的分摊计算方法进行分摊。

4. 非成套房屋中的厅堂、箱子间、壁柜、灶间、卫生间等凡由部分房屋产权人共同使用的部位，其建筑面积按部位共同使用的产权人户数平均分摊。

6. 北京市商品房销售面积计算及公用建筑面积分摊暂行规定

（京房地权字［1998］第1285号）

一、根据建设部《商品房销售面积计算及公用建筑面积分摊规则》（试行），结合本市实际情况，制定本暂行规定。

二、商品房建筑面积应按国家现行的《建筑面积计算规则》（附件一）进行计算。

三、商品房按“套”或“单元”出售，商品房的销售面积为套内或单元内建筑面积（以下简称套内建筑面积）与应分摊的公用建筑面积之和。

商品房销售面积＝套内建筑面积＋分摊的公用建筑面积

四、套内建筑面积＝套内使用面积＋套内墙体面积＋阳台建筑面积。

（一）套内的使用面积

住宅套内的使用面积，按《住宅建设设计规范》（GBJ96—86）第2．5．2条（附件二）的规定计算。其他建筑可参照上述规范或按专用建筑设计规范计算。

（二）套内墙体面积

商品房各套内使用空间周围的维护或承重墙体，分为公用墙及非公用墙两种。

公有墙系指商品房各套之间分隔墙、套与公用建筑空间之间的分隔墙以及外墙（包括山墙）。公用墙墙体水平投影面积的一半计入套内墙体面积。

非公用墙墙体水平投影面积全部计入套内墙体面积。

（三）阳台建筑面积，按国家现行《建筑面积计算规则》进行计算。

1．封闭式的阳台，按其外围水平投影面积计算建筑面积；

2．挑阳台（底阳台）按其底板水平投影面积的一半计算建筑面积；

3．凹阳台按其净面积（含挡板墙墙体面积）的一半计算建筑面积；

4．半挑半凹阳台，挑出部分按其底板水平投影面积的一半计算建筑面积，凹进部分按其净面积的一半计算建筑面积。

五、公用建筑面积分摊原则。

（一）商品房公用建筑面积的分摊以幢为单位。每套商品房应分摊的公用建筑面积按其套内建筑面积占该幢楼各套套内建筑面积之和的比例确定。

（二）为整幢商品房服务的公用建筑面积，由该幢楼各套商品房分摊；为局部范围服务的公用建筑面积，由受益的各套商品房分摊。

多次分摊公用建筑面积的，分别计算分摊系数。各套商品房应分摊的公用建筑面积，为各次分摊的公用建筑面积之和。

（三）公用建筑面积分摊后，不划分各套商品房摊得建筑面积的具体部位，任何人不得侵占或改变原设计的使用功能。

六、可分摊的公用建筑面积。

（一）大堂、公共门厅、走廊、过道、公用厕所、电（楼）梯前厅、楼梯间、电梯井、电梯机房、垃圾道、管道井、消防控制室、水泵房、水箱间、冷冻机房、消防通道、变（配）电室、煤气调压室、卫星电视接收机房、空调机房、热水锅炉房、电梯工休息室、值班警卫室、物业管理用房等以及其他功能上为该建筑服务的专用设备用房。

（二）套与公用建筑空间之间的分隔墙及外墙（包括山墙）墙体水平投影面积的一半。

七、不应计入的公用建筑空间。

（一）作为人防工程的地下室、仓库、机动车库、非机动车库、车道、供暖锅炉房、单独具备使用功能的独立使用空间。

（二）售房单位自营、自用的房屋。

八、其他购房人受益的非经营性用房，需要进行分摊的，应在销（预）售合同中写明房屋名称、需分摊的总建筑面积。

九、分摊公用建筑面积的计算方法。

分摊的公用建筑面积＝套内建筑面积×公用建筑面积分摊系数

公用建筑分摊系数＝公用建筑面积/套内建筑面积之和

公用建筑面积＝整幢建筑的建筑面积－套内建筑面积之和－不应分摊的建筑面积

十、售房单位在销（预）售商品房时，在销（预）售合同（含补充协议）中应明确商品房销售面积、分摊的公用建筑面积及公用建筑部位。

十一、建筑项目部分竣工，售房单位申请对已竣工商品房销售面积进行计算，因分摊的部分公用建筑或参加分摊的其他商品房尚未竣工，需要以规划批准的建筑面积为依据的，要经房屋土地管理部门同意，并需书面承诺：对于先行计算的商品房销售面积，在建设项目全部竣工后，与房屋土地管理部门最终实测的结果相比，面积增加的，应维持已结算的房价不变；面积减少的，售房单位应按实际售价退款。

十二、商品房如按整层或整楼门销售，其销售面积包括本层或本楼门公用建筑面积的，不参加其他楼层（楼门）相同公用建筑面积的分摊；其公用建筑面积亦不被其他楼层或楼门分摊。其他公用建筑面积的分摊，按本规定执行。

任何人不得侵占或改变全楼公用建筑空间（包括整层、整楼门销售面积中含有的公用建筑面积）原始设计的使用功能。

十三、楼房按套计算建筑面积的，参照本规定；单位按房改政策及价格出售的公有住房，不适用本规定。

十四、商品房销售面积的测绘，按《北京市商品房（楼房）测绘技术规定》执行。

十五、本规定由市房屋土地管理局解释。

十六、本规定下发之日起实行。《关于我市销售商品房有关测绘口径的通知》同时废止。

7. 关于预售商品住房交付时建筑面积增减处理办法的通知

沪房地资市［2002］0263号

近年来，本市房地产市场日趋规范，但商品住房面积纠纷仍较突出，已成为当前商品住房交易中主要矛盾之一。为进一步规范房地产开发经营企业商品住房销售行为，切实保障购房者权益，现根据建设部《商品房销售管理办法》、《上海市房地产转让办法》，就预售商品住房交付时建筑面积增减处理办法作如下规定：

一、房地产开发经营企业与购房人签订的商品住房预售合同必须明确载明房屋建筑面积（即总面积，下同）、套内建筑面积、公用部位分摊的建筑面积。

房地产开发经营企业在签订商品住房预售合同时应向购房者提供《房屋建筑面积计算表》，交房时应向购房者提供《房屋建筑面积测算表》。

二、商品住房预售时合同约定的房屋建筑面积和交付时的实测房屋建筑面积不一致时，按公用部位分摊的建筑面积、套内建筑面积分开处理的办法处理：

（一）公用部位分摊的建筑面积增减的处理办法

1. 预售合同约定的面积与交付时实测的面积若有误差，其面积误差比在0.8%以内（包括0.8%），预售合同约定的转让总价格不变。面积误差比计算公式如下：

面积误差比＝（实测公用部位分摊建筑面积－预测公用部位分摊建筑面积）/预测公用部位分摊建筑面积×100%

2. 预售合同约定的面积与交付时实测的面积误差是指除房屋建筑设计变更外，其他原因引起的误差。

3. 实测面积大于预售合同约定面积，面积误差比超出0.8%的，购房人也不承担超出部分的房价款；实测面积小于预售合同约定面积，面积误差比超出0.8%的，房地产开发经营企业应退还超出0.8%部分的房价款。

（二）套内建筑面积增减的处理办法

1. 套内建筑面积按"按实结算"的原则处理，房地产开发企业应根据这一原则与购房人平等协商，通过预售合同约定具体的处理办法。

2. 凡合同没有约定处理办法的，实测面积大于预售合同约定面积的，购房人不承担超出部分的房价款；实测面积小于预售合同约定面积的，房地产开发企业应退还多收的房价款。

三、商品住房预售时合同约定的房屋建筑面积和交付时的实测房屋建筑面积一致，但约定的公用部位分摊建筑面积、套内建筑面积与交付时的公用部位分摊建筑面积、套内建筑面积不一致时，仍按本通知第二条规定处理。

四、预售合同载明房屋建筑面积，但未载明公用部位分摊建筑面积、套内建筑面积，交房时房屋建筑面积增加的，购房人不承担增加部分的房价款；房屋建筑面积减少的，房地产开发企业应退还多收的房价款；但合同另有约定的，从其约定。

五、凡 2002 年 7 月 1 日后交付的商品住房，预售合同约定的面积与交付时实测面积发生增减的处理均按本通知规定执行。

8. 上海市关于调整本市房屋建筑类型分类的通知

沪房地资市［2003］141 号

为配合实施市人大常委会 2002 年 10 月 31 日颁布的《上海市房地产登记条例》，规范房地产登记行为，进一步适应本市房地产市场的发展需要，更好地反映房地产投资开发和交易情况，经研究决定，对本市房屋建筑类型分类进行局部调整，并就规范房屋用途认定作如下通知：

一、自 2003 年 5 月 1 日起，委托房屋土地调查机构（以下简称房地调查机构）预测建筑面积的房地产开发企业投资开发的商品住宅，均应按下列分类标准进行认定建筑类型：

1. 四面或三面临空，并附有一定花园空地，具有成幢独用住宅形态的独立式或和合式低层住宅，其建筑类型为花园住宅；

2. 多单元（三个或三个以上）联列的，具有分单元住宅形态，各有门牌号及专门出入，成单元独用的联接式低层住宅，其建筑类型为联列住宅；

3. 具有分层住宅形态，各居住单元设有室号及分户门出入，成套独用的多层或高层住宅，其建筑类型为公寓住宅。

二、自 2003 年 5 月 1 日起，委托房地调查机构实测建筑面积的本市集体土地上依法个人自建或集体建造的住宅，不再按《上海市房屋建筑类型分类表》（沪房［90］规字发第 518 号文修订）进行分类，其建筑类型统一认定为农村住宅；其中，成幢独用的独立式或和合式的住宅划为农村住宅（1），其余的则为农村住宅（2）。

三、土地使用权出让合同、租赁合同或建设用地批准文件确定有两种或两种以上土地用途的，或根据规划要求附建的其他用途（如配套公建）的房屋，其建筑类型应由房地调查机构根据《建设工程规划许可证》批准的具体部位，分别进行认定。

四、除上述规定外的其他房屋，以及 2003 年 5 月 1 日前已委托房地调查机构预测或实测建筑面积的房屋，建筑类型仍按《上海市房屋建筑类型分类表》的规定进行认定。

五、凡 2003 年 5 月 1 日前已委托房地调查机构预测或实测建筑面积，认定建筑类型或已取得房地产权证的下列住宅，在办理初始登记或转移登记、变更登记，以及因房地产权证破损、灭失，申请换发或补发房地产权证的，其建筑类型统一改为公寓：

1. 公寓 1（1）和公寓 1（2）；

2. 职工住宅（新工房）3（1）和职工住宅（新工房）3（2）中原设计为成套独用的住宅。

六、自 2003 年 5 月 1 日起，委托房地调查机构预测或实测建筑面积，认定建筑类型的，应同时认定房屋的用途。房屋用途应与该房屋所占用范围的土地用途和房屋建筑类型相对应，按照《房屋建筑类型及用途对照表》（见附表）进行认定。

凡经登记取得房地产权证的房屋需改变用途的，应按规定报请房屋所在地区（县）规划和房地产管理部门批准，其中整幢房屋建筑改变用途的，则应在依法改变土地用途后，方可办理房屋用途变更手续。

附件：

房屋建筑类型及用途对照表

编号	建筑分类	土地使用分类（即土地用途）	房屋用途
（一）	居住房屋	住宅用地	居住
（二）	非居住房屋		
1	旅馆	旅游用地	旅（宾）馆
2	办公楼	金融保险用地 机关用地 宣传用地	办公
3	工厂	工业用地	厂房
4	站场码头	交通设施用地	交通运输
5	仓库堆栈	仓储用地	仓储
6	商场	商业、饮食用地	商业
7	店铺	非商业、饮食用地	店铺
8	学校	教育用地	教育
9	文化馆	文体娱乐用地	文化展览
10	体育馆	文体娱乐用地	体育
11	影剧院	文体娱乐用地	影剧娱乐
12	福利院	卫生福利用地	社会福利
13	医院	卫生福利用地	医疗
14	农业建筑	农业用地	农业服务
15	公共设施用房	市政、公用设施用地	公用服务
16	寺庙教堂	特种用地	特种用途
17	宗祠山庄	特种用地	特种用途
18	其他	特种用地	特种用途

9. 关于商场和办公楼分割转让问题的通知

沪房地资权［2004］19号

一、商场、办公楼转让应当以权属单元为转让标的。权属单元是指经有关管理部门批准建造，符合房屋权属登记条件，具有封闭、永久、固定维护结构为四至界限的幢、层、套（间）等基本单位。

二、房地产开发企业和房地产权利人不得擅自将权属单元分割转让。

用于商场、办公楼的优秀保护建筑不得将权属单元分割转让。

三、已经取得房地产权证书的商场、办公楼需要将权属单元分割转让且不变动主体承重结构的，房地产权利人应当事先向建设、消防、卫生等管理部门按规定办理相关手续；变动主体承重结构的，房地产权利人应当按新建工程的有关要求，经规划、建设、消防、卫生等管理部门审批（核）后方可实施。商场需要将权属单元分割转让的，房地产权利人还应当事先征得商业主管部门的同意。

经行政管理部门同意将权属单元分割转让的，房地产权利人应当在分割建设工程竣工验收后，持有关部门的批准文件向房地产登记机构办理房地产变更登记手续。经房地产登记机构核准变更登记的，房地产权利人方可进行转让。

四、商场、办公楼批准预售后、初始登记前，需要将权属单元分割预售的，房地产开发企业应当征得建设、消防、卫生等管理部门批准；商场需要将权属单元分割预售的，房地产开发企业还应当征得商业主管部门的同意。经行政管理部门批准或者同意后，房地产开发企业向规划管理部门办理变更设计手续。

规划管理部门核准设计变更的，房地产开发企业应当持有关部门的批准文件重新向房地产行政主管部门办理预售审批的变更手续。

五、商场、办公楼的权属单元分割转让，应当执行国家和本市房地产转让的规定。

商场、办公楼的权属单元分割转让后，应当执行国家和本市物业管理的规定。

六、本通知自文发之日起执行。

六、城市房屋技术性能示范

1. 商品住宅性能认定管理办法（试行）

建住房［1999］第114号文

第一章　总　　则

第一条　为适应社会主义市场经济体制，实行住宅商品化的需要，促进住宅技术进步，提高住宅功能质量，规范商品住宅市场，保障住宅消费者的利益，推行商品住宅性能认定制度，制定本办法。

第二条　本办法所称的商品住宅性能认定，系指商品住宅按照建设行政主管部门发布的商品住宅性能评定方法和标准及统一规定的认定程序，经评审委员会进行技术审查和认定委员会确认，并获得认定证书和认定标志以证明商品住宅的性能等级。

第三条　本办法适用于新建的商品住宅。

凡列入国家、省级住宅试点（示范）工程的新建筑住宅小区商品住宅应申请认定。其他商品住宅也可申请认定。

第四条　商品住宅性能根据住宅的适用性能、安全性能、耐久性能、环境性能和经济性能划分等级，按照商品住宅性能评定方法和标准由低至高依次划分为“1A（A）”、“2A（AA）”、“3A（AAA）”三级。

第五条　房地产开发企业申请商品住宅性能认定，应具备下列条件：

（一）房地产开发企业经资质审查合格，有资质审批部门颁发的资质等级证书；

（二）住宅的开发建设符合国家的法律、法规和技术、经济政策以及房地产开发建设程序的规定；

（三）住宅的工程质量验收合格，并经建设行政主管部门认可的质量监督机构的核验，具备入住条件。

第六条 凡拟申请商品住宅性能认定的预售商品住宅，房地产开发企业在销售期房前应在相应的商品住宅性能认定委员会备案，并落实相应的技术措施。

第七条 国务院建设行政主管部门负责指导和管理全国的商品住宅性能认定工作。县级以上地方人民政府建设行政主管部门负责指导和管理本行政区域内的商品住宅性能认定工作。

第二章 组 织 管 理

第八条 商品住宅性能认定工作由各级认定委员会和评审委员会分别组织实施。

第九条 国务院建设行政主管部门指定负责住宅产业化工作的机构组建全国商品住宅性能认定委员会，该认定委员会的职责是：

（一）组织具体实施全国商品住宅性能认定工作；

（二）组织起草全国商品住宅性能认定工作的规章制度、商品住宅性能评定方法和标准；

（三）负责全国统一的商品住宅性能认定证书和认定标志的制作和管理；

（四）组织制定商品住宅性能认定委员会章程和评审委员会章程；

（五）负责组织和管理全国商品住宅性能评审委员会和国家住宅试点（示范）工程的性能认定工作；

（六）负责 3A 级商品住宅性能认定的复审工作；

（七）对全国商品住宅性能认定管理工作实行监督、检查。

第十条 省、自治区、直辖市人民政府建设行政主管部门指定负责住宅产业化工作的机构组建本地区商品住宅性能认定委员会，该认定委员会的职责是：

（一）负责具体实施本地区的商品住宅性能认定工作；

（二）负责组织起草本地区商品住宅性能认定工作的实施细

则；

（三）负责组织和管理本地区商品住宅性能评审委员会和省级试点（示范）工程及其他商品住宅性能认定工作；

（四）对本地区的商品住宅性能认定管理工作实行监督、检查。

第十一条 各级商品住宅性能认定委员会应由有关专业具有高级职称的专家组成。认定委员采用聘任制，由负责住宅产业化工作相应机构聘任，每届四年，可以连聘连任。

各地方的认定委员会应报全国商品住宅性能认定委员会备案。

第十二条 全国商品住宅性能评审委员会可接受各级认定委员会的委托，承担商品住宅性能的评审工作。各省、自治区、直辖市商品住宅性能评审委员可接受本地区商品住宅性能认定委员会的委托，承担本地区商品住宅性能评审工作。

第十三条 各级商品住宅性能评审委员会应由具有一定技术条件和技术力量的科学研究院（所）、设计或大专院校等单位申请组建，并经相应的认定委员会按规定审查批准。

第十四条 各级商品住宅性能评审委员会应由有关专业具有高级职称的专家组成。评审委员采用聘任制，由负责组建的单位聘任，每届四年，可以连聘连任。

第十五条 设区的市或县人民政府建设行政主管部门商品住宅性能认定和评审工作的管理，按照省、自治区、直辖市人民政府建设行政主管部门的规定执行。

第十六条 商品住宅性能检测工作应由取得检测资质的法定检测机构承担，并经全国商品住宅性能认定委员会确认。

对于建设行政主管部门认可的质量监督机构已核验的项目，不做重复检测。

第三章 认定的主要内容

第十七条 商品住宅性能认定应遵循科学、公正、公平和公开的原则。

第十八条 商品住宅性能认定的内容应按照商品住宅性能评定方法和标准确定。其主要内容包括住宅的适用性能、安全性能、耐久性能、环境性能和经济性能。

第十九条 商品住宅的适用性能主要包括下列内容：

（一）平面与空间布置；

（二）设备、设施的配置与性能；

（三）住宅的可改造性；

（四）保温隔热与建筑节能；

（五）隔声与隔振；

（六）采光与照明；

（七）通风换气。

第二十条 商品住宅的安全性能主要包括下列内容：

（一）建筑结构安全；

（二）建筑防火安全；

（三）燃气、电气设施安全；

（四）日常安全与防范措施；

（五）室内空气和供水有毒有害物质的危害性。

第二十一条 商品住宅的耐久性能主要包括下列内容：

（一）结构耐久性；

（二）防水性能；

（三）设备、设施防腐性能；

（四）设备耐久性。

第二十二条 商品住宅的环境性能主要包括下列内容：

（一）用地的合理性；

（二）室外环境；

（三）水资源的合理利用；

（四）生活垃圾的收集和运送。

第二十三条 商品住宅的经济性能主要包括下列内容：

（一）住宅的性能成本比；

（二）住宅日常运行耗能指数。

第二十四条 3A 级商品住宅性能认定的主要内容应包括住宅的适用性能、安全性能、耐久性能、环境性能和经济性能；2A 级、1A 级商品住宅性能认定的主要内容应包括住宅的适用性能、安全性能和耐久性能。

第四章 认 定 程 序

第二十五条 房地产开发企业申请商品住房性能认定之前，要按照商品住宅性能评定方法和标准规定的商品住宅性能检测项目，委托具有资格的商品住宅性能检测单位进行现场测试或检验。

第二十六条 申请商品住宅性能认定应提供下列资料：

（一）商品住宅性能认定申请表；

（二）住宅竣工图及全套技术文件；

（三）原材料、半成品和成品、设备合格证书及检验报告；

（四）试件等试验检测报告；

（五）隐蔽工程验收记录和分部分项工程质量检查记录；

（六）竣工报告和工程验收单；

（七）商品住宅性能检测项目检测结果单；

（八）认定委员会认为需要提交的其他资料。

第二十七条 商品住宅性能认定工作应分为申请、评审、审批和公布四个阶段，并应符合下列程序：

（一）房地产开发企业应在商品住宅竣工验收后，向相应的商品住宅性能认定委员会提出书面申请；

（二）商品住宅性能认定委员会接到书面申请后，对企业的资格和认定的条件进行审核。对符合条件的交由评审委员会审批；

（三）评审委员会遵照全国统一规定的商品住宅性能评定方法和标准进行评审。在一个月内提出评审结果，并推荐该商品住宅的性能等级，报认定委员会；

（四）认定委员会对评审委员会的评审结果和商品住宅性能等级进行审批，并报相应的建设行政主管部门公布。

3A 级商品住宅性能认定结果，由地方认定委员会审批后报全国认定委员会复审，并报国务院建设行政主管部门公布。

第五章 认定证书和认定标志

第二十八条 经各级建设行政主管部门公布商品住宅性能认定等级之后，由各级认定委员会颁发相应等级的认定证书和认定标志。

第二十九条 经认定的商品住宅应粘贴性能认定标志。

第三十条 商品住宅性能认定证书和认定标志由全国商品住宅性能认定委员会统一制作和管理。

第六章 认定的变更和撤销

第三十一条 申请者对认定结果有异议时，可向上一级认定委员会提出申请，经核查认定结果确有疑义的，应由原认定委员会重新组织认定。

第三十二条 以假冒手段或其他不正当手段取得认定结果时，一经查出，撤销其认定结果并予以公布。

第七章 附 则

第三十三条 商品住宅性能评定方法和标准另行制定。

第三十四条 本办法由国务院建设行政主管部门负责解释。

第三十五条 本办法自 1999 年 7 月 1 日起试行。

2. 城市新建住宅小区管理办法

建设部令第 33 号

第一条 为了加强城市新建住宅小区的管理，提高城市新建住宅小区的整体管理水平，为居民创造整洁、文明、安全、生活方便的居住环境，制定本办法。

第二条 本办法所称城市，是指国家按行政建制设立的直辖市、市、镇。

本办法所称新建住宅小区，是指达到一定规模，基础设施配套比较齐全的新建住宅小区（含居住小区、住宅组团，以下简称住宅小区）。

本办法所称住宅小区管理（以下简称小区管理），是指对住宅小区内的房屋建筑及其设备、市政公用设施、绿化、卫生、交通、治安和环境容貌等管理项目进行维护、修缮与整治。

第三条 房地产行政主管部门负责小区管理的归口管理工作；市政、绿化、卫生、交通、治安、供水、供气、供热等行政主管部门和住宅小区所在地人民政府按职责分工，负责小区管理中有关工作的监督与指导。

第四条 住宅小区应当逐步推行社会化、专业化的管理模式。由物业管理公司统一实施专业化管理。

第五条 房地产开发企业在出售住宅小区房屋前，应当选聘物业管理公司承担住宅小区的管理，并与其签订物业管理合同。

住宅小区在物业管理公司负责管理前，由房地产开发企业负责管理。

第六条 住宅小区应当成立住宅小区管理委员会（以下简称管委会）。

管委会是在房地产行政主管部门指导下，由住宅小区内房地产产权人和使用人选举的代表组成，代表和维护住宅小区内房地产产权人和使用人的合法权益。

第七条 管委会的权利：

（一）制定管委会章程，代表住宅小区内的产权人、使用人，维护房地产产权人和使用人的合法权利；

（二）决定选聘或续聘物业管理公司；

（三）审议物业管理公司制订的年度管理计划和小区管理服务的重大措施；

（四）检查、监督各项管理工作的实施及规章制度的执行。

管委会的义务：

（一）根据房地产产权人和使用人的意见和要求，对物业管理公司的管理工作进行检查和监督；

（二）协助物业管理公司落实各项管理工作；

（三）接受住宅小区内房地产产权人和使用人的监督；

（四）接受房地产行政主管部门、各有关行政主管部门及住宅小区所在地人民政府的监督指导。

第八条 物业管理公司的权利：

（一）物业管理公司应当根据有关法规，结合实际情况，制定小区管理办法；

（二）依照物业管理合同和管理办法对住宅小区实施管理；

（三）依照物业管理合同和有关规定收取管理费用；

（四）有权制止违反规章制度的行为；

（五）有权要求管委会协助管理；

（六）有权选聘专营公司（如清洁公司、保安公司等）承担专项管理业务；

（七）可以实行多种经营，以其收益补充小区管理经费。

物业管理公司的义务：

（一）履行物业管理合同，依法经营；

（二）接受管委会和住宅小区内居民的监督；

（三）重大的管理措施应当提交管委会审议，并经管委会认可；

（四）接受房地产行政主管部门、有关行政主管部门及住宅小区所在地人民政府的监督指导。

物业管理公司需向工商行政管理部门申请注册登记，领取营业执照后，方可开业。

第九条 物业管理公司可享受国家对第三产业的优惠政策。

第十条 物业管理合同应当明确：

（一）管理项目；

（二）管理内容；

（三）管理费用；

（四）双方权利和义务；

（五）合同期限；

（六）违约责任；

（七）其他。

第十一条 物业管理合同和小区管理办法，应报房地产行政主管部门备案。

第十二条 房地产开发企业在办理售房手续时，应在买卖合同中对房地产产权人有承诺遵守小区管理办法的约定。房地产产权人与使用人分离时，应在租赁合同中对使用人有承诺遵守小区管理办法的约定。

第十三条 住宅小区内的房地产产权人和使用人，应当遵守小区管理办法，按规定交纳管理费用，不得妨碍、阻挠管理人员履行职责，并有权参与监督住宅小区的管理。

第十四条 房地产产权人和使用人违反本办法规定，有下列行为之一的，由物业管理公司予以制止、批评教育、责令恢复原状、赔偿损失；

（一）擅自改变小区内土地用途的；

（二）擅自改变房屋、配套设施的用途、结构、外观，毁损设施、设备，危及房屋安全的；

（三）私搭乱建，乱停乱放车辆，在房屋公用部位乱堆乱放，随意占用、破坏绿化、污染环境、影响住宅小区景观，噪声扰民的；

（四）不照章交纳各种费用的。

第十五条 物业管理公司违反本办法规定，有下列行为之一的，房地产产权人和使用人有权投诉；管委会有权制止，并要求其限期改正；房地产行政主管部门可对其予以警告、责令限期改正、赔偿损失，并可处以罚款：

（一）房屋及公用设施、设备修缮不及时的；

（二）管理制度不健全，管理混乱的；

（三）擅自扩大收费范围，提高收费标准的；

（四）私搭乱建，改变房地产和公用设施用途的；

（五）不履行物业管理合同及管理办法规定义务的。

第十六条 本办法生效前，未按本办法实施管理的住宅小区可参照本办法执行。

第十七条 各省、自治区、直辖市人民政府房地产行政主管部门可根据本办法制定实施细则。

第十八条 本办法由建设部负责解释。

第十九条 本办法自一九九四年四月一日起施行。

3. 城市居民住宅安全防范设施建设管理规定

建设部、公安部令第49号

第一条 为加强城市居民住宅安全防范设施的建设和管理，提高居民住宅安全防范功能，保护居民人身财产安全，制定本规定。

第二条 在中华人民共和国境内从事城市居民住宅安全防范设施的建设管理，应当遵守本规定。

第三条 本规定所称城市，是指国家按行政建制设立的直辖市、市、镇。

本规定所称居民住宅安全防范设施，是指附属于住宅建筑主体并具有安全防范功能的防盗门、防盗锁、防踹板、防护墙、监控和报警装置，以及居民住宅或住宅区内附设的治安值班室。

第四条 城市居民住宅安全防范设施，必须具备防撬、防踹、防攀缘、防跨越、防爬入等安全防范功能。

第五条 城市居民住宅安全防范设施的建设，应当遵循下列原则：

（一）适用、安全、经济、美观；

（二）符合消防法规、技术规范、标准的要求和城市容貌规定；

（三）符合当地居民习俗；

（四）因地制宜。

第六条 城市居民住宅安全防范设施的建设，应当纳入住宅建设规划，并同时设计、同时施工、同时投入使用。

第七条 设计单位应当依据与住宅安全防范设施建设有关的规范、标准、规定进行设计。

第八条 建设行政主管部门组织审批的有关住宅建筑设计文件应当包括城市居民住宅安全防范设施部分。对不符合安全防范设施规范、标准、规定的设计文件，应责成原设计单位修改。

第九条 施工单位应当严格按照安全防范设计要求进行施工，不得擅自改动。必须修改的，应当由原设计单位出具变更设计通知书及相应的图纸并报设计审批部门重新审批后方可进行。

第十条 城市居民住宅安全防范设施所用产品、设备和材料，必须是符合有关标准规定并经鉴定合格的产品。未经鉴定和不合格的产品不得采用。

第十一条 城市居民住宅竣工后，工程质量监督部门和住宅管理单位必须按规定对安全防范设施进行验收，不合格的不得交付使用。

第十二条 城市居民住宅安全防范设施建设所需费用，由产权人或使用人承担。

第十三条 城市居民住宅安全防范设施的管理，由具体管理住宅的单位实施。

公安机关负责城市居民住宅安全防范设施管理的监督检查。

第十四条 居民住宅区的防护墙、治安值班室等公共安全防范设施应由产权人和使用人妥善使用与保护，不得破坏或挪作他用。

第十五条 公民和单位有责任保护居民住宅安全防范设施，对破坏居民住宅安全防范设施的行为有权向公安机关举报。

第十六条 违反本规定，有下列行为之一的，由城市人民政府建设行政主管部门责令增补、修改、停工、返工、恢复原状，或采取其他补救措施，并可处以罚款：

（一）未按有关规范、标准、规定进行设计的；

（二）擅自改动设计文件中安全防范设施内容的；

（三）使用未经鉴定和鉴定不合格的产品、材料、设备的；

（四）安全防范设施未经验收或验收不合格而交付使用的。

有（三）、（四）行为之一，造成经济损失的，由责任者负责赔偿损失。

第十七条 违反本规定，破坏居民住宅安全防范设施，由公安机关责令其改正、恢复原状，并可依据《治安管理处罚条例》的规定予以处罚；构成犯罪的，依法追究刑事责任。

第十八条 本规定由建设部、公安部负责解释。

第十九条 省、自治区、直辖市人民政府建设行政主管部门、公安行政主管部门，要根据本规定制定实施细则。

第二十条 本规定自1996年2月1日起施行。

4. 上海市生态型住宅小区建设管理办法

沪住产［2003］026号

随着人民生活水平的提高，居住环境日益得到重视，其内涵也在不断拓展。为了满足将上海建设成为适宜生活居住和发展创业的国际型大都市的需要，在全市开展生态型住宅小区的试点建设，引导创造健康、舒适的居住环境，实现社会、经济、环境效益的统一。

第一条 目的和依据

为了提高上海市住宅建设的整体质量，坚持走可持续发展的道路，引导住宅建设向节能、节水、节地、治污的方向发展，根据建设部等《关于推进住宅产业现代化提高住宅质量若干意见》

（国办发［1999］72号）和上海市人民政府批转的《上海市住宅产业现代化发展“十五”计划》（沪府［2002］74号）的有关要求，推进本市2003－2005年环境保护和建设三年行动计划的实施，特制定本市生态型住宅小区的建设管理办法（以下简称本管理办法）。

第二条 管理部门

上海市住宅发展局（以下简称市住宅局）是上海市生态型住宅小区建设管理的行政主管部门；上海市环境保护局（以下简称市环保局）是上海市环境保护的行政主管部门。市住宅局与市环保局共同负责本办法的实施。

第三条 适用范围

本管理办法适用于本市建筑面积在5万平方米以上的新建住宅小区。

第四条 建设要求

生态型住宅小区建设要求包括：环境规划设计、建筑节能、室内环境质量、小区水环境、材料与资源、废弃物管理与收集系统等六个方面。具体的技术要求和措施按照《上海市生态型住宅小区技术实施细则》执行。

第五条 评估办法

生态型住宅小区的评估按照本管理办法第四条规定的六个方面进行评分。每个方面分为基本分和附加分，基本分项为一票否决项，总分为500分，基本分200分，附加分300分。上海市生态型住宅小区暂分三个等级：一级、二级和三级。其中，三级要求300≤得分＜350；二级要求350≤得分＜400；一级要求得分＞400。

第六条 项目申报

在项目方案阶段，住宅建设单位依据自愿申报的原则向市住宅局提出书面申请，并递交以下资料：

1. 申报表
2. 项目方案设计图

3. 生态型住宅小区技术可行性研究报告

（1）工程概况

（2）市场预测

（3）总体规划

（4）实施进度计划

（5）生态自评估及相应技术措施

（6）工程项目财务经济

（7）项目综合评价

4. 环保部门出具的对该项目环境影响评价报告书（表）的审核意见。

第七条 项目方案论证

市住宅局与市环保局组织该项目的方案论证。方案论证通过后，项目正式列入创建上海市生态型住宅小区。

第八条 项目中期检查

在项目初步设计、施工图设计和施工阶段，市和区县住宅局对该项目进行不定期的检查，协助建设单位落实各项生态技术。

第九条 项目竣工评估和认定

项目竣工后，建设单位向市住宅局提出评估申请，并提交以下资料：

1. 上海市新建住宅交付使用许可证（复印件）

2. 项目竣工报告

（1）生态自评估结果及相应技术措施落实情况

（2）有关测试报告

（3）项目财务经济分析

（4）项目综合评价

市住宅局与市环保局组织项目竣工综合评估。依据评估结论，满足要求的项目可认定为相应等级的上海市生态型住宅小区，并由市住宅局与市环保局共同授予铭牌。

第十条 投诉和监督

生态型住宅小区投入使用后，接受市民的监督。市民对小区生态环境的投诉，由市住宅局和市环保局组织核查，若投诉属实则令其整改。若不整改或整改后仍不满足相应要求，将降级或摘除上海市生态型住宅小区铭牌。

第十一条　使用后管理

住宅投入使用后，须加强以下方面的物业管理，防止住宅使用过程中对环境的损害。

（一）保证住宅小区各系统的正常运转并达到相应要求；

（二）住宅维修、变更须采取措施降低施工对环境的影响。

第十二条　应用解释

本管理办法与附件《上海市生态型住宅小区技术实施细则》由市住宅局和市环保局根据各自职责负责解释。

第十三条　施行日期

本管理办法自 2003 年 3 月 1 日起实施。

5. 上海市新建住宅配套建设与交付使用管理办法

（根据 2002 年 12 月 27 日《上海市人民政府关于修改〈上海市新建住宅配套建设与交付使用管理办法〉的决定》修正并重新发布）

第一条　制定目的

为了加强本市新建住宅配套建设及交付使用的管理，保障居民入住后的基本生活条件，制定本办法。

第二条　适用范围

本办法适用于本市范围内新建住宅配套建设及交付使用的管理。但个人建造的自住房屋除外。

第三条　基本原则和要求

根据谁开发、谁配套的原则，新建住宅应当按照规划设计要求和住宅建设投资、施工、竣工配套计划，配建满足入住居民基本生活条件的市政、公用和公共建筑设施。

新建住宅经审核合格取得《住宅交付使用许可证》后，方可交付使用。

第四条 主管部门和协管部门

上海市住宅发展局（以下简称市住宅发展局）负责本市新建住宅配套建设的综合协调及交付使用的监督管理。各区、县住宅建设管理部门按照管理权限，具体负责本辖区内新建住宅配套建设的督促实施及交付作用的监督管理。

各级计划、规划、房地、市政、公用、电力、环卫、环保、水务、工商、公安、财贸、邮电、教育、卫生、民政和园林管理部门应当根据各自的职责，协同住宅建设管理部门实施本办法。

第五条 住宅竣工配套计划的制定

本市住宅竣工配套计划应当与住宅建设投资、施工计划相协调。本市住宅配套计划由市住宅发展局会同有关部门制定，报上海市建设委员会备案。

第六条 配套项目的规划管理

市和区、县规划管理应当会同住宅建设管理部门按照新建住宅详细规划要求，落实市政、公用和公共建筑设施配套项目，并督促住宅建设单位按照规划要求实施建设。

第七条 住宅竣工配套计划的实施

市住宅发展局应当将住宅竣工配套计划，下达给住宅建设单位和市政、公用设施配套单位具体落实。

住宅建设单位和市政、公用设施配套单位应当根据住宅竣工配套计划，签订住宅配套合同。落实市政、公用设施的配套责任。

公共建筑设施纳入住宅竣工配套计划的，住宅建设单位应当按照计划建设，并接受住宅建设管理部门的监督。

共同开发同一住宅项目的住宅建设单位，应当在协作开发合同中明确约定各方在配套建设方面的责任。对住宅竣工配套计划的实施，有关行政主管部门应当给予积极配合。

第八条 交付使用的审核申请

新建住宅竣工并经有关部门验收合格后，住宅建设单位应当向市住宅发展局或区、县住宅建设管理部门提出交付使用审核的申请。

办理新建住宅交付使用审核申请手续时，应当提交下列文件和资料：

（一）申请审核表；

（二）纳入本市住宅建设投资、施工、竣工配套计划的文件；

（三）建设工程规划许可证；

（四）住宅及公共建筑设施竣工验收合格文件：

（五）市政、公用配套的证明材料：

（六）其他有关文件资料。

第九条 交付使用的审核机关

市人民政府批准建设用地的新建住宅的交付使用，由市住宅发展局组织审核。区、县人民政府批准建设用地的新建住宅的交付使用，由区、县在宅建设管理部门组织审核。

第十条 交付使用的审核程序

市住宅发展局或区、县住宅建设管理部门应当在受理新建住宅交付使用审核申请之日起 30 天内，对新建住宅配套建设情况进行全面核查，并提出审核意见。经审核合格的新建住宅，由审核机关按幢颁发《住宅交付使用许可证》。

《住宅交付使用许可证》由市住宅发展局统一印制，

第十一条 交付使用的要求

新建住宅必须达到下列要求后，方可交付使用。

（一）住宅生活用水纳入城乡自来水管网；使用地下水的，经过市公用事业管理部门审核批准。

（二）住宅用电根据电力部门的供电方案，纳入城市供电网络，不使用临时工用电和其他不符合要求的用电。

（三）住宅的雨、污水排放纳入永久性城乡雨、污水排放系统。确因客观条件所限，一时无法纳入的，要具有市主管部门审批同意的实施计划，并经环保、水利部门同意后，可以在规定的期限内，采取临时性排放措施。

（四）居住区周边或邻近道路上有燃气管网的。完成住宅室内、室外燃气管道的敷设和主要燃气管道的衔接：居住区周边或邻近道路上没有燃气管网的，完成住宅室内燃气管道的敷设，并负责落实燃气供应渠道。

（五）居住区内完成电话通信线、有线电视线到户；其中，中心城区的居住区和中心城区以外的高档居住区还应当完成五类以上数据线（含五类数据线）宽带数据传输信息端口敷设到户。

（六）住宅与外界交通干道之间有直达的道路相联。

（七）居住区及居住小区按照规划要求配建公交站点，开通公交线路。暂未建成的居住小区与公交、地铁站点距离超过 2 公里的，建设单位应有自行配备的短途交通车辆通达公交、地铁站点。

（八）住宅所在区域必须按照规划要求配建教育、医疗保健、环卫、邮电、商业服务、社区服务、行政管理等公共建筑设施；由于住宅项目建设周期影响暂未配建的，附近区域必须有可供过渡使用的公共建筑设施。

（九）按本市住宅设计标准预留设置空调器外机和冷凝水排放管的位置。

（十）完成居住区内的配套绿化建设。

（十一）住宅周边做到场地清洁、道路平整，与施工工地有明显有效的隔离措施。

第十二条 对审核发证情况的监督

市住宅发展局对区、县住宅建设管理部门新建住宅交付使用的审核发证情况实施监督，每年应当确定一定的比例，实施抽查或者复查。

第十三条 限制措施

非经营性新建住宅无《住宅交付使用许可证》的，不得分配。

经营性新建住宅无《住宅交付使用许可证》的，房地产管理部门不予办理商品房注册登记手续。

新建住宅无《住宅交付使用许可证》的，公安部门不予办理入户手续。

第十四条 行政处罚

对违反本办法，擅自交付使用新建住宅的建设单位，由市住宅发展局或区、县住宅建管理部门按照下列规定给予处罚：

（一）新建住宅符合交付使用要求，但未按规定向住宅建设管理部门办理审核申请手续的，责令限期补办手续：逾期未补办的，住宅建设管理部门可处以 2000 元以上 1 万元以下的罚款。

（二）新建住宅未按规定纳入住宅竣工配套计划，又未按规定配建市政、公用设施或者不按住宅竣工配套计划配建市政、公用设施的，责令限用补建并停止交付使用。逾期未补建的，住宅建设管理部门可组织有关部门采取代为建设措施，由住宅建设单位承担代为建设费用，并按代为建设费用的10%向住宅建设管理部门缴纳管理费；逾期未补建或者在补建期间擅自交付使用的，住宅建设管理部门并可按照擅自交付使用的住宅面积处以住宅建设配套费 5%～10%的罚款，但最高不超过 3 万元。

（三）新建住宅未按规定配建公共建筑设施的，责令限期补建并停止交付使用。逾期未补建的，征用相应建筑面积的住宅作为未配建公共建筑设施的补偿，并由有关部门落实安排相应的公共建筑设施；无法限期补建或者在补建期间擅自交付使用的，按相应的公共建筑设施面积处以住宅建设配套费 5%～10%的罚款，但最高不超过 3 万元。

违反本办法。擅自交付使用新建住宅；情节严重的，对具有房地产开发经营资质的住宅建设单位，由房地产管理部门降低其房地产开发经营资质；对其他住宅建设单位，由其上级主管部门对直接责任人员给予行政处分。

第十五条 民事责任

住宅建设单位擅自交付使用新建住宅，造成入住居民基本生活困难的，应当承担相应的民事赔偿责任。

市政、公用设施配套单位和住宅建企单位未按住宅配套合同要求完成配套建设的，应当按照合同约定承担相应的民事赔偿责任。

第十六条 住宅建设管理部门的责任

住宅建设管理部门未按规定对新建住宅交付使用实施监督管理，造成入住居民基本生活困难的，应当及时消除影响；造成直接经济损失的，应当依法赔偿。对造成经济损失的直接责任人员，由其所在单位或上级主管部门给予行政处分和经济赔偿。

第十七条 社会监督

任何单位和居民发现交付使用的新建住宅不符合本条规定的交付使用要求的，有权向住宅建设管理部门进行检举，也可以按照国家法律的有关规定提起民事诉讼。

第十八条 行政复议和诉讼

当事人对行政管理部门的具体行政行为不服的，可以依照《中华人民共和国行政复议法》和《中华人民共和国行政诉讼法》的规定。申请行政复议或者提起行政诉讼。

当事人对行政处罚决定逾期不申请复议、不提起诉讼又不履行的，作出处罚决定的行政管理部门可以按照《中华人民共和国行政诉讼法》的规定，申请人民法院强制执行。

第十九条 应用解释部门

本办法的具体应用问题，由市住宅发展局负责解释。

第二十条 施行日期

本办法自1996年1月1日起施行。

6. 上海市新建住宅环境绿化建设导则

沪住工（2001）214号

一、为提高本市新建住宅的整体质量水平，科学引导环境绿化建设，改善城市环境，推进生态及景观住区战略的实施，现根据《上海市植树造林绿化管理条例》制定本导则。

二、本导则所称的新建住宅环境绿化建设，是指在征地红线范围内的新建住宅环境绿化配套建设。

三、本导则适用于本市新建住宅的环境绿化配套建设，并供已建成的住宅小区在改造中参考使用。

四、新建住宅环境绿化导则：

1．总体要求。新建住宅绿化建设应遵从“以人为本”的原则，努力创造舒适、安全、健康、平衡的生态型景观环境。

（1）力求自然活泼的风格，摒弃“大色块”布置手法，建造景观各异，丰富多彩的人工植物群落。

（2）地形设计科学合理，有利于保护天然水源，处理好地表排水，少设或不设地下管道，降低建设投资和养护管理的费用。

（3）植物布置应充分考虑住宅的通风、采光、隔热等特定功能，并处理好与地下管线的关系。

（4）高层、中高层住宅的绿化设计应充分考虑鸟瞰效果，满足高楼居民的俯视要求。

（5）运用我国传统园林的设计手法，充分利用建筑、树木、地形、水体、道路等条件，设置对景、障景、借景、框景等不同景点，促使景区内的植物空间幽雅舒适变化丰富。

2．配植要求。新建住宅绿化建设应坚持乔灌草结合，提高生态含量，美化居住环境的原则。

（1）落叶乔木与常绿乔木的比例为1∶1～2；乔木与灌木的比例为1∶3～6；草皮面积（乔灌木投影范围除外）不高于绿地总面积的30％。

（2）植物种类丰富多彩：

(i) 绿地面积在3000平方米以下的，不低于40种；

(ii) 绿地面积在3000～10000平方米的，不低于60种；

(iii) 绿地面积在10000～20000平方米的，不低于80种；

(iv) 绿地面积在20000平方米以上的，不低于100种。

（3）多布置色叶植物、花灌木、香源植物以及多年生花卉（详见附件一）。

（4）多布置有益身体健康的保健植物（详见附件二）。

（5）适当配植鸟嗜植物和蜜源植物，吸引动物和生物，创造人与自然和谐共存的居住环境（详见附件三）。

(6)采用生物固氮的方式逐步取代直至取消化肥栽培的方式。即选择栽种能与自然界固氮微生物共生形成根瘤的植物，减少或消除对土地的污染（详见附件四）。

（7）根据植物特性和观赏作用合理配植植物群落，提高一次存活率，美化居住环境（详见附件五）。

3. 实施要求。实施新建住宅绿化建设应遵从因地制宜，保护地形地貌，弘扬历史文化的原则。

（1）保护原有绿地及植物，特别是大规格的乔木。

（2）种植前应根据实际情况进行土壤改良，覆土层深度不低于1.5米。

（3）沿城市道路的围墙应透空透绿，与城市景观融为一体（推荐形式详见附件六）。

（4）完成种植后，应标设植物名牌，普及绿化知识，提高全民赏绿护绿水平。

（5）建设屋顶绿化，美化城市第六面，形成立体生态。

五、本导则自发布之日起施行。

附件一：《色叶植物、花灌木、芳香植物、多年生（宿根）花卉》

附件二：《保健植物》

附件三：《蜜源植物》《鸟嗜植物》

附件四：《固氮植物》

附件五：《配植建议》

附件六：《破墙透绿方案集》

附件一

色叶植物、花灌木、芳香植物、多年生（宿根）花卉

◆色叶植物

变为红色的或紫色的：枫香、漆树、鸡爪枫、茶条枫、瑭槭、南蛇藤、红栎、火炬树、乌桕、盐肤木、花楸、卫矛、山渣、南天竹、五叶爬山虎、小薜、黄连木、枫杨、湖北鹅耳枥、爬山虎

变成金黄或黄褐色的：银杏、柿树、栾树、鹅掌楸、梧桐、榆、核桃、小核桃、水杉、楸树、紫薇、美国白蜡、榔榆、楠树（浙江紫楠）、酸枣、猕猴桃、七叶树、水榆花楸、加拿大紫荆、腊梅、石榴、黄槐、金缕梅、无患子、金合欢

◆花灌木

春：各类樱花（早樱、晚樱、垂枝樱等）、各类海棠（西府海棠、垂丝海棠、木瓜海棠、贴梗海棠、倭海棠等）、木兰科（广玉兰、白玉兰、二乔玉兰、紫玉兰、红玉兰、含笑、深山含笑等）、紫荆、红叶李、桃花、茶花等。

夏：紫薇、木槿、八仙花、含笑、夏鹃、石榴（花）、栀子、凌霄、合欢、金合欢。

秋：桂花、紫薇、木槿、花石榴、木芙蓉、凌霄等

冬：梅花、含笑、茶花等

◆芳香植物

居住区绿地中可以选种的芳香植物有：薄荷、罗勒、香蜂花、西洋甘菊、柠檬草、鼠尾草、蒲公英、金盏菊、百里香、玻璃苣、香叶天竺葵、锦葵等草本，以及熏衣草、迷迭香、栀子、玫瑰、柠檬马鞭草等灌木。四季轮流飘香的木本植物：春天的梅花、桔花；夏天的栀子、白兰花；秋天的桂花和冬天的腊梅。

◆多年生花卉

火炬花（火把莲）：夏秋开花红色

蓝羊茅：观叶观赏草类

羽扇豆：春季开花阳性至半阴花红色或粉红色

落新妇：春季开花阳性花红色白色或粉红色

金鸡菊：夏季开花阳性或半阴花黄色

过路黄：常绿地被阳性观叶为主

牛至：常绿地被阳性观叶为主

大花秋葵：秋季开花阳性

红花薄荷：夏秋开花阳性红花

蓟松叶菊：5月开花常绿阳性或半阴小黄花

五彩络石：观叶常绿阳性

铁筷子：3月开花阴性花粉红色

石蒜：8～9月开花半阴花白色红色或粉红色

萱草：春季开花半阴花色以红、橙为主

鸢尾类：春夏开花半阴花色蓝白等

紫露草：夏季开花阳性至半阴花蓝色

玉簪：7～8月开花观花观叶半阴

花叶美人蕉：夏秋开花观花观叶阳性

红叶美人蕉：夏秋开花观花观叶阳性

荷兰菊：秋季开花阳性花色粉红至紫红色

大吴风子草：秋季开花阴性花黄色

白芨：春季开花阳性或半阴花色紫红

附件四

固氮植物

与自然界固氮微生物共生形成根瘤的植物。列表如下：

与根瘤菌共生的：刺槐属、忍冬属、合欢属、紫穗槐属、锦鸡儿属、金合欢属、大豆属、胡枝子属、草木樨属、豌豆属、莱豆属等；

与弗兰克氏菌共生的：杨梅属、沙棘属、胡颓子属、恺木属等；

与蓝藻类共生的：苏铁属及少数古老物种。

附件五

配植建议

·香樟＋榔榆＋乌柏—小棕榈＋石楠—二月兰

·臭椿＋猴樟—蚊母树＋棣棠—常春藤

·南酸枣＋女贞—溲疏＋小紫藤—紫金牛

·香樟＋栾树—构骨＋海桐—白花三叶草

·香樟＋乌桕—南天竹＋蚊母树—狗乐根

·猴樟＋无患子—八角金盘＋海桐—自然地被

·榉树＋香樟—八仙花＋卫矛—自然地被

·银杏—石楠＋胡颓子—麦冬

·木荷＋奕树—构骨—茑尾

·雪松＋广玉兰—紫薇＋紫荆＋黄馨—鸢尾＋红花酢浆草＋其他地被

·垂柳＋丁香—桃树＋桂花＋红叶李—美人蕉＋迎含花—草本地被

7. 上海市新建住宅区生活垃圾管理暂行办法

沪容发规（2002）105号

第一条 目的和依据

为了加强本市新建住宅区生活垃圾的管理，改善和提高新建住宅区卫生环境，根据《上海市市容环境卫生管理条例》（以下简称《条例》）、《上海市新建住宅配套建设与交付使用管理办法》（以下简称《办法》）的有关规定，结合本市实际情况，制定本办法。

第二条 适用范围

本办法适用于本市中心城、新城、中心镇以及独立工业区、经济开发区等城市化地区新建住宅区生活垃圾的投放、收集、运输和处理处置及其相关的管理活动。

第三条 定义

本办法所称的新建住宅区是指经行政主管部门依法批准的拟建和在建的居住组团、居住小区、居住区。

第四条 管理原则

新建住宅区生活垃圾管理遵循源头减量、资源回收、分类收集和无害处理处置的原则。

第五条 管理部门

上海市市容环境卫生管理局是本市新建住宅区环境卫生工作的行政主管部门，负责新建住宅区生活垃圾投放、收集、运输和处理处置的监督管理；区、县市容环境卫生管理部门具体负责本辖区内新建住宅区生活垃圾投放、收集、运输和处理处置的管理工作。

上海市住宅发展局是本市住宅建设的行政主管部门，负责指导、监督和综合协调本市新建住宅区生活垃圾收集、处理设施的配套建设和交付使用工作；区、县住宅建设管理部门按照管理权限，具体负责本辖区内新建住宅区生活垃圾收集、处理设施配套建设和交付使用的监督管理。

第六条 配建规定

新建住宅区应当按照下列要求配套建设生活垃圾收集、处理设施：

(一)每幢楼设置相应容量的分类收集容器,并设有明显标记；

(二)每一组团设置相应处理能力的生化处理装置；

(三)每一住户在3500户以下的居住小区（2个组团以上）设置一处生活垃圾容器间；

(四)每一住户在3500户以上的居住小区或者居住区设置一处相应规模的小型压缩式收集站。

新建住宅区配套建设的生活垃圾收集、处理设施应当相对独立，布局合理，符合规定的技术标准和规范，其外墙与相邻建筑物的间距应当大于5米，四周设置绿化隔离带。具体技术标准和规范由市市容环境卫生管理局另行制定。

第七条 规划设计

新建住宅区配套建设的生活垃圾收集、处理设施应当纳入新建住宅区开发建设规划设计方案中，并征求市容环境卫生管理部门的意见。

新建住宅区生活垃圾收集、处理设施应当与住宅区建设项目同时投资、同时设计、同时施工、同时竣工和投入使用。

第八条　竣工验收

新建住宅区生活垃圾收集、处理设施须经验收合格后方可投入使用。市和区（县）市容环境卫生管理部门应当参加验收。

市和区（县）住宅建设管理部门应当将新建住宅区生活垃圾收集、处理设施配套建设情况纳入住宅交付使用许可审核范围。未按规定配套建设相应设施的新建住宅区不得交付使用。

第九条　投资建设

新建住宅区生活垃圾收集、处理设施的投资建设由新建住宅区房地产开发企业负责。

第十条　日常运行和管理

新建住宅区的物业管理企业应当按照市容环境卫生管理部门的规定做好住宅区内的生活垃圾分类收集、资源回收和生化处理工作，并负责做好住宅区内生活垃圾收集、处理设施的日常运行、维护和管理工作。

第十一条　分类投放

居民应当按照规定将产生的生活垃圾分类投放在分类收集容器内。

居民产生的装修垃圾、大件生活垃圾，应当按照规定定时、定点投放，也可以委托物业管理企业上门有偿收集。

第十二条　收集

居民生活垃圾应当日产日收。可资源利用的垃圾，物业管理企业应当组织人员进行回收处理。

对居民产生的装修垃圾、大件生活垃圾，物业管理企业应当及时委托市容环境卫生作业服务单位运至规定场所。

对不能回收和不能生化处理的生活垃圾，物业管理企业应当及时投放至设置在新建住宅区内的生活垃圾容器间或者小型压缩式收集站，由市容环境卫生管理部门统一组织及时收集、运输至垃圾处理场（厂）或者处理设施处置。

收集、搬运生活垃圾，应当保持住宅区内的环境整洁，不得泄漏、散落和飞扬。

第十三条 处理

新建住宅区生活垃圾应当按照下列要求处理处置：

（一）厨余（有机）垃圾直接进入生化处理装置处理；

（二）可回收利用物资进入废旧物资回收利用系统；

（三）其他分类垃圾进行分类处理处置。

第十四条 环保要求

新建住宅区生活垃圾收集、处理的作业场所应当相对封闭，垃圾渗滤液、废气等的排放必须符合有关环保标准，并应当采取措施防止周围环境污染。

第十五条 行政处罚

对违反本办法规定的行为，由市容环境卫生管理部门、住宅建设管理部门和市容环境卫生监察组织分别依据《条例》和《办法》的规定，给予行政处罚。

第十六条 参照执行

本市城市化地区以外的新建住宅区生活垃圾的投放、收集、运输和处理处置及其相关的管理活动参照本办法执行。

第十七条 应用解释

本办法由市市容环境卫生管理部门和市住宅发展局按照各自职责负责解释。

第十八条 施行日期

本办法自2002年6月1日起施行。

8. 广州市商品住宅建设项目验收管理办法

广州市政府令第6号

第一条 为规范商品住宅建设项目验收管理工作，根据《城市房地产开发经营管理条例》和《建设工程质量管理条例》，结合本市实际，制定本办法。

第二条 本办法所称的商品住宅建设项目是指具有房地产开发资质的企业投资建设，用于出租、销售的居住房屋及其相关的配套设施。

第三条 商品住宅建设项目验收包括专业验收、竣工验收和综合验收。

专业验收是指规划、公安消防、人防等行政管理部门依照法律、法规的规定，对商品住宅建设项目落实工程报建审批事项情况所作的检验和认可。

竣工验收是指房地产开发企业（下称开发企业）在商品住宅按工程设计文件和合同的约定事项建成后，依照强制性工程建设标准组织勘察、设计、施工、工程监理等单位，对房屋建筑以及按规定配套建设的市政公用设施工程质量的认定。

综合验收是指建设行政主管部门组织有关行政管理部门对商品住宅建设项目中涉及公共安全的内容及市政公用设施建设配套情况所作的认定。

商品住宅建设项目经验收合格后，方可交付使用；未经验收或验收不合格的，不得交付使用。

第四条 本市市辖区范围内商品住宅建设项目验收，应当遵守本办法。

第五条 市建设行政主管部门负责本办法的组织实施，并负责用地规模 5 万平方米以上（含 5 万平方米）的商品住宅建设项目和列为国家、省、市级住宅示范工程等商品住宅建设项目的综合验收工作。

区建设行政主管部门具体负责用地规模 5 万平方米以下的商品住宅建设项目的综合验收工作。

规划、公安消防、人防等行政管理部门应当依照各自职责协同实施本办法。

第六条 规划、公安消防、人防等行政管理部门应当依法组织专业验收。商品住宅建设项目专业验收的条件、资料要求和办事程序应当公开。

第七条 规划、人防等行政管理部门应当在收齐开发企业报送的专业验收资料之日起15个工作日内，完成专业验收工作，对验收合格的事项出具验收合格证明文件。

公安消防管理部门应当在收齐开发企业报送的专业验收资料之日起10个工作日内进行验收，并应当自验收合格之日起7个工作日内出具验收合格证明文件。

第八条 开发企业应当自建设工程竣工验收合格之日起15日内，将建设工程竣工验收报告和规划、公安消防、人防等部门出具的认可文件或者准许使用文件报市或区建设行政主管部门备案。

第九条 市或区建设行政主管部门应当委托建设工程质量监督机构具体实施建设工程质量监督管理。

开发企业应当将商品住宅建设项目开始竣工验收的日期告知建设工程质量监督机构。建设工程质量监督机构应当在商品住宅建设项目开始竣工验收之日起5个工作日内，向市或区建设行政主管部门提出工程质量监督报告。

第十条 市或区建设行政主管部门发现开发企业在竣工验收过程中违反国家有关建设工程质量管理规定的，应当在收齐竣工验收备案资料之日起15个工作日内，责令其整改，并由开发企业重新组织竣工验收。

第十一条 开发企业申请商品住宅建设项目综合验收，应当符合以下条件并提供有效的证明文件：

（一）已通过商品住宅建设项目的竣工验收备案；

（二）涉及公共安全的单项工程符合有关专业验收的要求；

（三）持有供电、供水、管道供气部门的准许使用文件资料；按规范设置了门牌、配备了邮政信箱等，已具备居民基本生活、居住条件；

（四）已通知有关单位接收或购置按规划要求配套建设的公共

项目；

（五）商品住宅及配套设施范围内没有违章建筑、临时建（构）筑物、施工机具、建筑余泥，剩余构件全部拆除、清运完毕，环境整洁；

（六）商品住宅建设期间临时设置的架空电缆、电线、地面裸露的管线等已经拆除或按规范埋入地下。

第十二条 市或区建设行政主管部门应当自受理综合验收申请之日起 15 个工作日内，组织规划、公安消防、人防等有关行政管理部门进行综合验收。有关部门应当依时参加。

第十三条 商品住宅建设项目综合验收合格的，由市或区建设行政主管部门核发商品住宅建设项目综合验收合格证，同意交付使用；综合验收不合格的，市或区建设行政主管部门应当提出整改意见。

商品住宅建设项目综合验收合格证由市建设行政主管部门统一印制。

第十四条 单栋（包括联体）房屋建筑的商品住宅建设项目的综合验收，必须整体进行。

住宅小区等群体商品住宅建设项目的综合验收，可以分期进行。

第十五条 综合验收不得收费。

第十六条 违反本办法有下列行为之一的，由市或区建设行政主管部门依照职责予以处罚：

（一）开发企业在商品住宅建设项目验收合格之日起 15 个工作日内未办理工程竣工验收备案的，责令其限期改正，处 20 万元以上 30 万元以下罚款；

（二）将未经综合验收的房屋交付使用的，责令限期补办验收手续；逾期不补办验收手续的，由建设行政主管部门组织有关部门和单位进行验收，并处 10 万元以上 30 万元以下的罚款；

（三）将验收不合格的房屋交付使用的，责令限期返修，并处交付使用的房屋总造价 2%以下的罚款；情节严重的，由工商行政管理部门吊销营业执照；给购买人造成损失的，应当承担赔偿责任；造成重大伤亡事故或者其他严重后果，构成犯罪的，依法追究刑事责任。

第十七条 验收资料齐全，建设、规划、公安消防、人防等行政管理部门不办理专业验收、竣工验收备案或综合验收手续的，由其上一级主管部门责令改正，并依照有关规定对直接责任人员给予行政处分。

第十八条 规划、公安消防、人防等行政管理部门不依照本办法规定参加综合验收的，由上一级主管部门通报批评，并承担相应的行政责任。

第十九条 县级市的商品住宅建设项目验收管理，可参照本办法制定实施办法。

第二十条 本办法自公布之日起实施。1998 年市政府第 16 号令《广州市住宅小区竣工综合验收管理办法》同时废止。

9. 广州市住宅小区竣工综合验收管理办法

广州市政府令第 16 号

第一条 为加强本市住宅小区竣工综合验收管理，规范住宅小区配套设施建设，根据国务院《城市房地产开发经营管理条例》和《广东省房地产开发经营条例》，结合本市的实际情况，制定本办法。

第二条 本市市辖区范围内用地面积 2 万平方米以上或建筑面积 5 万平方米以上的，以住宅为主的单位建筑和建筑群体（以下简称住宅小区）的竣工综合验收，适用本办法。

第三条 本办法所称的竣工综合验收，是指建设行政主管部门依据法律、法规、规章和有关技术规范以及有关部门批准的规划，设计和建设方案，对住宅小区等房地产开发项目完成的各项建设指标和各专业验收情况进行统一的整体检验的过程。

第四条 广州市建设委员会（以下简称市建委）是本市市辖区住宅小区竣工综合验收的主管部门，负责组织实施住宅小区竣工综合验收的评定工作。

各区建设局负责组织实施辖区内住宅小区竣工综合验收的具体工作。

规划、市政、园林、环卫、供电、电信、邮政、公用事业、公安、消防、文化、教育、体育等管理部门应当根据住宅小区规划、设计的要求配合竣工综合验收，并做好前期的各项专业和单体工程验收工作。

第五条 申请住宅小区竣工综合验收，其建设工程应先通过以下验收：

（一）建设工程已经规划部门验收。

（二）建设工程已经质量安全监督部门验收。

（三）小区道路、排水设施、路牌等，经市政管理部门验收。

（四）园林绿化工程经绿化管理部门验收。

（五）环境卫生设施经环境卫生管理部门验收。

（六）人防、供电、供水、供气、邮政、电信、路灯、文化、教育、体育、安全防范、消防等设施经有关专业管理部门验收。

第六条 申请住宅小区竣工综合验收应具备以下条件：

（一）除经批准停建、缓建的项目外，所有建设项目按批准的住宅小区规划和有关专业管理要求、设计规范全部建成，并由专业管理部门验收合格。

（二）住宅小区内道路名称、标志和建筑物的门牌、编号设置符合规范要求，并经专业管理部门批准。

（三）配套建设的市政、公用、文教、体育、卫生等设施符合移交管理和使用的要求。

（四）住宅小区内没有违章建筑和应拆除的临时建筑物、构筑物。

（五）所有的施工机具、建筑余泥、剩余构件全部拆除清运完毕。

（六）建设期间临时设置的架空电缆、电线、地面裸露的管线等已拆除或埋入地下。

（七）住宅小区内各项建设项目的竣工图纸、资料齐全。

（八）开发住宅小区的被拆迁户，已全部按拆迁安置方案落实。

（九）住宅小区内的物业已按物业管理的有关规定委托有资质的物业管理单位进行管理。

第七条 住宅小区竣工综合验收实行登记制度。开发建设单位应在申报住宅小区第一栋房屋建设正式项目计划的同时，到市建委办理住宅小区竣工综合验收登记并签订《房地产开发建设项目竣工验收责任书》。

第八条 住宅小区竣工综合验收，开发建设单位须提交以下资料：

（一）住宅小区的用地、规划、建设文件。

（二）建设工程的设计、竣工图纸。

（三）建设工程各项验收合格证明。

（四）公共建筑配套、市政公用设施、园林绿化、环境卫生专项验收表。

（五）住宅小区物业管理委托合同、物业清单和房屋业主汇总表。

第九条 住宅小区竣工综合验收可申请分期验收。分期验收的，应由规划部门具体划分分期开发的规模、区域，合理配套市政公用设施。

住宅小区分期竣工综合验收时间，在办理住宅小区竣工综合验收登记时，应在《房地产开发建设项目竣工验收责任书》中列明。

第十条 申请分期验收的住宅小区应当符合下列条件：

（一）验收范围内的建设项目均已办理单项竣工验收手续，临时建筑物、构筑物和工地余泥已全部清理完毕。

（二）验收范围内的建设项目已具备供水、供气、供电、通邮条件，道路和排水、排污等管道畅通且落实了维护人员和措施。

（三）验收范围内配套建设的各项公用和生活服务设施能交付正常使用。

（四）验收范围内的绿化工程已全部实施且落实了养护人员和措施。

第十一条 住宅小区竣工综合验收按下列程序办理：

（一）开发建设单位向所在区建设局提出竣工综合验收申请报告，并提出本办法第八条规定的资料。

（二）区建设局收齐开发建设单位提交的验收资料后发出竣工综合验收通知书，并在30日内组织规划、市政园林绿化、环境卫生等管理部门进行竣工综合验收，填写验收报告。

（三）市建委应自接到区建设局的验收报告后15日内组织相关管理部门进行评定。

（四）评定合格的，由市建委发给《广州市房地产开发建设项目竣工综合验收合格证》。

第十二条 开发建设单位在领取《广州市房地产开发建设项目竣工综合验收合格证》前，应当将验收资料装订成册，一式两份，移交给区建设局备案。

第十三条 经竣工综合验收合格的住宅小区，开发建设单位在领取《广州市房地产开发建设项目竣工综合验收合格证》之日起30日内，向住宅小区所在区建设局办理移交市政公用设施管理手续。已办理移交管理手续的，开发建设单位不再承担小区内的住宅、市政、公用设施的维修、管理费用，但属保修期内的维修费用除外。

第十四条 住宅小区竣工综合验收或分期验收不合格的，不得交付使用。开发建设单位必须按规定的期限进行整改，并承担住宅小区的维护和管理责任。逾期不整改又不承担维护和管理责任的，由区建设局代为实施，其费用在住宅小区开发建设单位的房地产开发综合保证金专户中抵扣。

第十五条 违反本办法有下列行为之一的，由市建委予以处罚：

（一）违反第七条规定，不按时办理住宅小区验收登记的，责令其限期改正，予以警告，逾期仍不改正的，可不予审批其有关的开发项目计划。

（二）违反第十三条规定，不办理住宅小区物业移交管理手续的，责令其限期改正，并处以5000元以上20000元以下的罚款。

（三）违反第十四条规定不进行整治或承担住宅小区的维护和管理责任的，降低其资质等级，并处10000元以上30000元以下罚款。

第十六条 开发建设单位违反本办法，将未经验收的房屋交付使用的，由市建委责令限期补办验收手续；逾期不补办验收手续的，由市建委组织有关部门和单位进行验收，并对开发建设单位处以10万元罚款，造成购买人经济损失情节严重的，除处以20万元以上30万元以下的罚款外，还应当依法承担赔偿责任。

第十七条 开发建设单位违反本办法将竣工验收不合格的房屋交付使用的，由市建委责令其停止使用并限期返修，并按交付使用的房屋总造价处以2%以上的罚款；给购买人造成损失的，还应当依法承担赔偿责任；造成重大伤亡事故或者其他严重后果，触犯刑律的，由司法机关依法追究刑事责任。

第十八条 违反本办法，涉及城市规划、市政园林、环卫、供水、供电、电信等行政管理的，由相关行政管理部门依法予以处理。

第十九条 县级市的住宅小区竣工综合验收，可参照本办法制定实施办法。

第二十条 本办法实施前已交付使用，但尚未办理住宅小区竣工综合验收的，开发建设单位应当在本办法公布之日起六个月内到市建委申报验收手续。

第二十一条 本办法自公布之日起施行。本市过去有关住宅小区竣工综合验收的规定与本办法有抵触的，以本办法为准。

10. 商品住宅实行住宅质量保证书和住宅使用说明书制度的规定

建房［1998］第102号

第一条 为加强商品住宅质量管理，确保商品住宅售后服务质量和水平，维护商品住宅消费者的合法权益，制定本规定。

第二条 本规定适用于房地产开发企业出售的商品住宅。

第三条 房地产开发企业在向用户交付销售的新建商品住宅时，必须提供《住宅质量保证书》和《住宅使用说明书》。《住宅质量保证书》可以作为商品房购合同的补充约定。

第四条 《住宅质量保证书》是房地产开发企业对销售的商品住宅承担质量责任的法律文件，房地产开发企业应当按《住宅质量保证书》的约定，承担保修责任。

商品住宅售出后，委托物业管理公司等单位维修的，应在《住宅质量保证书》中明示所委托的单位。

第五条 《住宅质量保证书》应当包括以下内容：

1. 工程质量监督部门核验的质量等级。

2. 地基基础和主体结构在合理使用寿命年限内承担保修。

3. 正常使用情况下各部位、部件保修内容与保修期：

屋面防水3年；墙面、厨房和卫生间地面、地下室、管道渗漏1年；墙面、顶棚抹灰层脱落1年；地面空鼓开裂、大面积起砂1年；门窗翘裂、五金件损坏1年；管道堵塞2个月；供热、供冷系统和设备1个采暖期或供冷期；卫生洁具1年；灯具、电器6个月。其他部位、部件的保修期限，由房地产开发企业与用户自行约定。

4. 用户报修的单位，答复和处理的时限。

第六条 住宅保修期从开发企业将竣工验收的住宅交付用户使用之日起计算，保修期限不应低于本规定第五条规定的期限。房地产开发企业可以延长保修期。

国家对住宅工程质量保修期另有规定的，保修期限按照国家规定执行。

第七条 房地产开发企业向用户交付商品住宅时，应当有交付验收手续，并由用户对住宅设备、设施的正常运行签字认可。用户验收后自行添置、改动的设施、设备，由用户自行承担维修责任。

第八条 《住宅使用说明书》应当对住宅的结构、性能和各部位（部件）的类型、性能、标准等做出说明，并提出使用注意事项，一般应当包含以下内容：

1. 开发单位、设计单位、施工单位，委托监理的应注明监理单位。

2. 结构类型。

3. 装修、装饰注意事项。

4. 上水、下水、电、燃气、热力、通讯、消防等设施配置的说明。

5. 有关设备、设施安装预留位置的说明和安装注意事项。

6. 门、窗类型，使用注意事项。

7. 配电负荷。

8. 承重墙、保温墙、防水层、阳台等部位注意事项的说明。

9. 其他需说明的问题。

第九条 住宅中配置的设备、设施，生产厂家另有使用说明书的，应附于《住宅使用说明书》中。

第十条 《住宅质量保证书》和《住宅使用说明书》应在住宅交付用户的同时提供给用户。

第十一条 《住宅质量保证书》和《住宅使用说明书》以购买者购买的套（幢）发放。每套（幢）住宅均应附有各自的《住宅质量保证书》和《住宅使用说明书》。

第十二条 房地产开发企业在《住宅使用说明书》中对住户合理使用住宅应有提示。因用户使用不当或擅自改动结构、设备位置和不当装修等造成的质量问题，开发企业不承担保修责任；因住户使用不当或擅自改动结构，造成房屋质量受损或其他用户损失，由责任人承担相应责任。

第十三条 其他住宅和非住宅的商品房屋，可参照本规定执行。

第十四条 本规定由建设部负责解释。

第十五条 本规定从 1998 年 9 月 1 日起实施。

七、城市房屋物业管理

1. 物业管理条例

国务院令第 379 号

第一章　总　　则

第一条　为了规范物业管理活动，维护业主和物业管理企业的合法权益，改善人民群众的生活和工作环境，制定本条例。

第二条　本条例所称物业管理，是指业主通过选聘物业管理企业，由业主和物业管理企业按照物业服务合同约定，对房屋及配套的设施设备和相关场地进行维修、养护、管理，维护相关区域内的环境卫生和秩序的活动。

第三条　国家提倡业主通过公开、公平、公正的市场竞争机制选择物业管理企业。

第四条　国家鼓励物业管理采用新技术、新方法，依靠科技进步提高管理和服务水平。

第五条　国务院建设行政主管部门负责全国物业管理活动的监督管理工作。

县级以上地方人民政府房地产行政主管部门负责本行政区域内物业管理活动的监督管理工作。

第二章　业主及业主大会

第六条　房屋的所有权人为业主。

业主在物业管理活动中，享有下列权利：

（一）按照物业服务合同的约定，接受物业管理企业提供的服务；

（二）提议召开业主大会会议，并就物业管理的有关事项提出建议；

（三）提出制定和修改业主公约、业主大会议事规则的建议；

（四）参加业主大会会议，行使投票权；

（五）选举业主委员会委员，并享有被选举权；

（六）监督业主委员会的工作；

（七）监督物业管理企业履行物业服务合同；

（八）对物业共用部位、共用设施设备和相关场地使用情况享有知情权和监督权；

（九）监督物业共用部位、共用设施设备专项维修资金（以下简称专项维修资金）的管理和使用；

（十）法律、法规规定的其他权利。

第七条 业主在物业管理活动中，履行下列义务：

（一）遵守业主公约、业主大会议事规则；

（二）遵守物业管理区域内物业共用部位和共用设施设备的使用、公共秩序和环境卫生的维护等方面的规章制度；

（三）执行业主大会的决定和业主大会授权业主委员会作出的决定；

（四）按照国家有关规定交纳专项维修资金；

（五）按时交纳物业服务费用；

（六）法律、法规规定的其他义务。

第八条 物业管理区域内全体业主组成业主大会。

业主大会应当代表和维护物业管理区域内全体业主在物业管理活动中的合法权益。

第九条 一个物业管理区域成立一个业主大会。

物业管理区域的划分应当考虑物业的共用设施设备、建筑物规模、社区建设等因素。具体办法由省、自治区、直辖市制定。

第十条 同一个物业管理区域内的业主，应当在物业所在地的区、县人民政府房地产行政主管部门的指导下成立业主大会，并选举产生业主委员会。但是，只有一个业主的，或者业主人数较少且经全体业主一致同意，决定不成立业主大会的，由业主共同履行业主大会、业主委员会职责。

业主在首次业主大会会议上的投票权，根据业主拥有物业的建筑面积、住宅套数等因素确定。具体办法由省、自治区、直辖市制定。

第十一条 业主大会履行下列职责：

（一）制定、修改业主公约和业主大会议事规则；

（二）选举、更换业主委员会委员，监督业主委员会的工作；

（三）选聘、解聘物业管理企业；

（四）决定专项维修资金使用、续筹方案，并监督实施；

（五）制定、修改物业管理区域内物业共用部位和共用设施设备的使用、公共秩序和环境卫生的维护等方面的规章制度；

（六）法律、法规或者业主大会议事规则规定的其他有关物业管理的职责。

第十二条 业主大会会议可以采用集体讨论的形式，也可以采用书面征求意见的形式；但应当有物业管理区域内持有1/2以上投票权的业主参加。

业主可以委托代理人参加业主大会会议。

业主大会作出决定，必须经与会业主所持投票权1/2以上通过。业主大会作出制定和修改业主公约、业主大会议事规则，选聘和解聘物业管理企业，专项维修资金使用和续筹方案的决定，必须经物业管理区域内全体业主所持投票权2/3以上通过。

业主大会的决定对物业管理区域内的全体业主具有约束力。

第十三条 业主大会会议分为定期会议和临时会议。

业主大会定期会议应当按照业主大会议事规则的规定召开。经20%以上的业主提议，业主委员会应当组织召开业主大会临时会议。

第十四条 召开业主大会会议，应当于会议召开15日以前通知全体业主。

住宅小区的业主大会会议，应当同时告知相关的居民委员会。

业主委员会应当做好业主大会会议记录。

第十五条 业主委员会是业主大会的执行机构，履行下列职责：

（一）召集业主大会会议，报告物业管理的实施情况；

（二）代表业主与业主大会选聘的物业管理企业签订物业服务合同；

（三）及时了解业主、物业使用人的意见和建议，监督和协助物业管理企业履行物业服务合同；

（四）监督业主公约的实施；

（五）业主大会赋予的其他职责。

第十六条 业主委员会应当自选举产生之日起30日内，向物业所在地的区、县人民政府房地产行政主管部门备案。

业主委员会委员应当由热心公益事业、责任心强、具有一定组织能力的业主担任。

业主委员会主任、副主任在业主委员会委员中推选产生。

第十七条 业主公约应当对有关物业的使用、维护、管理，业主的共同利益，业主应当履行的义务，违反公约应当承担的责任等事项依法作出约定。

业主公约对全体业主具有约束力。

第十八条 业主大会议事规则应当就业主大会的议事方式、表决程序、业主投票权确定办法、业主委员会的组成和委员任期等事项作出约定。

第十九条 业主大会、业主委员会应当依法履行职责，不得作出与物业管理无关的决定，不得从事与物业管理无关的活动。

业主大会、业主委员会作出的决定违反法律、法规的，物业所在地的区、县人民政府房地产行政主管部门，应当责令限期改正或者撤销其决定，并通告全体业主。

第二十条 业主大会、业主委员会应当配合公安机关，与居民委员会相互协作，共同做好维护物业管理区域内的社会治安等相关工作。

在物业管理区域内，业主大会、业主委员会应当积极配合相关居民委员会依法履行自治管理职责，支持居民委员会开展工作，并接受其指导和监督。

住宅小区的业主大会、业主委员会作出的决定，应当告知相关的居民委员会，并认真听取居民委员会的建议。

第三章　前期物业管理

第二十一条　在业主、业主大会选聘物业管理企业之前，建设单位选聘物业管理企业的，应当签订书面的前期物业服务合同。

第二十二条　建设单位应当在销售物业之前，制定业主临时公约，对有关物业的使用、维护、管理，业主的共同利益，业主应当履行的义务，违反公约应当承担的责任等事项依法作出约定。

建设单位制定的业主临时公约，不得侵害物业买受人的合法权益。

第二十三条　建设单位应当在物业销售前将业主临时公约向物业买受人明示，并予以说明。

物业买受人在与建设单位签订物业买卖合同时，应当对遵守业主临时公约予以书面承诺。

第二十四条　国家提倡建设单位按照房地产开发与物业管理相分离的原则，通过招投标的方式选聘具有相应资质的物业管理企业。

住宅物业的建设单位，应当通过招投标的方式选聘具有相应资质的物业管理企业；投标人少于3个或者住宅规模较小的，经物业所在地的区、县人民政府房地产行政主管部门批准，可以采用协议方式选聘具有相应资质的物业管理企业。

第二十五条　建设单位与物业买受人签订的买卖合同应当包含前期物业服务合同约定的内容。

第二十六条　前期物业服务合同可以约定期限；但是，期限未满、业主委员会与物业管理企业签订的物业服务合同生效的，前期物业服务合同终止。

第二十七条　业主依法享有的物业共用部位、共用设施设备的所有权或者使用权，建设单位不得擅自处分。

第二十八条 物业管理企业承接物业时，应当对物业共用部位、共用设施设备进行查验。

第二十九条 在办理物业承接验收手续时，建设单位应当向物业管理企业移交下列资料：

（一）竣工总平面图，单体建筑、结构、设备竣工图，配套设施、地下管网工程竣工图等竣工验收资料；

（二）设施设备的安装、使用和维护保养等技术资料；

（三）物业质量保修文件和物业使用说明文件；

（四）物业管理所必需的其他资料。

物业管理企业应当在前期物业服务合同终止时将上述资料移交给业主委员会。

第三十条 建设单位应当按照规定在物业管理区域内配置必要的物业管理用房。

第三十一条 建设单位应当按照国家规定的保修期限和保修范围，承担物业的保修责任。

第四章 物业管理服务

第三十二条 从事物业管理活动的企业应当具有独立的法人资格。

国家对从事物业管理活动的企业实行资质管理制度。具体办法由国务院建设行政主管部门制定。

第三十三条 从事物业管理的人员应当按照国家有关规定，取得职业资格证书。

第三十四条 一个物业管理区域由一个物业管理企业实施物业管理。

第三十五条 业主委员会应当与业主大会选聘的物业管理企业订立书面的物业服务合同。

物业服务合同应当对物业管理事项、服务质量、服务费用、双方的权利义务、专项维修资金的管理与使用、物业管理用房、合同期限、违约责任等内容进行约定。

第三十六条 物业管理企业应当按照物业服务合同的约定，提供相应的服务。

物业管理企业未能履行物业服务合同的约定，导致业主人身、财产安全受到损害的，应当依法承担相应的法律责任。

第三十七条 物业管理企业承接物业时，应当与业主委员会办理物业验收手续。

业主委员会应当向物业管理企业移交本条例第二十九条第一款规定的资料。

第三十八条 物业管理用房的所有权依法属于业主。未经业主大会同意，物业管理企业不得改变物业管理用房的用途。

第三十九条 物业服务合同终止时，物业管理企业应当将物业管理用房和本条例第二十九条第一款规定的资料交还给业主委员会。

物业服务合同终止时，业主大会选聘了新的物业管理企业的，物业管理企业之间应当做好交接工作。

第四十条 物业管理企业可以将物业管理区域内的专项服务业务委托给专业性服务企业，但不得将该区域内的全部物业管理一并委托给他人。

第四十一条 物业服务收费应当遵循合理、公开以及费用与服务水平相适应的原则，区别不同物业的性质和特点，由业主和物业管理企业按照国务院价格主管部门会同国务院建设行政主管部门制定的物业服务收费办法，在物业服务合同中约定。

第四十二条 业主应当根据物业服务合同的约定交纳物业服务费用。业主与物业使用人约定由物业使用人交纳物业服务费用的，从其约定，业主负连带交纳责任。

已竣工但尚未出售或者尚未交给物业买受人的物业，物业服务费用由建设单位交纳。

第四十三条 县级以上人民政府价格主管部门会同同级房地产行政主管部门，应当加强对物业服务收费的监督。

第四十四条 物业管理企业可以根据业主的委托提供物业服

务合同约定以外的服务项目，服务报酬由双方约定。

第四十五条 物业管理区域内，供水、供电、供气、供热、通讯、有线电视等单位应当向最终用户收取有关费用。

物业管理企业接受委托代收前款费用的，不得向业主收取手续费等额外费用。

第四十六条 对物业管理区域内违反有关治安、环保、物业装饰装修和使用等方面法律、法规规定的行为，物业管理企业应当制止，并及时向有关行政管理部门报告。

有关行政管理部门在接到物业管理企业的报告后，应当依法对违法行为予以制止或者依法处理。

第四十七条 物业管理企业应当协助做好物业管理区域内的安全防范工作。发生安全事故时，物业管理企业在采取应急措施的同时，应当及时向有关行政管理部门报告，协助做好救助工作。

物业管理企业雇请保安人员的，应当遵守国家有关规定。保安人员在维护物业管理区域内的公共秩序时，应当履行职责，不得侵害公民的合法权益。

第四十八条 物业使用人在物业管理活动中的权利义务由业主和物业使用人约定，但不得违反法律、法规和业主公约的有关规定。

物业使用人违反本条例和业主公约的规定，有关业主应当承担连带责任。

第四十九条 县级以上地方人民政府房地产行政主管部门应当及时处理业主、业主委员会、物业使用人和物业管理企业在物业管理活动中的投诉。

第五章 物业的使用与维护

第五十条 物业管理区域内按照规划建设的公共建筑和共用设施，不得改变用途。

业主依法确需改变公共建筑和共用设施用途的，应当在依法办理有关手续后告知物业管理企业；物业管理企业确需改变公共建筑和共用设施用途的，应当提请业主大会讨论决定同意后，由业主依法办理有关手续。

第五十一条 业主、物业管理企业不得擅自占用、挖掘物业管理区域内的道路、场地，损害业主的共同利益。

因维修物业或者公共利益，业主确需临时占用、挖掘道路、场地的，应当征得业主委员会和物业管理企业的同意；物业管理企业确需临时占用、挖掘道路、场地的，应当征得业主委员会的同意。

业主、物业管理企业应当将临时占用、挖掘的道路、场地，在约定期限内恢复原状。

第五十二条 供水、供电、供气、供热、通讯、有线电视等单位，应当依法承担物业管理区域内相关管线和设施设备维修、养护的责任。

前款规定的单位因维修、养护等需要，临时占用、挖掘道路、场地的，应当及时恢复原状。

第五十三条 业主需要装饰装修房屋的，应当事先告知物业管理企业。

物业管理企业应当将房屋装饰装修中的禁止行为和注意事项告知业主。

第五十四条 住宅物业、住宅小区内的非住宅物业或者与单幢住宅楼结构相连的非住宅物业的业主，应当按照国家有关规定交纳专项维修资金。

专项维修资金属业主所有，专项用于物业保修期满后物业共用部位、共用设施设备的维修和更新、改造，不得挪作他用。

专项维修资金收取、使用、管理的办法由国务院建设行政主管部门会同国务院财政部门制定。

第五十五条 利用物业共用部位、共用设施设备进行经营的，应当在征得相关业主、业主大会、物业管理企业的同意后，按照规定办理有关手续。业主所得收益应当主要用于补充专项维修资金，也可以按照业主大会的决定使用。

第五十六条 物业存在安全隐患，危及公共利益及他人合法权益时，责任人应当及时维修养护，有关业主应当给予配合。

责任人不履行维修养护义务的，经业主大会同意，可以由物业管理企业维修养护，费用由责任人承担。

第六章 法 律 责 任

第五十七条 违反本条例的规定，住宅物业的建设单位未通过招投标的方式选聘物业管理企业或者未经批准，擅自采用协议方式选聘物业管理企业的，由县级以上地方人民政府房地产行政主管部门责令限期改正，给予警告，可以并处10万元以下的罚款。

第五十八条 违反本条例的规定，建设单位擅自处分属于业主的物业共用部位、共用设施设备的所有权或者使用权的，由县级以上地方人民政府房地产行政主管部门处5万元以上20万元以下的罚款；给业主造成损失的，依法承担赔偿责任。

第五十九条 违反本条例的规定，不移交有关资料的，由县级以上地方人民政府房地产行政主管部门责令限期改正；逾期仍不移交有关资料的，对建设单位、物业管理企业予以通报，处1万元以上10万元以下的罚款。

第六十条 违反本条例的规定，未取得资质证书从事物业管理的，由县级以上地方人民政府房地产行政主管部门没收违法所得，并处5万元以上20万元以下的罚款；给业主造成损失的，依法承担赔偿责任。

以欺骗手段取得资质证书的，依照本条第一款规定处罚，并由颁发资质证书的部门吊销资质证书。

第六十一条 违反本条例的规定，物业管理企业聘用未取得物业管理职业资格证书的人员从事物业管理活动的，由县级以上地方人民政府房地产行政主管部门责令停止违法行为，处5万元以上20万元以下的罚款；给业主造成损失的，依法承担赔偿责任。

第六十二条 违反本条例的规定，物业管理企业将一个物业管理区域内的全部物业管理一并委托给他人的，由县级以上地方人民政府房地产行政主管部门责令限期改正，处委托合同价款30%以上50%以下的罚款；情节严重的，由颁发资质证书的部门吊销资质证书。委托所得收益，用于物业管理区域内物业共用部位、共用设施设备的维修、养护，剩余部分按照业主大会的决定使用；给业主造成损失的，依法承担赔偿责任。

第六十三条 违反本条例的规定，挪用专项维修资金的，由县级以上地方人民政府房地产行政主管部门追回挪用的专项维修资金，给予警告，没收违法所得，可以并处挪用数额2倍以下的罚款；物业管理企业挪用专项维修资金，情节严重的，并由颁发资质证书的部门吊销资质证书；构成犯罪的，依法追究直接负责的主管人员和其他直接责任人员的刑事责任。

第六十四条 违反本条例的规定，建设单位在物业管理区域内不按照规定配置必要的物业管理用房的，由县级以上地方人民政府房地产行政主管部门责令限期改正，给予警告，没收违法所得，并处10万元以上50万元以下的罚款。

第六十五条 违反本条例的规定，未经业主大会同意，物业管理企业擅自改变物业管理用房的用途的，由县级以上地方人民政府房地产行政主管部门责令限期改正，给予警告，并处1万元以上10万元以下的罚款；有收益的，所得收益用于物业管理区域内物业共用部位、共用设施设备的维修、养护，剩余部分按照业主大会的决定使用。

第六十六条 违反本条例的规定，有下列行为之一的，由县级以上地方人民政府房地产行政主管部门责令限期改正，给予警告，并按照本条第二款的规定处以罚款；所得收益，用于物业管理区域内物业共用部位、共用设施设备的维修、养护，剩余部分按照业主大会的决定使用：

（一）擅自改变物业管理区域内按照规划建设的公共建筑和共用设施用途的；

（二）擅自占用、挖掘物业管理区域内道路、场地，损害业主共同利益的；

（三）擅自利用物业共用部位、共用设施设备进行经营的。

个人有前款规定行为之一的，处1000元以上1万元以下的罚款；单位有前款规定行为之一的，处5万元以上20万元以下的罚款。

第六十七条 违反物业服务合同约定，业主逾期不交纳物业服务费用的，业主委员会应当督促其限期交纳；逾期仍不交纳的，物业管理企业可以向人民法院起诉。

第六十八条 业主以业主大会或者业主委员会的名义，从事违反法律、法规的活动，构成犯罪的，依法追究刑事责任；尚不构成犯罪的，依法给予治安管理处罚。

第六十九条 违反本条例的规定，国务院建设行政主管部门、县级以上地方人民政府房地产行政主管部门或者其他有关行政管理部门的工作人员利用职务上的便利，收受他人财物或者其他好处，不依法履行监督管理职责，或者发现违法行为不予查处，构成犯罪的，依法追究刑事责任；尚不构成犯罪的，依法给予行政处分。

第七章　附　　则

第七十条 本条例自2003年9月1日起施行。

2. 前期物业管理招标投标管理暂行办法

建住房［2003］130号

第一章　总　　则

第一条 为了规范前期物业管理招标投标活动，保护招标投标当事人的合法权益，促进物业管理市场的公平竞争，制定本办法。

第二条 前期物业管理，是指在业主、业主大会选聘物业管理企业之前，由建设单位选聘物业管理企业实施的物业管理。

建设单位通过招投标的方式选聘具有相应资质的物业管理企业和行政主管部门对物业管理招投标活动实施监督管理，适用本办法。

第三条 住宅及同一物业管理区域内非住宅的建设单位，应当通过招投标的方式选聘具有相应资质的物业管理企业；投标人少于3个或者住宅规模较小的，经物业所在地的区、县人民政府房地产行政主管部门批准，可以采用协议方式选聘具有相应资质的物业管理企业。

国家提倡其他物业的建设单位通过招投标的方式，选聘具有相应资质的物业管理企业。

第四条 前期物业管理招标投标应当遵循公开、公平、公正和诚实信用的原则。

第五条 国务院建设行政主管部门负责全国物业管理招标投标活动的监督管理。

省、自治区人民政府建设行政主管部门负责本行政区域内物业管理招标投标活动的监督管理。

直辖市、市、县人民政府房地产行政主管部门负责本行政区域内物业管理招标投标活动的监督管理。

第六条 任何单位和个人不得违反法律、行政法规规定，限制或者排斥具备投标资格的物业管理企业参加投标，不得以任何方式非法干涉物业管理招标投标活动。

第二章 招　　标

第七条 本办法所称招标人是指依法进行前期物业管理招标的物业建设单位。

前期物业管理招标由招标人依法组织实施。招标人不得以不合理条件限制或者排斥潜在投标人，不得对潜在投标人实行歧视待遇，不得对潜在投标人提出与招标物业管理项目实际要求不符的过高的资格等要求。

第八条 前期物业管理招标分为公开招标和邀请招标。

招标人采取公开招标方式的，应当在公共媒介上发布招标公告，并同时在中国住宅与房地产信息网和中国物业管理协会网上发布免费招标公告。

招标公告应当载明招标人的名称和地址，招标项目的基本情况以及获取招标文件的办法等事项。

招标人采取邀请招标方式的，应当向3个以上物业管理企业发出投标邀请书，投标邀请书应当包含前款规定的事项。

第九条 招标人可以委托招标代理机构办理招标事宜；有能力组织和实施招标活动的，也可以自行组织实施招标活动。

物业管理招标代理机构应当在招标人委托的范围内办理招标事宜，并遵守本办法对招标人的有关规定。

第十条 招标人应当根据物业管理项目的特点和需要，在招标前完成招标文件的编制。

招标文件应包括以下内容：

（一）招标人及招标项目简介，包括招标人名称、地址、联系方式、项目基本情况、物业管理用房的配备情况等；

（二）物业管理服务内容及要求，包括服务内容、服务标准等；

（三）对投标人及投标书的要求，包括投标人的资格、投标书的格式、主要内容等；

（四）评标标准和评标方法；

（五）招标活动方案，包括招标组织机构、开标时间及地点等；

（六）物业服务合同的签订说明；

（七）其他事项的说明及法律法规规定的其他内容。

第十一条 招标人应当在发布招标公告或者发出投标邀请书的10日前，提交以下材料报物业项目所在地的县级以上地方人民政府房地产行政主管部门备案：

（一）与物业管理有关的物业项目开发建设的政府批件；

（二）招标公告或者招标邀请书；

（三）招标文件；

（四）法律、法规规定的其他材料。

房地产行政主管部门发现招标有违反法律、法规规定的，应当及时责令招标人改正。

第十二条 公开招标的招标人可以根据招标文件的规定，对投标申请人进行资格预审。

实行投标资格预审的物业管理项目，招标人应当在招标公告或者投标邀请书中载明资格预审的条件和获取资格预审文件的办法。

资格预审文件一般应当包括资格预审申请书格式、申请人须知，以及需要投标申请人提供的企业资格文件、业绩、技术装备、财务状况和拟派出的项目负责人与主要管理人员的简历、业绩等证明材料。

第十三条 经资格预审后，公开招标的招标人应当向资格预审合格的投标申请人发出资格预审合格通知书，告知获取招标文件的时间、地点和方法，并同时向资格不合格的投标申请人告知资格预审结果。

在资格预审合格的投标申请人过多时，可以由招标人从中选择不少于5家资格预审合格的投标申请人。

第十四条 招标人应当确定投标人编制投标文件所需要的合理时间。公开招标的物业管理项目，自招标文件发出之日起至投标人提交投标文件截止之日止，最短不得少于20日。

第十五条 招标人对已发出的招标文件进行必要的澄清或者修改的，应当在招标文件要求提交投标文件截止时间至少15日前，以书面形式通知所有的招标文件收受人。该澄清或者修改的内容为招标文件的组成部分。

第十六条 招标人根据物业管理项目的具体情况，可以组织潜在的投标申请人踏勘物业项目现场，并提供隐蔽工程图纸等详细资料。对投标申请人提出的疑问应当予以澄清并以书面形式发送给所有的招标文件收受人。

第十七条 招标人不得向他人透露已获取招标文件的潜在投标人的名称、数量以及可能影响公平竞争的有关招标投标的其他情况。

招标人设有标底的，标底必须保密。

第十八条 在确定中标人前，招标人不得与投标人就投标价格、投标方案等实质内容进行谈判。

第十九条 通过招标投标方式选择物业管理企业的，招标人应当按照以下规定时限完成物业管理招标投标工作：

（一）新建现售商品房项目应当在现售前30日完成；

（二）预售商品房项目应当在取得《商品房预售许可证》之前完成；

（三）非出售的新建物业项目应当在交付使用前90日完成。

第三章 投 标

第二十条 本办法所称投标人是指响应前期物业管理招标、参与投标竞争的物业管理企业。

投标人应当具有相应的物业管理企业资质和招标文件要求的其他条件。

第二十一条 投标人对招标文件有疑问需要澄清的，应当以书面形式向招标人提出。

第二十二条 投标人应当按照招标文件的内容和要求编制投标文件，投标文件应当对招标文件提出的实质性要求和条件作出响应。

投标文件应当包括以下内容：

（一）投标函；

（二）投标报价；

（三）物业管理方案；

（四）招标文件要求提供的其他材料。

第二十三条 投标人应当在招标文件要求提交投标文件的截止时间前，将投标文件密封送达投标地点。招标人收到投标文件后，应当向投标人出具标明签收人和签收时间的凭证，并妥善保存投标文件。在开标前，任何单位和个人均不得开启投标文件。在招标文件要求提交投标文件的截止时间后送达的投标文件，为无效的投标文件，招标人应当拒收。

第二十四条 投标人在招标文件要求提交投标文件的截止时间前，可以补充、修改或者撤回已提交的投标文件，并书面通知招标人。补充、修改的内容为投标文件的组成部分，并应当按照本办法第二十三条的规定送达、签收和保管。在招标文件要求提交投标文件的截止时间后送达的补充或者修改的内容无效。

第二十五条 投标人不得以他人名义投标或者以其他方式弄虚作假，骗取中标。

投标人不得相互串通投标，不得排挤其他投标人的公平竞争，不得损害招标人或者其他投标人的合法权益。

投标人不得与招标人串通投标，损害国家利益、社会公共利益或者他人的合法权益。

禁止投标人以向招标人或者评标委员会成员行贿等不正当手段谋取中标。

第四章 开标、评标和中标

第二十六条 开标应当在招标文件确定的提交投标文件截止时间的同一时间公开进行；开标地点应当为招标文件中预先确定的地点。

第二十七条 开标由招标人主持，邀请所有投标人参加。开标应当按照下列规定进行：

由投标人或者其推选的代表检查投标文件的密封情况，也可以由招标人委托的公证机构进行检查并公证。经确认无误后，由工作人员当众拆封，宣读投标人名称、投标价格和投标文件的其他主要内容。

招标人在招标文件要求提交投标文件的截止时间前收到的所有投标文件，开标时都应当当众予以拆封。

开标过程应当记录，并由招标人存档备查。

第二十八条 评标由招标人依法组建的评标委员会负责。

评标委员会由招标人代表和物业管理方面的专家组成，成员为5人以上单数，其中招标人代表以外的物业管理方面的专家不得少于成员总数的三分之二。

评标委员会的专家成员，应当由招标人从房地产行政主管部门建立的专家名册中采取随机抽取的方式确定。

与投标人有利害关系的人不得进入相关项目的评标委员会。

第二十九条 房地产行政主管部门应当建立评标的专家名册。省、自治区、直辖市人民政府房地产行政主管部门可以将专家数量少的城市的专家名册予以合并或者实行专家名册计算机联网。

房地产行政主管部门应当对进入专家名册的专家进行有关法律和业务培训，对其评标能力、廉洁公正等进行综合考评，及时取消不称职或者违法违规人员的评标专家资格。被取消评标专家资格的人员，不得再参加任何评标活动。

第三十条 评标委员会成员应当认真、公正、诚实、廉洁地履行职责。

评标委员会成员不得与任何投标人或者与招标结果有利害关系的人进行私下接触，不得收受投标人、中介人、其他利害关系人的财物或者其他好处。

评标委员会成员和与评标活动有关的工作人员不得透露对投标文件的评审和比较、中标候选人的推荐情况以及与评标有关的其他情况。

前款所称与评标活动有关的工作人员，是指评标委员会成员以外的因参与评标监督工作或者事务性工作而知悉有关评标情况的所有人员。

第三十一条 评标委员会可以用书面形式要求投标人对投标文件中含义不明确的内容作必要的澄清或者说明。投标人应当采用书面形式进行澄清或者说明，其澄清或者说明不得超出投标文件的范围或者改变投标文件的实质性内容。

第三十二条 在评标过程中召开现场答辩会的，应当事先在招标文件中说明，并注明所占的评分比重。

评标委员会应当按照招标文件的评标要求，根据标书评分、现场答辩等情况进行综合评标。

除了现场答辩部分外，评标应当在保密的情况下进行。

第三十三条 评标委员会应当按照招标文件确定的评标标准和方法，对投标文件进行评审和比较，并对评标结果签字确认。

第三十四条 评标委员会经评审，认为所有投标文件都不符合招标文件要求的，可以否决所有投标。

依法必须进行招标的物业管理项目的所有投标被否决的，招标人应当重新招标。

第三十五条 评标委员会完成评标后，应当向招标人提出书面评标报告，阐明评标委员会对各投标文件的评审和比较意见，并按照招标文件规定的评标标准和评标方法，推荐不超过 3 名有排序的合格的中标候选人。

招标人应当按照中标候选人的排序确定中标人。当确定中标的中标候选人放弃中标或者因不可抗力提出不能履行合同的，招标人可以依序确定其他中标候选人为中标人。

第三十六条 招标人应当在投标有效期截止时限 30 日前确定中标人。投标有效期应当在招标文件中载明。

第三十七条 招标人应当向中标人发出中标通知书，同时将中标结果通知所有未中标的投标人，并应当返还其投标书。

招标人应当自确定中标人之日起 15 日内，向物业项目所在地的县级以上地方人民政府房地产行政主管部门备案。备案资料应当包括开标评标过程、确定中标人的方式及理由、评标委员会的评标报告、中标人的投标文件等资料。委托代理招标的，还应当附招标代理委托合同。

第三十八条 招标人和中标人应当自中标通知书发出之日起 30 日内，按照招标文件和中标人的投标文件订立书面合同；招标人和中标人不得再行订立背离合同实质性内容的其他协议。

第三十九条 招标人无正当理由不与中标人签订合同，给中标人造成损失的，招标人应当给予赔偿。

第五章 附 则

第四十条 投标人和其他利害关系人认为招标投标活动不符合本办法有关规定的，有权向招标人提出异议，或者依法向有关部门投诉。

第四十一条 招标文件或者投标文件使用两种以上语言文字的，必须有一种是中文；如对不同文本的解释发生异议的，以中文文本为准。用文字表示的数额与数字表示的金额不一致的，以文字表示的金额为准。

第四十二条 本办法第三条规定住宅规模较小的，经物业所在地的区、县人民政府房地产行政主管部门批准，可以采用协议方式选聘物业管理企业的，其规模标准由省、自治区、直辖市人民政府房地产行政主管部门确定。

第四十三条 业主和业主大会通过招投标的方式选聘具有相应资质的物业管理企业的，参照本办法执行。

第四十四条 本办法自 2003 年 9 月 1 日起施行。

3. 物业管理企业资质管理办法

建设部令第 125 号

第一条 为了加强对物业管理活动的监督管理，规范物业管理市场秩序，提高物业管理服务水平，根据《物业管理条例》，制定本办法。

第二条 在中华人民共和国境内申请物业管理企业资质，实施对物业管理企业资质管理，适用本办法。

本办法所称物业管理企业，是指依法设立、具有独立法人资格，从事物业管理服务活动的企业。

第三条 物业管理企业资质等级分为一、二、三级。

第四条 国务院建设主管部门负责一级物业管理企业资质证书的颁发和管理。

省、自治区人民政府建设主管部门负责二级物业管理企业资质证书的颁发和管理，直辖市人民政府房地产主管部门负责二级和三级物业管理企业资质证书的颁发和管理，并接受国务院建设主管部门的指导和监督。

设区的市的人民政府房地产主管部门负责三级物业管理企业资质证书的颁发和管理，并接受省、自治区人民政府建设主管部门的指导和监督。

第五条 各资质等级物业管理企业的条件如下：

（一）一级资质：

1. 注册资本人民币500万元以上；

2. 物业管理专业人员以及工程、管理、经济等相关专业类的专职管理和技术人员不少于30人。其中，具有中级以上职称的人员不少于20人，工程、财务等业务负责人具有相应专业中级以上职称；

3. 物业管理专业人员按照国家有关规定取得职业资格证书；

4. 管理两种类型以上物业，并且管理各类物业的房屋建筑面积分别占下列相应计算基数的百分比之和不低于100%：

（1）多层住宅200万平方米；

（2）高层住宅100万平方米；

（3）独立式住宅（别墅）15万平方米；

（4）办公楼、工业厂房及其他物业50万平方米。

5. 建立并严格执行服务质量、服务收费等企业管理制度和标准，建立企业信用档案系统，有优良的经营管理业绩。

（二）二级资质：

1. 注册资本人民币300万元以上；

2. 物业管理专业人员以及工程、管理、经济等相关专业类的专职管理和技术人员不少于 20 人。其中，具有中级以上职称的人员不少于 10 人，工程、财务等业务负责人具有相应专业中级以上职称；

3. 物业管理专业人员按照国家有关规定取得职业资格证书；

4. 管理两种类型以上物业，并且管理各类物业的房屋建筑面积分别占下列相应计算基数的百分比之和不低于 100%：

（1）多层住宅 100 万平方米；

（2）高层住宅 50 万平方米；

（3）独立式住宅（别墅）8 万平方米；

（4）办公楼、工业厂房及其它物业 20 万平方米。

5. 建立并严格执行服务质量、服务收费等企业管理制度和标准，建立企业信用档案系统，有良好的经营管理业绩。

（三）三级资质：

1. 注册资本人民币 50 万元以上；

2. 物业管理专业人员以及工程、管理、经济等相关专业类的专职管理和技术人员不少于 10 人。其中，具有中级以上职称的人员不少于 5 人，工程、财务等业务负责人具有相应专业中级以上职称；

3. 物业管理专业人员按照国家有关规定取得职业资格证书；

4. 有委托的物业管理项目；

5. 建立并严格执行服务质量、服务收费等企业管理制度和标准，建立企业信用档案系统。

第六条 新设立的物业管理企业应当自领取营业执照之日起 30 日内，持下列文件向工商注册所在地直辖市、设区的市的人民政府房地产主管部门申请资质：

（一）营业执照；

（二）企业章程；

（三）验资证明；

（四）企业法定代表人的身份证明；

（五）物业管理专业人员的职业资格证书和劳动合同，管理和技术人员的职称证书和劳动合同。

第七条 新设立的物业管理企业，其资质等级按照最低等级核定，并设一年的暂定期。

第八条 一级资质物业管理企业可以承接各种物业管理项目。

二级资质物业管理企业可以承接30万平方米以下的住宅项目和8万平方米以下的非住宅项目的物业管理业务。

三级资质物业管理企业可以承接20万平方米以下住宅项目和5万平方米以下的非住宅项目的物业管理业务。

第九条 申请核定资质等级的物业管理企业，应当提交下列材料：

（一）企业资质等级申报表；

（二）营业执照；

（三）企业资质证书正、副本；

（四）物业管理专业人员的职业资格证书和劳动合同，管理和技术人员的职称证书和劳动合同，工程、财务负责人的职称证书和劳动合同；

（五）物业服务合同复印件；

（六）物业管理业绩材料。

第十条 资质审批部门应当自受理企业申请之日起20个工作日内，对符合相应资质等级条件的企业核发资质证书；一级资质审批前，应当由省、自治区人民政府建设主管部门或者直辖市人民政府房地产主管部门审查，审查期限为20个工作日。

第十一条 物业管理企业申请核定资质等级，在申请之日前一年内有下列行为之一的，资质审批部门不予批准：

（一）聘用未取得物业管理职业资格证书的人员从事物业管理活动的；

（二）将一个物业管理区域内的全部物业管理业务一并委托给他人的；

（三）挪用专项维修资金的；

（四）擅自改变物业管理用房用途的；

（五）擅自改变物业管理区域内按照规划建设的公共建筑和共用设施用途的；

（六）擅自占用、挖掘物业管理区域内道路、场地，损害业主共同利益的；

（七）擅自利用物业共用部位、共用设施设备进行经营的；

（八）物业服务合同终止时，不按规定移交物业管理用房和有关资料的；

（九）与物业管理招标人或者其他物业管理投标人相互串通，以不正当手段谋取中标的；

（十）不履行物业服务合同，业主投诉较多，经查证属实的；

（十一）超越资质等级承接物业管理业务的；

（十二）出租、出借、转让资质证书的；

（十三）发生重大责任事故的。

第十二条 资质证书分为正本和副本，由国务院建设主管部门统一印制，正、副本具有同等法律效力。

第十三条 任何单位和个人不得伪造、涂改、出租、出借、转让资质证书。

企业遗失资质证书，应当在新闻媒体上声明后，方可申请补领。

第十四条 企业发生分立、合并的，应当在向工商行政管理部门办理变更手续后30日内，到原资质审批部门申请办理资质证书注销手续，并重新核定资质等级。

第十五条 企业的名称、法定代表人等事项发生变更的，应当在办理变更手续后30日内，到原资质审批部门办理资质证书变更手续。

第十六条 企业破产、歇业或者因其他原因终止业务活动的，应当在办理营业执照注销手续后15日内，到原资质审批部门办理资质证书注销手续。

第十七条 物业管理企业资质实行年检制度。

各资质等级物业管理企业的年检由相应资质审批部门负责。

第十八条 符合原定资质等级条件的，物业管理企业的资质年检结论为合格。

不符合原定资质等级条件的，物业管理企业的资质年检结论为不合格，原资质审批部门应当注销其资质证书，由相应资质审批部门重新核定其资质等级。

资质审批部门应当将物业管理企业资质年检结果向社会公布。

第十九条 物业管理企业取得资质证书后，不得降低企业的资质条件，并应当接受资质审批部门的监督检查。

资质审批部门应当加强对物业管理企业的监督检查。

第二十条 有下列情形之一的，资质审批部门或者其上级主管部门，根据利害关系人的请求或者根据职权可以撤销资质证书：

（一）审批部门工作人员滥用职权、玩忽职守作出物业管理企业资质审批决定的；

（二）超越法定职权作出物业管理企业资质审批决定的；

（三）违反法定程序作出物业管理企业资质审批决定的；

（四）对不具备申请资格或者不符合法定条件的物业管理企业颁发资质证书的；

（五）依法可以撤销审批的其他情形。

第二十一条 物业管理企业超越资质等级承接物业管理业务的，由县级以上地方人民政府房地产主管部门予以警告，责令限期改正，并处1万元以上3万元以下的罚款。

第二十二条 物业管理企业无正当理由不参加资质年检的，由资质审批部门责令其限期改正，可处1万元以上3万元以下的罚款。

第二十三条 物业管理企业出租、出借、转让资质证书的，由县级以上地方人民政府房地产主管部门予以警告，责令限期改正，并处1万元以上3万元以下的罚款。

第二十四条 物业管理企业不按照本办法规定及时办理资质变更手续的，由县级以上地方人民政府房地产主管部门责令限期改正，可处 2 万元以下的罚款。

第二十五条 资质审批部门有下列情形之一的，由其上级主管部门或者监察机关责令改正，对直接负责的主管人员和其他直接责任人员依法给予行政处分；构成犯罪的，依法追究刑事责任：

（一）对不符合法定条件的企业颁发资质证书的；

（二）对符合法定条件的企业不予颁发资质证书的；

（三）对符合法定条件的企业未在法定期限内予以审批的；

（四）利用职务上的便利，收受他人财物或者其他好处的；

（五）不履行监督管理职责，或者发现违法行为不予查处的。

第二十六条 本办法自 2004 年 5 月 1 日起施行。

4. 物业服务收费管理办法

发改价格［2003］1864 号

第一条 为规范物业服务收费行为，保障业主和物业管理企业的合法权益，根据《中华人民共和国价格法》和《物业管理条例》，制定本办法。

第二条 本办法所称物业服务收费，是指物业管理企业按照物业服务合同的约定，对房屋及配套的设施设备和相关场地进行维修、养护、管理，维护相关区域内的环境卫生和秩序，向业主所收取的费用。

第三条 国家提倡业主通过公开、公平、公正的市场竞争机制选择物业管理企业；鼓励物业管理企业开展正当的价格竞争，禁止价格欺诈，促进物业服务收费通过市场竞争形成。

第四条 国务院价格主管部门会同国务院建设行政主管部门负责全国物业服务收费的监督管理工作。

县级以上地方人民政府价格主管部门会同同级房地产行政主管部门负责本行政区域内物业服务收费的监督管理工作。

第五条 物业服务收费应当遵循合理、公开以及费用与服务水平相适应的原则。

第六条 物业服务收费应当区分不同物业的性质和特点分别实行政府指导价和市场调节价。具体定价形式由省、自治区、直辖市人民政府价格主管部门会同房地产行政主管部门确定。

第七条 物业服务收费实行政府指导价的，有定价权限的人民政府价格主管部门应当会同房地产行政主管部门根据物业管理服务等级标准等因素，制定相应的基准价及其浮动幅度，并定期公布。具体收费标准由业主与物业管理企业根据规定的基准价和浮动幅度在物业服务合同中约定。

实行市场调节价的物业服务收费，由业主与物业管理企业在物业服务合同中约定。

第八条 物业管理企业应当按照政府价格主管部门的规定实行明码标价，在物业管理区域内的显著位置，将服务内容、服务标准以及收费项目、收费标准等有关情况进行公示。

第九条 业主与物业管理企业可以采取包干制或者酬金制等形式约定物业服务费用。

包干制是指由业主向物业管理企业支付固定物业服务费用，盈余或者亏损均由物业管理企业享有或者承担的物业服务计费方式。

酬金制是指在预收的物业服务资金中按约定比例或者约定数额提取酬金支付给物业管理企业，其余全部用于物业服务合同约定的支出，结余或者不足均由业主享有或者承担的物业服务计费方式。

第十条 建设单位与物业买受人签订的买卖合同，应当约定物业管理服务内容、服务标准、收费标准、计费方式及计费起始时间等内容，涉及物业买受人共同利益的约定应当一致。

第十一条 实行物业服务费用包干制的，物业服务费用的构成包括物业服务成本、法定税费和物业管理企业的利润。

实行物业服务费用酬金制的，预收的物业服务资金包括物业服务支出和物业管理企业的酬金。

物业服务成本或者物业服务支出构成一般包括以下部分：

1. 管理服务人员的工资、社会保险和按规定提取的福利费等；

2. 物业共用部位、共用设施设备的日常运行、维护费用；

3. 物业管理区域清洁卫生费用；

4. 物业管理区域绿化养护费用；

5. 物业管理区域秩序维护费用；

6. 办公费用；

7. 物业管理企业固定资产折旧；

8. 物业共用部位、共用设施设备及公众责任保险费用；

9. 经业主同意的其它费用。

物业共用部位、共用设施设备的大修、中修和更新、改造费用，应当通过专项维修资金予以列支，不得计入物业服务支出或者物业服务成本。

第十二条 实行物业服务费用酬金制的，预收的物业服务支出属于代管性质，为所交纳的业主所有，物业管理企业不得将其用于物业服务合同约定以外的支出。

物业管理企业应当向业主大会或者全体业主公布物业服务资金年度预决算并每年不少于一次公布物业服务资金的收支情况。

业主或者业主大会对公布的物业服务资金年度预决算和物业服务资金的收支情况提出质询时，物业管理企业应当及时答复。

第十三条 物业服务收费采取酬金制方式，物业管理企业或者业主大会可以按照物业服务合同约定聘请专业机构对物业服务资金年度预决算和物业服务资金的收支情况进行审计。

第十四条 物业管理企业在物业服务中应当遵守国家的价格法律法规，严格履行物业服务合同，为业主提供质价相符的服务。

第十五条 业主应当按照物业服务合同的约定按时足额交纳

物业服务费用或者物业服务资金。业主违反物业服务合同约定逾期不交纳服务费用或者物业服务资金的，业主委员会应当督促其限期交纳；逾期仍不交纳的，物业管理企业可以依法追缴。

业主与物业使用人约定由物业使用人交纳物业服务费用或者物业服务资金的，从其约定，业主负连带交纳责任。

物业发生产权转移时，业主或者物业使用人应当结清物业服务费用或者物业服务资金。

第十六条 纳入物业管理范围的已竣工但尚未出售，或者因开发建设单位原因未按时交给物业买受人的物业，物业服务费用或者物业服务资金由开发建设单位全额交纳。

第十七条 物业管理区域内，供水、供电、供气、供热、通讯、有线电视等单位应当向最终用户收取有关费用。物业管理企业接受委托代收上述费用的，可向委托单位收取手续费，不得向业主收取手续费等额外费用。

第十八条 利用物业共用部位、共用设施设备进行经营的，应当在征得相关业主、业主大会、物业管理企业的同意后，按照规定办理有关手续。业主所得收益应当主要用于补充专项维修资金，也可以按照业主大会的决定使用。

第十九条 物业管理企业已接受委托实施物业服务并相应收取服务费用的，其他部门和单位不得重复收取性质和内容相同的费用。

第二十条 物业管理企业根据业主的委托提供物业服务合同约定以外的服务，服务收费由双方约定。

第二十一条 政府价格主管部门会同房地产行政主管部门，应当加强对物业管理企业的服务内容、标准和收费项目、标准的监督。物业管理企业违反价格法律、法规和规定，由政府价格主管部门依据《中华人民共和国价格法》和《价格违法行为行政处罚规定》予以处罚。

第二十二条 各省、自治区、直辖市人民政府价格主管部门、房地产行政主管部门可以依据本办法制定具体实施办法，并报国家发展和改革委员会、建设部备案。

第二十三条 本办法由国家发展和改革委员会会同建设部负责解释。

第二十四条 本办法自2004年1月1日起执行，原国家计委、建设部印发的《城市住宅小区物业管理服务收费暂行办法》（计价费［1996］266号）同时废止。

5. 住宅共用部位共用设施设备维修基金管理办法

建住房［1998］213号

第一条 为了贯彻落实《国务院关于进一步深化城镇住房制度改革加快住房建设的通知》（国发［1998］23号），保障住房售后的维修管理，维护住房产权人和使用人的共同利益，制定本办法。

第二条 在直辖市、市、建制镇和未设镇建制的工矿区范围内，新建商品住房（包括经济适用住房，以下简称“商品住房”）和公用住房出售后的共用部位、共用设施设备维修基金的管理，均适用本办法。

本办法所称公有住房是指在住房制度改革和拆迁安置中向个人出售的公有住房。

第三条 本办法所称共用部位是指住房主体承重结构部位（包括基础、内外承重墙体、柱、梁、楼板、屋顶等），户外墙面、门厅、楼梯间、走廊通道等。

共用设施设备是指住宅小区或单幢住房内，建设费用已分摊进入住房销售价格的共用的上下水管道、落水管、水箱、加压水泵、电梯、天线、供电线路照明、锅炉、暖气线路、煤气线路、消防设施、绿地、道路、路灯、沟渠、池、井、非经营性车场车库、公益性文体设施和共用设施设备使用的房屋等。

第四条 凡商品住房和公用住房出售后都应当建立住宅共用部位、共用设施设备维修基金（以下简称“维修基金”）。

维修基金的使用执行《物业管理企业财务管理规定》（财政部财基字987号），专项用于住宅共用部位、共用设施设备保修期满后的大修、更新、改造。

第五条 商品住房在销售时，购房者与售房单位应当签订有关维修基金缴交约定。购房者应当按购房款式2%～3%的比例向售房单位缴交维修基金。售房单位代为收取的维修基金属全体业主共同所有，不计入住宅销售收入。

维修基金收取比例由省、自治区、直辖市人民政府房地产行政主管部门确定。

第六条 公用住房售后的维修基金来源于两部分：

1．售房单位按照一定比例从售房款中提取，原则上多层住宅不低于售房款的20%，高层住宅不低于售房款的30%。该部分基金属售房单位所有。

2．购房者按购房款式2%的比例向售房单位缴交维修基金。售房单位代为收取的维修基金属全体业主共同所有，不计入住宅销售收入。

公用住房售后维修基金管理与使用的具体办法，由市、县财政部门和房地产行政主管部门共同制定，经当地人民政府批准后实施。

第七条 维修基金应当在银行专户存储，专款专用。为了保证维修基金的安全，维修基金闲置时，除可以用于购买国债或者用法律、法规规定的其他范围外，严禁挪作他用。维修基金明细账户一般按单幢住宅设置，具体办法由市、县房地产行政主管部门制定。

第八条 维修基金自存入维修基金专户之日起按规定计息。维修基金利息净收益转作维修基金滚存使用和管理。

第九条 在业主办理房屋权属证书时，商品住房销售单位应当将代收的维修基金移交给当地房地产行政主管部门代管。

第十条 业主委员会成立后，经业主委员会同意，房地产行政主管部门将维修基金移交给物业管理企业代管。物业管理企业代管的维修基金，应当定期接受业主委员会的检查与监督。

第十一条 业主委员会成立前，维修基金的使用由售房单位或售房单位委托的管理单位提出使用计划，经当地房地产行政主管部门审核后划拨。业主委员会成立后，维修基金的使用由物业管理企业提出年度使用计划，经业主委员会审定后实施。

维修基金不敷使用时，经当地房地产行政主管部门或业主委员会研究决定，按业主占有的住宅建筑面积比例向业主续筹。具体办法由市、县人民政府制定。

第十二条 物业管理企业发生变换时，代管的维修基金账目经业主委员会审核无误后，应当办理账户转移手续。账户转移手续应当自双方签字盖章之日起十日内送当地房地产行政主管部门和业主委员会备案。

第十三条 业主转让房屋所有权时，结余维修基金不予退还，随房屋所有权同时过户。

第十四条 因房屋拆迁或者其他原因造成住房灭失的，维修基金代管单位应当将维修基金账面余额按业主个人缴交比例退还给业主。

第十五条 各级房地产行政主管部门和财政部门负责指导、协调、监督维修基金的管理与使用。

市、县财政部门和房地产行政主管部门应当制定维修基金使用计划报批管理制度、财务预决算管理制度、审计监督制度以及业主的查询和对账制度等。

第十六条 业主或使用人、物业管理企业、开发建设单位之间就维修基金发生纠纷的，当事人可以通过协商、协调解决，协商、协调不成的，可以依法向仲裁机构申请仲裁，或者向人民法院起诉。

第十七条 公有住房售房单位未按照本办法规定足额提取维

修基金的，财政部门和房地产行政主管部门应当责令其限期补提维修基金本息；逾期仍不足额提取的，应当处以自应提取之日起未提取额每日万分之三的罚款。

第十八条 维修基金代管单位违反本办法规定，挪用维修基金或者造成维修基金损失的，由当地财政部门和房地产行政主管部门按规定进行处理。情节严重的，应追究直接责任人员和领导人员的行政责任；构成犯罪，应依法追究刑事责任。

第十九条 本办法实施前，商品住房和公有住房出售后未建立维修基金或维修基金的建立标准低于本办法规定的，当地房地产行政主管部门和财政部门应当按照本办法规定制定建立或补充维修基金的具体办法。

第二十条 公有住房出售后维修基金的财务管理按照财政部的有关规定执行。

第二十一条 省、自治区、直辖市人民政府房地产行政主管部门会同财政部门可以根据本办法制定实施细则。

第二十二条 非住宅商品房维修基金的管理可以参照本办法执行。

第二十三条 本办法由建设部负责解释。

第二十四条 本办法自1999年1月1日起实行。原有的有关政策和规定，凡与本办法不一致的，一律以本办法为准。

6. 北京市物业管理招标投标办法

京国土房管物［2003］848号

第一章 总 则

第一条 为规范我市物业管理招标投标活动，根据国家及本市规定，制定本办法。

第二条 物业管理招标投标应当遵循公开、公平、公正和诚实信用的原则。

第二章 招 标

第三条 物业管理招标人是依法提出招标项目，进行招标的开发建设单位、业主大会或产权人。

物业管理招标由招标人依法组织实施。招标人可以自行组织实施招标活动，也可以委托招标代理机构办理招标事宜。

物业管理招标代理机构应当在招标人委托的范围内办理招标事宜，并遵守本办法对招标人的有关规定。未经招标人同意，招标代理机构不得转让代理业务。

招标代理机构不得为投标人提供其所代理的招标项目的咨询服务。

第四条 物业管理招标分为公开招标和邀请招标。

招标人采取公开招标方式的，应当在公共媒介上发布招标公告，并同时在北京市国土资源和房屋管理局（以下简称“市国土房管局”）网站上发布免费招标公告。

招标公告应当载明招标人的名称、地址，招标项目的基本情况、联系人、联系方法以及获取招标文件的办法等事项。

招标人采取邀请招标方式的，应当向5家以上物业管理企业发出投标邀请书，投标邀请书应当包含前款规定的事项。

第五条 招标人对投标人进行资格预审的，应当在招标公告或者投标邀请书中载明资格预审的条件和获取资格预审文件的方法。

资格预审后的投标人一般不少于5个。

第六条 招标人应当根据招标项目的特点和需要，在招标前完成招标文件的编制。

招标文件应包括以下内容：

（一）招标人及招标项目简介；

（二）物业管理服务内容及要求；

（三）对投标人及投标书的要求；

（四）评标方法和标准；

（五）物业服务合同的签订说明；

（六）其他事项的说明及法律法规规定的其他内容。

第七条 前期物业管理招标的招标人应当在发布招标公告或者发出投标邀请书之前，到北京市居住小区管理办公室备案；业主大会招标的，到项目所在区、县国土资源和房屋管理局备案。备案时，招标人应填写《北京市物业管理招投标活动备案表一》并提交以下材料：

（一）招标人资格证明文件（政府主管部门核发的项目建议书批复文件、产权证明或业主大会决议）；

（二）招标公告或者投标邀请书；

（三）招标文件；

（四）法律、法规规定的其他材料。

招标人委托招标代理机构的，还应提交委托书。

第八条 公开招标的物业管理项目，自招标文件发出之日起至投标人提交投标文件截止之日止，最短不得少于20日。

招标人对已发出的招标文件进行必要的澄清或者修改的，应当在招标文件要求提交投标文件的截止时间至少15日前，以书面形式通知所有的招标文件收受人。该澄清或者修改的内容为招标文件的组成部分。

第九条 招标人根据物业项目的具体情况，可以组织投标申请人踏勘物业项目现场，并提供隐蔽工程图纸等详细资料。如招标人对投标申请人提出疑问的澄清内容造成招标文件的实质性修改，招标人应以书面形式发送给所有的招标文件收受人。

第十条 招标人不得向他人透露已获取招标文件的潜在投标人的名称、数量以及可能影响公平竞争的有关招标投标的其他情况。

招标人设有标底的，标底在开标前必须保密。

在确定中标人前，招标人不得与投标人就投标价格、投标方案等实质内容进行谈判。

第十一条 通过招投标方式选择物业管理企业的，招标人应当按照以下规定时限完成：

（一）新建现售商品房物业应当在现售前 30 日完成；

（二）预售商品房物业应当在取得《商品房预售许可证》之前完成；

（三）自用物业，应当在入住前 3 个月完成；

（四）更换物业管理公司的物业招标投标工作，应在原（前期）物业服务合同终止前 3 个月完成。

第三章 投 标

第十二条 本办法所称投标人是响应招标、参加投标竞争的物业管理企业。

投标人应当具有相应的物业管理企业资质和承担招标项目的能力；招标文件对投标人资格条件有规定的，投标人应当具备规定的资格条件。

第十三条 投标人应当按照招标文件的要求编制投标文件，投标文件应当对招标文件提出的实质性要求和条件作出响应。

投标文件应当包括以下内容：

（一）投标函；

（二）投标报价；

（三）物业管理方案；

（四）招标文件要求提供的其他材料。

第十四条 投标人应当在招标文件要求提交投标文件的截止时间前，将投标文件密封后送达招标文件指定地点。招标人收到投标文件后，应当向投标人出具标明签收人和签收时间的凭证，并妥善保存投标文件。在开标前，任何单位和个人均不得开启投标文件。在招标文件要求提交投标文件的截止时间后送达的投标文件，为无效的投标文件，招标人应当拒收。

第十五条 投标人在招标文件要求提交投标文件的截止时间

前，可以补充、修改或者撤回已提交的投标文件，并书面通知招标人。补充、修改的内容为投标文件的组成部分，并应当按照本办法第十四条的规定送达、签收和保管。在招标文件要求提交投标文件的截止时间后送达的补充或者修改的内容无效。

第十六条 投标人不得以他人名义投标或者以其他方式弄虚作假，骗取中标。

投标人不得相互串通投标，不得排挤其他投标人的公平竞争，不得损害招标人和其他投标人的合法权益。

投标人不得与招标人串通投标，损害国家利益、社会公共利益或者他人的合法权益。

禁止投标人以向招标人或者评标委员会成员行贿等不正当手段谋取中标。

第四章 开标、评标和中标

第十七条 开标应当在招标文件确定的提交投标文件截止时间的同一时间公开进行；开标地点应当为招标文件中指定的地点。开标时，由所有投标人或者其推选的代表检查投标文件的密封情况，也可以由招标人委托的公证机构检查并公证；经确认无误后，由工作人员当众拆封，宣读投标人名称、投标报价和投标文件的其他主要内容。

开标过程应当记录，并存档备查。

第十八条 开标过程结束后应立即进入评标程序。评标由评标委员会负责。评标委员会由招标人代表和有关物业管理专家组成，成员人数为 5 人以上单数，其中招标人代表以外的物业管理方面的专家不得少于成员总数的 2/3。

市国土房管局建立北京市物业管理评标专家库。

评标委员会的专家人员，应当由招标人在开标前 3 日内从市国土房管局组建的专家库中以随机抽取的方式确定。

第十九条 有下列情形之一的，不得担任评标委员会成员：

(一) 投标人或者投标人主要负责人的近亲属；

（二）与投标人有经济利益关系的；

（三）曾因在招标、评标以及其他与招标投标有关活动中从事违法行为而受过行政处罚或刑事处罚的。

评标委员会成员有前款规定情形之一的，应当主动提出回避。

第二十条 评标委员会成员的名单在开标前应严格保密。

评标委员会成员应当客观、公正地履行职责，遵守职业道德，对所提出的评审意见承担个人责任。

评标委员会成员不得与任何投标人或者与招标结果有利害关系的人进行私下接触，不得收受投标人、中介人、其他利害关系人的财物或者其他好处。

第二十一条 招标人应当保证评标在严格保密的情况下进行。

评标委员会成员和与评标活动有关的工作人员不得透露对投标文件的评审和比较、中标候选人的推荐情况以及与评标有关的其他情况。

前款所称与评标活动有关的工作人员，是指评标委员会成员以外的因参与评标监督工作或者事务性工作而知悉有关评标情况的所有人员。

第二十二条 评标委员会可以书面方式或者现场答辩的方式要求投标人对投标文件中含义不明确、对同类问题表述不一致或者有明显文字和计算错误的内容作必要的澄清和说明或者补正。但其内容不得超出投标文件的范围或改变投标文件的实质性内容。

第二十三条 投标人资格条件不符合国家有关规定和招标文件要求的，或者拒不按照要求对投标文件进行澄清、说明或者补正的，评标委员会可以否决其投标。

评标委员会应当审查每一投标文件是否对招标文件提出的所有实质性要求和条件作出响应。未能在实质上响应的投标，应作废标处理。

评标委员会发现投标人的报价明显低于其他投标报价或者在设有标底时明显低于标底，使得其投标报价可能低于其成本的，应当要求该投标人作出书面说明并提供相关证明材料。投标人不能合理说明或者不能提供相关证明材料的，由评标委员会认定该投标人以低于成本报价竞标，其投标应作废标处理。

在评标过程中，评标委员会发现投标人以他人的名义投标、串通投标、以行贿手段谋取中标或者以其他弄虚作假方式投标的，该投标人的投标应作废标处理。

第二十四条　评标委员会应当根据招标文件，审查并逐项列出投标文件的全部投标偏差。下列情况属于重大偏差：

（一）投标文件没有投标人授权代表签字和加盖公章；

（二）投标文件载明的招标项目完成期限超过招标文件规定的期限；

（三）投标文件附有招标人不能接受的条件；

（四）不符合招标文件中规定的其他实质性要求。

投标文件有上述情形之一的，为未能对招标文件作出实质性响应，并按本规定有关条款作废标处理。招标文件对重大偏差另有规定的，从其规定。

第二十五条　评标委员会根据本规定否决不合格投标或者界定为废标后，因有效投标不足 3 个使得投标明显缺乏竞争的，评标委员会可以否决全部投标。

投标人少于 3 个或者所有投标被否决的，招标人应当依法重新招标。

第二十六条　一般项目的评标活动应在递交投标文件截止日期后 7 日内完成，重点工程项目需在 15 个日内完成。

第二十七条　评标委员会完成评标后，应当向招标人提交书面评标报告。评标报告应当如实记载以下内容：

（一）评标委员会成员名单；

（二）开标记录；

（三）符合要求的投标一览表；

（四）废标情况说明；

（五）评标标准、评标方法或者评标因素一览表；

（六）经评审的价格或者评分比较一览表；

（七）经评审的投标人排序；

（八）推荐的中标候选人名单与签订合同前要处理的事宜；

（九）澄清、说明、补正事项纪要。

第二十八条 评标报告由评标委员会全体成员签字。对评标结论持有异议的评标委员会成员可以书面方式阐述其不同意见和理由。评标委员会成员拒绝在评标报告上签字且不陈述其不同意见和理由的，视为同意评标结论。评标委员会应当对此作出书面说明并记录在案。

第二十九条 招标人可以授权评标委员会直接确定中标人，也可以委托评标委员会推荐出中标候选人名单。

评标委员会推荐的中标候选人应当限定在1～3名，并标明排列顺序。

招标人应当确定排名第一的中标候选人为中标人。排名第一的中标候选人放弃中标、因不可抗力提出不能履行合同，或者招标文件规定应当提交履约保证金而在规定的期限内未能提交的，招标人可以确定排名第二的中标候选人为中标人。

排名第二的中标候选人因前款规定的同样原因不能签订合同的，招标人可以确定排名第三的中标候选人为中标人。

第三十条 在确定中标人之前，招标人不得与投标人就投标价格、投标方案等实质性内容进行谈判。

第三十一条 中标人确定后，招标人应当在3日内向中标人发出中标通知书，同时通知未中标人。中标通知书对招标人和中标人具有法律约束力。中标通知书发出后，招标人改变中标结果或者中标人放弃中标的，应当承担法律责任。

第三十二条 招标人和中标人双方应自中标通知书发出之日起30日内，按照招标文件和中标人的投标文件的内容就招标项目的管理签订（前期）物业服务合同。合同的主要条款不得背离标书中的内容。

第三十三条 招标人应当自与中标人签订（前期）物业服务

合同之日起 15 日内，到原备案机关备案。备案时，招标人应填写《北京市物业管理招投标活动备案表二》，并提交以下材料：

（一）评标委员会提供的评标报告；

（二）中标企业的投标文件；

（三）与中标企业签订的（前期）物业管理服务合同正本；

（四）法律、法规规定的其他材料。

第三十四条 招标人收取投标人投标保证金的，在与中标人签订合同后 5 个工作日内，应当向中标人和未中标的投标人退还投标保证金。

第三十五条 中标人接到中标通知书 30 日后，无正当理由不与招标人签订（前期）物业服务合同的，中标无效，投标保证金不予退还。给招标人造成损失的，中标人应予赔偿。

招标人在发出中标通知书 30 日后，无正当理由不与中标人签订（前期）物业服务合同，给中标人造成损失的，招标人应予赔偿。

第五章 附 则

第三十六条 《北京市物业管理招投标备案表》由北京市居住小区管理办公室统一印制。

第三十七条 本办法自 2003 年 12 月 1 日起执行，《北京市物业管理招投标暂行办法》（京国土房管物字［2001］258 号）同时废止。

7. 上海市居住物业管理条例

《上海市居住物业管理条例》已由上海市第十届人民代表大会常务委员会第三十六次会议于一九九七年五月二十八日通过，现予公布，自一九九七年七月一日起施行。

第一章　总　　则

第一条　为了规范本市居住物业的使用，维修和其他管理服务活动，维护业主、使用人和物业管理企业的合法权益，创造和保持整洁、安全、舒适的居住环境，根据国家法律、法规的有关规定，结合本市实际情况，制定本条例。

第二条　本条例适用于本市行政区域内的居住物业管理。

第三条　本条例所称居住物业（以下简物业），是指住宅以及相关的公共设施。

本条例所称业主，是指物业的所有权人。

本条例所称使用人，是指物业的承租人和实际使用物业的其他人。

本条例所称物业管理企业，是指接受业主或者业主委员会的委托，根据物业管理服务合同进行专业管理服务的企业。

第四条　物业管理实行业主自治管理与委托物业管理企业专业管理服务相结合的原则。

第五条　上海市房屋土地管理局（以下简称市房地局）是本市物业管理的行政主管部门，负责组织实施本条例。

区、县房地产管理部门是本辖区物业管理的行政管理部门，依照本条例对辖区内的物业管理进行管理监督。

建设、规划、市政、公用、电力、邮电、环卫、园林、住宅、公安、物价、工商等有关行政管理部门按照各自职责，协同实施本条例。

街道办事处、乡镇人民政府协助有关行政管理部门对物业管理进行监督，对物业管理与社区管理、社区服务的相互关系进行协调。

第二章　业主自治管理

第六条　业主委员会是在物业管理区域内代表全体业主对物业实施自治管理的组织。

一个物业管理区域成立一个业主委员会。

物业管理区域的范围，由区、县房地产管理部门按照住宅与公共设施的相关情况划定。

第七条 业主委员会由业主大会或者业主代表大会选举产生，业主委员会委员应当由业主担任。

一个物业管理区域内，有下列情况之一的，所在地的区、县房地产管理部门应当会同住宅出售单位组织如开一次业主大会或者业主代表大会，选举产生业主委员会：

（一）公有住宅出售建筑面积达到百分之三十以上；

（二）新建商品住宅出售建筑面积达到百分之五十以上；

（三）住宅出售已满两年。

第八条 业主大会由物业管理区域内全体业主组成；业主人数较多的，应当按比例推选业主代表，组成物业管理区域的业主代表大会。

业主大会或者业主代表大会，应当有过半数业主或者业主代表出席。业主大会或者业主代表大会作出的决定，应当经全体业主过半数或者全体业主代表过半数通过。

业主委员会每年至少召开一次业主大会或者业主代表大会；经百分之十五以上业主或者业主代表提议，业主委员会应当就所提议题召开业主大会或者业主代表大会。

业主大会或者业主代表大会应当邀请居民委员会和使用人代表列席。

第九条 业主大会或者业主代表大会行使下列职权：

（一）选举、罢免业主委员会委员；

（二）审议通过业主委员会章程和业主公约；

（三）听取和审议物业管理服务工作报告；

（四）决定物业管理的其他重大事项。

第十条 业主委员会应当自选举产生之日起十五日内，持下列文件向所在地的区、县房地产管理部门办理登记：

（一）成立业主委员会登记申请书；

（二）业主委员会委员名单；

（三）业主委员会章程。

区、县房地产管理部门应当自受理登记申请之日起十五日内，完成登记工作；对不符合本条例规定成产的业主委员会不予登记，并书面通知申请人。

第十一条 业主委员会根据物业管理区域的规模由五人至十五人组成。

业主委员会主任、副主任在业主委员会委员中推选产生。

业主委员会每届任期两年。

第十二条 业主委员会应当维护全体业主的合法权益，履行下列职责：

（一）召开业主大会或者业主代表大会，报告物业管理的实施情况；

（二）选聘或者解聘物业管理企业，与物业管理企业订立、变更或者解除物业管理服务合同；

（三）依照本条例设立物业维修基金的，负责该基金的筹集、使用和管理；

（四）审定物业管理企定提出的物业管理服务年度计划、财务预算和决算；

（五）听取业主、使用人的意见和建议，监督物业管理企业的管理服务活动；

（六）监督公共建筑、公共设施的合理使用；

（七）业主大会或者业主代表大会赋予的其他职责。

业主委员会应当定期召开会议，会议必须有过半数委员出席有效，作出决定应当经全体委员过半数通过。

第十三条 住宅出售单位应当按照规定提供物业管理区域必需的物业管理服务用房，产权属全体业主共有；物业管理服务用房的收益用于业主委员会的活动经费和补充物业维修基金。具体办法由市人民政府制定。

第十四条 业主小组由本幢住宅业主推选若干代表组成，其职责是：

（一）听取业主、使用人对物业管理服务的意见和建议，向业主委员会或者物业管理企业反映；

（二）执行业主委员会作出的决定；

（三）提出共用部位和共用设备的维修、更新建议。

第十五条 业主公约是有关物业使用、维修和其他管理服务活动的行为规范，对全体业主具有约束力。使用人应当遵守业主公约。

业主公约自业主大会或者业主代表大会审议通过之日起生效。

业主委员会应当自业主公约生效之日起十五日内，将业主公约报所在地的区、县房地产管理部门备案。

第十六条 业主大会、业主代表大会、业主委员会作出的决定，对物业管理区域内全体业主、使用人具有约束力。

业主公约和业主大会、业主代表大会、业主委员会作出的决定，不得与法律、法规相抵触。

第三章 物业管理服务

第十七条 物业管理企业应当按照规定向市房地局或者注册地的区、县房地产管理部门申领物业管理资质证书。

市房地局和区、县房地产管理部门应当自受理物业管理企业申请之日起二十日内，核发物业管理资质证书。

物业管理企业应当按照资质管理的规定从事物业管理服务。

第十八条 业主或者业主委员会应当委托一个物业管理企业管理物业。

物业管理企业接受委托从事物业管理服务，应当与业主或者业主委员会签订物业管理服务合同。

物业管理服务合同应当载明下列主要内容：

（一）业主委员会和物业管理企业的名称、住所；

（二）物业管理区域的范围和管理项目；

（三）物业管理服务的事项；

（四）物业管理服务的要求和标准；

（五）物业管理服务的费用；

（六）物业管理服务的期限；

（七）违约责任；

（八）合同终止和解除的约定；

（九）当事人双方约定的其他事项。

物业管理服务合同的期限为两年。

物业管理企业应当自物业管理服务合同生效之日起十五日内，将物业管理服务合同报住宅所在地的区、县房地产管理部门备案。

第十九条 物业管理服务合同中当事人应当约定下列物业管理服务事项：

（一）住宅共用部位、共用设备的使用、维修和更新；

（二）物业管理区域风公共设施的使用管理、维修和更新；

（三）电梯、水泵等房屋设备的运行服务；

（四）保洁服务；

（五）保安服务；

（六）物业维修、更新费用的账务管理；

（七）物业档案资料的保管。

物业管理服务合同中当事人可以约定下列物业管理服务事项：

（一）住宅的自用部位和自用设备的维修、更新；

（二）业主委员会委托的其他物业管理服务事项。

第二十条 物业管理服务应当保持住宅和公共设施完好，环境整洁优美、公共程序良好，保障物业使用方便、安全，并按照下列要求实施：

（一）按照国家和本市规定的技术标准和规范以及业主委员会审定的物业管理服务年度计划，实施管理服务。

（二）在业主、使用人使用房屋前，将住宅的共用部位、共用设施和公共设施使用、维修的方法、要求、注意事项以及法规、规章的有关规定书面告知业主、使用人；

（三）经常对物业管理区域内进行全面的巡视、检查，定期对住宅的共用部位、共用设施和公共设施进行养护；

（四）发现住宅的共用部位、共用设施或者公共设施损坏时，立即采取保护措施，并按照物业管理服务合同的约定进行维修；

（五）接到物业损坏报修时，限时进行维修和处理；

（六）做好物业维修、更新及其费用收支的各项记录、妥善保管物业档案资料和有关的财务账册；

（七）每半年向业主委员会报送物业维修、更新费用的收支账目。接受审核；

（八）定期听取业主委员会、业主、使用人的意见和建议，改进和完善管理服务；

（九）发现违反本条例或者业主公约的行为，立即进行劝阻、制止，并向业主委员会和有关行政机关报告；

（十）按照物业管理服务合同约定的要求，做好业主委员会、业主、使用人委托的其他管理服务事项。

除前款规定外，物业管理企业应当配合居民委员会做好社区管理、社区服务的有关工作。

第二十一条 物业管理服务收费，应当遵循合理、公开以及与管理服务水平相适应的原则。

第二十二条 物业管理服务收费包括下列项目：

（一）管理费，用于物业管理区域的日常管理，包括物业管理区域内的巡视、检查，物业维修、更新费用的账务管理，物业档案资料的保管和其他有关物业管理服务；

（二）房屋设备运行费，用于电梯、水泵等房屋设备运行服务所需的费用；

（三）保洁费，用于物业管理区域内日常保洁服务所需的费用；

（四）保安费，用于物业管理区域内日常安全保卫服务所需的费用；

（五）维修费，用于物业维修服务所需的费用。

前款（一）、（二）、（三）、（四）项费用按月分项计算，第（五）项费用按实际维修项目计算。

第二十三条 物业管理服务收费的标准按照下列规定确定：

（一）已售公用住宅的收费标准，由市物价局会同市房地局制定；

（二）普通内销商品住宅的收费标准，由物业管理企业与业主或者业主委员会在区、县物价部门会同房地产管理部门规定的基准价的浮动幅度内协商确定；

（三）高标准内销商品住宅和外销商品住宅的收费标准，由物业管理企业与业主或者业主委员会协商确定；

其他服务项目的收费，由物业管理企业与业主委员会或者业主、使用人协商确定。

第二十四条 物业管理服务费用由物业管理企业按照物业管理服务合同的约定向业主收取。

业主与使用人约定由使用人交纳物业管理服务费的，从其约定。

物业管理服务费用经约定可以预收，预收期限不得超过三个月。

第二十五条 物业管理企业收费的项目和标准应当公布。已按照本条例向业主或者使用人收取物业管理服务费用的，其他任何单位和个人不得重复收取性质相同的费用。

未受业主委员会或者业主、使用人委托，物业管理企业自行提供服务收费的，业主或者使用人可以不支付。

第二十六条 物业管理企业应当在物业管理服务合同终止或者解除后的十日内，向业主委员会办理下列事项，并报区、县房地产管理部门备案：

（一）对预收的物业管理服务费用按实结算，多收的部分予以退还；

（二）移交全部物业档案资料和有关的财务账册；

（三）移交业主共有的房屋、场地和其他财物。

第四章　物业的使用

第二十七条　业主、使用人应当遵守法律、法规的有关规定，按照有利于物业使用、安全以及公平、合理的原则，正确处理供水、排水、通行、通风、采光、维修、环境卫生、环境保护等方面的相邻关系。

第二十八条　物业使用中禁止下列行为：

（一）损坏房屋承重结构和破坏房屋外貌；

（二）占用、损坏住宅的共用部位、共用设备或者移装共用设备；

（三）在天井、庭园、平台、屋顶以及道路或者其他场地搭建建筑物、构筑物；

（四）侵占绿地、毁坏绿化；

（五）乱设摊、乱设集贸市场；

（六）乱倒垃圾、杂物；

（七）在建筑物、构筑物上乱张贴、乱涂写、乱刻画；

（八）排放有毒、有害物质或者发出超过规定标准的噪声；

（九）法律、法规禁止的其他行为。

第二十九条　业主或者使用人装修住宅，应当事先告知物业管理企业。物业管理企业应当将装修住宅的禁止行为和注意事项告知业主或者使用人。

物业管理企业应当对装修住宅活动进行指导和监督，发现违反本条例第二十八条的行为，应当劝阻制止，并督促改正；对拒不改正的，应当及时告知业主委员会并报有关行政管理部门依法处理。

第三十条　住宅不得改变使用性质。因特殊情况需要改变使用性质的，应当符合城市规划要求，其业主应当征得相邻业主、使用人和业主委员会的书面同意，并报区、县房地产管理部门审批。

物业管理区域内按照规划建设的公共建筑和公共设施，不得改变使用性质。

第三十一条 任何单位和个人不得占用物业管理区域内的道路、场地。因物业维修或者公共利益需要临时占用、挖掘道路、场地的，应当与业主委员会签订协议，并在约定的期限内恢复原状。

除执行任务的治安、消防、抢险、救护、环卫等特种车辆外，机动车辆在物业管理区域内行驶、停放及其收费的规定。由业主委员会决定。车辆停放收费标准按所在地的区、县物价部门的规定执行。车辆停放的收益应当纳入物业维修基金，用于公共设施的维修、更新。

第三十二条 利用物业设置广告等经营性设施的，应当在征得相关业主、使用人和业主委员会的书面同意后，方可向有关行政管理部门办理审批手续；经批准的，应当与业主委员会签订协议，并支付设置费用。

按照前款规定收取的经营性设施设置费用应当纳入物业维修基金。

利用物业设置公益性设施，按照市人民政府的有关规定执行。

第三十三条 物业管理区域内生活垃圾和粪便的清运、处理、按照本市环境卫生管理法规的有关规定执行。

第三十四条 业主转让或者出租住宅时，应当将业主公约作为住宅转让合同或者租赁合同的附件。

住宅转让合同或者租赁合同签订之日起十日内，当事人应当将住宅转让或者出租的有关情况书面告知业主委员会和物业管理企业。

第五章 物业的维修

第三十五条 公有住宅和新建普通内销商品住宅出售时，应当设立物业维修基金。

新建高标准内销商品住宅和外销商口住宅出售时，可以设立物业维修基金。

物业维修基金设立的具体标准的办法，由市人民政府规定。

第三十六条 住宅出售单位应当将物业维修基金以业主委员会的名义存入金融机构，设立专门帐户，按照不低于城乡居民存款利率计取利息。

物业维修基金应当按幢立帐、按户核算。

第三十七条 物业维修基金应当用于住宅的共用部位、共用设备和公共设施的维修、更新、不得挪作他用。

业主委员会应当定期公布物业维修基金的收支情况，接受业主监督。

第三十八条 物业维修、更新的费用，按照下列规定承担：

（一）住宅自用部位和自用设备的维修、更新费用，由业主承担；

（二）住宅共用部位和共用设备的维修、更新费用，由整幢住宅的业主按照各自拥有的住宅建筑面积比例共同承担；依照本条例设立物业维修基金的，在物业维修基金中列支；

（三）公共设施的维修、更新费用，由物业管理区域内的全体业主按照各自拥有的住宅建筑面积比例共同承担；依照本条例设立物业维修基金的，在物业维修基金中列支。

住宅的共用部位、共用设备和公共设施属人为损坏的，其维修、更新费用由责任人承担。

物业出现严重损坏，影响业主和使用人安全时，区、县房地产管理部门应当督促限期维修。

物业维修基金不足时，业主应当按照业主委员会的决定和所拥有的住宅建筑面积比例，交纳物业维修基金。已售公有住宅的设施维修、更新费用，按照市人民政府的规定执行。

第三十九条 住宅的共用部位、共用设备维修时，相邻业主、使用人应当予以配合。因相邻业主、使用人阻挠维修造成其他业主、使用人财产损失的，责任人应当负责赔偿。

因物业维修、装修造成相令业主、使用人的自用部位、自用设备损坏或者其他财产损失的，责任人应当负责修复或者赔偿。

第四十条 业主转让住宅时，其物业维修基金账户中剩余部分的费用不予退还，继续用作住宅的共用部位、共用设备和公共设施的维修、更新，其中由业主交纳的剩余部分，由受让人向转让人支付。

第六章　前期物业管理

第四十一条　本条例所称前期物业管理，是指住宅出售后至业主委员会成立前的物业管理。

第四十二条　新建商品住宅出售单位应当在出售住宅前制定住宅使用公约，与其选聘的物业管理企业签订前期物业管理服务合同，并报所在地的区、县房地产管理部门备案。

新建商品住宅出售单位与住宅买受人签订住宅转让合同时，应当将住宅使用公约、前期物业管理服务合同和住宅使用说明书作为住宅转让合同的附件。

住宅使用公约不得与法律、法规相抵触。

第四十三条　新建商品住宅出售单位不得将住宅的共用部位、共用设备或者公共设施的所有权、使用权单独转让。

第四十四条　新建商品住宅出售单位应当按照国家和本市规定保修期限和保修范围，承担住宅的保修责任。

第四十五条　新建商品住宅出售单位在前期物业管理期间，不得使用物业维修基金。

第四十六条　自前期物业管理服务合同签订之日至新建商品住宅交付使用之日发生的前期物业管理服务费用，由住宅出售单位承担；自新建商品住宅交付使用之日至前期物业管理服务合同终止之日发生的前期物业管理服务费用，由住宅出售单位和买受人按照住宅转让合同的约定承担。

第四十七条　新建商品住宅交付使用时，除住宅转让合同另有约定外，物业管理企业不得向住宅买受人收取任何费用。

第四十八条　住宅使用公约至业主大会或者业主代表大会审议通过的业主公约生效时终止。

前期物业管理服务合同至业主委员会与其选聘的物业管理企

业签订的物业管理服务合同生效时终止。

第四十九条 公有住宅出售后的前期物业管理，由公有住宅出售前的管理单位实施。

第五十条 前期物业管理适用本条例第二章以外的各章规定。

第七章 投 诉

第五十一条 市房地局和区、县房地产管理部门应当建立投诉受理制度，接受业主委员会、业主和使用人对违反本条例行为的投诉。

第五十二条 区、县房地产管理部门受理投诉后，应当进行调查，核实，并自受理投诉之日起三十日内答复投诉人。

投诉人对区、县房地产管理部门的答复有异议，可以向市房地局提出复核要求。市房地局应当自受理之日起三十日内，将复核意见答复投诉人。

第五十三条 投诉内容涉及其他行政管理部门职责范围的，市房地局或者区、县房地产管理部门应当自受理之日起五日内，移送有关行政管理部门处理，并书面告知投诉人。

第八章 法 律 责 任

第五十四条 业主、使用人违反业主公约、住宅使用公约，应当承担相应的民事责任，对违反业主公约、住宅使用公约的，业主委员会或者相关的业主，使用人可以向人民法院提起民事诉讼。

业主、使用人未按照物业管理服务合同交纳物业管理服务费用的，物业管理企业可以按日加收应交纳费用千分之三的滞纳金或者按约定加收滞纳金。

物业管理企业违反物业管理服务合同的约定，应当承担相应的违约责任；造成业主、使用人损失的，应当承担赔偿责任。

第五十五条 业主大会、业主代表大会、业主委员会作出的决定违反本条例的，市房地局或者区、县房地产管理部门应当责令其限期改正或者撤销其决定，并通告全体业主。

第五十六条 物业管理企业违反本条例，按照下列规定予以处罚：

（一）违反第十七条第一款、第三款，第十八条第五款，第二十条，第二十六条，第二十九条第二款规定的，由市房地局或者区、县房地产管理部门责令其限期改正，可以并处一千元以上三万元以下的罚款；

（二）违反第二十三条，第二十四条第一款、第三款，第二十五条第一款，第四十七条规定的，由物价部门按照相关法律、法规的规定处罚。

物业管理企业违反本条例情节严重的，市房地局或者区、县房地产管理部门可以作出降低资质等级的处理，直至吊销资质证书，并建议工商行政管理部门依法注销其物业管理的经营项目。

第五十七条 新建商品住宅的出售单位违反本条例第三十五条第一款、第三十六条、第四十二条、第四十三条、第四十四条、第四十五条、第四十六条规定的，由市房地局或者区、县房地产管理部门责令其限期改正，可以并处一万元以上五万元以下的罚款。

第五十八条 业主、使用人或者其他单位、个人违反本条例，按照下列规定予以处罚：

（一）违反第二十八条第（一）、（二）、（三）项，第三十条第一款，第三十一条第一款，第三十二条第一款规定的，由区、县房地产管理部门责令其限期改正，恢复原状，可以并处一千元以上一万元以下的罚款；

（二）违反第二十八条第（四）、（五）、（六）、（七）、（八）项，第三十条第二款规定的，由有关行政管理部门按照各自职责和相关法律、法规的规定处罚。

第五十九条 市或者区、县房地产管理部门违反本条例规定的行为，由市人民政府或者市房地局责令改正或者撤销其决定。

市和区、县房地产管理部门工作人员玩忽职守，滥用职权，徇私舞弊的，由其所在单位或者上级机关给予行政处分；构成犯罪的，依法追究刑事责任。

第六十条 街道监察队对物业管理区域内违反市容、环境卫生、环境保护、市政设施、绿化等城市管理法律、法规规定以及违法建筑、设摊、堆物、占路等行为，应当在其法定职权范围内，贪污作出处罚和处理。

第六十一条 当事人对行政管理部门的具体行政行为不服的，可以按照《行政复议条例》和《中华人民共和国行政诉讼法》的规定，申请行政复议或者提起行政诉讼。

当事人在法定期限内不申请复议，不提起诉讼，又不履行具体行政行为的，作出具体行政行为的行政管理部门可以按照《中华人民共和国行政诉讼法》的规定，申请人民法院强制执行。

第九章 附 则

第六十二条 本条例中有关专业用语的含义：

（一）自用部位，是指一套住宅内部，由住宅的业主、使用人自用的卧室、客厅、厨房、卫生间、阳台、天井、庭园以及室内墙面等部位；

（二）自用设备，是指一套住宅内部，由住宅的业主、使用人自用的门窗、卫生洁具以及通向总管的供水、排水、燃气管道、电线等设备；

（三）共用部位，是指一幢住宅内部，由整幢住宅的业主、使用人共同使用的门厅、楼梯间、水泵间、电表间、电梯间、电话分线间、电梯机房、走廊通道、传达室、内天井、房屋承重结构、室外墙面、屋面等部位；

（四）共用设备，是指一幢住宅内部，由整幢住宅的业主、使用人共同使用的供水管道、排水管道、落水管、照明灯具、垃圾通道、电视天线、水箱、水泵、电梯、邮政信箱、避雷装置、消防器具等设备；

（五）公共设施，是指物业管理区域内，由业主和使用人共同使用的道路、绿地、停车场库、照明路灯、排水管道、窨井、化粪池、垃圾箱（房）等设施；

（六）房屋承重结构，是指住宅的基础、承重墙体、梁柱、楼盖、屋顶等。

第六十三条 本条例中业主公约、住宅使用公约、业主委员会章程的示范文本，由市房地局制定。物业管理服务合同、前期物业管理服务合同的示范文本，由市房地局会同市工商行政管理局制定。

第六十四条 物业管理区域内的非居住物业管理，参照本条例执行。

第六十五条 本条例的具体应用问题，由市房地局负责解释。

第六十六条 本条例自 1997 年 7 月 1 日起施行。

8. 上海市居住物业管理招投标暂行规定

沪房地资物（2001）633 号

一、总　　则

第一条 目的与依据

为了规范本市物业管理招标投标行为，保护招标投标当事人的合法权益，根据《中华人民共和国招标投标法》和《上海市居住物业管理条例》的相关规定，结合本市物业管理的实际情况，制定本暂行规定。

第二条 适用范围

本市行政区域内的居住物业管理（以下简称物业管理）招标投标活动适用本暂行规定。

第三条 基本原则

物业管理招投标活动应当遵循公开、公平、公正和诚实信用的原则。

第四条 管理部门

上海市房屋土地资源管理局（以下简称市房地资源局）负责本市物业管理招投标活动的指导、监督和管理。

区、县房地产管理部门具体负责本辖区内的物业管理招投标活动的指导、监督和检查。

二、招　　标

第五条 招标人

物业管理项目的招标人（以下简称招标人）是指依照本暂行规定进行物业管理项目招标的新建住宅建设单位、业主委员会或相关物业产权人。

物业尚未交付使用或者物业已交付使用但尚未成立业主委员会的，新建住宅建设单位是物业管理项目的招标人。

业主委员会采用招标方式选聘物业管理企业的，必须经业主大会或业主代表大会讨论同意。

第六条 招标组织

招标人可组建招标工作小组，也可委托咨询服务机构代理招标事宜。

招标人组建的招标工作小组，应当具有能够编制招标文件、对投标人进行资格评审和组织评标的能力，并按下列规定组建：

（一）招标人是新建住宅建设单位或相关物业产权人的，其法人代表（负责人）或其代理人参加招标工作小组；已组建业主委员会的，由业主委员会代表参加招标工作小组；

（二）与招标物业相适应的经济、技术和管理人员占招标工作小组成员总数的50%以上。

第七条 招标文件

招标人或者其组建的招标工作小组应当编制物业管理招标文件。

物业管理招标文件应当包括以下主要内容：

（一）招标人名称和地址，招标工作小组或其委托的招标代理机构的联系方式；

（二）物业基本情况。包括物业名称，座落地址，总占地面积，总建筑面积，绿化面积，房屋类型，产权性质，房屋幢数，套数，建筑结构，公建配套设施，主要设备设施，物业档案（含施工或竣工图纸），出售情况，入住率等；

（三）委托管理的内容及要求；

（四）物业管理用房的安排；

（五）投标人的资质与条件；

（六）投标书的编制要求；

（七）组织解释招标文件及实地考察物业的时间；

（八）投标书密封要求和送达的截止时间，地点及方式；

（九）开标、询标的时间，地点，方法与程序；

（十）投标报价要求及评标标准；

（十一）拟签订合同的主要条款；

（十二）其他事项的说明。

招标文件可载明投标保证金的缴纳、对未中标人编制投标文件的经济补偿方法等内容。

第八条 投标保证金和标书编制补偿金

招标文件要求由投标人缴纳投标保证金的，投标人应当缴纳；投标保证金应在确定中标人后 30 日内退还投标人。

招标文件对未中标人承诺支付标书编制补偿金的，招标人应当支付。

第九条 招标公告、招标邀请书

招标人采取公开招标方式的，应通过报刊、广播、电视或其他公开方式发布招标公告；招标人采取邀请招标方式的，应向 3 家以上的具有相应物业管理资质和物业管理实绩和企业发出投标邀请书。招标公告应包括以下内容：

（一）招标人的名称、地址和联系方式；

（二）招标物业的名称、地址、使用性质、建筑面积、实施管理的时间；

（三）投标资格条件、报名的地点和期限；

（四）获取招标文件的时间、地点、方法和相关费用等。

招标人应在发布招标信息前，将招标项目简介、招标文件、招标公告或招标邀请书、招标工作方案等文件报物业所在地的区、县房地产管理部门备案。

第十条 截标期间

物业管理招标文件发出之日至投标人提交投标文件的截止期间，不得少于 20 日。

第十一条 招标文件的修改

招标工作小组或其委托的代理机构可召开招标文件答疑会议或组织物业现场踏勘，就招标文件向投标人解释说明。解释说明内容与招标文件内容不一致的，招标人应在截标期日前 15 天，以书面形式告知所有投标人。

招标人对已发出的招标文件进行修改的，应在截标期日前 15 天，将修改后的投标文件以书面形式送达投标人。逾期送达的，投标文件送达截止期日顺延。

三、投　　标

第十二条 投标人

物业管理项目的投标人（以下简称投标人）是指响应物业管理招标，经招标人核准参与投标竞争的具有物业管理资质的企业。

第十三条 投标申请材料

投标人申请参加物业管理投标的，应向招标人提供下列证明材料：

（一）投标申请报告；

（二）《工商营业执照》、《物业管理企业资质等级证书》复印件；

（三）投标人基本情况说明，包括企业性质、注册地址、通讯地址、法人代表姓名、已管理物业情况、人员情况等；

（四）年度企业会计报表复印件；

（五）招标文件要求提供的其他证明材料。

第十四条 投标单位资格评定

招标人应对申请参加投标的单位进行资格评定，根据单位的资质、业绩、信誉等情况确定投标单位。被确定的投标单位不得少于3个。

第十五条 投标文件

投标人应按招标文件的要求编制投标文件。投标文件应当包括下列主要内容：

（一）管理服务理念、目标；

（二）物业管理机构运作方法及管理制度；

（三）管理服务人员配备；

（四）物业管理用房及相应管理设施的配置；

（五）物业管理费用的收支预算方案；

（六）物业管理服务分项标准与承诺；

（七）物业维修养护设想；

（八）物业管理应急措施；

（九）招标人要求的其他内容。

第十六条 投标文件的递达、修改和撤回

投标人应在截标期日前，将加盖投标人的法定代表人印章后的投标文件密封送达招标人。

招标人收到投标文件后，应妥为保存，在开标之前，不得启封投标文件。

投标人在截标期日前，可书面通知招标人补充修改或撤回已提交的投标文件。经补充修改的内容为投标文件的组成部分。

投标人在截标期日后送达投标文件或者经补充修改的投标文件，招标人应当拒收。

第十七条 无效投标文件

投标文件发生下列情形之一的，投标文件无效：

（一）未密封；

（二）未加盖投标人的法定代表人印章；

（三）未能按招标文件要求编制；

（四）逾期送达。

第十八条 重新招标

投标人少于三个的，招标人应当依照本规定重新招标。

四、开标、评标和中标

第十九条 开标时间，地点

招标人应在招标文件确定的提交投标文件截标期日的同一时间公开进行开标，开标地点为招标文件中预先确定的地点。

第二十条 开标

招标由招标人主持，邀请所有投标人参加。

开标时，由投标人选派代表检查投标文件的密封情况，经确认后由投标工作人员当众拆封，宣读。招标人在截标期日前收到的所有投标文件，都应在开标时当众予以拆封，宣读。

开标过程应当记录，并存档备查。

招标人可委托公证处对开标过程进行公证。

第二十一条 评标组织

招标人应组建评委会负责评标。

评标委员会的成员人数为5人以上单数。其成员由招标人代表和物业管理投标评审专家组成。其中，招标人代表不得超过评标委员会成员数的三分之一。

物业管理投标评审专家可由招标人从市房地资源局提供的物业管理投标评审专家库名册中采取随机抽取的方式确定。与投标人有利害关系的，不得成为评标委员会成员。

评标委员会成员名单在中标结果公布前应当保密。

第二十二条 评标

评标委员会可以要求投标人对投标文件中含义不明确的内容作出必要的澄清或说明，但投标人的澄清或说明不得违背投标文件的本意。

评标委员会应当在严格保密的情况下，结合投标文件，公开答辩，投标人管业实绩及企业综合情况等方面以百分制逐项计分，综合评定；设有标底的，应当参考标底。评标结束后，应向招标人提交经密封的评标报告，并推荐经评审得分最高的中标人候选人。

前款规定的企业综合情况包括企业资质等级、经营状况、财务状况及经察看的物业管理现场情况等。

评标委员会成员及参与评标的有关工作人员不得透露投标文件的评审情况。

第二十三条 中标

招标人在确定中标人后，应当在7日内向中标人发出中标通知书，并同时将招标结果通知所有未中标的投标人。对未能中标的投标人，招标人应退回其投标文件。

第二十四条 评标中止

经评标委员会评审，所有投标都不符合投标文件要求的，可以否决所有投标。招标人可依照本暂行规定重新招标。

第二十五条 合同的签订

招标人和中标人应自中标通知书发出之日起30日内，依照投标文件和招标文件，签订《前期物业管理服务合同》或《物业管理服务合同》。

第二十六条 悔标的处理

中标通知书对招标人和中标人具有法律效力。中标通知书发出后，招标人改变中标结果，或中标人放弃中标项目的，应承担赔偿责任。

第二十七条 招标费用

物业管理招标过程中发生的广告代理信息发布、文件编制、劳务、交通等费用均应由招标人支付。

招标人为业主委员会的，招标过程中发生的相关费用可自行筹集，也可经业主大会或业主代表大会决定在物业管理服务用房收益或其他收益中列支或在维修基金的利息中列支。

第二十八条 招投标的时限

新建商品房需预售的，其物业管理招投标活动应在申领预售许可证前完成；新建商品房出售的，应在物业交付使用前6个月完成。

已交付使用的物业的招投标活动，应在原物业管理服务合同终止前2个月完成。

第二十九条 物业档案材料移交

招投标活动结束后，招标人或者原物业管理企业应将下述档案材料移交给中标人：

（一）各类物业设施的验收、接管档案；

（二）与供水、供电、供气、环卫、有线电视等单位订立的协议书、合同等资料；

（三）物业分户产权清册、租赁清册、业主使用人情况表；

（四）公共设备、公共设施设置清单、图纸以及运行、保养、改造、维修记录和凭证；

（五）以幢为单位的维修基金的分户清册或资料；

（六）房屋质量保证文件和房屋使用说明文件；

（七）财务收支账册；

（八）公共配套设施的产权及收益归属清单；

（九）物业管理所必须的其他资料。

五、附　　则

第三十条 禁止行为

投标人不得以任何方式，排斥其他投标人参与公平竞争；不得通过作弊，哄抬标价；不得与招标人串通，损害其他人的利益；不得向招标人或者评标委员会成员行贿或变相行贿。

投标人以前款所述的方式获得中标的，所签物业管理合同无效。

招标人不得以虚假的招标的方式获取他人的物业管理方案，损害投标人的利益；不得向他人透露可能影响公平竞争的招标情况。

第三十一条 解释权

本办法由上海市房屋土地资源管理局负责解释。

第三十二条 实施日期

本办法自2002年1月1日起试行。

9. 广州市物业管理办法

（2001年2月12日广州市政府常务会议审议通过）

第一章 总 则

第一条 为加强物业管理，维护业主、使用人及物业管理公司的合法权益，保障物业的合理使用，根据有关法律、法规，结合本市实际，制定本办法。

第二条 本市行政区域内的物业管理适用本办法。

第三条 广州市房地产行政主管部门是本市物业行政主管部门，负责本办法的组织实施。区、县级市房地产行政主管部门是本辖区内的物业行政主管部门，委托街道办事处、镇人民政府依照本办法对辖区内的物业管理进行指导、监督。

第四条 建设、规划、公安、价格、工商、综合执法等行政主管部门按照各自职责，协同实施本办法。

第二章 业主、业主大会及业主委员会

第五条 业主依法享有对物业共用部分和共同事务进行管理的权利，并承担相应的义务。

业主是指：

（一）物业的所有权人。

（二）已办理商品房预售合同登记且所购房屋已入住使用的单

位和个人。

（三）持有空置物业的建设单位。

第六条 业主的主要权利是：

（一）参加业主大会。

（二）享有业主委员会的选举权和被选举权。

（三）表决通过业主公约和业主委员会章程。

（四）决定有关业主利益的重大事项。

（五）监督业主委员会的管理工作。

业主的主要义务是：

（一）执行业主大会和业主委员会的有关决议、决定。

（二）遵守业主公约。

（三）遵守有关物业管理的制度、规定。

（四）按时交付分摊的物业管理、维修等费用。

第七条 符合下列情形之一的，应当按本办法召开首次业主大会或业主代表大会，选举产生业主委员会：

（一）物业已交付使用的建筑面积达到百分之五十以上。

（二）物业已交付使用的建筑面积达到百分之三十以上不足百分之五十，且使用超过一年的。

分期开发的大型住宅小区，经已交付使用的过半数投票权的业主申请，区、县级市物业行政主管部门批准，可以召开临时业主大会或业主代表大会，在分期开发期间成立临时业主委员会。

第八条 首次业主大会或业主代表大会应在物业所在地物业行政主管部门指导下进行。

第九条 业主在300名（包括300名）以上的，应由业主推选业主代表，组成物业管理区域的业主代表大会。业主人数在300名以下的，由业主组成物业管理区域的业主大会。

第十条 业主代表的产生应经其所代表的业主中拥有过半数以上的投票权的业主通过。

第十一条 业主大会应当有过半数以上投票权的业主出席。业主代表大会应当有持有过半数以上投票权的业主代表出席。业主大会或业主代表大会作出的决定，应当经出席大会的过半数以上投票权的业主或业主代表通过。

第十二条 业主的投票权按每户一票计算，物业建筑面积每一平方米为投票权的计算份额，超出部分按四舍五入处理。

第十三条 一个物业管理区域应当成立一个业主委员会，业主委员会对业主大会或业主代表大会负责，并履行下列职责。

（一）执行业主大会或业主代表大会的决定。

（二）召集和主持业主大会或业主代表大会，报告物业管理的实施情况。

（三）草拟业主公约、业主委员会章程修订案并报业主大会或业主代表大会通过。

（四）依法选聘、续聘物业管理公司，代表业主签订物业管理合同，经业主大会或业主代表大会同意后负责履行。

（五）听取业主、使用人的意见和建议，监督物业管理公司的服务活动。

（六）监督共用设施、设备、场地的使用和维护。

（七）对业主、使用人违反业主公约的行为，依照公约规定进行处理。

（八）审议决定物业维修基金的使用及其他有关物业管理的重大事项。业主委员会不得从事投资和经营活动。

第十四条 业主委员会委员应当具备以下条件：

（一）属于物业管理区域内的业主。

（二）具有良好的道德品质、责任心强、有一定的组织能力和必要工作时间。

（三）按时缴交物业管理服务费、物业维修基金，模范遵守物业管理制度。

（四）未发生不适宜担任业主委员会委员的其他情形。

第十五条 业主委员会委员不得少于5人。业主委员会设主任1名，副主任1至2名，由业主委员会委员选举产生。业主委员会每届任期两年，业主委员会委员可以连选连任。区、县级市物业行政主管部门对业主委员会实行年度工作检查制度。

第十六条 业主委员会应当自选举产生之日起15日内，持下列文件向区、县级市物业行政主管部门办理核准登记手续。

（一）业主委员会登记申请表。

（二）业主委员会章程。

（三）业主委员会委员选举产生的报告及其资料。

（四）业主公约。

（五）其他相关资料。

区、县级市物业行政主管部门自受理登记申请之日起15日内，对符合本办法的，应当予以登记；对不符合本办法的，应当书面通知申请人并告知不予登记的理由。

第十七条 业主委员会会议每年度至少召开两次。经业主委员会主任提议或者三分之一以上业主委员会委员提议，可以召开临时会议。业主委员会召开会议应当有过半数委员出席，作出决定应经过全体委员过半数通过，并予以公布。

第十八条 业主委员会委员不符合第十四条规定的，区、县级市物业行政主管部门可责令业主委员会罢免其委员资格，并按本办法和业主委员会章程补选委员。业主委员会不履行其职责或无正当理由推迟、拒绝组织换届改选的，区、县级市物业管理行政主管部门可以组织召开业主大会或业主代表大会进行换届改选。

第三章 物业管理公司与物业管理招投标

第十九条 物业管理公司应当持有物业行政主管部门核发的物业管理资质证书，并向工商行政主管部门申请注册登记，领取营业执照后，方可从事物业管理业务。物业管理公司的资质条件，依照国家、省、市关于物业管理企业资质管理的有关规定办理。物业管理资质证书实行年度工作检查制度。

第二十条 物业管理公司应当提供下列服务内容：

（一）建筑物及其附属共用设施、设备、场地的使用管理、维修养护、巡视检查。

（二）园林绿地的管理养护。

（三）环境卫生的管理服务。

（四）公共秩序的维护、安全防范。

（五）车辆行驶、停放管理及其场地的维修养护。

（六）物业档案资料的管理。

（七）法律、法规及合同规定的其他事项。物业业主、使用人需要特约服务的，可以与物业管理公司另行约定。

第二十一条 物业管理公司的权利是：

（一）独立经营，拒绝不合理摊派。

（二）依照物业管理合同收取物业管理服务费并提取酬金。

（三）制止违反物业管理制度、业主公约的行为。

（四）法律法规规定的其他权利。

物业管理公司的义务是：

（一）履行物业管理合同，提供物业管理服务。

（二）组织、制订并实施物业管理制度。

（三）定期公布财务账目。

（四）组织开展社区文化活动，提供社区生活服务。

（五）法律法规规定的其他义务。

第二十二条 物业管理公司的名称、住所、法定代表人、注册资本等发生变更的，应自工商管理部门批准变更之日起15日内到市物业行政主管部门备案。

第二十三条 建设单位、业主委员会应当采取招标方式选聘物业管理公司。但符合下列条件之一的除外：

（一）物业由开发建设单位自用的。

（二）在一个物业管理区域内，多层物业总建筑面积低于3万平方米的，或高层物业总建筑面积低于1万平方米，或多层，高层混合物业总建筑面积低于1万平方米的。

第二十四条 物业未交付使用的，或物业已交付使用，但业主委员会尚未成立的，由开发建设单位负责物业管理服务的招投标组织工作；业主委员会已经成立的，由业主委员会负责物业管理服务的招投标组织工作。业主委员会组织招标活动的，应经业主大会或业主代表大会讨论决定。

第二十五条 招标组织者享有下列权利：

（一）编制招标文件，组织招标活动。

（二）选择和确定符合资质条件的投标人。

（三）根据评标原则决定评标，定标办法。

（四）选定中标人。

（五）依法享有的其他权利。

第二十六条 招标组织者组织物业管理服务招标，应当成立招标机构。招标机构中应有物业行政主管部门的代表参加。招标机构负责招标活动具体实施、审定标底、提出评标、定标办法和定标意见。

第二十七条 招标组织者应制作招标文件。

招标文件包括招标书、招标须知、订立物业管理合同的条件及协议条款。招标书应当包括以下内容：

（一）物业规划建设的基本情况，包括占地面积、建筑面积、产权状况、商业用房及管理用房、物业维修基金、公用设施、设备及公共场地的情况、园林绿化状况、社区文化娱乐设施等。

（二）物业管理的内容和要求。

（三）投标书编制的方式及依据。

（四）投标人的资质和条件。

（五）组织解释招标文件及实地查验物业的时间、地点。

（六）送达投标书的地点及截止时间。

（七）开标、评标的时间、地点。

（八）其他需要说明的事项。

第二十八条 参加投标的物业管理公司应当按照招标文件规定的内容和要求编制投标书。投标书应当包括以下主要内容。

（一）物业管理处机构设立方案、运作流程及各项管理规章制度。

（二）管理服务人员配备方案。

（三）管理服务用房及其他物资装备配置方案。

（四）管理服务费用收支预算方案。

（五）管理服务分项标准、服务承诺与具体的实施措施。

（六）社区文化服务方案。

（七）管理服务模式设想。

（八）物业维修养护计划和实施方案等。

第二十九条 受开发建设单位委托、对同一物业承担过管理服务的物业管理公司，在同等条件下享有优先中标权。前款物业管理公司有二家以上的，最后承担管理服务的一家享有优先中标权。

第四章 物业的管理与维护

第三十条 业主、业主委员会或建设单位应当将物业委托给具备物业管理资质的物业管理公司实施管理，签订物业管理合同，报市物业管理行政主管部门备案。一个物业管理区域应当由一个物业管理公司实施物业管理。

第三十一条 在预售或销售房屋时，建设单位或其委托的物业管理公司应当与购房人签订《前期物业管理服务合同》。业主转让或出租物业时，《前期物业管理服务合同》对受让人、承租人具有同等约束力。转让人或出租人应当自物业转让合同或租赁合同签订之日起15日内，将物业的转让、出租情况书面告知业主委员会和物业管理公司。

第三十二条 建设单位应当按物业总建筑面积千分之二比例提供物业管理专用房屋，最低不得少于50平方米。物业管理专用房屋按公房住宅租金标准计收租金。物业管理专用房屋产权归建设单位所有。经业主大会或业主代表大会同意，可以按建筑安装工程造价折算购买，其费用由全体业主承担，产权归全体业主共有，其租金收入用以补贴物业管理费用。

第三十三条 业主委员会成立前，物业由建设单位委托物业管理公司进行管理；业主委员会成立后，物业由业主委员会按本办法选聘的物业管理公司进行管理，建设单位与物业管理公司签订的物业管理合同自行终止。

第三十四条 建设单位应于物业交付使用之日起15日内向物业管理公司提供下列物业档案资料：

（一）建筑规划方案图、标准层竣工平面图。

（二）房屋及配套的基础设施、设备竣工图。

（三）地下管网竣工图。

（四）建筑工程质量检查合格证、建设工程规划验收合格证。

（五）房屋产权明细表。

（六）法律法规规定的其他的资料。

第三十五条 物业管理公司应当在物业管理合同解除之日起15日内向业主委员会和其选聘的物业管理公司办理下列移交手续，并报区、县级市物业行政主管部门备案：

（一）物业管理服务费的结余部分。

（二）全部物业档案资料。

（三）物业管理专用房屋以及全体业主共有的房屋、场地和财物。

第三十六条 任何单位和个人不得占用物业管理区域内的道路、场地。因物业维修或者公共利益需要临时占用、挖掘道路、场地的，应当与业主委员会签订协议，报规划行政主管部门批准，并在约定的期限内恢复原状。机动车辆在物业管理区域内行使、停放，应遵守物业管理公司的管理规定。

第三十七条 利用物业设置广告等经营性设施的，应当征得相关业主、使用人和业主委员会的书面同意并向有关部门办理审批手续。

第三十八条 条房屋共用部位、共用设施设备及市政公用设施维修时，相邻的业主、使用人应当予以配合。因相邻业主、使用人阻挠维修造成他人财产损失的，责任人应当负责赔偿。共用部位包括基础、人防地下室、内外承重墙体、柱、梁、楼板、屋顶、户外墙面、门厅、楼梯间、走廊通道等。共用设施设备包括物业的上下水管道、落水渠道、水箱、加压水泵、电梯、供电线路、照明、消防设施、绿地、空地、道路、路灯、沟渠、池、井，以及共用设施设备使用的房屋等。

第三十九条 业主、使用人装修房屋，应当事先告知物业管理公司。物业管理公司应当将装修的禁止行为和注意事项书面告知业主、使用人，对装修施工中改变房屋结构、加大负荷、影响安全的，应当予以制止并督促改正。

第四十条 因物业装修、维修造成相邻业主、使用人的物业损坏或者其他财产损失的，责任人应负责修复或赔偿。

第五章 物业管理服务费与物业维修基金

第四十一条 物业管理服务费实行政府指导价和市场调节价。物业管理服务费标准应当遵循公开、公平、统一的原则，物业管理服务质量应当与服务收费标准相适应。

第四十二条 已成立业主委员会的，物业管理服务费由业主委员会与物业管理公司在委托合同中确定，报价格行政管理部门备案。物业已交付使用但尚未成立业主委员会的，物业管理服务费由物业管理公司报价格行政主管部门核定。

第四十三条 物业管理服务费由物业管理服务成本、法定税费和酬金构成。

第四十四条 物业管理服务成本核算包括下列项目：

（一）物业管理区域内管理人员的工资、福利、办公费。

（二）公用设施设备运行维护费及场地日常小修维护费。

（三）物业管理区域内公共秩序维护服务费。

（四）园林绿地日常维护费，包括淋用水费。

（五）环境卫生、除“四害”管理服务费。

（六）用于物业管理的固定资产折旧费。

（七）公用设施设备、部位及场地水电费。

（八）建筑物公共设施保险费。

（九）建筑物外观经常性清洗刷新费。

（十）物业管理合同规定的费用。公用设施设备、部位的水电费可另外按实结算。

物业管理公司的酬金，应当按照物业管理服务成本核算的百分之十以内协商确定。

第四十五条 物业维修基金属全体业主共同所有。物业维修基金是用于物业共用部位、共用设施设备发生损坏时，进行中修、大修、翻修和更新改造等所需储存的资金。市、区、县级市物业行政主管部门监督、指导物业维修基金的缴交、使用、划转及管理。

第四十六条 商品房预售许可证在1998年9月30日前核发的，购买商品房的业主应按售房款的百分之二分期缴交物业维修基金。商品房预售许可证在1998年10月1日后核发的，建设单位应按物业总投资的百分之二缴交物业维修基金。建设单位与购房人对物业维修基金的缴交另有书面协议的除外。建设单位应在售房的同时建立物业维修基金。

第四十七条 非购房业主应按同一物业市场售房均价的百分之二分期缴交物业维修基金。前款所称非购房业主是指在城市房屋拆迁中获得房屋产权调换补偿以及持有空置商品房的建设单位等拥有房屋所有权的业主。

第四十八条 实施物业管理的已购公有住房，或者以优惠价格购买的解困、安居、经济适用房，业主应按同等同类房屋市场售房均价的百分之二缴交物业维修基金。

第四十九条 业主缴交的物业维修基金由物业管理公司代为收缴，存入业主名下物业行政主管部门指定的银行专用账户，专项用于物业维修，不得挪作他用。

第五十条 物业的维修责任除在保修期内按规定由建设单位承担外，按下列规定处理：

（一）房屋室内部分的维修由业主负责，费用由业主承担。

（二）房屋单体共用部位和共用设施设备维修费用，由房屋单体内的业主按房屋建筑面积比例共同承担。

（三）物业管理区域内的共用设施设备的维修费用，由物业管理区域内的全体业主按房屋建筑面积比例共同承担。

（四）市政公用设施由设施归属单位负责维修，其费用由设施归属单位承担。

第五十一条 物业维修基金使用前，物业管理公司应当将维修项目在公共显著位置向全体业主公布。经业主委员会同意，报区、县级市物业行政主管部门备案后方可使用。经物业行政主管部门根据国家和省、市有关房屋修缮规定确认应当维修的项目，物业管理公司应当组织维修，所需费用按第五十条（一）（二）（三）项的规定支出。

第五十二条 业主转让物业时，其名下的物业维修基金随房屋所有权同时转让。

第五十三条 业主和使用人应当按照物业管理合同的约定和业主委员会的决定交付物业管理、维修等费用。建设单位的空置物业应当分摊物业管理、维修等费用，分摊比例应当不低于收费标准的百分之五十，但不得因此而增加其他业主的负担。

第五十四条 物业管理公司应将物业管理服务费、物业维修基金的收支账目每3个月在公共显著位置向业主公布一次。

第六章 法 律 责 任

第五十五条 业主、使用人违反业主公约的，应由业主委员会授权物业管理公司予以制止，并依照业主公约进行处理。

第五十六条 业主、使用人不按时缴交物业管理服务费的，物业管理公司可以催缴、限期交付；逾期仍不交付的，可按每日加收欠交金额千分之一的滞纳金，合同另有约定的从其约定；经催收仍不交付的，累计记账存入该房屋在房地产行政主管部门的产权资料档案中，房屋转让时由房地产交易机构代为扣除；物业管理公司也可依法向人民法院起诉。建设单位、业主不按时缴交物业维修基金的，业主委员会可以催缴，限期交付；逾期仍不交付的，可按每日加收欠交金额的千分之一的滞纳金，经催收仍不交付的，业主委员会可依法向人民法院起诉。

第五十七条 业主大会、业主代表大会、业主委员会作出的决定违反本办法的，由物业行政主管部门责令其限期改正或者撤消其决定，并通告全体业主、使用人。

第五十八条 物业管理公司违反第三十五条规定，未向业主委员会和其选聘的物业管理公司移交或者损坏、隐匿、销毁物业管理资料财物的，物业行政主管部门应当责令其限期改正，降低或取消其资质等级，并可处以3000元以上10000元以下的罚款。物业管理公司违反第十九条规定，未取得物业管理资质或已被物业行政主管部门取消物业管理资质，从事物业管理活动的，物业行政主管部门应当责令其限期改正，降低或取消其资质等级，并可处以3000元以上10000元以下的罚款。

第五十九条 物业管理公司违反法律法规和本办法，损害业主、使用人合法权益的，应当予以赔偿，有关行政主管部门应当依法处理。

第六十条 物业行政主管部门及其工作人员玩忽职守、徇私舞弊、贪污受贿的，由其所在单位或上级主管部门给予行政处分；构成犯罪的，由司法机关依法追究其刑事责任。

第七章　附　　则

第六十一条 经物业行政主管部门确认应实施物业管理的区域，产权人及相关单位应当配合实施物业管理。

第六十二条 本办法自发布之日起施行，1995年12月20日市人民政府颁布的《广州市新建住宅小区物业管理办法》同时废止。

八、城市房地产合同文本

1.《国有土地使用权出让合同》示范文本
(GF—2000—2601)

国有土地使用权出让合同使用说明

一、《国有土地使用权出让合同》包括合同正文和附件《出让宗地界址图》。

二、本合同的出让人为有权出让国有土地使用权的人民政府土地行政主管部门。

三、合同第四条土地用途按《城镇地籍调查规程》规定的土地二级分类填写，属于综合用地的，应注明各类具体用途及其所占的面积比例。

四、合同第五条中的土地条件按照双方实际约定选择和填写。属于原划拨土地使用权补办出让手续的，选择第三款；属于待开发建设的用地，应根据出让人承诺交地时的土地开发程度选择第一款或第二款，出让人承诺交付土地时完成拆迁和场地平整的，选择第一款，并注明地上待拆迁的建筑物和其他地上物面积等状况，基础设施条件按双方约定填写“七通“、“三通“等，并具体说明基础设施内容，如”通路、通电、通水”等。

五、合同第九条土地使用权出让金支付方式的规定中，双方约定土地使用权出让金一次性付清的，选择第一款，分期支付的，选择第二款。

六、合同第二十条中，属于房屋开发的，选择第一款；属于土地成片开发的，选择第二款。

七、合同第四十条关于合同生效的规定中，宗地出让方案业经有权人民政府批准的，按照第一款规定生效；宗地出让方案未经有权人民政府批准的，按照第二款规定生效。

国有土地使用权出让合同

第一章　总　　则

第一条　本合同当事人双方：

出让人：中华人民共和国＿＿＿＿省（自治区、直辖市）＿＿＿＿市（县）＿＿＿＿；

受让人：＿＿＿＿＿＿＿＿＿＿＿＿＿＿＿＿＿＿＿＿＿＿。

根据《中华人民共和国土地管理法》、《中华人民共和国合同法》和其他法律、行政法规、地方性法规，双方本着平等、自愿、有偿、诚实信用的原则，订立本合同。

第二条　出让人根据法律的授权出让土地使用权，出让土地的所有权属中华人民共和国，国家对其拥有宪法和法律授予的司法管辖权、行政管理权以及其他按中华人民共和国法律规定由国家行使的权力和因社会公众利益所必需的权益。地下资源、埋藏物和市政公用设施均不属于土地使用权出让范围。

第二章　出让土地的交付与出让金的缴纳

第三条　出让人出让给受让人的宗地位于＿＿＿＿，宗地编号为＿＿＿＿，宗地总面积大写＿＿＿＿平方米（小写＿＿＿＿平方米）。宗地四至及界址点坐标见附件《出让宗地界址图》。

第四条　本合同项下出让宗地的用途为＿＿＿＿＿＿＿＿。

第五条　出让人同意在＿＿＿＿年＿＿＿＿月＿＿＿＿日前将出让宗地交付给受让人，出让方同意在交付土地时该宗地应达到本条第＿＿＿＿款规定的土地条件：

（一）达到场地平整和周围基础设施＿＿通，即通＿＿。

（二）周围基础设施达到＿＿＿＿通，即通＿＿＿＿，但场地尚未拆迁和平整，建筑物和其他地上物状况如下：＿＿＿＿。

（三）现状土地条件。

第六条　本合同项下的土地使用权出让年期为＿＿＿＿，自出让方向受让方实际交付土地之日起算，原划拨土地使用权补办出让手续的，出让年期自合同签订之日起算。

第七条 本合同项下宗地的土地使用权出让金为每平方米人民币大写________元（小写________元）；总额为人民币大写________元（小写________元）。

第八条 本合同经双方签字后________日内，受让人须向出让人缴付人民币大写________元（小写________元）作为履行合同的定金，定金抵作土地使用权出让金。

第九条 受让人同意按照本条第____款的规定向出让人支付上述土地使用权出让金。

（一）本合同签认之日起________日内，一次性付清上述土地使用权出让金。

（二）按以下时间和金额分________期向出让人支付上述土地使用权出让金。

第一期 人民币大写________元（小写________元），付款时间：________年____月____日之前。

第二期 人民币大写________元（小写________元），付款时间：________年____月____日之前。

第 期 人民币大写________元（小写________元），付款时间：________年____月____日之前。

第 期 人民币大写________元（小写________元），付款时间：________年____月____日之前。

分期支付土地出让金的，受让人在支付第二期及以后各期土地出让金时，按照银行同期贷款利率向出让人支付相应的利息。

第三章 土地开发建设与利用

第十条 本合同签订后________日内，当事人双方应依附件《出让宗地界址图》所标示座标实地验明各界址点界桩，受让人应妥善保护土地界桩，不得擅自改动，界桩遭受破坏或移动时，受让人应立即向出让人提出书面报告，申请复界测量，恢复界桩。

第十一条 受让人在本合同项下宗地范围内新建建筑物的，

应符合下列要求：

主体建筑物性质________________________；

附属建筑物性质________________________；

建筑容积率____________________________；

建筑密度______________________________；

建筑限高______________________________；

绿地比例______________________________；

其他土地利用要求______________________。

第十二条 受让人同意在本合同项下宗地范围内一并修建下列工程，并在建后无偿移交给政府：

（1）____________________________________

（2）____________________________________

（3）____________________________________

第十三条 受让人同意在________年________月________日之前动工建设。

不能按期开工建设的，应提前30日向出让人提出延建申请，但延建时间最长不得超过一年。

第十四条 受让人在受让宗地内进行建设时，有关用水、用气、污水及其他设施同宗地外主管线、用电变电站接口和引入工程应按有关规定办理。

受让人同意政府为公用事业需要而敷设的各种管道与管线进出、通过、穿越受让宗地。

第十五条 受让人在按本合同约定支付全部土地使用权出让金之日起30日内，应持本合同和土地使用权出让金支付凭证，按规定向出让人申请办理土地登记，领取《国有土地使用证》，取得出让土地使用权。

出让人应在受理土地登记申请之日起30内，依法为受让人办理出让土地使用权登记，颁发《国有土地使用证》。

第十六条 受让人必须依法合理利用土地，其在受让宗地上的一切活动，不得损害或者破坏周围环境和设施，使国家或他人遭受损失的受让人应负责赔偿。

第十七条 在出让期限内，受让人必须按照本合同规定的土地用途和土地使用条件利用土地，需要改变本合同规定的土地用途和土地使用条件的，必须依法办理有关批准手续，并向出让人申请，取得出让人同意，签订土地使用权出让合同变更协议或者重新签订土地使用权出让合同，相应调整土地使用权出让金，办理土地变更登记。

第十八条 政府保留对本合同项下宗地的城市规划调整权，原土地利用规划如有修改，该宗地已有的建筑物不受影响，但在使用期限内该宗地建筑物、附着物改建、翻建、重建或期限届满申请续期时，必须按届时有效的规划执行。

第十九条 出让人对受让人依法取得的土地使用权，在本合同约定的使用年限届满前不收回；在特殊情况下，根据社会公共利益需要提前收回土地使用权的，出让人应当依照法定程序报批，并根据收回时地上建筑物、其他附着物的价值和剩余年期土地使用权价格给予受让人相应的补偿。

第四章 土地使用权转让、出租、抵押

第二十条 受让人按照本合同约定已经支付全部土地使用出让金，领取《国有土地使用证》，取得出让土地使用权后，有权将本合同项下的全部或部分土地使用权转让、出租、抵押，但首次转让（包括出售、交换和赠与）剩余年期土地使用权时，应当经出让人认定符合下列第____款规定之条件：

（一）按照本合同约定进行投资开发，完成开发投资总额的百分之二十五以上；

（二）按照本合同约定进行投资开发，形成工业用地或其他建设用地条件。

第二十一条 土地使用权转让、抵押，转让、抵押双方应当签订书面转让、抵押合同；土地使用权出租期限超过六个月的，出租人和承租人也应当签订书面出租合同。

土地使用权的转让、抵押及出租合同，不得违背国家法律、法规和本合同的规定。

第二十二条 土地使用权转让，本合同和登记文件中载明的权利、义务随之转移，转让后，其土地使用权的使用年限为本合同约定的使用年限减去已经使用年限后的剩余年限。本合同项下的全部或部分土地使用权出租后，本合同和登记文件中载明的权利、义务仍由受让人承担。

第二十三条 土地使用权转让、出租、抵押，地上建筑物、其他附着物随之转让、出租、抵押；地上建筑物、其他附着物随之转让、出租、抵押，土地使用权随之转让、出租、抵押。

第二十四条 土地使用权转让、出租、抵押的，转让、出租、抵押双方应在相应的合同签订之日起30日内，持本合同和相应的转让、出租、抵押合同及《国有土地使用证》，到土地行政主管部门申请办理土地登记。

第五章 期 限 届 满

第二十五条 本合同约定的使用年限届满，土地使用者需要继续使用本合同项下宗地的，应当至迟于届满前一年向出让人提交续期申请书，除根据社会公共利益需要收回本合同项下土地的，出让人应当予以批准。

出让人同意续期的，受让人应当依法办理有偿用地手续，与出让人重新签订土地有偿使用合同，支付土地有偿使用费。

第二十六条 土地出让期限届满，受让人没有提出续期申请或者虽申请续期但依照本合同第二十五条规定未获批准的，受让人应当交回《国有土地使用证》，出让人代表国家收回土地使用权，并依照规定办理土地使用权注销登记。

第二十七条 土地出让期限届满，受让人未申请续期的本合同项下土地使用权和地上建筑物及其他附着物由出让人代表国家无偿收回，受让人应当保持地上建筑物、其他附着物的正常使用功能，不得人为破坏。地上建筑物、其他附着物失去使用功能的，出让人可要求受让人移动或拆除地上建筑物、其他附着物，恢复场地平整。

第二十八条 土地出让期限届满，受让人提出续期申请而出让人根据本合同第二十五条之规定没有批准续期的，土地使用权由出让人代表国家无偿收回，但对于地上建筑物及其他附着物，出让人应当根据收回时地上建筑物，其他附着物的残余价值给予受让人相应补偿。

第六章 不可抗力

第二十九条 任何一方对由于不可抗力造成的部分或全部不能履行本合同不负责任，但应在条件允许下采取一切必要的补救措施以减少因不可抗力造成的损失。当事人迟延履行后发生不可抗力的，不能免除责任。

第三十条 遇有不可抗力的一方，应在____小时内将事件的情况以信件、电报、电传、传真等书面形式通知另一方，并且在事件发生后——日内，向另一方提交合同不能履行或部分不能履行或需要延期履行理由的报告。

第七章 违约责任

第三十一条 受让人必须按照本合同约定，按时支付土地使用权出让金。如果受让人不能按时支付土地使用权出让金的，自滞纳之日起，每日按迟延支付款项的________‰向出让人缴纳滞纳金，延期付款超过6个月的，出让人有权解除合同，收回土地，受让人无权要求返还定金，出让人并可请求受让人赔偿因违约造成的其他损失。

第三十二条 受让人按合同约定支付土地使用权出让金的，出让人必须按照合同约定，按时提供出让土地。由于出让人未按时提供出让土地而致使受让人对本合同项下宗地占有延期的，每延期一日，出让人应当按受让人已经支付的土地使用权出让金的________‰向受让人给付违约金。出让人延期交付土地超过6个月的，受让人有权解除合同，出让人应当双倍返还定金，并退还已经支付土地使用权出让金的其他部分，受让人并可请求出让人赔偿因违约造成的其他损失。

第三十三条 受让人应当按照合同约定进行开发建设，超过合同约定的动工开发是期满一年未动工开发的，出让人可以向受让人征收相当于土地使用权出让金20%以下的土地闲置费；满2年未动工开发的，出让人可以无偿收回土地使用权；但因不可抗力或者政府、政府有关部门的行为或者动工开发必需的前期工作造成开发迟延的除外。

第三十四条 出让人交付的土地未能达到合同约定的土地条件的，应视为违约。受让人有权要求出让人按照规定的条件履行义务，并且赔偿延误履行而给受让人造成的直接损失。

第八章 通知和说明

第三十五条 本合同要求或允许的通知和通讯，不论以何种方式传递，均自实际收到时起生效。

第三十六条 当事人变更通知、通讯地址或开户银行、账号的，应在变更后15日内，将新的地址或开户银行、账号通知另一方。因当事人一方迟延通知而造成的员失，由过错方承担责任。

第三十七条 在缔结本合同时，出让人有义务解答受让人对于本合同所提出的问题。

第九章 适用法律及争议解决

第三十八条 本合同订立、效力、解释、履行及争议的解决，均适用中华人民共和国法律。

第三十九条 因履行本合同发生争议，由争议双方协商解决，协商不成的，按本条第________款规定的方式解决：

（一）提交____________仲裁委员会仲裁；

（二）依法向人民法院起诉。

第十章 附 则

第四十条 本合同依照本条第________款之规定生效。

（一）本合同项下宗地出让方案业经________人民政府批准，本合同自双方签订之日起生效。

（二）本合同项下宗地出让方案尚需经________人民政府批准，本合同自________人民政府批准之日起生效。

第四十一条 本合同一式____份，具有同等法律效力，出让人、受让人各执________份。

第四十二条 本合同和附件共____页，以中文书写为准。

第四十三条 本合同的金额、面积等项应当同时以大、小写表示，大小写数额应当一致，不一致的，以大写为准。

第四十四条 本合同于________年____月____日在中华人民共和国________省（自治区、直辖市）________市（县）签订。

第四十五条 本合同未尽事宜，可由双方约定后作为合同附件，与本合同具有同等法律效力。

出让人（章）：

住所：

法定代表人（委托代理人）（签字）：

电话：

传真：

电报：

开户银行：

账号：

邮政编码：

受让人（章）：

住所：

法定代表人（委托代理人）（签字）：

电话：

传真：

电报：
开户银行：
账号：
邮政编号：

二〇　　年　　月　　日

附件：出让宗地界址图（注明边长（米））

北

界址图粘贴线

比例尺 1：

2. 房地产开发合同

立合同单位：

________（以下简称甲方）
________（以下简称乙方）

为明确责任，恪守信用，特签订本合同，共同遵守。

项目内容及规模：

____

总投资及资金筹措：

总投资________万元（其中：征地费________万元，开发费________万元，建筑安装费________万元）。投入资金规模________万元，甲方出资________万元，分________次出资，每次出资________万元，预收款________万元；乙方出资________万元，分________次出资，每次出资________万元。

合作方式：

____

各方负责：

甲方：____

乙方：____

经营方式：____________________________________

资金占用费按月利率____‰计付，并于每季末的前____天内付给出资方。资金的偿还按如下时间及金额执行__________，最后一次还款时，资金占用费随本金一起还清。

财务管理：

1. 成本核算范围：______________________________

2. 决算编制：__________________________________

3. 财产清偿：__________________________________

利润分配：

____

违约责任：

____

其他：

1. 该项目资金在________行开户管理。

2. ________方经济责任由________担保。保证方有权检查督促________方履行合同，保证方同意当________方不履行合同时，由保证方连带承担经济责任。

3. ________方愿以________作抵押品，抵押品另附明细清单作为本合同的附件。________方不履行合同时，________方对抵押品享有处分权和优先受偿权。

本合同正本一式________份。甲方执________份，乙方执________份。合同副本________份，报送________等有关单位各存1份。双方代表签字后生效。

本合同附件有________，与本合同有同等效力。

本合同的修改、补充须经由甲乙双方签订变更合同协议书，并须保证方同意，作为合同的补充部分。

甲方：（公章）　　　　　　　　　　乙方：（公章）

地址：　　　　　　　　　　　　　　地址：

法人代表：（签章）　　　　　　　　法人代表：（签章）

开户银行及账号：　　　　　　　　　开户银行及账号：

保证方：（公章）

地址：

法人代表：（签章）

开户银行及账号：

签约日期：　　年　　月　　日

签约地点：

3. 房屋拆迁安置补偿合同

甲方（拆迁人）：________地址：________邮码：________电话：________法定代表人：________职务：________

乙方（被拆迁人）：________地址：________邮码：________电话：________法定代表人：________职务：________

甲方因建设需要，须拆除乙方使用的房屋，根据城市房屋拆迁安置补偿法规、政策的有关规定，甲乙双方经协商，就房屋拆迁安置补偿达成如下协议。

第一条　项目名称、地点

建设项目名称________，建设地点________，建设单位________《拆迁许可证》文号________。

第二条　被拆房屋现状

(一)乙方在拆迁范围内有房屋____间，建筑面积____平方米，使用面积____平方米，居住面积____平方米。(二)乙方有正式户口____人，常住人口____人，应安置人口____人，分别是（姓名、性别、年龄、关系等）(三)被拆迁房屋的产权属于________。

第三条 拆迁安置

（一）乙方安置到________，房屋____间，建筑面积________平方米，使用面积________平方米，居住面积________平方米。甲方负责为乙方办理住房进住手续。

（二）乙方临时过渡到________，房屋____间。

（三）乙方临时过渡期限自________年____月____日至________年____月____日。甲方保证乙方在过渡期限内回迁，乙方在收到正式安置通知____日内，应迁入安置用房内。

第四条 安置房屋的标准

（一）甲方提供给乙方的安置房屋，其建造标准应当符合________颁发的________标准；

（二）建造质量应当符合________；

（三）房屋内应当有以下设施：1.________ 2.________ 3.________

第五条 拆迁安置房屋产权

（一）乙方被安置房屋的产权属于乙方应与________签订房屋租赁合同并交纳房租及其他费用。

（二）乙方被安置房屋的产权属于甲、乙双方应另行签订房屋买卖合同，持该合同办理房屋产权转移手续，该合同作为本合同附件与本合同具有同等法律的约束力。

第六条 房屋拆迁补助

甲方支付乙方搬家补助费________元；临时过渡费（含交通补助、供暖补助等）________元；转学补助费________元；提前搬家奖励费________元；其他补助费________元；共计人民币________元。

第七条 被拆迁房屋补偿

甲方对被拆除房屋的产权人按以下方式进行补偿：

1. 作价补偿。被拆迁房屋____间，建筑面积________平方米，按每平方米________元作价补偿，甲方支付乙方拆迁补偿费________元。本合同签订后，由乙方负责办理被拆除房屋产权注销手续。

2. 产权调换。甲方以________地点，________房屋，____间，________平方米，补偿乙方；乙方需支付：

(1) 结构差价________元；(2) 面积差价________元；(3) 房屋成新差价________元。

3. ________

第八条 乙方在________年____月____日前应将原住房腾空，并交甲方拆除。

第九条 乙方私自搭建的违章建筑或附属设施应在________年____月____日前自行拆除，逾期不拆除的，甲方有权拆除。

第十条 乙方安置属于临时过渡的，应在收到甲方正式安置通知____日内迁入安置住房内。逾期不搬迁的，不再享受各种补助费，并每逾期一天罚款________元。

第十一条 乙方安置属于临时过渡的，在临时过渡期内，甲方按每月________元支付乙方临时过渡费。

第十二条 甲方应在本合同第三条第三项约定的临时过渡期期满前保证乙方按期回迁，逾期不能回迁的，甲方应在临时过渡期满____天前通知乙方，并按以下方法之一处理：

1. 甲方提供同面积、同质量的安置房屋。

2. 逾期____个月内，甲方按本合同第十一条约定的临时过渡费的________%向乙方加付临时过渡费，逾期超过____个月，甲方按本合同第十一条约定的临时过渡费的____%向乙方加付临时过渡费。

3. ________________

第十三条 特殊情况下安置逾期的处理如果出现下列情况，乙方同意甲方逾期提供安置房屋：

1. 不可抗力造成安置房屋建设延期；

2. 因拆迁户搬迁迟延造成安置房屋建设延期；

3. ________________出现上述情况，甲方应当在情况发生的____天内通知乙方。

因以上情况造成或安置延期时，逾期安置时期的临时过渡费按以下方法处理：

第十四条 本合同自双方签字盖章之日起生效。

第十五条 本合同一式三份，甲、乙双方各持一份，另一份报房屋拆迁主管部门备案。

甲方：＿＿＿＿＿＿代表人：＿＿＿＿＿年＿＿月＿＿日

乙方：＿＿＿＿＿＿代表人：＿＿＿＿＿年＿＿月＿＿日

4. 建设工程拆迁房屋合同

建设单位（以下简称甲方）：＿＿＿＿＿＿＿＿

地址：＿＿＿＿＿邮码：＿＿＿＿＿电话：＿＿＿＿＿

法定代表人：＿＿＿＿＿职务：＿＿＿＿＿

拆迁户（以下简称乙方）：＿＿＿＿＿

地址：＿＿＿＿＿邮码：＿＿＿＿＿电话：＿＿＿＿＿

法定代表人：＿＿＿＿＿职务：＿＿＿＿＿

根据＿＿＿＿＿建筑安装工程的建设需要，经规划部门和拆迁房屋主管机关批准，拆迁乙方现有住房。为了明确甲乙双方的权利义务，保证拆迁工作的顺利进行，经甲乙双方充分协商，特订立本合同，以供双方遵守执行。

第一条 乙方在甲方用地范围内共有＿＿＿＿＿结构的住房＿＿＿幢＿＿＿间，共＿＿＿＿＿平方米（原住房面积的数量，私有房屋以产权证标明自住的数量为准；租住公房以承租数量为准，单位公用房屋以拆除房屋的建筑面积为准），全部交给甲方拆除（乙方自行拆除的，甲方应付给乙方拆除费）。甲方负责于＿＿＿＿＿年＿＿＿月＿＿＿日以前为乙方安排住房（拆除单位的公用房屋，一般由甲方拨给相应的投资、材料，由其挖掘土地潜力自行迁建，或由甲方在城市规划管理部门批准的地区内进行迁建）＿＿＿＿＿平方米（安置房屋原则上不超过原住房面积，乙方原住房过宽或有出租的房屋，在对其安置时应适当压缩，但对压缩面积应按房地产管理部门的规定作价补偿；乙方原住房严重拥挤不便的，应按其家庭人口情况给予适当照顾）。

第二条 乙方应于________年____月____日以前搬往甲方安置的住房或周转房（或乙方自找的周转房），甲方于乙方搬迁后____日内一次付给乙方搬迁费________元。

第三条 甲方对乙方在临时周转期间按下列情况给予补助：

1. 乙方自行找房周转，每人每月补助________元；

2. 由乙方所在工作单位解决乙方周转房致使家庭人口分散居住的，每人每月________元；

3. 乙方用甲方的简易房周转的，周转期间免收房租。简易周转房没有取暖装置的，取暖季节每人每月补助________元取暖费，并按规定补助增加的公共交通月票费用。

第四条 甲方安置乙方的住房位于________，共____套____间，____层____号，配有________等装备。

第五条 乙方家庭的全部成员（18 岁以上者）____等____人一致签字同意____作为乙方代表人，授权他（她）在合同文本和其他文件上签字。甲方付给乙方的各项费用，一律由乙方代表人________领取。甲方对乙方家庭成员中发生与拆迁房屋有关的分家财产、继承纠纷等，一律不负责任。

第六条 甲方如不按合同规定的日期向乙方交付各种费用，逾期一日，应按所欠款额的____%向乙方偿付违约金（如不按时按量向乙方单位拨给相应的投资、材料和迁建用地，每逾期一日，应向乙方偿付________元违约金）；甲方如不按合同规定的地点和面积、层次给乙方安置住房，应向乙方偿付________元的违约金，乙方可以向有管辖权的法院起诉，要求甲方按合同履行义务。

乙方如经甲方按合同规定安置住房后，仍拒不搬迁的，由甲方申请当地房地产管理部门对乙方限期搬出，如逾期仍不搬迁的，每逾期一日，应向甲方偿付违约金________元，甲方并可向有管辖权的人民法院起诉。乙方如遇阴雨天或其他不可抗力原因不能按时搬迁，时间顺延，但必须告知甲方情况。

第七条 其他约定：________________。

本合同自甲乙双方签字之日起生效，合同生效后，甲乙双方均不得擅自修改或解除合同。合同中如有未尽事宜，须经双方共同协商，作出补充规定。补充规定与本合同具有同等效力。合同执行中如发生纠纷，经双方协商仍不能解决的，可提请当地房产管理部门调解，调解不成的，可向人民法院起诉。

本合同正本一式二份，甲乙双方各执一份；合同副本一式____份，交______市（县）房地产管理局、建设银行、建委、计委______等单位各留存一份。

建设单位（甲方）：______（公章）

代表人：______

______年____月____日

拆迁户（乙方）：______（盖章）

代表人：______

______年____月____日

5. 商品房买卖合同示范文本 （GF—2000—0171）

商品房买卖合同说明

1. 本合同文本为示范文本，也可作为签约使用文本。签约之前，买受人应当仔细阅读本合同内容，对合同条款及专业用词理解不一致的，可向当地房地产开发主管部门咨询。

2. 本合同所称商品房是指由房地产开发企业开发建设并出售的房屋。

3. 为体现合同双方的自愿原则，本合同文本中相关条款后都有空白行，供双方自行约定或补充约定。双方当事人可以对文本条款的内容进行修改、增补或删减。合同签订生效后，未被修改的文本印刷文字视为双方同意内容。

4. 本合同文本中涉及到的选择、填写内容以手写项为优先。

5. 对合同文本【 】中选择内容、空格部位填写及其他需要删除或添加的内容，双方应当协商确定。【 】中选择内容，以划√方式选定；对于实际情况未发生或买卖双方不作约定时，应在空格部位打×，以示删除。

6. 在签订合同前，出卖人应当向买受人出示应当由出卖人提供的有关证书、证明文件。

7. 本合同条款由中华人民共和国建设部和国家工商行政管理局负责解释。

商品房买卖合同（合同编号：　　）

合同双方当事人：

出卖人：______________________

注册地址：______________________

营业执照注册号：______________________

企业资质证书号：______________________

法定代表人：______________联系电话：__________

邮政编码：______________________

委托代理人：______________地址：__________

邮政编码：______________联系电话：__________

委托代理机构：______________________

注册地址：______________________

营业执照注册号：______________________

法定代表人：______________联系电话：__________

邮政编码：______________________

买受人：______________________

【本人】【法定代表人】姓名：__________国籍__________

【身份证】【护照】【营业执照注册号】【】__________

地址：______________________

邮政编码：＿＿＿＿＿＿＿＿＿＿＿联系电话：＿＿＿＿＿＿

【委托代理人】【　】姓名：＿＿＿＿＿＿国籍：＿＿＿＿＿

地址：＿＿＿＿＿＿＿＿＿＿＿＿＿＿＿＿＿＿＿＿＿＿＿＿

邮政编码：＿＿＿＿＿＿＿＿＿＿＿电话：＿＿＿＿＿＿

根据《中华人民共和国合同法》、《中华人民共和国城市房地产管理法》及其他有关法律、法规之规定，买受人和出卖人在平等、自愿、协商一致的基础上就买卖商品房达成如下协议：

第一条　项目建设依据

出卖人以＿＿＿＿＿＿方式取得位于＿＿＿＿＿＿＿、编号为＿＿＿＿＿＿的地块的土地使用权。【土地使用权出让合同号】【土地使用权划拨批准文件号】【划拨土地使用权转让批准文件号】为＿＿＿＿＿＿。

该地块土地面积为＿＿＿＿，规划用途为＿＿＿＿，土地使用年限自＿＿＿年＿＿月＿＿日至＿＿＿年＿＿月＿＿日。

出卖人经批准，在上述地块上建设商品房，【现定名】【暂定名】＿＿＿＿＿＿。建设工程规划许可证号为＿＿＿＿＿＿，施工许可证号为＿＿＿＿＿＿。

第二条　商品房销售依据

买受人购买的商品房为【现房】【预售商品房】。预售商品房批准机关为＿＿＿＿＿＿，商品房预售许可证号为＿＿＿＿＿＿。

第三条　买受人所购商品房的基本情况

买受人购买的商品房（以下简称该商品房，其房屋平面图见本合同附件一，房号以附件一上表示为准）为本合同第一条规定的项目中的：

第＿＿＿＿＿＿【幢】【座】＿＿＿＿＿＿【单元】【层】＿＿＿＿＿＿号房。

该商品房的用途为＿＿＿＿＿＿，属＿＿＿＿＿＿结构，层高为＿＿＿＿＿＿，建筑层数地上＿＿＿＿＿＿层，地下＿＿＿＿＿＿层。

该商品房阳台是【封闭式】【非封闭式】。

该商品房【合同约定】【产权登记】建筑面积共＿＿＿＿＿＿平方米，其中，套内建筑面积＿＿＿＿＿＿平方米，公共部位与公用房屋分摊建筑面积＿＿＿＿＿＿平方米（有关公共部位与公用房屋分摊建筑面积构成说明见附件二）。

第四条 计价方式与价款

出卖人与买受人约定按下述第＿＿＿＿＿＿种方式计算该商品房价款：

1. 按建筑面积计算，该商品房单价为（＿＿＿＿币）每平方米＿＿＿＿元，总金额（＿＿＿＿币）＿＿＿＿千＿＿＿＿百＿＿＿＿拾＿＿＿＿万＿＿＿＿千＿＿＿＿百＿＿＿＿拾＿＿＿＿元整。

2. 按套内建筑面积计算，该商品房单价为（＿＿＿＿币）每平方米＿＿＿＿元，总金额（＿＿＿＿币）＿＿＿＿千＿＿＿＿百＿＿＿＿拾＿＿＿＿万＿＿＿＿千＿＿＿＿百＿＿＿＿拾＿＿＿＿元整。

3. 按套（单元）计算，该商品房总价款为（＿＿＿＿币）＿＿＿＿千＿＿＿＿百＿＿＿＿拾＿＿＿＿万＿＿＿＿千＿＿＿＿百＿＿＿＿拾＿＿＿＿元整。

4. ＿＿＿＿＿＿＿＿＿＿＿＿＿＿＿＿＿＿＿＿＿＿＿＿。

第五条 面积确认及面积差异处理

根据当事人选择的计价方式，本条规定以【建筑面积】【套内建筑面积】（本条款中均简称面积）为依据进行面积确认及面积差异处理。

当事人选择按套计价的，不适用本条约定。

合同约定面积与产权登记面积有差异的，以产权登记面积为准。

商品房交付后，产权登记面积与合同约定面积发生差异，双方同意按第＿＿＿＿＿＿种方式进行处理：

1. 双方自行约定：

(1) ＿＿＿＿＿＿＿＿＿＿＿＿＿＿＿＿＿＿＿＿＿＿＿＿；

(2) ____；

(3) ____；

(4) ____。

2. 双方同意按以下原则处理：

(1) 面积误差比绝对值在3%以内（含3%）的，据实结算房价款；

(2) 面积误差比绝对值超出3%时，买受人有权退房。

买受人退房的，出卖人在买受人提出退房之日起30天内将买受人已付款退还给买受人，并按__________利率付给利息。

买受人不退房的，产权登记面积大于合同约定面积时，面积误差比在3%以内（含3%）部分的房价款由买受人补足；超出3%部分的房价款由出卖人承担，产权归买受人。产权登记面积小于合同登记面积时，面积误差比绝对值在3%以内（含3%）部分的房价款由出卖人返还买受人；绝对值超出3%部分的房价款由出卖人双倍返还买受人。

$$面积误差比=\frac{产权登记面积-合同约定面积}{合同约定面积}\times 100\%$$

因设计变更造成面积差异，双方不解除合同的，应当签署补充协议。

第六条 付款方式及期限

买受人按下列第__________种方式按期付款：

1. 一次性付款________________________________。

2. 分期付款__________________________________。

3. 其他方式__________________________________。

第七条 买受人逾期付款的违约责任

买受人如未按本合同规定的时间付款，按下列第__________种方式处理：

1. 按逾期时间，分别处理（不作累加）

(1)逾期在________日之内，自本合同规定的应付款期限之第二天起至实际全额支付应付款之日止，买受人按日向出卖人支付逾期应付款万分之________的违约金，合同继续履行；

(2) 逾期超过________日后，出卖人有权解除合同。出卖人解除合同的，买受人按累计应付款的________%向出卖人支付违约金。买受人愿意继续履行合同的，经出卖人同意，合同继续履行，自本合同规定的应付款期限之第二天起至实际全额支付应付款之日止，买受人按日向出卖人支付逾期应付款万分之________（该比率应不小于第（1）项中的比率）的违约金。

本条中的逾期应付款指依照本合同第六条规定的到期应付款与该期实际已付款的差额；采取分期付款的，按相应的分期应付款与该期的实际已付款的差额确定。

2. ____。

第八条 交付期限

出卖人应当在________年____月____日前，依照国家和地方人民政府的有关规定，将具备下列第____________种条件，并符合本合同约定的商品房交付买受人使用：

1. 该商品房经验收合格。
2. 该商品房经综合验收合格。
3. 该商品房经分期综合验收合格。
4. 该商品房取得商品住宅交付使用批准文件。
5. ____。

但如遇下列特殊原因，除双方协商同意解除合同或变更合同外，出卖人可据实予以延期：

1. 遭遇不可抗力，且出卖人在发生之日起____________日内告知买受人的；
2. ____。
3. ____。

第九条 出卖人逾期交房的违约责任

除本合同第八条规定的特殊情况外，出卖人如未按本合同规定的期限将该商品房交付买受人使用，按下列第____________种方式处理：

1．按逾期时间，分别处理（不作累加）

(1)逾期不超过＿＿＿＿＿日，自本合同第八条规定的最后交付期限的第二天起至实际交付之日止，出卖人按日向买受人支付已交付房价款万分之＿＿＿＿＿的违约金，合同继续履行；

(2)逾期超过＿＿＿＿＿日后，买受人有权解除合同。买受人解除合同的，出卖人应当自买受人解除合同通知到达之日起＿＿＿＿＿天内退还全部已付款，并按买受人累计已付款的＿＿＿＿＿%向买受人支付违约金。买受人要求继续履行合同的，合同继续履行，自本合同第八条规定的最后交付期限的第二天起至实际交付之日止，出卖人按日向买受人支付已交付房价款万分之＿＿＿＿＿（该比率应不小于第（1）项中的比率）的违约金。

2．＿＿＿＿＿＿＿＿＿＿＿＿＿＿＿＿＿＿＿＿＿＿＿＿＿＿＿＿＿＿＿＿。

第十条 规划、设计变更的约定

经规划部门批准的规划变更、设计单位同意的设计变更导致下列影响到买受人所购商品房质量或使用功能的，出卖人应当在有关部门批准同意之日起 10 日内，书面通知买受人：

（1）该商品房结构形式、户型、空间尺寸、朝向；

（2）＿＿＿＿＿＿＿＿＿＿＿＿＿＿＿＿＿＿＿＿＿＿＿＿＿＿＿；

（3）＿＿＿＿＿＿＿＿＿＿＿＿＿＿＿＿＿＿＿＿＿＿＿＿＿＿＿；

（4）＿＿＿＿＿＿＿＿＿＿＿＿＿＿＿＿＿＿＿＿＿＿＿＿＿＿＿；

（5）＿＿＿＿＿＿＿＿＿＿＿＿＿＿＿＿＿＿＿＿＿＿＿＿＿＿＿；

（6）＿＿＿＿＿＿＿＿＿＿＿＿＿＿＿＿＿＿＿＿＿＿＿＿＿＿＿；

（7）＿＿＿＿＿＿＿＿＿＿＿＿＿＿＿＿＿＿＿＿＿＿＿＿＿＿＿。

买受人有权在通知到达之日起 15 日内做出是否退房的书面答复。买受人在通知到达之日起 15 日内未作书面答复的，视同接受变更。出卖人未在规定时限内通知买受人的，买受人有权退房。

买受人退房的，出卖人须在买受人提出退房要求之日起＿＿＿＿＿天内将买受人已付款退还给买受人，并按＿＿＿＿＿利率付给利息。买受人不退房的，应当与出卖人另行签订补充协议。________________。

第十一条 交接

商品房达到交付使用条件后，出卖人应当书面通知买受人办理交付手续。双方进行验收交接时，出卖人应当出示本合同第八条规定的证明文件，并签署房屋交接单。所购商品房为住宅的，出卖人还需提供《住宅质量保证书》和《住宅使用说明书》。出卖人不出示证明文件或出示证明文件不齐全，买受人有权拒绝交接，由此产生的延期交房责任由出卖人承担。

由于买受人原因，未能按期交付的，双方同意按以下方式处理：____。

第十二条 出卖人保证销售的商品房没有产权纠纷和债权债务纠纷因出卖人原因，造成该商品房不能办理产权登记或发生债权债务纠纷的，由出卖人承担全部责任。____。

第十三条 出卖人关于装饰、设备标准承诺的违约责任

出卖人交付使用的商品房的装饰、设备标准应符合双方约定（附件三）的标准。达不到约定标准的，买受人有权要求出卖人按照下述第________种方式处理：

1. 出卖人赔偿双倍的装饰、设备差价。

2. ________________________________。

3. ________________________________。

第十四条 出卖人关于基础设施、公共配套建筑正常运行的承诺

出卖人承诺与该商品房正常使用直接关联的下列基础设施、公共配套建筑按以下日期达到使用条件：

1. ________________________________；

2. ________________________________；

3. ________________________________；

4. ________________________________；

5. ____。

如果在规定日期内未达到使用条件，双方同意按以下方式处理：

1. ____；

2. ____；

3. ____。

第十五条 关于产权登记的约定

出卖人应当在商品房交付使用后__________日内，将办理权属登记需由出卖人提供的资料报产权登记机关备案。如因出卖人的责任，买受人不能在规定期限内取得房地产权属证书的，双方同意按下列第__________项处理：

1. 买受人退房，出卖人在买受人提出退房要求之日起__________日内将买受人已付房价款退还给买受人，并按已付房价款的__________%赔偿买受人损失。

2. 买受人不退房，出卖人按已付房价款的__________%向买受人支付违约金。

3. ____。

第十六条 保修责任

买受人购买的商品房为商品住宅的，《住宅质量保证书》作为本合同的附件。出卖人自商品住宅交付使用之日起，按照《住宅质量保证书》承诺的内容承担相应的保修责任。

买受人购买的商品房为非商品住宅的，双方应当以合同附件的形式详细约定保修范围、保修期限和保修责任等内容。

在商品房保修范围和保修期限内发生质量问题，出卖人应当履行保修义务。因不可抗力或者非出卖人原因造成的损坏，出卖人不承担责任，但可协助维修，维修费用由购买人承担。

__________。

第十七条 双方可以就下列事项约定：

1. 该商品房所在楼宇的屋面使用权__________________；

2. 该商品房所在楼宇的外墙面使用权________________；

3. 该商品房所在楼宇的命名权________________________；

4. 该商品房所在小区的命名权________________________；

5. ____；

6. ____。

第十八条 买受人的房屋仅作____________________使用，买受人使用期间不得擅自改变该商品房的建筑主体结构、承重结构和用途。除本合同及其附件另有规定者外，买受人在使用期间有权与其他权利人共同享用与该商品房有关联的公共部位和设施，并按占地和公共部位与公用房屋分摊面积承担义务。

出卖人不得擅自改变与该商品房有关联的公共部位和设施的使用性质。____

____。

第十九条 本合同在履行过程中发生的争议，由双方当事人协商解决；协商不成的，按下述第________种方式解决：1. 提交____________________仲裁委员会仲裁。

2. 依法向人民法院起诉。

第二十条 本合同未尽事项，可由双方约定后签订补充协议（附件四）。

第二十一条 合同附件与本合同具有同等法律效力。本合同及其附件内，空格部分填写的文字与印刷文字具有同等效力。

第二十二条 本合同连同附件共____________页，一式____________份，具有同等法律效力，合同持有情况如下：

出卖人________份，买受人________份，________份，________份。

第二十三条 本合同自双方签订之日起生效。

第二十四条 商品房预售的，自本合同生效之日起30天内，由出卖人向________________________________申请登记备案。

出卖人（签章）： 买受人（签章）：

【法定代表人】： 【法定代表人】：

【委托代理人】： 【委托代理人】：

（签章）（签章）

________年____月____日　　　　________年____月____日

签于　　　　　　　　　　　　　签于

（商品房买卖合同内容由建设部提供）

附件一：房屋平面图

附件二：公共部位与公用房屋分摊建筑面积构成说明

附件三：装饰、设备标准

1. 外墙：

2. 内墙：

3. 顶棚：

4. 地面：

5. 门窗：

6. 厨房：

7. 卫生间：

8. 阳台：

9. 电梯：

10. 其他：

附件四：合同补充协议

6. 上海市房地产买卖合同样本（2003 版）

合同编号：（　　）

立房地产买卖合同人

出卖人（甲方）：

买受人（乙方）：

根据中华人民共和国有关法律、法规和本市有关规定，甲、乙双方遵循自愿、公平和诚实信用的原则，经协商一致订立本合同，以资共同遵守。

第一条 甲乙双方【未通过经纪机构居间介绍】【通过公司居

间介绍（房地产执业经纪人：，经纪人执业证书号：　）】由乙方受让甲方将自有的房屋及该房屋占用范围内的土地使用权（以下简称房地产），房地产具体状况如下：

（一）甲方依法取得的房地产权证号为：；

（二）房地产坐落在上海市【区】【县】【路】【弄】【新村】【支弄】号室（部位：　）。房屋类型：；结构：　；

（三）房屋建筑面积＿＿＿＿＿＿平方米，该房屋占用范围内的土地使用权【面积】【分摊面积】＿＿＿＿＿＿平方米；

（四）房屋平面图和房地产四至房屋（附件一）；

（五）该房屋占用范围的土地所有权为【国有】【集体所有】；国有土地使用权以【出让】【划拨】【　】方式获得。

（六）随房屋同时转让的设备（非房屋附属设备）及装饰情况（附件二）；

（七）甲方转让房地产的相关关系（包括抵押、相邻、租赁等其他关系）见附件五。

甲方保证已如实陈述房地产权属状况、设备、装饰情况和相关关系，乙方对甲方上述转让的房地产具体状况充分了解，自愿买受该房地产。

第二条　甲、乙双方经协商一致，同意上述房地产转让价款为（＿＿＿＿币）计＿＿＿＿元。(大写)：＿＿＿＿仟＿＿＿＿佰＿＿＿＿拾＿＿＿＿万＿＿＿＿千＿＿＿＿百＿＿＿＿拾＿＿＿＿元整。

乙方付款方式和付款期限由甲乙双方在付款协议(附件三)中约定明确。乙方交付的房价款，甲方应开具符合税务规定的收款凭证。

第三条　甲方转让房地产时，土地使用权按下列第　款办理。

(一)该房屋占用的国有土地使用权的使用年限为从＿＿＿＿年＿＿月＿＿日起至＿＿＿＿年＿＿月＿＿日止。甲方将上述房地产转让给乙方后，出让合同载明的权利、义务一并转移给乙方。

(二)按照中华人民共和国法律、法规、规章及有关规定，办理土地使用权出让手续并缴纳土地使用权出让金。

（三）

第四条 甲、乙双方同意，甲方于＿＿＿＿年＿＿月＿＿日前腾出该房屋并通知乙方进行验收交接。乙方应在收到通知之日起的 日内对房屋及装饰、设备情况进行查验。查验后签订【房屋交接书】，甲方将房屋钥匙交付给乙方，【 】为房屋转移占有的标志。

第五条 甲方承诺，自本合同签订之日起至该房屋验收交接期间，凡已纳入本合同附件二的各项房屋装饰及附属设备被损坏或被拆除的，应按被损坏、或被拆除的房屋装饰及附属设备【估值 倍】【价值 元】向乙方支付违约金。

第六条 甲、乙双方确认，自本合同签订之日起 日内，【甲乙双方共同】【委托甲方】【委托乙方】【委托 】向房地产交易中心申请办理转让过户手续。

上述房地产权利转移日期以【市】【区】【县】房地产交易中心受理该房地产转让过户申请之日为准，但房地产交易中心依法作出不予过户决定的除外。

甲方承诺，在乙方或委托他人办理转让过户时，积极给予协助。由于甲方故意拖延或者不及时提供相关材料的，乙方按本合同第十条追究甲方的违约责任。

第七条 上述房地产风险责任自该房地产【权利转移】【转移占有】之日起转移给乙方。

第八条 本合同生效后，甲、乙双方应按国家及本市有关规定缴纳税、费。

在上述房地产【权利转移】【转移占有】前未支付的物业管理费、水、电、燃气、通信费等其他费用，按本合同附件四约定支付。自【权利转移】【转移占有】后该房地产所发生的费用，按本合同附件四约定支付。

第九条 乙方未按本合同协议约定期限付款的，应当向甲方支付违约金，违约金按乙方逾期未付款日万分之＿＿＿＿计算，违约金自本合同应付款期限之第二日起算至实际付款之日止。逾期超过 日后乙方仍未付款的，除乙方应向甲方支付的违约金外，甲、乙双方同意按下列第 项处理。

一、合同继续履行，乙方还应继续向甲方支付违约金至实际付款之日止，违约金按乙方逾期未付款日万分之________计算。

二、甲方有权单方解除合同。甲方单方解除合同的，应书面通知乙方，乙方承担赔偿责任，赔偿金额为总价款的 %。甲方可从乙方已付款中扣除相当于违约金和赔偿金部分的价款，余款返还给乙方，已付款不足违约金和赔偿金部分的，乙方应在接到书面通知之日起________日向甲方支付。

三、____。

第十条 甲方未按本合同协议约定的期限将上述房地产交付（包括房地产交接以及房地产权利转移）给乙方，应当向乙方支付违约金，违约金按乙方已付款的万分之________计算，违约金自本合同第四条和第六条约定的应当交付之日起至实际交付之日止。逾期超过 日后甲方仍未交付的，除甲方应向乙方支付 日违约金外，甲、乙双方同意按下列第 项处理。

一、合同继续履行，甲方还应继续向乙方支付违约金至实际交付之日止，违约金按乙方已付款的万分之________计算。

二、乙方有权单方解除合同。乙方单方解除合同的，应书面通知甲方，甲方承担赔偿责任，赔偿金额为总价款的 %。甲方应在接到书面通知之日起________日内退还乙方已支付的房价款，并支付违约金和赔偿金。

三、____。

第十一条 经甲、乙双方协商一致，在不违反有关法律、法规的前提下，本合同原则的前提下，双方订立的补充条款和补充协议及附件为本合同不可分割的一部分。本合同补充条款与正文条款不一致的，以补充条款为准。

第十二条 本合同自【甲、乙双方签订】【________公证处公证】【 】之日起生效。

第十三条 本合同适用于中华人民共和国法律、法规。甲、乙双方在履行本合同过程中若发生争议，应协商解决，协商不能解决的，提交上海市仲裁委员会仲裁（不愿意仲裁的，愿意向人民法院起诉的，请将此条款划去）。

第十四条 本合同一式____份，甲、乙双方各执____份，__________【市】【区】【县】房地产交易中心各执一份。

补充条款

附件一 房屋平面图及房地产四至范围

附件二 随房屋同时转让的设备（非房屋附属设备）及装饰情况

设备：

装饰：

附件三 付款协议

本合同签订后，乙方于 年 月 日支付全部房价款的 %计 币 元，作为定金，待支付尾款时抵作房价款。

乙方于【 年 月 日前】【 后 日】支付 币 元（大写）： 。

乙方于【 年 月 日前】【 后 日】支付 币 元（大写）： 。

附件四 物业管理费、水、电、煤、电讯等其他费用的支付

除下列应由甲方、乙方支付的各项费用外，在【权利转移】【转移占有】前未支付、未结算的费用均由甲方承担；【权利转移】【转移占有】后，使用该房地产所发生的费用均由乙方承担。

1. 由甲方承担的费用

2. 由乙方承担的费用

附件五 相关关系（包括抵押、相邻、租赁等其他关系）

已购公房参加房改购房时的同住成年人意见

同意出售上述房屋。

（签章）

（签章）

（签章）
（签章）
租赁情况：
抵押情况：
相邻情况：
附件六　居间介绍、代理等中介服务情况
【居间介绍】【代理】的
房地产经纪公司：（章）
联系地址：
联系电话：
房地产执业经纪人姓名：
房地产经纪人执业证书号：
联系电话：
居间介绍、代理内容：
【代理委托方：　　　　方】【居间介绍】【代理】的
房地产经纪公司：（章）
联系地址：
联系电话：
房地产执业经纪人姓名：
房地产经纪人执业证书号：
联系电话：
居间介绍、代理内容：
【代理委托方：　　　　方】

7. 北京市经济适用住房买卖合同

卖方（以下简称甲方）：
买方（以下简称乙方）：
甲方根据《中华人民共和国城市房地产管理法》及有关规定，

已依法通过划拨方式取得北京市区（县）地块的国有土地使用权，土地面积为平方米，国有土地使用证件为____。甲方在上述地块上建设的项目名称为____，现已竣工，取得房屋所有权证（房屋所有权证字号），经北京市房屋土地管理局审核，准予上市销售，北京市经济适用住房销售许可证号为京房内证（经）字第　号。

乙方自愿购买甲方的房屋，甲方愿意出售，甲方出售该房屋时亦同时将该房屋所占用范围内的划拨土地使用权转让给乙方。双方经友好协商，就上述房屋的买卖事项，订立本合同。

第一条　房屋，该房屋状况详见附件一。房屋建筑面积为平方米（包括套内建筑面积平方米，分摊的共有共用建筑面积平方米），共有共用部位详见附件二。土地使用面积为平方米（含共有共用面积）。上述面积已经房屋土地管理部门测绘。

第二条　双方同意上述房屋售价为每建筑平方米人民币元，价款合计为人民币（大写）____仟____佰____拾____万____仟____佰____拾____元整（小写）____元。乙方预付的定金元，在乙方支付购房价款时转为购房价款。

第三条　乙方同意________年____月____日前将购房价款全部当面交付甲方或汇入甲方指定银行。

甲方指定银行：

银行账号为：

第四条　甲方同意在________年____月____日前将房屋交付给乙方。交付时，甲方提交建设工程质量监督部门出具的《北京市建设工程质量合格证书》，并办妥全部交接手续。交付地点：____。

甲方同意按《建设工程质量管理办法》、《北京市建设工程质量条例》及有关规定，自房屋交付之日起对乙方购置的房屋进行保修。

第五条　乙方同意其购置的房屋在小区物业管理委员会或业主管理委员会未选定物业管理机构之前由甲方或甲方委托的管理公司负责管理。

第六条 双方同意在签订本合同后一个月内，持本合同和有关证件共同到北京市房地产交易管理部门办理房屋买卖过户手续，申领房地产权属证件，并按规定交纳有关税费。

第七条 本合同生效后，除不可抗力外，甲方不按期交付房屋的，乙方有权向甲方追索违约金。违约金自约定房屋交付之日第二天起至实际交付之日止，每延期一日，甲方按乙方已支付房价款金额的万分之____（大写数字）向乙方支付违约金。逾期超过____日（遇法定节假日顺延）甲方仍未交付房屋的，乙方有权解除本合同。合同解除自乙方书面通知送达甲方之日起生效。甲方除在合同解除后 30 日内向乙方双倍返还定金外，并须将乙方已付的房价款及利息全部退还给乙方，利息按____利率计算。

第八条 本合同生效后，除不可抗力外，乙方不按期付款的，甲方有权向乙方追索违约金。违约金自本合同约定付款之日第二日起至实际付款之日止，每延期一日，乙方按延期交付房价款的万分之____（大写数字）向甲方支付延期违约金。逾期超过____日（遇法定节假日顺延）乙方仍未付款的，甲方有权解除本合同。合同解除自甲方书面通知送达乙方之日起生效。乙方已交纳的定金甲方不予返还。

第九条 本合同由双方签字之日起生效，未尽事项，双方可另签补充协议。本合同的附件和双方签订的补充协议，为本合同不可分割的组成部分，具有同等的法律效力。

第十条 双方凡因履行本合同引起的纠纷，应协商解决。协商不成的，双方同意按以下第________种（大写）方式解决纠纷。

1. 提交北京仲裁委员会仲裁。

2. 任何一方均可向房地产所在地的人民法院提起诉讼。

第十一条 本合同正本一式两份，甲乙双方各执壹份，副本____份，房地产交易管理部门壹份，。

甲方（签字）： 乙方（签字）：

法定代表人： 法定代表人：

身份证号码： 身份证号码：

地址：　　　　　　　　　　　　　地址：

联系电话：　　　　　　　　　　联系电话：

邮政编码：　　　　　　　　　　邮政编码：

代理人：　　　　　　　　　　　代理人：

联系电话：　　　　　　　　　　联系电话：

签约地点：

签约时间：

附件一：房屋状况（略）

附件二：共有共用部位（略）

8. 北京市经济适用住房预售合同

卖方（以下简称甲方）：

买方（以下简称乙方）：

甲方根据《中华人民共和国城市房地产管理法》及有关规定，已依法通过划拨方式取得北京市区（县）地块的国有土地使用权，土地使用面积为平方米，国有土地使用证件为____。甲方在上述地块上建设的，现已具备规定的预售条件，经北京市房屋土地管理局批准，准予上市预售，经济适用住房销售许可证号为京房内证（经）字第____号。

乙方自愿购买甲方的房屋，房屋用途为普通住宅。乙方预购房屋的定金为人民币一元。双方经协商，就该房屋的预售预购事项订立本合同。

第一条　房屋，该房屋状况详见附件一。房屋建筑面积为平方米（包括：套内建筑面积平方米，分摊的共有共用建筑面积平方米），共有共用部位详见附件二。上述建筑面积为甲方暂测面积，房屋竣工后以测绘部门实测面积为准。

甲方出售该房屋时亦同时将该房屋所占用范围内的划拨土地使用权转让给乙方，土地使用面积（含分摊的共有共用面积）为平方米，该土地使用面积为甲方暂测面积，房屋竣工后以测绘部门实测面积为准。

第二条 甲乙双方同意，结算房价款时，房屋的实测建筑面积与暂测建筑面积的误差不超过暂测建筑面积的±____%（含）时，按照本合同第三条所述房屋单价据实结算；房屋建筑面积误差超过上述约定幅度时，自甲方向乙方出示测绘部门实测面积数据之日起____日内，甲乙双方同意按下述第____种（大写）方式处理：

1. 乙方有权解除本合同，合同解除自乙方书面通知送达甲方之日起生效，甲方除在合同解除之日起30日内向乙方双倍返还定金外，并须将乙方已付房价款及利息全部退还乙方。利息按利率计算。

2. 按照本合同第三条所述房屋单价据实结算。

3. 。

第三条 双方同意上述预售房屋售价为每建筑平方米人民币____元，价款合计为人民币（大写）____仟____佰____拾____万____仟____佰____拾____元整（小写）____元。付款方式见本合同附件三。乙方同意按双方签订的付款方式如期将购房价款当面交付甲方或汇入甲方指定的银行。乙方所支付的定金在乙方最后一次付款时转为购房价款。甲方售楼款监管银行账号为____。

第四条 乙方如未按本合同附件三付款方式规定的时间付款，甲方有权向乙方追索违约金。违约金自本合同约定的付款期限第二日起至实际付款之日止。每延期一日乙方按延期交付价款的万分之____（大写数字）向甲方支付延期违约金。逾期超过____日（遇法定节假日顺延）乙方仍未付款的，甲方有权解除本合同。合同解除自甲方书面通知送达乙方之日起生效。乙方已交纳的定金甲方不予返还。

第五条 甲方向乙方交付房屋时，应同时提交建设工程质量监督部门出具的《北京市建设工程质量合格证书》和测绘部门实测面积数据；若双方约定交付初装修房屋的，须按照《北京市住宅工程实行初装修竣工质量核定规定（试行）》的要求，提交建设工程质量监督部门验收合格证件和测绘部门实测面积数据。符合本条款所述条件后，甲方交付房屋的日期为____年____月____日。甲方交付的房屋被建设工程质量监督部门认定不合格的，乙方有权解除本合同，甲方在合同解除之日起30日内除向乙方双倍返还定金外，还应全部退还乙方已付的房价款及利息，利息按____利率计算。

第六条 甲方交付房屋的装修、设备与附件规定的标准不符的，甲方同意按____向乙方补偿。

第七条 除不可抗力外，甲方未按期将房屋交付给乙方的，乙方有权向甲方追索违约金。违约金支付时间自本合同约定房屋交付之日第二日起至实际交付之日止，每延期一日，甲方按乙方已交付房价款金额的万分之____（大写数字）向乙方支付违约金。逾期超过____日（遇法定节假日顺延）甲方仍未交付房屋的，乙方有权解除本合同。合同解除自乙方书面通知送达甲方之日起生效。甲方在解除合同之日起30日内须将乙方已支付的房价款及利息全部退还给乙方，并向乙方双倍返还定金（利息计算同第五条）。

第八条 本合同签订后，因甲方变更其建筑设计而影响乙方购买房屋的套内面积、平面布局和使用空间的，应于____日内书面通知乙方。乙方于收到通知之日起____日内有权解除本合同。合同解除自乙方书面通知送达甲方之日起生效。甲方在解除合同之日起30日内须将乙方已付的购房价款及利息退还乙方（利息计算同第五条），并向乙方双倍返还定金。甲方变更建筑设计不告知乙方的，乙方有权解除本合同，甲方除应退还乙方已付的房价款及利息（利息计算同第五条），并向乙方双倍返还定金外，还应承担补充协议中双方约定的违约责任。

第九条 甲方同意按《建设工程质量管理办法》、《北京市建设工程质量条例》及有关规定，自竣工房屋交付之日起对乙方购置的房屋进行保修。

第十条 乙方同意在小区物业管理委员会或业主管理委员会未选定物业管理机构之前，其购置的房屋由甲方或甲方指定的物业管理公司负责管理。

第十一条 双方同意在签订本合同后三十日内，持本合同和有关证件共同到北京市房地产交易管理部门办理预售、预购登记手续。

第十二条 双方同意房屋符合交用条件时按规定共同到房地产交易管理部门办理房屋买卖过户手续，申领房地权属证件，并按规定交纳有关税费。

第十三条 本合同在履行中如发生争议，双方应协商解决。协商不能解决的，双方同意按以下第____种（大写数字）方式解决纠纷。

1. 提交北京仲裁委员会仲裁。

2. 任何一方均可向房地产所在地人民法院提起诉讼。

第十四条 本合同未尽事宜，双方可签订补充协议。本合同的附件和双方签订的补充协议为本合同不可分割的组成部分，具有同等法律效力。

第十五条 本合同正本一式两份，甲乙双方各执壹份，副本共____份，房地产交易管理部门壹份。

甲方（签章）：	乙方（签章）：
法定代表人：	法定代表人：
身份证号码：	身份证号码：
地址：	地址：
联系电话：	联系电话：
邮政编码：	邮政编码：
代理人：	代理人：
联系电话：	联系电话：
年　月　日	年　月　日

预售登记机关：（章）

经办人：

附件一：房屋状况（略）

附件二：共有共用部位（略）

附件三：付款方式（略）

9. 上海市商品房预订协议

特别告知

一、本协议系根据《合同法》、《担保法》及有关规定制定的示范文本，印制的条款系提示性条款，供双方当事人预订商品房时采用；括号内为并列选择项，不选择的划除。

二、房地产开发企业应领取《商品房预售许可证》后方可进行预订行为。预订行为，包括认购、预约、定（订）购、预定等，系当事人一方向另一方以交付一定数额金钱作为双方签订商品房预、出售合同担保的行为。预订协议以一方当事人实际交付定（订）金为生效要件。

三、本协议定（订）金数额由双方当事人根据《中华人民共和国担保法》等法律、法规协商确定。

上海市商品房预订协议

立协议人

甲方：

乙方：

甲、乙双方遵循自愿、公平和诚实信用的原则、经协商一致，就乙方向甲方预订《________________________》商品房事宜，订立本协议。

第一条 乙方预订________________路________________弄《______________》______________幢（号）______________层____________室（以下简称房屋）。甲方已领取该房屋（商品房预售许可证）（房地产权证）（证书号：______________），并经____________测绘机构（预测）（实测），该房屋建筑面积为

__________平方米，其中，套内建筑面积__________平方米。该房屋定于__________年__________月交付。

第二条 （乙方预订的该房屋每平方米（建筑面积）（套内建筑面积）买卖单价为人民币__________元），（乙方预定的该房屋总价款为人民币__________元），乙方采取（一次性付款）（分期付款）（抵押贷款付款）方式。

第三条 乙方同意签订本协议时，支付定（订）金人民币__________元，作为甲、乙双方当事人订立商品房预（出）售合同的担保，签订商品房预（出）售合同后，乙方支付的定（订）金转为房价款。

第四条 甲、乙双方商定，预订期为________天，乙方于________年____月____日前到（甲方售楼处）（__________）与甲方签订（《上海市商品房预售合同》）（《上海市商品房出售合同》）。

第五条 甲方同意将发布或提供的广告、售楼书、样品房所标明的房屋平面布局、结构、建筑质量、装饰标准以及附属设施、配套设施等状况作为商品房预（出）售合同的附件。

第六条 在本协议第四条约定的预订期限内，除本协议第七条、第八条约定的情形外，甲方拒绝签订商品房预（出）售合同的，双倍返还已收取的定（订）金；乙方拒绝签订商品房预（出）售合同的，无权要求甲方返还已收取的定（订）金。

第七条 有下列情况之一，乙方拒绝签订商品房预（出）售合同的，甲方应全额返还乙方已支付的定（订）金：

1. 甲乙双方在签订商品房预（出）售合同时，因面积误差处理条款、违约责任条款、争议解决方式等条款，存在分歧，不能协商一致；

2. 甲乙双方签订本协议后签订商品房预（出）售合同前，由司法机关、行政机关依法限制该房屋房地产权利的。

第八条 有下列情况之一，乙方拒绝签订商品房预（出）售合同的，甲方应双倍返还乙方已支付的定（订）金：

1. 甲方未遵守本协议第二条、第五条约定的；

2. 甲方未告知乙方在签订本协议前该房屋已存在的抵押、预租、查封等事实的。

第九条 本协议一式____份，甲乙双方各持____份，__________、__________各执一份。

甲方：（签章）　　年　月　日

乙方：（签字）　　年　月　日

10. 上海市商品房预售合同

甲方（卖方）：______________________________

住所：______________________邮编：__________

营业执照号码：______________资质证书号码：__________

法定代表人：________________联系电话：__________

乙方（买方）：______________________________

国籍：________性别：________出生年月日：__________

住所（址）：________________邮编：__________

身份证/护照/营业执照号码：________联系电话：________

委托/法代理人：______________________________

住所（址）：________________联系电话：__________

甲、乙双方在平等、自愿、协商一致的基础上，就乙方购买甲预售的《__________》商品房事宜，订立本合同。

第一条 甲方通过土使用权出让/转让/划拨方式取得__________区/县__________地块土地使用权，并依法进行了地土地使用权登记取得房地产权证，证书号为：__________，土地面积为：__________，土地用途为：__________。

甲方经批准，在该地块上投资建造《__________》（暂定名/现定名）商品房，主体建筑物的建筑结构为________结构；建筑物地上层数为________层，地下层数为________层。上述商品房已具备《上海市房地产转让办法》规定的预售条件，__________局已批准上市预售（预售许可证编号：__________）。

第二条 乙方向甲方购买__________路__________《__________》__________幢（号）__________层__________室（以下简称该房屋），政府批准的规划用途为__________。据甲方暂测该房屋建筑面积为__________平方米，其中套内建筑面积为__________平方米、公用分摊建面积为__________平方米。该房屋建筑层高为__________米。该房屋建筑设计及平面图见本合同附件二；该房屋建筑结构、装修及设备标准见本合同附件三；该房相关情况说明（抵押关系、租赁关系、相邻关系及小区平面布局）见本合同附件四；该房屋《前期业管理服务合同》，《使用公约》或有关承诺书见本合同附件五。

第三条 乙方购买该房屋，每平方米房屋建筑面积单价为人民币__________元。

（大写）：__________________________。

根据甲方暂测的房屋建筑面积，乙方购买该房屋的总房价暂定为人民币__________元。

（大写）：__________________________。

第四条 乙方购买该总房价款（含附件三中装修、设备价格）是指该房屋和相应比例的土地使用权的总价。本合同约定的总房价款除该房屋建筑面积的暂测与实测不一致的原因外，不再作变动。

第五条 在该房屋交付时，房屋建筑面积以上海市房屋土地资源管理局认定的测绘机构实测面积为准，甲方暂测面积与实测面积不一致时，除法律、法规、规章另有规定外按下列约定处理：

1. 按该房屋每平方米建筑面积单价计算多退少补；

2. 甲方同意当暂测面积与实测面积的误差超过＋__________％（包括__________％），不向乙方收取超过分的房价款；甲方同意当暂测面积与实测面积的误差超过－__________％（包括－__________％），乙方权单方面解除本合同。乙方行使单方解除权时，必须在双方签署《房屋交接书》之时或之前提出，否视为放弃该项权利。

第六条 签订本合同时，该房屋建设工程建设到__________。乙方应当按本合同约定时间如期足额将房价款解入甲方的预售款监管账户（预售款监管机构：____________、账户名称：____________、账号：____________）。

预售款按政府规定监管使用。

乙方的付款方式和付款期限由甲乙双方在附件一中约定明确。

第七条 乙方如末按本合同约定的时间付款，应当向甲方支付违约金，违约金按逾期末付款额的日万分____计算，违约金自本合同的应付款期限之第二天起算至实际付款之日止。逾期超过________天后，甲方有权选择下列第________种方案追究乙方责任：

壹、甲方有权单方面解除本合同，乙方应当承担赔偿责任。赔偿金额为房价款的________%，甲方有权乙方已支付的房价款中扣除乙方应支付的赔偿金额，剩余房款退还给乙方。如乙方已支付的房价款不足赔偿的，甲方有权追索。甲方如行使解除合同权的，应当书面通知已方。

贰、

第八条 签订本合同后，甲方不得擅自变更该房屋的建筑设计（见附件二），确需变更的应该征得乙方书面同意并报规划管理部门审核批准，在获得批复批准之日起________天内与乙方签订本合同变更协议。甲方末征得乙方同意擅自变更该房屋的建筑设计，乙方有权单方面解除本合同。

第九条 甲方不得擅自变更已经与乙方约定的小区平面布局（见附件四），确需变更的应该征得乙方书面同意。

甲方末征得乙方同意变更小区的平面布局，乙方有权要求甲方恢复，如不能恢复的，甲方应当向乙方支付总房价款的________%违约金。

第十条 该房屋的交付必须符合下列第＿＿＿＿种方案所列条件：

壹、取得了房地产初始登记手续，取得新建商品房房地产权证（大产证）；甲方对该房屋抵押已注销；甲已按规定缴纳了物业维修基金。

贰、取得了《住宅交付使用许可证》；甲方对该房屋抵押已注销；甲方已按规定缴纳了物业维修基金；甲方承诺在＿＿＿＿年＿＿月＿＿日前取得房地产初始登记手续，取得新建商品房房地产权证（大产），如到时不能取得商品房房地产权证（大产证），乙方有权单方面解除本合同。

第十一条 甲方定于＿＿＿＿年＿＿＿＿月＿＿＿＿日前将该房屋交付给乙方，除不可抗力外。

第十二条 甲方如未在本合同第十一条约定期限内将该房屋交付乙方，应该向乙方支付违约金，违约金按方已支付的房价款日万分之＿＿＿＿计算，违约金自本合同第十一条约定的最后交付期限之第二天起算实际交付之日止。逾期超过＿＿＿＿天，乙方有权选择下列第＿＿＿＿种方案追究甲方责任：

壹、乙方有权单方面解除本合同。

第十三条 该房屋符合本合同第十条约定的交付条件后，甲方应在交付之日前＿＿＿＿天书面通知乙方办理交该房屋的手续。乙方应在收到该通知之日起＿＿＿＿天内，会同甲方对该房屋进行验收交接。房屋交付标志为＿＿＿＿。

在验收交接时，甲方应出示符合本合同第十条约定的房屋应交付条件的证明文件，因该房屋用途为＿＿＿＿用房，甲方应向乙方提供《＿＿＿＿质量保证书》和《＿＿＿＿使用明书》。同时，甲方应当根据乙方提供实测面积的有关资料。

甲方如不出示和不提供前款规定的材料，乙方有权拒绝接收该房屋，由此而产生的延期交房的责任由方承担。

第十四条 在甲方办理了新建商品房房地产初始登记手续、取得了房地产权证（大产证）后＿＿＿＿日，由甲、乙双方签署本合同夫窑房屋交接书》。《房屋交接书》作为办理该房屋过户手续的必备文件。

甲、乙双方在签署《房屋交接书》之日起________天内，由双方依法向____________交易中心办理价申报、过户申请手续、申领该房屋的房地产权证（小产证）。

第十五条 该房屋的风险责任自该房屋交付之日起由甲方转移给乙方。如乙方末按约定的日期办理该房的验收交接手续，甲方应当发出局面催告书一次。乙方末按催告书的日期办理该房屋的验收交接手续的，则自催告书约定的验收交接日第二日起该房屋的风险责任转移由乙方承担。

第十六条 甲方保证在向乙方付该房屋时该房屋没有甲方设定的抵押权，也不存在其他产权纠纷和财务纠纷。如房屋交付后出现与甲方保证不相一致的情况，由甲方承担全部责任。

第十七条 甲方交付的该房屋系验收合格的房屋。如该房屋的装修、设备标准达不到本合同附件三约定的准，乙方有权要求甲方按实际的装修、设备与约定的装修、设备差价倍给予补偿。如主体结构不符本合同附件三约定的标准，乙方有权单方面解除本合同。

双方商定对标准的认定产生争议时，委托本市有资质的建设工程质量检测机构检测并以该机构出具的书面鉴定意见为处理争议的依据。

第十八条 该房屋交付后，乙方认为主体结构不合格的，可以委托本市有资质的建设工程质量检测机构检测。经核验，确属主体结构不合格的，乙方有权单方面解除本合同。

第十九条 乙方行使本合同条款中约定的单方面解除本合同权利时应书面通知甲方，甲方应当在收到乙方的书面通知起____天内将乙方已支付的房价款（包括利息，利息按中国人民银行颁布的同期款利率计算）全部退还乙方，并承担赔偿责任，赔偿金额为总房价款的____%，在退还房价款时一并支付给乙方。

前款及本合同其他条款所称已支付的房价款是包括乙方直接

支付的和通过贷款方式支付的房价款。

第二十条 甲方交付该房屋有其他工程质量问题的，乙方在保修期内有权要求甲方除免费修复外，还须按照修复费的________倍给予补偿。

双方商定对该房屋其他工程质量问题有争议的，委托本市有资质的建设工程质量检测机构检测并以该机构出具的书面鉴定意见为处理争议的依据。

第二十一条 自该房屋验收交接之日起，甲方对该房屋负责保修。保修范围和保修期由甲乙双方参照国务院发布的《建设工程质量管理条例》及《上海市房地产转让办法》规定在本合同附件五中约定。

第二十二条 甲方已选聘____________物业公司对该房屋进行前期物业管理，与其签订了《前期物业管理服务合同》（见附件五）。因该房屋规划用途为____________用房，甲乙方已签订了《____________作用公约》（见附件五）。

第二十三条 乙方购买的房屋及其相应占有的土地使用权不可以分离。自该房屋的房地产权利转移日起，甲方与____________签订的土地使用权出让、转让合同中定的权利、义务和责任转移给乙方。

第二十四条 本合同项下乙方享有的权益（房屋期权），乙方可以依法转让，抵押。乙方依法行使上权利时，甲方应予协助。

第二十五条 本合同一方按照本合同约定向另一方送达的任何文件回复及其它任何联系，必须用书面方式，且采用挂号邮寄或直接送达的方式，送达本合同所列另一方的地址或另一方以本条所述方式更改后的地址。如以挂号邮寄的方式，在投邮后（以寄出的邮戳为准）第________日将被视为已送达另一方，如以直接送达的送达的方式送，则于另一方签收时视作已送达。

第二十六条 该房屋买卖过程中所民生的税费按有关规定由甲、乙双方各自承担。

第二十七条 本合同的补充条款、附件及补充协议均为本合同不可分割的部分。本合同补充条款、补充协议与正文条款不相一致的，以补充条款、补充协议为准。

本合同的未尽事宜及本合同在履行过程中需变更的事宜，双方应通过订立变更协议进行约定。

第二十八条 甲、乙双方在签署本合同时，对各自的权利和义务清楚明白，并愿按本合同约定严格行如一方违反本合同，另一方有权按本合同约定要求索赔。

第二十九条 本合同自双方签字/__________公证处公证之日起生效。双方商定全合同生效日起________日内由甲方/乙方/双方负责向房地产登记机构办理本合同登记备案手续。

若责任方逾期不办理合同登记备案手续造成另一方损失的，应当承担赔偿责任。

第三十条 本合同登记备案后，如发生协议解除本合同的事实时，在事实发生之日起 30 天内双方持解除合同的书面文件到____________房地产登记机构办理注销本合同登记备案的手续。

甲方或乙方依据本合同有关条款的约定单方解除本合同的甲方或乙方应凭单方面解除合同的书面通知的送达凭据单方面到房地产登记机构办理注销本合同登记备案的手续。

第三十一条 甲、乙双方在履行本合同过程中发生争议，应协商解决。协商不能解决的，选定下列第__________种方式解决（不选定的划除）：

壹、向________________仲裁委员会申请仲裁；

贰、依法向人民法院起诉。

第三十二条 本全同壹式________份，均具有同等效力。其中甲乙双方各执________份，____________________________、____________________各执壹份。

附件一

付款方式和付款期限

（粘贴线）　　　　　　　　　　（双方骑缝签字或盖章）

附件二

该房屋建筑设计及平面图

（粘贴线）　　　　　　　　　　（双方骑缝签字或盖章）

附件三

该房屋建筑结构、装修及设备标准

（粘贴线）　　　　　　　　　　（双方骑缝签字或盖章）

附件四

该房屋相关情况（抵押、租赁、相邻关系及小区平面布局）

（粘贴线）　　　　　　　　　　（双方骑缝签字或盖章）

附件五

该房屋《前期物业管理服务合同》、《使用公约》或有关承诺书

（粘贴线）　　　　　　　　　　（双方骑缝签字或盖章）

补充条款

（粘贴线）　　　　　　　　　　（双方骑缝签字或盖章）

补充条款

（粘贴线）　　　　　　　　　　（双方骑缝签字或盖章）

甲方（名称）：	乙方（名称或名字）：
法定代表人签署：	乙方本人签署：
法定代表人的	________的委托代理人/
委托代理人签署：	法定代理人签署：
甲方盖章：	乙方盖章：
日期：　年　月　日	日期：　年　月　日
签于：	签于：

本合同登记备案情况注记

____

甲、乙双方于________年________月________日签订的本合同，已予登记备案。

经办人：

房地产交易管理所（章）

年　　月　　日

房屋交接书

________年________月________日甲、乙双方对________室（________车位）进行验收交接，双方确认；

1. 甲方交付给乙方的房屋为________________室（________车位）。

该房屋的实测建筑面积为________平方米），实测建筑面积的测绘机构为上海市房屋土地资源管理局认定的________。

新建商品房房地

产权证号（大产证）：________________。

2. 该房屋的总房价款为人民币________元。

（大写）：________________________________。

乙方已付清全部房价款/乙方已付人民币________元。

（大写）：________________________________。

甲方已开具发票/收据给乙方。

3.

本交接书由甲、乙双方签字生效。

甲方签字：　　　　　　　　　　乙方签字：

日　　期：　　　　　　　　　　日　　期：

本合同权益转让书

转让方(甲方)________________________________

立书人

受让方(乙方)________________________________

甲、乙双方经协商一致，就甲方向乙方转让本合同（指甲方为购买正在建造的________________室商品房，于________

年________月________日与____________________公司签订的商品房预售合同，该预售合同已登记备案）权益达成如下约定：

第一条 关于转让价款的约定

第二条 关于权利、义务转移的约定

第三条 关于房屋交付的约定

甲方已征得/书面通知____________________公司________将已预购的____________________室内商品房转让给乙方。待房屋交付，乙方凭本合同权益书即可与____________办理房屋交接手续。如移民来的移民办理房屋交接手续，则由甲方承担责任。

本合同权益转让书自双方签字/________公证处公证之日起生效。

甲方签字：　　　　　　　　　　　乙方签字：

日　期：　　　　　　　　　　　　日　　期：

11. 上海市房地产经纪合同样本

（合同编号：　　）本合同

双方当事人

委托人（甲方）

经纪人（乙方）

依据国家有关法律，法规和本市有关规定，甲、乙双方在自愿、平等和协商一致的基础上，就甲方授权委托乙方，乙方接受甲方委托从事地产经纪事项达成一致，订立本合同。

第一条 甲方委托乙方为其提供房地产经纪服务中介［　　］；代理［　　］；咨询［　　］；向乙方提供以下有效证明：（见附件一）（　　）

1. 身份证；国籍［　　］编号［　　］（　　）

2. 营业执照；编号［　］（　　）

3. 房地产权证；编号［　　］（　）

4. 商品房预售许可证；编号［　］（　）

5. 他项权利证书；编号［　］（　）

6. 其他证明或资料［　］ 甲方提供的上述证明和资料，证明甲方具备委托本合同事项的合法当事人。

第二条 乙方向甲方出示下列有效证明（见附件二）（　）

1. 身份证；国籍［　　］编号［　］（　）

2. 营业执照；编号［　］（　）

3. 房地产权证；编号［　］（　）

4. 商品房预售许可证；编号［　　］（　　）

5. 他项权利证书；编号［　］（　）

6. 其他证明或资料［　　］　　乙方提供的上述证明和资料，证明乙方具备委托本合同事项的合法当事人。

第三条 甲方委托乙方据实为其提供房地产经纪服务。共________项；

1. 房地产经纪事项内容________________________。

2. 具体要求：________________________。

3. 其他要求：________________________。

第四条 甲、乙双方议定，在本合同履行期限内，甲方对其委托的各房地产经纪事项，应在规定范围之内按下列比率向乙方支付服务费。

居间介绍、代理房地产转让，按成交价的____%计算支付；

居间介绍、代理房地产租赁的，按月租金的____%一次性计算支付；

居间介绍、代理房地产交换的，按房地产评估价值的____%计算支付；

咨询服务的支付________元。

服务费支付的时间、条件、金额、支付方式和结算方法，甲、乙双方在本合同补充条款中约定履行。

第五条 本合同履行期间。除甲方原因，乙方不能履行本合同第三条乙方服务的各房地产经纪事项的，乙方同意甲方不支付本合同第四条约定的各项服务费。甲方已预付的服务费全部退还。乙方不能完全履行的，则相应减少甲方应支付的服务费。具体数额由甲、乙双方在补充条款中另行约定。

甲、乙双方签订本合同生效后，在合同履行期间甲方未经乙方同意。中途毁约，甲方已支付给乙方的服务费不予退还。未支付给乙方服务费的，乙方有权按双方约定偿付服务费的标准，向甲方追索。

第六条 本合同履行期间，甲、乙双方任何一方须变更本合同的，要求变更的一方应及时书面通知对方，征得对方同意后，双方在规定的时限内（书面通知发出________天内）签订变更协议。否则，由此造成对方的经济损失，由责任方承担。

第七条 本合同履行期间，乙方应将本合同第三条为甲方服务的各房地产经纪事项履行情况及时告知甲方，甲方对乙方的履约应提供必要的帮助。并有权随时进行查询、督促。

乙方发生将本合同第三条为甲方服务的各房地产事项转委托其他房地产经纪人的，必须事先征得甲方的书面同意，由此而增加的费用和法律责任，由乙方承担。

第八条 甲、乙双方商定，乙方有下列情况之一的，按本合同第十六条约定，追偿因乙方过失所造成的经济损失：

1. 未经甲方书面同意，擅自改变为甲方服务的各房地产经纪事项内容、要求和标准的；

2. 未经甲方书面同意，转委托他人代理的；

3. 利用为甲方服务的房地产经纪事项，为自己牟取不当利益的；

4. 违反国家和本市有关法律、法规、违背诚实信用原则，或与他人恶意串通，损害当事人利益的；

5. ____________________________________。

第九条 甲、乙双方商定，甲方有下列情况之一的，乙方有权按本合同第十六条约定，追偿因甲方过失所造成的经济损失：

1. 要求乙方服务的房地产经纪事项不明确，或提供的有关证件和资料不实；

2. 甲方利用获得乙方提供的信息、条件、机会、擅自不履行合同；不给付约定的服务费；或中途委托他人未经乙方书面同意的；

3. 违反本合同第四条及补充条款的约定，不按期给付或拒付服务费的；

4. ________________________________。

第十条 甲、乙双方商定，乙方履行本合同第三条各房地产经纪事项的服务，必须自本合同生效之日起至________年________月________日止。除甲、乙双方另有约定同意延期外，逾期视作本合同自行终止。

第十一条 本合同履行期间，甲、乙双方因履行本合同而签署的补充协议及其它书面的文件，均为本合同不可分割的一部分。

本合同内空格部分填写的，及本合同补充条款中书面的文字，与铅印文字具有同等效力。

第十二条 本合同及补充条款中未约定的事项。应遵循中华人民共和国有关法律、法规和本市有关规定执行。

第十三条 甲、乙双方在签署本合同时，具有完全的民事行为能力。对各自的权利、义务清楚明白，自愿按本合同严格执行。一方违反或不履行合同，另一方有权按本合同及其补充条款中的约定索赔。

第十四条 本合同签订后，需要公证的，可按本市公证的有关规定。申请办理公证有关手续。

第十五条 本合同经甲、乙双方签署生效，自本合同生效之日起的十天内，由乙方按规定，将本合同交上海市____________区____________县__________房地产交易中心（交易管理所）备案。

第十六条 甲、乙双方在履行本合同过程中发生争议，由甲、乙双方协商解决，协商不成的，按本合同约定的下列方法之一，进行解决：

1. 向________仲裁委员会申请仲裁［　　　］

2. 向签订合同所在地法院提起诉讼［　　　　］

第十七条　本合同壹式____份，甲、乙双方各执____份，上海市________区________县____________房地产交易中心（交易管理所）____份共________份，具有同等法律效力。

补充条款--

（粘贴线）　　　　　　　　　　（骑缝章加盖处）

附件一--

（粘贴线）　　　　　　　　　　（骑缝章加盖处）

附件二--

（粘贴线）　　　　　　　　　　（骑缝章加盖处）

甲方（签章）　　　　　　　　　乙方（签章）

身份证/营业执照号码　　　　　营业执照号码

法定代表人　　　　　　　　　　法定代表人

住址/注册地址　　　　　　　　注册地址

邮政编码　　　　　　　　　　　邮政编码

联系电话　　　　　　　　　　　联系电话

委托代理人　承办经纪人员（资格证编号：　）

年　　月　　日于上海

备注栏

甲、乙双方于________年________月________日签定的本合同（编号：____），业已经备案。

经办人：

房地产交易中心（交易管理所）（章）　　年　　月　　日

12. 房屋租赁合同示范文本（GF—2000—0602）

合同编号：________

出租人：________　　签订地点：________

承租人：________ 签订时间：______年______月______日

第一条 租赁房屋坐落在________、间数________、建筑面积________、房屋质量________。

第二条 租赁期限从________年________月________日至________年________月________日。

（提示：租赁期限不得超过二十年。超过二十年的，超过部分无效）

第三条 租金（大写）：________________________

第四条 租金的支付期限与方式：____

第五条 承租人负责支付出租房屋的水费、电费、煤气费、电话费、光缆电视收视费、卫生费和物业管理费。

第六条 租赁房屋的用途：________________________

第七条 租赁房屋的维修：________________________

出租人维修的范围、时间及费用负担：____

承租人维修的范围及费用负担：____

第八条 出租人（是/否）允许承租人对租赁房屋进行装修或改善增设他物。装修、改善增设他物的范围是：____

租赁合同期满，租赁房屋的装修、改善增设他物的处理：____

第九条 出租人（是/否）允许承租人转租租赁房屋。

第十条 定金（大写）________元。承租人在________前交给出租人。

第十一条 合同解除的条件。

有下列情形之一，出租人有权解除本合同：

1. 承租人不交付或者不按约定交付租金达________个月以上；

2. 承租人所欠各项费用达（大写）________元以上；

3. 未经出租人同意及有关部门批准，承租人擅自改变出租房屋用途的；

4. 承租人违反本合同约定，不承担维修责任致使房屋或设备严重损坏的；

5. 未经出租人书面同意，承租人将出租房屋进行装修的；

6. 未经出租人书面同意，承租人将出租房屋转租第三人；

7. 承租人在出租房屋进行违法活动的。

有下列情形之一，承租人有权解除本合同：

1. 出租人迟延交付出租房屋________个月以上；

2. 出租人违反本合同约定，不承担维修责任，使承租人无法继续使用出租房屋。

3. ____

第十二条 房屋租赁合同期满，承租人返还房屋的时间是：____

第十三条 违约责任：____

出租人未按时或未按要求维修出租房屋造成承租人人身受到伤害或财物毁损的，负责赔偿损失。

承租人逾期交付租金的，除应及时如数补交外，还应支付滞纳金。

承租人违反合同，擅自将出租房屋转租第三人使用的，因此造成出租房屋毁坏的，应负损害赔偿责任。

第十四条 合同争议的解决方式：本合同在履行过程中发生的争议，由双方当事人协商解决；也可由有关部门调解；协商或调解不成的，按下列第________种方式解决：

（一）提交____________仲裁委员会仲裁；

（二）依法向人民法院起诉。

第十五条 其他约定事项：____

出租人（章）：	承租人（章）：	鉴（公）证意见：
住所：	住所：	
法定代表人	法定代表人	
（签名）：	（签名）：	
居民身份证号码：	居民身份证号码：	
委托代理人	委托代理人	
（签名）：	（签名）：	
电话：	电话：	
开户银行：	开户银行：	鉴（公）证机关（章）
账号：	账号：	经办人：
邮政编码：	邮政编码：	年　月　日

13. 物业管理委托合同示范文本（GF—1997—1010）

第一章　总　　则

第一条　本合同当事人

委托方（以下简称甲方）：

受托方（以下简称乙方）：

根据有关法律、法规，在自愿、平等、协商一致的基础上，甲方将（物业名称）委托于乙方实行物业管理，订立本合同。

第二条 物业基本情况

物业类型：

坐落位置：市区路（街道）号。

四至：东南

西北

占地面积： 平方米

建筑面积： 平方米

委托管理的物业构成细目见附件一。

第三条 乙方提供服务的受益人为本物业的全体业主和物业使用人，本物业的全体业主和物业使用人均应对履行本合同承担相应的责任。

第二章 委托管理事项

第四条 房屋建筑公用部位的维修、养护和管理，包括：楼盖、屋顶、外墙面、承重结构、楼梯间、走廊通道、门厅、 。

第五条 公用设施、设备的维修、养护、运行和管理，包括：公用的上下水管道、落水管、垃圾道、烟囱、共用照明、天线、中央空调、暖气干线、供暖锅炉等、高压水泵房、楼内消防设施、设备、电梯、 。

第六条 市政公用设施和附属建筑物、构筑物的维修、养护和管理，包括道路、室外上下水管道、化粪池、沟渠、池、井、自行车棚、停车场、 。

第七条 公用绿地、花木、建筑小品等的养护与管理。

第八条 附属配套建筑和设施的维修、养护和管理，包括商业网点、文化体育娱乐场所、 。

第九条 公共环境卫生，包括公共场所、房屋共用部位的清洁卫生、垃圾的收集、清运、 。

第十条 交通与车辆停放秩序的管理。

第十一条 维持公共秩序，包括安全监控、巡视、门岗执勤、 。

第十二条 管理与物业相关的工程图纸、住用户档案与竣工验收资料。

第十三条 组织开展社区文化娱乐活动。

第十四条 负责向业主和物业使用人收取下列费用：

1. 物业管理服务费；

2. ；

3. 。

第十五条 业主和物业使用人房屋自用部位、自用设施及设备的维修、养护，在当事人提出委托时，乙方应接受委托并合理收费。

第十六条 对业主和物业使用人违反业主公约的行为，针对具体行为并根据情节轻重，采取批评、规劝、警告、制止、等措施。

第十七条 其他委托事项：

1. ；

2. ；

3. ；

第三章 委托管理期限

第十八条 委托管理期限为 年。自 年 月 日时起至 年 月 日时止。

第四章 双方权利义务

第十九条

A 甲方权利义务（适用于业主委员会）：

1. 代表和维护产权人、使用人的合法权益；

2. 制定业主公约并监督业主和物业使用遵守公约；

3. 审定乙方拟定的物业管理制度；

4. 检查监督乙方管理工作的实施及制度的执行情况；

5. 审定乙方提出的物业管理服务年度计划、财务预算及决算；

6. 在合同生效之日起 日内向乙方提供 平方米建筑面积的经营性商业用房，由乙方按每月每平方米 元租用，其租金收入用于 ；

7. 在合同生效之日起 日内向乙方提供 平方米建筑面积管理用房（产权属甲方），由乙方按下列第 项执行：

(1) 无偿使用；

(2) 按建筑面积每月每平方米 元租用，其租金收入用于 。

8. 负责收集、整理物业管理所需全部图纸、档案、资料，并于合同生效之日起 日内向乙方移交；

9. 当业主和物业使用人不按规定交纳物业管理费时，负责催交或以其他方式偿付；

10. 协调、处理本合同生效前发生的管理遗留问题：

(1) ；

(2) 。

11. 协助乙方做好物业管理工作和宣传教育、文化活动；

12. 。

B甲方权利义务（适用于房地产开发企业）：

1. 在业主委员会成立之前，负责制定业主公约并将其作为房屋租售合同的附件，要求业主和物业使用人遵守；

2. 审定乙方拟定的物业管理制度；

3. 检查监督乙方管理工作的实施及制度的执行情况；

4. 审定乙方提出的物业管理服务年度计划、财务预算及决算；

5. 委托乙方管理的房屋、设施、设备应达到国家验收标准要求。

如存在质量问题，按以下方式处理：

(1) 负责返修；

(2) 委托乙方返修，支付全部费用；

(3) 。

6. 在合同生效之日起　日内向乙方提供　平方米建筑面积的经营性商业用房，由乙方按每月每平方米　元租用，其租金收入用于　；

7. 在合同生效之日起　日内向乙方提供　平方米建筑面积管理用房（产权属甲方），由乙方按下列第　项执行：

（1）无偿使用；

（2）按建筑面积每月每平方米　元租用，其租金收入用于　。

8. 负责收集、整理物业管理所需全部图纸、档案资料，并于合同生效之日起　日内向乙方移交；

9. 当业主和物业使用人不按规定交纳物业管理费用时，负责催交或以其它方式偿付；

10. 协调、处理本合同生效前发生的管理遗留问题：

（1）　；

（2）　。

11. 协助乙方做好物业管理工作和宣传教育、文化活动；

12. 　。

第二十条　乙方权利义务：

1. 根据有关法律法规及本合同的约定，制定物业管理制度；

2. 对业主和物业使用人违反法规、规章的行为，提请有关部门处理；

3. 按本合同第十六条的约定，对业主和物业使用人违反业主公约的行为进行处理；

4. 可选聘专营公司承担本物业的专项管理业务，但不得将本物业的管理责任转让给第三方；

5. 负责编制房屋、附属建筑物、构筑物、设施、设备、绿化等的年度维修养护计划和大中修方案，经双方议定后由乙方组织实施；

6. 向业主和物业使用人告知物业使用的有关规定，当业主和物业使用人装修物业时，告知有关限制条件，订阅书面约定，并负责监督；

7. 负责编制物业管理年度管理计划、资金使用计划及决算报告；

8. 每个月向全体业主和物业使用人公布一次管理费用收支账目；

9. 对本物业的公用设施不得擅自占用和改变使用功能，如需在本物业内改、扩建或完善配套项目，须与甲方协商经甲方同意后报有关部门批准方可实施；

10. 本合同终止时，乙方必须向甲方移交全部经营性商业用房、管理用房及物业管理的全部档案资料；

11. 。

第五章　物业管理服务质量

第二十一条　乙方须按下列约定，实现目标管理：

1. 房屋外观：

2. 设备运行：

3. 房屋及设施、设备的维修、养护：

4. 公共环境：

5. 绿化：

6. 交通秩序：

7. 保安：

8. 急修；小修：

9. 业主和物业使用人对乙方的满意率达到　。

具体的物业管理服务质量要求见附件二。

第六章　物业管理服务费用

第二十二条　物业管理服务费

1. 本物业的管理服务费，住宅房屋由乙方按建筑面积每月每平方米　元向业主或物业使用人收取；非住宅房屋由乙方按建筑面积每月每平方米　元向业主或物业使用人收取。

2. 管理服务费标准的调整，按　调整。

3. 空置房屋的管理服务费，由乙方按建筑面积每月每平方米 元向 收取。

4. 业主和物业使用人逾期交纳物业管理费的，按以下第 项处理：

(1)从逾期之日起按每天 元交纳滞纳金；

(2)从逾期之日起按每天应交管理费的万分之 交纳滞纳金；

(3) 。

第二十三条 车位使用费由乙方按下列标准向车位使用人收取：

1. 露天车位：

2. 车库：

3.

第二十四条 乙方对业主和物业使用人的房屋自用部位、自用设备、毗连部位的维修、养护及其它特约服务，由当事人按实发生的费用计付，收费标准须经甲方同意。

第二十五条 其它乙方向业主和物业使用人提供的服务项目和收费标准如下：

1. 高层楼房电梯运行费按实结算，由乙方向业主或物业使用人收取；

2.

3. 。

第二十六条 房屋的共用部位、共用设施、设备、公共场地的维修、养护费用：

1. 房屋共用部位的小修、养护费用，由 承担；大中修费用，由 承担；更新费用，由 承担。

2. 房屋共用设施、设备的小修、养护费用，由 承担；大中修费用，由 承担；更新费用，由 承担。

3. 市政公用设施和附属建筑物、构筑物的小修、养护费用，由 承担；大中修费用，由 承担；更新费用，由 承担。

4. 公共绿地的养护费用，由 承担；改造、更新费用，由承担。

5. 附属配套建筑和设施的小修、养护费用，由　　承担；大中修费用，由　　承担；更新费用，由　　承担。

第七章　违约责任

第二十七条　甲方违反合同第十九条的约定，使乙方未完成规定管理目标，乙方有权要求甲方在一定期限内解决；逾期未解决的，乙方有权终止合同；造成乙方经济损失的，甲方应给予乙方经济赔偿。

第二十八条　乙方违反本合同第五章的约定，未能达到约定的管理目标，甲方有权要求乙方限期整改，逾期未整改的，甲方有权终止合同；造成甲方经济损失的，乙方应给予甲方经济赔偿。

第二十九条　乙方违反本合同第六章的约定，擅自提高收费标准的，甲方有权要求乙方清退；造成甲方经济损失的，乙方应给予甲方经济赔偿。

第三十条　甲、乙任一方无正当理由提前终止合同的，应向对方支付　元的违约金；给对方造成的经济损失超过违约金的，还应给予赔偿。

第八章　附　　则

第三十一条　自本合同生效之日起　天内，根据甲方委托管理事项，办理完交接验收手续。

第三十二条　合同期满后，乙方全部完成合同并且管理成绩优秀，大多数业主和物业使用人反映良好，可续订合同。

第三十三条　双方可对本合同的条款进行补充，以书面形式签订补充协议，补充协议与本合同具有同等效力。

第三十四条　本合同之附件均为合同有效组成部分。本合同及其附件内，空格部分填写的文字与印刷文字具有同等效力。

本合同及其附件和补充协议中未规定的事宜，均遵照中华人民共和国有关法律、法规和规章执行。

第三十五条 本合同正本连同附件共 页，一式三份，甲乙双方及物业管理行政主管部门（备案）各执一份，具有同等法律效力。

第三十六条 因房屋建筑质量、设备设施质量或安装技术等原因，达不到使用功能，造成重大事故的，由甲方承担责任并作善后处理。产生质量事故的直接原因，以政府主管部门的鉴定为准。

第三十七条 本合同执行期间，如遇不可抗力，致使合同无法履行时，双方应按有关法律规定及时协商处理。

第三十八条 本合同在履行中如发生争议，双方应协商解决或报请物业管理行政主管部门进行调解，协商或调解不成的，双方同意由 仲裁委员会仲裁（当事人双方不在合同中约定仲裁机构，事后又未达成书面仲裁协议的，可以向人民法院起诉）。

第三十九条 合同期满本合同自然终止，双方如续订合同，应在该合同期满 天前向对方提出书面意见。

第四十条 本合同自签字之日起生效。

甲方签章： 乙方签章：

代表人： 代表人：

年 月 日